Bel-Ami

GUY DE MAUPASSANT

Notes
par **Sylvie Herbinet**,
certifiée de Lettres classiques,
professeur en lycée.

Questionnaires et dossier
Véronique Brémond-Bortoli,
agrégée de Lettres classiques,
professeur au CNED.

Sommaire

ISBN : 978-2-01-394987-3
© Hachette Livre, 2018, 58 rue Jean Bleuzen, CS 70007, 92178 Vanves Cedex.
www.hachette-education.com

GUY DE MAUPASSANT
(1850-1893)

▶ Après une enfance normande, il se lance à Paris dans le journalisme et l'écriture de nouvelles et de romans.

▶ Disciple et ami de l'écrivain Gustave Flaubert, il s'inscrit dans le courant réaliste mais il prend vite ses distances avec le naturalisme prôné par Émile Zola.

Maupassant par Nadar.

ŒUVRES-CLÉS

- *Boule de suif* (1880), nouvelle publiée dans le recueil naturaliste *Les Soirées de Médan*, qui constitue son premier succès.
- *La Maison Tellier* (1881), premier recueil de nouvelles.
- *Les Contes de la bécasse* (1883), recueil de nouvelles qui se passent presque toutes en Normandie.
- *Une vie* (1883), son premier roman, paru en feuilleton dans *Gil Blas*.
- *Bel-Ami* (1885).
- *Le Horla* (1887), nouvelle fantastique sur les thèmes de la folie et du double.
- *Sur l'eau* (1888), récit d'une croisière le long de la Côte d'Azur.
- *Pierre et Jean* (1888), roman précédé d'une préface où Maupassant explique sa conception du réalisme et du roman.

Maupassant en 10 dates

1850   Naît le 5 août en Normandie.

1869   Reçu au baccalauréat en juillet, il commence des études de droit à Paris.

1870   **Mobilisé, il participe à la guerre franco-prussienne, qui s'achève le 28 janvier 1871.** L'absurdité de cette guerre et ses horreurs lui inspireront de nombreuses nouvelles, dont *Boule de suif*.

1872   Est fonctionnaire au ministère de la Marine jusqu'en 1880.

1881   **Devient l'envoyé spécial du journal *Le Gaulois* en Afrique du Nord. Écrit de nombreuses nouvelles (plus de trois cents durant toute sa carrière), dont *Une partie de campagne*.**

1885   Parution de son roman *Bel-Ami*. S'achète un yacht, le *Bel-Ami*, sur lequel il effectue des croisières en Méditerranée.

1889   Mort de son frère Hervé, après deux années d'internement pour démence.

1890   Parution de *Notre Cœur*, son dernier roman.

1892   **Souffrant de troubles psychiques et physiques dus à la syphilis, maladie vénérienne contractée au début des années 1870, il tente de se suicider.**

1893   Décède de la syphilis le 6 juillet, à la clinique du docteur Blanche.

ŒUVRES COMPLÈTES
DE
GUY DE MAUPASSANT

BEL-AMI

PARIS
LOUIS CONARD, LIBRAIRE-ÉDITEUR
17, BOULEVARD DE LA MADELEINE, 17

MDCCCCX
Tous droits réservés.

Bel-Ami

Date de publication : paraît en feuilleton dans le *Gil Blas*, d'avril à mai 1885, puis en volume chez Victor Havard, le 11 mai 1885

Genre : roman de mœurs

Registres dominants : satirique et ironique

Courant littéraire : réalisme

Fac-similé de la page de titre du roman lors d'une réédition datée de 1910.

PRÉSENTATION

Maupassant inscrit *Bel-Ami*, son deuxième roman, dans l'actualité brûlante des scandales financiers et politiques, du pouvoir croissant de la presse, mais aussi des plaisirs de la vie parisienne : guinguettes, théâtres, cabarets… Il présente une vision sans indulgence de la société et de son héros, arriviste sans scrupule.

THÈMES TRAITÉS

❭ La critique de la société

Dans *Bel-Ami*, Maupassant se livre à une satire virulente des milieux financiers corrompus, des politiciens véreux, des journalistes incompétents et manipulateurs, d'une bourgeoisie de parvenus animés par la cupidité et le goût du paraître… La satire culmine dans l'invention du journal *La Vie française*, que Maupassant qualifie, dans *Gil Blas*, journal pour lequel il travaille, d'« *une de ces feuilles interlopes, sorte d'agence d'une bande de tripoteurs politiques et d'écumeurs de bourses* ».

❭ Un anti-héros

Bel-Ami est le produit de cette société : personnage sans morale, il est mû par une ambition de prédateur pour laquelle il déploie une énergie sans limites, se servant essentiellement de ses conquêtes féminines.

Sa fulgurante ascension se voit cautionnée par la riche bourgeoisie qui épouse les mêmes valeurs. Mais l'ironie du narrateur en démontre cruellement la médiocrité superficielle.

POUR COMPRENDRE L'ŒUVRE

▶ Le réalisme

Maupassant veut peindre les réalités de la vie, sans embellissement. Il donne une image exacte de son époque et privilégie le point de vue interne du héros, dans une apparente objectivité du narrateur. Mais l'auteur montre les limites du réalisme en soulignant que toute œuvre littéraire traduit une vision originale, comme il le dit dans la préface de son roman *Pierre et Jean* : « *Les grands artistes sont ceux qui imposent à l'humanité leur illusion particulière.* »

▶ Une vision désenchantée du monde

Le réalisme de Maupassant n'est donc pas un artifice littéraire mais la traduction de son pessimisme. L'auteur dresse le tableau d'êtres sans morale ni véritable profondeur, où les sentiments se réduisent à la satisfaction d'appétits ou de rivalités. La mort s'y cache partout, évoquée longuement par Norbert de Varenne dans le seul passage discursif de l'œuvre et incarnée dans la terrible agonie de Forestier.

LES CRITIQUES

« *Ce que je reproche à M. Guy de Maupassant* [...], *c'est de faire des expériences sur des âmes trop viles. À force de ne plus vouloir de héros, on ne met plus d'hommes dans le roman. Une grande partie de la littérature romanesque devient une brasserie de bas étage.* »

Article paru dans *Le Rappel* du 8 juin 1885.

« *Ce livre est une étude de mœurs d'une foudroyante sincérité qui flagelle impitoyablement les turpitudes et les hypocrisies. Bel-Ami aura le succès qui s'attache à toute œuvre sérieusement pensée, vigoureusement écrite, remuant à fond le cœur et l'âme de la tourbe humaine.* »

Article paru dans *La Justice* du 19 mai 1885.

Le comte Robert de Montesquiou-Fézensac (1855-1921)
peint par Giovanni Boldoni (1897).

GUY DE MAUPASSANT

Bel-Ami

Bon Bock Café (1881),
peinture anonyme dans le style d'Édouard Manet,
© National Gallery of Art, Washington.

Première partie

I

Quand la caissière lui eut rendu la monnaie de sa pièce de cent sous, Georges Duroy sortit du restaurant.

Comme il portait beau, par nature et par pose d'ancien sous-officier, il cambra sa taille, frisa sa moustache d'un geste militaire et familier, et jeta sur les dîneurs attardés un regard rapide et circulaire, un de ces regards de joli garçon qui s'étendent comme des coups d'épervier[1].

Les femmes avaient levé la tête vers lui, trois petites ouvrières, une maîtresse de musique entre deux âges, mal peignée, négligée, coiffée d'un chapeau toujours poussiéreux et vêtue d'une robe toujours de travers, et deux bourgeoises avec leurs maris, habituées de cette gargote[2] à prix fixe.

Lorsqu'il fut sur le trottoir, il demeura un instant immobile, se demandant ce qu'il allait faire. On était au 28 juin, et il lui restait juste en poche trois francs quarante pour finir le mois. Cela représentait deux dîners sans déjeuners, ou deux déjeuners sans dîners, au choix. Il réfléchit que les repas du matin étant de vingt-deux sous, au lieu de trente que coûtaient ceux du soir, il lui resterait, en se contentant des déjeuners, un franc vingt centimes de boni[3], ce qui représentait encore deux collations au pain et au saucisson, plus

---

Notes

1. épervier : filet de pêche conique, qu'on lance à la main par un mouvement circulaire.

2. gargote : restaurant à bon marché.
3. boni : excédent, économie réalisée.

deux bocks sur le boulevard[1]. C'était là sa grande dépense et son grand plaisir des nuits ; et il se mit à descendre la rue Notre-Dame-de-Lorette.

Il marchait ainsi qu'au temps où il portait l'uniforme des hussards[2], la poitrine bombée, les jambes un peu entrouvertes comme s'il venait de descendre de cheval ; et il avançait brutalement dans la rue pleine de monde, heurtant les épaules, poussant les gens pour ne point se déranger de sa route. Il inclinait légèrement sur l'oreille son chapeau à haute forme assez défraîchi, et battait le pavé de son talon. Il avait l'air de toujours défier quelqu'un, les passants, les maisons, la ville entière, par chic de beau soldat tombé dans le civil.

Quoique habillé d'un complet de soixante francs, il gardait une certaine élégance tapageuse[3], un peu commune, réelle cependant. Grand, bien fait, blond, d'un blond châtain vaguement roussi, avec une moustache retroussée, qui semblait mousser sur sa lèvre, des yeux bleus, clairs, troués d'une pupille toute petite, des cheveux frisés naturellement, séparés par une raie au milieu du crâne, il ressemblait bien au mauvais sujet des romans populaires.

C'était une de ces soirées d'été où l'air manque dans Paris. La ville, chaude comme une étuve[4], paraissait suer dans la nuit étouffante. Les égouts soufflaient par leurs bouches de granit leurs haleines empestées, et les cuisines souterraines jetaient à la rue, par leurs fenêtres basses, les miasmes[5] infâmes des eaux de vaisselle et des vieilles sauces.

Les concierges, en manches de chemise, à cheval sur des chaises de paille, fumaient la pipe sous les portes cochères, et les passants allaient d'un pas accablé, le front nu, le chapeau à la main.

Quand Georges Duroy parvint au boulevard, il s'arrêta encore, indécis sur ce qu'il allait faire. Il avait envie maintenant de gagner les Champs-Élysées et l'avenue du bois de Boulogne pour trouver

---

Notes

1. Il s'agit du boulevard des Italiens, avec ses théâtres, le siège du Crédit Lyonnais et ses cafés célèbres.
2. hussards : soldats de la cavalerie légère.
3. tapageuse : qui se fait remarquer.

4. étuve : endroit clos dont on élève la température pour provoquer la transpiration.
5. miasmes : émanations dangereuses de matières putrides et dégageant une odeur désagréable et malsaine.

Bel-Ami de Guy de Maupassant

un peu d'air frais sous les arbres; mais un désir aussi le travaillait, celui d'une rencontre amoureuse.

Comment se présenterait-elle? Il n'en savait rien, mais il l'attendait depuis trois mois, tous les jours, tous les soirs. Quelquefois cependant, grâce à sa belle mine et à sa tournure galante[1], il volait, par-ci par-là, un peu d'amour, mais il espérait toujours plus et mieux.

La poche vide et le sang bouillant, il s'allumait au contact des rôdeuses qui murmurent à l'angle des rues : «Venez-vous chez moi, joli garçon?» mais il n'osait les suivre ne les pouvant payer; et il attendait aussi autre chose, d'autres baisers moins vulgaires.

Il aimait cependant les lieux où grouillent les filles publiques[2], leurs bals, leurs cafés, leurs rues; il aimait les coudoyer, leur parler, les tutoyer, flairer leurs parfums violents, se sentir près d'elles. C'étaient des femmes enfin, des femmes d'amour. Il ne les méprisait point du mépris inné des hommes de famille[3].

Il tourna vers la Madeleine et suivit le flot de foule qui coulait accablé par la chaleur. Les grands cafés, pleins de monde, débordaient sur le trottoir, étalant leur public de buveurs sous la lumière éclatante et crue de leur devanture illuminée. Devant eux, sur de petites tables carrées ou rondes, les verres contenaient des liquides rouges, jaunes, verts, bruns, de toutes les nuances; et dans l'intérieur des carafes on voyait briller les gros cylindres transparents de glace qui refroidissaient la belle eau claire.

Duroy avait ralenti sa marche, et l'envie de boire lui séchait la gorge.

Une soif chaude, une soif de soir d'été le tenait, et il pensait à la sensation délicieuse des boissons froides coulant dans la bouche. Mais s'il buvait seulement deux bocks dans la soirée, adieu le maigre souper du lendemain, et il les connaissait trop les heures affamées de la fin du mois.

Il se dit : «Il faut que je gagne dix heures, et je prendrai mon bock à l'Américain[4]. Nom d'un chien! que j'ai soif tout de même!» Et

Notes

1. **galante** : qui plaît aux femmes.
2. **filles publiques** : prostituées.
3. **de famille** : de bonne famille.

4. Le café *Américain* était situé au 4 boulevard des Capucines.

il regardait tous ces hommes attablés et buvant, tous ces hommes
85 qui pouvaient se désaltérer tant qu'il leur plaisait. Il allait, passant
devant les cafés d'un air crâne[1] et gaillard, et il jugeait d'un coup
d'œil, à la mine, à l'habit, ce que chaque consommateur devait porter d'argent sur lui. Et une colère l'envahissait contre ces gens assis
et tranquilles. En fouillant leurs poches, on trouverait de l'or, de la
90 monnaie blanche[2] et des sous. En moyenne chacun devait avoir au
moins deux louis ; ils étaient bien une centaine par café ; cent fois
deux louis font quatre mille francs ! Il murmurait «Les cochons !»
tout en se dandinant avec grâce. S'il avait pu en tenir un au coin
d'une rue, dans l'ombre bien noire, il lui aurait tordu le cou, ma foi,
95 sans scrupule, comme il faisait aux volailles des paysans, aux jours
de grandes manœuvres.

Et il se rappelait ses deux années d'Afrique[3], la façon dont il ran-
çonnait les Arabes dans les petits postes du Sud. Et un sourire cruel
et gai passa sur ses lèvres au souvenir d'une escapade qui avait coûté
100 la vie à trois hommes de la tribu des Ouled-Alane et qui leur avait
valu, à ses camarades et à lui, vingt poules, deux moutons et de l'or,
et de quoi rire pendant six mois.

On n'avait jamais trouvé les coupables, qu'on n'avait guère cher-
chés d'ailleurs, l'Arabe étant un peu considéré comme la proie natu-
105 relle du soldat.

À Paris, c'était autre chose. On ne pouvait pas marauder[4] gentiment, sabre au côté et revolver au poing, loin de la justice civile,
en liberté. Il se sentait au cœur tous les instincts du sous-off[5] lâché
en pays conquis. Certes il les regrettait, ses deux années de désert.
110 Quel dommage de n'être pas resté là-bas ! Mais voilà, il avait espéré
mieux en revenant. Et maintenant !... Ah oui, c'était du propre,
maintenant !

Il faisait aller sa langue dans sa bouche, avec un petit claquement,
comme pour constater la sécheresse de son palais.

---

1. **crâne** : qui montre de la bravoure.
2. **monnaie blanche** : pièces en argent.
3. Maupassant a voyagé comme son héros
en Afrique du Nord.

4. **marauder** : voler.
5. **sous-off** : abréviation de *sous-officier*.

115　　La foule glissait autour de lui, exténuée et lente, et il pensait toujours : «Tas de brutes! tous ces imbéciles-là ont des sous dans leur
gilet.» Il bousculait les gens de l'épaule, et sifflotait des airs joyeux.
Des messieurs heurtés se retournaient en grognant; des femmes
prononçaient : «En voilà un animal!»

120　　Il passa devant le Vaudeville¹, et s'arrêta en face du café Américain, se demandant s'il n'allait pas prendre son bock, tant la soif le
torturait. Avant de se décider il regarda l'heure aux horloges lumi-
neuses, au milieu de la chaussée. Il était neuf heures un quart. Il
se connaissait : dès que le verre plein de bière serait devant lui, il
125　l'avalerait. Que ferait-il ensuite jusqu'à onze heures?

　　Il passa : «J'irai jusqu'à la Madeleine, se dit-il, et je reviendrai tout
doucement.»

　　Comme il arrivait au coin de la place de l'Opéra, il croisa un gros
jeune homme, dont il se rappela vaguement avoir vu la tête quelque
130　part.

　　Il se mit à le suivre en cherchant dans ses souvenirs, et répétant à
mi-voix : «Où diable ai-je connu ce particulier²-là?»

　　Il fouillait dans sa pensée sans parvenir à se le rappeler; puis,
tout d'un coup, par un singulier phénomène de mémoire, le même
135　homme lui apparut moins gros, plus jeune, vêtu d'un uniforme de
hussard. Il s'écria tout haut : «Tiens, Forestier!» et, allongeant le
pas, il alla frapper sur l'épaule du marcheur. L'autre se retourna, le
regarda, puis dit : «Qu'est-ce que vous me voulez, monsieur?»

　　Duroy se mit à rire : «Tu ne me reconnais pas?

140　　— Non.

　　— Georges Duroy, du 6ᵉ hussards.»

　　Forestier tendit les deux mains : «Ah! mon vieux! comment vas-
tu?

　　— Très bien, et toi?

145　　— Oh! moi, pas trop; figure-toi que j'ai une poitrine de papier
mâché maintenant; je tousse six mois sur douze, à la suite d'une

---

1. le Vaudeville : théâtre d'abord installé place de la Bourse, puis reconstruit à l'angle de la rue de la Chaussée-d'Antin et du boulevard des Capucines et inauguré en 1869, où l'on jouait des comédies légères et des vaudevilles.
2. particulier : individu.

bronchite que j'ai attrapée à Bougival[1], l'année de mon retour à Paris, voici quatre ans, maintenant.

– Tiens! tu as l'air solide, pourtant.»

Et Forestier, prenant le bras de son ancien camarade, lui parla de sa maladie[2], lui raconta les consultations, les opinions et les conseils des médecins, la difficulté de suivre leurs avis dans sa position. On lui ordonnait de passer l'hiver dans le Midi; mais le pouvait-il? Il était marié et journaliste, dans une belle situation.

«Je dirige la politique à *La Vie française*. Je fais le Sénat au *Salut*, et, de temps en temps, des chroniques littéraires pour la *Planète*[3]. Voilà, j'ai fait mon chemin.»

Duroy, surpris, le regardait. Il était bien changé, bien mûri. Il avait maintenant une allure, une tenue, un costume d'homme posé, sûr de lui, et un ventre d'homme qui dîne bien. Autrefois il était maigre, mince et souple, étourdi, casseur d'assiettes, tapageur et toujours en train. En trois ans Paris en avait fait quelqu'un de tout autre, de gros et de sérieux, avec quelques cheveux blancs sur les tempes, bien qu'il n'eût pas plus de vingt-sept ans.

Forestier demanda : «Où vas-tu?»

Duroy répondit : «Nulle part, je fais un tour avant de rentrer.

– Eh bien, veux-tu m'accompagner à *La Vie française*, où j'ai des épreuves à corriger; puis nous irons prendre un bock ensemble?

– Je te suis.»

Et ils se mirent à marcher en se tenant par le bras, avec cette familiarité facile qui subsiste entre compagnons d'école et entre camarades de régiment.

«Qu'est-ce que tu fais à Paris?» dit Forestier.

Duroy haussa les épaules : «Je crève de faim, tout simplement. Une fois mon temps fini, j'ai voulu venir ici pour… pour faire fortune ou plutôt pour vivre à Paris; et voilà six mois que je suis employé aux bureaux du chemin de fer du Nord, à quinze cents francs par an, rien de plus.»

---

1. Bougival : commune des Yvelines, lieu de villégiature des Parisiens au XIXᵉ siècle, où séjournèrent de nombreux artistes.

2. Forestier souffre de la tuberculose.
3. *La Vie française*, *Le Salut* et *Planète* sont des noms de journaux inventés par l'auteur.

Forestier murmura : «Bigre, ça n'est pas gras.

180 — Je te crois. Mais comment veux-tu que je m'en tire ? Je suis seul, je ne connais personne, je ne peux me recommander de personne. Ce n'est pas la bonne volonté qui manque, mais les moyens.»

Son camarade le regarda des pieds à la tête, en homme pratique, qui juge un sujet, puis il prononça d'un ton convaincu : «Vois-tu,
185 mon petit, tout dépend de l'aplomb, ici. Un homme un peu malin devient plus facilement ministre que chef de bureau. Il faut s'imposer et non pas demander. Mais comment diable n'as-tu pas trouvé mieux qu'une place d'employé au Nord ?»

Duroy reprit : «J'ai cherché partout, je n'ai rien découvert. Mais
190 j'ai quelque chose en vue en ce moment, on m'offre d'entrer comme écuyer au manège Pellerin. Là, j'aurai, au bas mot, trois mille francs.»

Forestier s'arrêta net : «Ne fais pas ça, c'est stupide, quand tu devrais gagner dix mille francs. Tu te fermes l'avenir du coup. Dans
195 ton bureau, au moins, tu es caché, personne ne te connaît, tu peux en sortir si tu es fort, et faire ton chemin. Mais, une fois écuyer, c'est fini. C'est comme si tu étais maître d'hôtel dans une maison où Tout-Paris va dîner. Quand tu auras donné des leçons d'équitation aux hommes du monde ou à leurs fils, ils ne pourront plus s'accou-
200 tumer à te considérer comme leur égal.»

Il se tut, réfléchit quelques secondes, puis demanda :

«Es-tu bachelier ?

— Non. J'ai échoué deux fois.

— Ça ne fait rien, du moment que tu as poussé tes études jusqu'au
205 bout. Si on parle de Cicéron[1] ou de Tibère[2], tu sais à peu près ce que c'est ?

— Oui, à peu près.

— Bon, personne n'en sait davantage, à l'exception d'une vingtaine d'imbéciles qui ne sont pas fichus de se tirer d'affaire. Ça n'est
210 pas difficile de passer pour fort, va ; le tout est de ne pas se faire pincer en flagrant délit d'ignorance. On manœuvre, on esquive la difficulté, on tourne l'obstacle, et on colle les autres au moyen d'un

---

Notes

1. Cicéron (106-43), homme politique et orateur romain.

2. Tibère (42-37), empereur romain.

dictionnaire. Tous les hommes sont bêtes comme des oies et ignorants comme des carpes.»

215 Il parlait en gaillard tranquille qui connaît la vie, et il souriait en
regardant passer la foule. Mais tout d'un coup il se mit à tousser, et
s'arrêta pour laisser finir la quinte, puis, d'un ton découragé : «Est-
ce pas assommant de ne pouvoir se débarrasser de cette bronchite ?
Et nous sommes en plein été. Oh! cet hiver, j'irai me guérir à Men-
220 ton. Tant pis, ma foi, la santé avant tout.»

Ils arrivèrent au boulevard Poissonnière, devant une grande porte
vitrée, derrière laquelle un journal ouvert était collé sur ses deux
faces. Trois personnes arrêtées le lisaient.

Au-dessus de la porte s'étalait, comme un appel, en grandes lettres
225 de feu dessinées par des flammes de gaz : *La Vie française*. Et les promeneurs passant brusquement dans la clarté que jetaient ces trois
mots éclatants apparaissaient tout à coup en pleine lumière, visibles,
clairs et nets comme au milieu du jour, puis rentraient aussitôt dans
l'ombre[1].

230 Forestier poussa cette porte : «Entre», dit-il. Duroy entra, monta
un escalier luxueux et sale que toute la rue voyait, parvint dans une
antichambre[2], dont les deux garçons de bureau saluèrent son camarade, puis s'arrêta dans une sorte de salon d'attente, poussiéreux et
fripé, tendu de faux velours d'un vert pisseux, criblé de taches et
235 rongé par endroits, comme si des souris l'eussent grignoté.

«Assieds-toi, dit Forestier, je reviens dans cinq minutes.»

Et il disparut par une des trois sorties qui donnaient dans ce cabinet.

Une odeur étrange, particulière, inexprimable, l'odeur des salles
240 de rédaction, flottait dans ce lieu. Duroy demeurait immobile,
un peu intimidé, surpris surtout. De temps en temps des hommes
passaient devant lui, en courant, entrés par une porte et partis par
l'autre avant qu'il eût le temps de les regarder.

C'étaient tantôt des jeunes gens, très jeunes, l'air affairé, et te-
245 nant à la main une feuille de papier qui palpitait au vent de leur
course ; tantôt des ouvriers compositeurs, dont la blouse de toile

Notes

1. L'éclairage publicitaire est une nouveauté.

2. **antichambre** : salle d'attente, vestibule.

tachée d'encre laissait voir un col de chemise bien blanc et un pantalon de drap pareil à celui des gens du monde ; et ils portaient avec précaution des bandes de papier imprimé, des épreuves fraîches, tout humides. Quelquefois un petit monsieur entrait, vêtu avec une élégance trop apparente, la taille trop serrée dans la redingote, la jambe trop moulée sous l'étoffe, le pied étreint dans un soulier trop pointu, quelque reporter mondain apportant les échos de la soirée.

D'autres encore arrivaient, graves, importants, coiffés de hauts chapeaux à bords plats, comme si cette forme les eût distingués du reste des hommes.

Forestier reparut tenant par le bras un grand garçon maigre, de trente à quarante ans, en habit noir et en cravate blanche, très brun, la moustache roulée en pointes aiguës, et qui avait l'air insolent et content de lui.

Forestier lui dit : « Adieu, cher maître. »

L'autre lui serra la main : « Au revoir, mon cher, » et il descendit l'escalier en sifflotant, la canne sous le bras.

Duroy demanda : « Qui est-ce ?

— C'est Jacques Rival, tu sais, le fameux chroniqueur, le duelliste[1]. Il vient de corriger ses épreuves. Garin, Montel et lui sont les trois premiers chroniqueurs d'esprit et d'actualité que nous ayons à Paris. Il gagne ici trente mille francs par an pour deux articles par semaine. »

Et comme ils s'en allaient, ils rencontrèrent un petit homme à longs cheveux, gros, d'aspect malpropre, qui montait les marches en soufflant.

Forestier salua très bas : « Norbert de Varenne, dit-il, le poète, l'auteur des *Soleils morts*, encore un homme dans les grands prix. Chaque conte qu'il nous donne coûte trois cents francs, et les plus longs n'ont pas deux cents lignes. Mais entrons au Napolitain, je commence à crever de soif. »

Dès qu'ils furent assis devant la table du café, Forestier cria : « Deux bocks », et il avala le sien d'un seul trait, tandis que Duroy

---

Note

1. **duelliste** : personne qui se bat en duel.

280 buvait la bière à lentes gorgées, la savourant et la dégustant, comme une chose précieuse et rare.

Son compagnon se taisait, semblait réfléchir, puis tout à coup : «Pourquoi n'essayerais-tu pas du journalisme?»

L'autre, surpris, le regarda; puis il dit : «Mais… c'est que… je n'ai
285 jamais rien écrit.

– Bah! on essaye, on commence. Moi, je pourrais t'employer à aller me chercher des renseignements, à faire des démarches et des visites. Tu aurais, au début, deux cent cinquante francs et tes voitures payées. Veux-tu que j'en parle au directeur?
290 – Mais certainement que je veux bien.

– Alors, fais une chose, viens dîner chez moi demain; j'ai cinq ou six personnes seulement, le patron, M. Walter, sa femme, Jacques Rival et Norbert de Varenne, que tu viens de voir, plus une amie de Mme Forestier. Est-ce entendu?»
295 Duroy hésitait, rougissant, perplexe. Il murmura enfin : «C'est que… je n'ai pas de tenue convenable.»

Forestier fut stupéfait : «Tu n'as pas d'habit? Bigre! en voilà une chose indispensable pourtant. À Paris, vois-tu, il vaudrait mieux n'avoir pas de lit que pas d'habit.»
300 Puis tout à coup, fouillant dans la poche de son gilet, il en tira une pincée d'or, prit deux louis, les posa devant son ancien camarade, et, d'un ton cordial et familier : «Tu me rendras ça quand tu pourras. Loue ou achète au mois, en donnant un acompte, les vêtements qu'il te faut; enfin, arrange-toi, mais viens dîner à la maison,
305 demain, sept heures et demie, dix-sept, rue Fontaine.»

Duroy, troublé, ramassait l'argent en balbutiant : «Tu es trop aimable, je te remercie bien… sois certain que je n'oublierai pas…»

L'autre l'interrompit : «Allons, c'est bon. Encore un bock, n'est-ce pas?» Et il cria : «Garçon, deux bocks!»
310 Puis, quand ils les eurent bus, le journaliste demanda :

«Veux-tu flâner un peu, pendant une heure?

– Mais certainement.»

Et ils se remirent en marche vers la Madeleine.

«Qu'est-ce que nous ferions bien? demanda Forestier. On pré-
315 tend qu'à Paris un flâneur peut toujours s'occuper; ça n'est pas vrai. Moi, quand je veux flâner, le soir, je ne sais jamais où aller. Un tour

au Bois[1] n'est amusant qu'avec une femme ; et on n'en a pas toujours une sous la main ; les cafés-concerts peuvent distraire mon pharmacien et son épouse, mais pas moi. Alors, quoi faire ? Rien. Il devrait
320 y avoir ici un jardin d'été comme le parc Monceau[2], ouvert la nuit, où on entendrait de la très bonne musique en buvant des choses fraîches sous les arbres. Ce ne serait pas un lieu de plaisir, mais un lieu de flâne ; et on payerait cher pour entrer, afin d'attirer les jolies dames. On pourrait marcher dans des allées bien sablées, éclairées
325 à la lumière électrique, et s'asseoir quand on voudrait pour écouter la musique de près ou de loin. Nous avons eu à peu près ça autrefois chez Musard[3], mais avec un goût de bastringue[4] et trop d'airs de danse, pas assez d'étendue, pas assez d'ombre, pas assez de sombre. Il faudrait un très beau jardin, très vaste. Ce serait charmant. Où
330 veux-tu aller ? »

Duroy, perplexe, ne savait que dire ; enfin, il se décida : « Je ne connais pas les Folies-Bergère[5]. J'y ferais volontiers un tour. »

Son compagnon s'écria : « Les Folies-Bergère, bigre ! nous y cuirons comme dans une rôtissoire. Enfin, soit, c'est toujours drôle. »

335 Et ils pivotèrent sur leurs talons pour gagner la rue du Faubourg-Montmartre.

La façade illuminée de l'établissement jetait une grande lueur dans les quatre rues qui se joignent devant elle. Une file de fiacres[6] attendait la sortie.

340 Forestier entrait, Duroy l'arrêta :

« Nous oublions de passer au guichet. »

L'autre répondit d'un ton important :

« Avec moi on ne paye pas. »

---

1. Il s'agit du bois de Boulogne, parc public de l'ouest parisien, qui occupe une partie de l'ancienne forêt de Rouvray.
2. Le parc Monceau, situé dans le VIIIᵉ arrondissement de Paris, était au XVIIIᵉ siècle un jardin décoré de fabriques (petites constructions), dont certaines subsistent encore aujourd'hui.
3. Musard : organisateur de concerts publics sur les Champs-Élysées.

4. bastringue : bal populaire (terme populaire).
5. Folies-Bergère : salle de spectacle parisienne construite en 1867, ouverte en 1869 et située rue Richer.
6. fiacres : voitures à cheval que l'on loue à la course ou à l'heure, comme un taxi aujourd'hui.

Quand il s'approcha du contrôle, les trois contrôleurs le saluèrent. Celui du milieu lui tendit la main. Le journaliste demanda :

« Avez-vous une bonne loge ?

– Mais, certainement, monsieur Forestier. »

Il prit le coupon qu'on lui tendait, poussa la porte matelassée à battants garnis de cuir, et ils se trouvèrent dans la salle.

Une vapeur de tabac voilait un peu, comme un très fin brouillard, les parties lointaines, la scène et l'autre côté du théâtre. Et s'élevant sans cesse, en minces filets blanchâtres, de tous les cigares et de toutes les cigarettes que fumaient tous ces gens, cette brume légère montait toujours, s'accumulait au plafond et formait, sous le large dôme, autour du lustre, au-dessus de la galerie du premier chargée de spectateurs, un ciel ennuagé de fumée.

Dans le vaste corridor d'entrée qui mène à la promenade circulaire, où rôde la tribu parée des filles, mêlée à la foule sombre des hommes, un groupe de femmes attendait les arrivants devant un des comptoirs où trônaient, fardées et défraîchies, trois marchandes de boissons et d'amour.

Les hautes glaces, derrière elles, reflétaient leurs dos et les visages des passants.

Forestier ouvrait les groupes, avançait vite, en homme qui a droit à la considération.

Il s'approcha d'une ouvreuse : « La loge dix-sept ? » dit-il.

« Par ici, monsieur. »

Et on les enferma dans une petite boîte en bois, découverte, tapissée de rouge, et qui contenait quatre chaises de même couleur, si rapprochées qu'on pouvait à peine se glisser entre elles. Les deux amis s'assirent ; et, à droite comme à gauche, suivant une longue ligne arrondie aboutissant à la scène par les deux bouts, une suite de cases semblables contenait des gens assis également et dont on ne voyait que la tête et la poitrine.

Sur la scène, trois jeunes hommes en maillot collant, un grand, un moyen, un petit, faisaient, tour à tour, des exercices sur un trapèze.

Le grand s'avançait d'abord, à pas courts et rapides, en souriant, et saluait avec un mouvement de la main comme pour envoyer un baiser.

380   On voyait, sous le maillot, se dessiner les muscles des bras et des jambes ; il gonflait sa poitrine pour dissimuler son estomac trop saillant ; et sa figure semblait celle d'un garçon coiffeur, car une raie soignée ouvrait sa chevelure en deux parties égales, juste au milieu du crâne. Il atteignait le trapèze d'un bond gracieux, et, pendu par
385   les mains, tournait autour comme une roue lancée ; ou bien, les bras roides, le corps droit, il se tenait immobile, couché horizontalement dans le vide, attaché seulement à la barre fixe par la force des poignets.

Puis il sautait à terre, saluait de nouveau en souriant sous les ap-
390   plaudissements de l'orchestre et allait se coller contre le décor, en montrant bien, à chaque pas, la musculature de sa jambe.

Le second, moins haut, plus trapu, s'avançait à son tour et répétait le même exercice, que le dernier recommençait encore, au milieu de la faveur plus marquée du public.

395   Mais Duroy ne s'occupait guère du spectacle, et, la tête tournée, il regardait sans cesse derrière lui le grand promenoir plein d'hommes et de prostituées.

Forestier lui dit : « Remarque donc l'orchestre : rien que des bourgeois avec leurs femmes et leurs enfants, de bonnes têtes stupides
400   qui viennent pour voir. Aux loges, des boulevardiers[1], quelques artistes, quelques filles de demi-choix[2] ; et, derrière nous, le plus drôle de mélange qui soit dans Paris. Quels sont ces hommes ? Observe-les. Il y a de tout, de toutes les professions et de toutes les castes, mais la crapule domine. Voici des employés, employés de banque,
405   de magasin, de ministère, des reporters, des souteneurs[3], des officiers en bourgeois, des gommeux[4] en habit, qui viennent de dîner au cabaret et qui sortent de l'Opéra avant d'entrer aux Italiens[5], et puis encore tout un monde d'hommes suspects qui défient l'analyse.

Notes

1. boulevardiers : personnes qui fréquentent les Grands Boulevards, bons vivants.
2. filles de demi-choix : filles aux mœurs légères.
3. souteneurs : individus qui vivent aux dépens d'une prostituée qu'ils prétendent protéger.

4. gommeux : jeunes hommes d'une élégance prétentieuse (terme familier).
5. Le Théâtre-Italien était installé près du passage Choiseul, à proximité de l'Opéra Garnier.

Quant aux femmes, rien qu'une marque : la soupeuse de l'Américain, la fille à un ou deux louis qui guette l'étranger de cinq louis
et prévient ses habitués quand elle est libre. On les connaît toutes
depuis dix ans ; on les voit tous les soirs, toute l'année, aux mêmes
endroits, sauf quand elles font une station hygiénique à Saint-Lazare
ou à Lourcine[1]. »

Duroy n'écoutait plus. Une de ces femmes, s'étant accoudée à leur
loge, le regardait. C'était une grosse brune à la chair blanchie par la
pâte, à l'œil noir, allongé, souligné par le crayon, encadré sous des
sourcils énormes et factices. Sa poitrine, trop forte, tendait la soie
sombre de sa robe ; et ses lèvres peintes, rouges comme une plaie,
lui donnaient quelque chose de bestial, d'ardent, d'outré, mais qui
allumait le désir cependant.

Elle appela, d'un signe de tête, une de ses amies qui passait, une
blonde aux cheveux rouges, grasse aussi, et elle lui dit, d'une voix
assez forte pour être entendue : « Tiens v'là un joli garçon, s'il veut
de moi pour dix louis je ne dirai pas non. »

Forestier se retourna, et, souriant, il tapa sur la cuisse de Duroy :
« C'est pour toi, ça, tu as du succès, mon cher. Mes compliments. »

L'ancien sous-off avait rougi ; et il tâtait, d'un mouvement machi-
nal du doigt, les deux pièces d'or dans la poche de son gilet.

Le rideau s'était baissé ; l'orchestre maintenant jouait une valse.

Duroy dit : « Si nous faisions un tour dans la galerie ?

– Comme tu voudras. »

Ils sortirent, et furent aussitôt entraînés dans le courant des promeneurs. Pressés, poussés, serrés, ballottés, ils allaient, ayant devant
les yeux un peuple de chapeaux. Et les filles, deux par deux, passaient dans cette foule d'hommes, la traversaient avec facilité, glis-
saient entre les coudes, entre les poitrines, entre les dos, comme si
elles eussent été bien chez elles, bien a l'aise, à la façon des poissons
dans l'eau, au milieu de ce flot de mâles.

Note

1. La prison de Saint-Lazare servait de dépôt aux prostituées que l'on soignait si elles
étaient atteintes de maladies sexuelles, comme à l'hôpital de Lourcine.

440 Duroy, ravi, se laissait aller, buvait avec ivresse l'air vicié par le tabac, par l'odeur humaine et les parfums des drôlesses[1]. Mais Forestier suait, soufflait, toussait.

«Allons au jardin», dit-il.

Et, tournant à gauche, ils pénétrèrent dans une espèce de jar-
445 din couvert, que deux grandes fontaines de mauvais goût rafraî-
chissaient. Sous des ifs et des thuyas en caisse, des hommes et des femmes buvaient sur des tables de zinc.

«Encore un bock? demanda Forestier.

– Oui, volontiers.»

450 Ils s'assirent, en regardant passer le public.

De temps en temps, une rôdeuse s'arrêtait, puis demandait avec un sourire banal : «M'offrez-vous quelque chose, monsieur?» Et comme Forestier répondait : «Un verre d'eau à la fontaine», elle s'éloignait en murmurant : «Va donc, mufle!»

455 Mais la grosse brune qui s'était appuyée tout à l'heure derrière la loge des deux camarades, reparut, marchant arrogamment, le bras passé sous celui de la grosse blonde. Cela faisait vraiment une belle paire de femmes, bien assorties.

Elle sourit en apercevant Duroy comme si leurs yeux se fussent
460 dit déjà des choses intimes et secrètes; et, prenant une chaise, elle s'assit tranquillement en face de lui et fit asseoir son amie, puis elle commanda d'une voix claire : «Garçon, deux grenadines!» Forestier, surpris, prononça : «Tu ne te gênes pas, toi!»

Elle répondit : «C'est ton ami qui me séduit. C'est vraiment un
465 joli garçon. Je crois qu'il me ferait faire des folies!»

Duroy, intimidé, ne trouvait rien à dire. Il retroussait sa mous-
tache frisée en souriant d'une façon niaise. Le garçon apporta les sirops que les femmes burent d'un seul trait; puis elles se levèrent; et la brune, avec un petit salut amical de la tête et un léger coup
470 d'éventail sur le bras, dit à Duroy : «Merci, mon chat. Tu n'as pas la parole facile.»

Et elles partirent en balançant leur croupe.

Alors Forestier se mit à rire : «Dis donc, mon vieux, sais-tu que tu as vraiment du succès auprès des femmes. Il faut soigner ça. Ça

---

Note

1. drôlesses : femmes effrontées, méprisables.

475 peut te mener loin. » Il se tut une seconde, puis reprit, avec ce ton
rêveur des gens qui pensent tout haut : « C'est encore par elles qu'on
arrive le plus vite. »

Et comme Duroy souriait toujours sans répondre, il demanda :
« Est-ce que tu restes encore ? Moi, je vais rentrer, j'en ai assez. »

480 L'autre murmura : « Oui, je reste encore un peu. Il n'est pas tard. »

Forestier se leva : « Eh bien, adieu, alors. À demain. N'oublie pas ?
Dix-sept, rue Fontaine, sept heures et demie.

– C'est entendu ; à demain. Merci. »

Ils se serrèrent la main, et le journaliste s'éloigna.

485 Dès qu'il eut disparu, Duroy se sentit libre, et de nouveau il tâta
joyeusement les deux pièces d'or dans sa poche, puis, se levant, il se
mit à parcourir la foule qu'il fouillait de l'œil.

Il les aperçut bientôt, les deux femmes, la blonde et la brune, qui
voyageaient toujours de leur allure fière de mendiantes, à travers la
490 cohue des hommes.

Il alla droit sur elles, et, quand il fut tout près, il n'osa plus.

La brune lui dit : « As-tu retrouvé ta langue ? »

Il balbutia : « Parbleu », sans parvenir à prononcer autre chose que
cette parole.

495 Ils restaient debout tous les trois, arrêtés, arrêtant le mouvement
du promenoir, formant un remous autour d'eux.

Alors, tout à coup elle demanda :

« Viens-tu chez moi ? »

Et lui, frémissant de convoitise, répondit brutalement :

500 « Oui, mais je n'ai qu'un louis¹ dans ma poche. »

Elle sourit avec indifférence : « Ça ne fait rien. »

Et elle prit son bras en signe de possession.

Comme ils sortaient, il songeait qu'avec les autres vingt francs il
pourrait facilement se procurer, en location, un costume de soirée
505 pour le lendemain.

Note 1. **louis** : pièce d'or de vingt francs.

Un *incipit* réaliste

Lecture analytique de l'extrait (p. 11, l. 1, à p. 12, l. 44)

> **Incipit**
>
> Ce terme latin, qui signifie « il commence », désigne, en littérature, les premières lignes d'un roman (l'équivalent, au théâtre, est la scène d'exposition). Ces lignes donnent au lecteur des éléments de compréhension de l'histoire et doivent éveiller son intérêt, surprendre ou intriguer.

Un cadre réaliste

1 Relevez les indications de temps et de lieux données dans cet extrait. En quoi sont-elles réalistes ?

2 Dans quel milieu social se situent les personnages évoqués ? Relevez les indices qui justifient votre réponse.

3 Quels autres éléments donnent un effet de réel ?

4 En quoi le tableau de Béraud donne-t-il également un effet de réel ?

Cf. document 2.

5 En quoi peut-on parler, ici, d'un « début *in medias res** » ? Quel est l'effet produit sur le lecteur ?

* *In medias res :* procédé par lequel le lecteur est placé directement au milieu d'une action.

La présentation du héros

6 Qu'apprend-on du passé et de la situation présente du personnage ?

7 Relevez les éléments qui caractérisent le physique du personnage.

8 Observez ses attitudes : que révèlent-elles de sa psychologie ?

9 Quel est le point de vue dominant dans cet extrait ? Pourquoi ce choix ?

10 Comparez ce portrait initial du héros avec l'affiche du film (plat II de couverture) et le portrait d'homme (p. 8) : les deux personnages représentés vous paraissent-ils correspondre au héros décrit par Maupassant ?

Cf. doc. 1 et p. 8.

UN DÉBUT ANNONCIATEUR

11 En vous appuyant sur le champ lexical dominant, montrez quelle est la préoccupation principale du héros.

12 Relevez précisément les termes qui expriment un jugement du narrateur sur le héros.

13 Quels éléments (psychologie et préoccupations du personnage, vision de la société et termes employés par le narrateur, style d'écriture…) de cet extrait vous paraissent annoncer la suite du roman ?

14 En vous appuyant sur vos réponses à ce questionnaire, rédigez un commentaire organisé montrant que cet extrait répond aux exigences de l'*incipit*.

II

1 « Monsieur Forestier, s'il vous plaît ?

— Au troisième, la porte à gauche. »

Le concierge avait répondu cela d'une voix aimable où apparaissait une considération pour son locataire. Et Georges Duroy monta
5 l'escalier.

Il était un peu gêné, intimidé, mal à l'aise. Il portait un habit pour
la première fois de sa vie, et l'ensemble de sa toilette l'inquiétait. Il
la sentait défectueuse en tout, par les bottines non vernies mais assez
fines cependant, car il avait la coquetterie du pied, par la chemise de
10 quatre francs cinquante achetée le matin même au Louvre[1], et dont
le plastron trop mince se cassait déjà. Ses autres chemises, celles de
tous les jours, ayant des avaries plus ou moins graves, il n'avait pu
utiliser même la moins abîmée.

Son pantalon, un peu trop large, dessinait mal la jambe, sem-
15 blait s'enrouler autour du mollet, avait cette apparence fripée que
prennent les vêtements d'occasion sur les membres qu'ils recouvrent
par aventure. Seul, l'habit n'allait pas mal, s'étant trouvé à peu près
juste pour la taille.

Il montait lentement les marches, le cœur battant, l'esprit anxieux,
20 harcelé surtout par la crainte d'être ridicule ; et, soudain, il aperçut
en face de lui un monsieur en grande toilette qui le regardait. Ils se
trouvaient si près l'un de l'autre que Duroy fit un mouvement en
arrière, puis il demeura stupéfait : c'était lui-même, reflété par une
haute glace en pied qui formait sur le palier du premier une longue
25 perspective de galerie. Un élan de joie le fit tressaillir tant il se jugea
mieux qu'il n'aurait cru.

N'ayant chez lui que son petit miroir à barbe, il n'avait pu se
contempler entièrement, et comme il n'y voyait que fort mal les
diverses parties de sa toilette improvisée, il s'exagérait les imperfec-
30 tions, s'affolait à l'idée d'être grotesque.

Mais voilà qu'en s'apercevant brusquement dans la glace, il ne
s'était même pas reconnu ; il s'était pris pour un autre, pour un

---

Note 1. *Le Louvre* était, avec *Le Bon Marché*, « *un des grands magasins de nouveautés* » ; il a
fermé en 1974.

homme du monde, qu'il avait trouvé fort bien, fort chic, au premier coup d'œil.

35 Et maintenant, en se regardant avec soin, il reconnaissait que, vraiment, l'ensemble était satisfaisant.

Alors il s'étudia comme font les acteurs pour apprendre leurs rôles. Il se sourit, se tendit la main, fit des gestes, exprima des sentiments : l'étonnement, le plaisir, l'approbation ; et il chercha les degrés du 40 sourire et les intentions de l'œil pour se montrer galant auprès des dames, leur faire comprendre qu'on les admire et qu'on les désire.

Une porte s'ouvrit dans l'escalier. Il eut peur d'être surpris et il se mit à monter fort vite, avec la crainte d'avoir été vu minaudant ainsi, par quelque invité de son ami.

45 En arrivant au second étage, il aperçut une autre glace et il ralentit sa marche pour se regarder passer. Sa tournure lui parut vraiment élégante. Il marchait bien. Et une confiance immodérée en lui-même emplit son âme. Certes, il réussirait avec cette figure-là et son désir d'arriver, et la résolution qu'il se connaissait et l'indé-
50 pendance de son esprit. Il avait envie de courir, de sauter en gravissant le dernier étage. Il s'arrêta devant la troisième glace, frisa sa moustache d'un mouvement qui lui était familier, ôta son chapeau pour rajuster sa chevelure, et murmura à mi-voix, comme il faisait souvent : « Voilà une excellente invention. » Puis, tendant la main
55 vers le timbre, il sonna.

La porte s'ouvrit presque aussitôt, et il se trouva en présence d'un valet en habit noir, grave, rasé, si parfait de tenue que Duroy se troubla de nouveau sans comprendre d'où lui venait cette vague émotion : d'une inconsciente comparaison peut-être, entre la coupe
60 de leurs vêtements. Ce laquais, qui avait des souliers vernis, demanda, en prenant le pardessus que Duroy tenait sur son bras par peur de montrer les taches :

« Qui dois-je annoncer ? »

Et il jeta le nom derrière une portière soulevée, dans un salon où
65 il fallait entrer.

Mais Duroy, tout à coup, perdant son aplomb, se sentit perclus de crainte, haletant[1]. Il allait faire son premier pas dans l'existence

---

Note

1. **haletant** : essoufflé.

attendue, rêvée. Il s'avança, pourtant. Une jeune femme, blonde, était debout qui l'attendait, toute seule, dans une grande pièce bien éclairée et pleine d'arbustes, comme une serre.

Il s'arrêta net, tout à fait déconcerté. Quelle était cette dame qui souriait ? Puis il se souvint que Forestier était marié ; et la pensée que cette jolie blonde élégante devait être la femme de son ami acheva de l'effarer.

Il balbutia : «Madame, je suis…» Elle lui tendit la main : «Je le sais, monsieur. Charles m'a raconté votre rencontre d'hier soir, et je suis très heureuse qu'il ait eu la bonne inspiration de vous prier de dîner avec nous aujourd'hui.»

Il rougit jusqu'aux oreilles, ne sachant plus que dire ; et il se sentait examiné, inspecté des pieds à la tête, pesé, jugé.

Il avait envie de s'excuser, d'inventer une raison pour expliquer les négligences de sa toilette ; mais il ne trouva rien, et n'osa pas toucher à ce sujet difficile.

Il s'assit sur un fauteuil qu'elle lui désignait, et quand il sentit plier sous lui le velours élastique et doux du siège, quand il se sentit enfoncé, appuyé, étreint par ce meuble caressant dont le dossier et les bras capitonnés[1] le soutenaient délicatement, il lui sembla qu'il entrait dans une vie nouvelle et charmante, qu'il prenait possession de quelque chose de délicieux, qu'il devenait quelqu'un, qu'il était sauvé ; et il regarda Mme Forestier dont les yeux ne l'avaient point quitté.

Elle était vêtue d'une robe de cachemire bleu pâle qui dessinait bien sa taille souple et sa poitrine grasse.

La chair des bras et de la gorge sortait d'une mousse de dentelle blanche dont étaient garnis le corsage et les courtes manches ; et les cheveux relevés au sommet de la tête, frisant un peu sur la nuque, faisaient un léger nuage de duvet blond au-dessus du cou.

Duroy se rassurait sous son regard, qui lui rappelait, sans qu'il sût pourquoi, celui de la fille rencontrée la veille aux Folies-Bergère. Elle avait les yeux gris, d'un gris azuré qui en rendait étrange l'expression, le nez mince, les lèvres fortes, le menton un peu charnu, une figure irrégulière et séduisante, pleine de gentillesse et de

---

Note 1. **capitonnés** : rembourrés.

malice. C'était un de ces visages de femme dont chaque ligne révèle une grâce particulière, semble avoir une signification, dont chaque mouvement paraît dire ou cacher quelque chose.

Après un court silence, elle lui demanda : « Vous êtes depuis long-temps à Paris ? »

Il répondit, en reprenant peu à peu possession de lui :

« Depuis quelques mois seulement, madame. J'ai un emploi dans les chemins de fer ; mais Forestier m'a laissé espérer que je pourrais, grâce à lui, pénétrer dans le journalisme. »

Elle eut un sourire plus visible, plus bienveillant ; et elle murmura, en baissant la voix : « Je sais. »

Le timbre avait tinté de nouveau. Le valet annonça :

« Madame de Marelle. »

C'était une petite brune, de celles qu'on appelle des brunettes.

Elle entra d'une allure alerte ; elle semblait dessinée, moulée des pieds à la tête dans une robe sombre toute simple.

Seule une rose rouge, piquée dans ses cheveux noirs, attirait l'œil violemment, semblait marquer sa physionomie, accentuer son ca-ractère spécial, lui donner la note vive et brusque qu'il fallait.

Une fillette en robe courte la suivait. Mme Forestier s'élança :

« Bonjour Clotilde.

— Bonjour Madeleine. »

Elles s'embrassèrent. Puis l'enfant tendit son front avec une assu-rance de grande personne, en prononçant :

« Bonjour cousine. »

Mme Forestier la baisa ; puis fit les présentations :

« Monsieur Georges Duroy, un bon camarade de Charles.

« Madame de Marelle, mon amie, un peu ma parente. »

Elle ajouta : « Vous savez, nous sommes ici sans cérémonie, sans façon, et sans pose. C'est entendu, n'est-ce pas ? »

Le jeune homme s'inclina.

Mais la porte s'ouvrit de nouveau et un petit gros monsieur, court et rond, parut, donnant le bras à une grande et belle femme, plus haute que lui, beaucoup plus jeune, de manières distinguées et d'al-lure grave. C'était M. Walter, député, financier, homme d'argent et d'affaires, juif et méridional, directeur de *La Vie française*, et sa femme, née Basile-Ravalau, fille du banquier de ce nom.

140   Puis parurent, coup sur coup, Jacques Rival, très élégant, et Norbert de Varenne, dont le col d'habit luisait, un peu ciré par le frottement des longs cheveux qui tombaient jusqu'aux épaules, et semaient dessus quelques grains de poussière blanche.

    Sa cravate, mal nouée, ne semblait pas à sa première sortie. Il
145 s'avança avec des grâces de vieux beau et, prenant la main de Mme Forestier, mit un baiser sur son poignet. Dans le mouvement qu'il fit en se baissant, sa longue chevelure se répandit comme de l'eau sur le bras nu de la jeune femme.

    Et Forestier entra à son tour, en s'excusant d'être en retard. Mais il
150 avait été retenu au journal par l'affaire Morel. M. Morel, député radical, venait d'adresser une question au ministère sur une demande de crédit relative à la colonisation de l'Algérie[1].

    Le domestique cria : «Madame est servie!»

    Et on passa dans la salle à manger.

155   Duroy se trouvait placé entre Mme de Marelle et sa fille. Il se sentait de nouveau gêné, ayant peur de commettre quelque erreur dans le maniement conventionnel de la fourchette, de la cuiller ou des verres. Il y en avait quatre, dont un légèrement teinté de bleu. Que pouvait-on boire dans celui-là?

160   On ne dit rien pendant qu'on mangeait le potage, puis Norbert de Varenne demanda : «Avez-vous lu ce procès Gauthier? quelle drôle de chose!»

    Et on discuta sur ce cas d'adultère[2] compliqué de chantage. On n'en parlait point comme on parle, au sein des familles, des événe-
165 ments racontés dans les feuilles publiques, mais comme on parle d'une maladie entre médecins ou de légumes entre fruitiers. On ne s'indignait pas, on ne s'étonnait pas des faits; on en cherchait les causes profondes, secrètes, avec une curiosité professionnelle et une indifférence absolue pour le crime lui-même. On tâchait d'ex-
170 pliquer nettement les origines des actions, de déterminer[3] tous les phénomènes cérébraux dont était né le drame, résultat scientifique

---

Notes

1. Le gouvernement de Jules Ferry, en 1881, avait demandé des crédits pour des opérations en Tunisie.
2. Les exemples d'adultères sont nombreux dans le roman.

3. Le verbe renvoie aux théories sur le déterminisme et l'hérédité par lesquelles Zola explique le comportement des individus.

d'un état d'esprit particulier. Les femmes aussi se passionnaient à cette poursuite, à ce travail. Et d'autres événements récents furent examinés, commentés, tournés sous toutes leurs faces, pesés à leur valeur, avec ce coup d'œil pratique et cette manière de voir spéciale des marchands de nouvelles, des débitants de comédie humaine à la ligne, comme on examine, comme on retourne et comme on pèse, chez les commerçants, les objets qu'on va livrer au public.

Puis il fut question d'un duel et Jacques Rival prit la parole. Cela lui appartenait ; personne autre ne pouvait traiter cette affaire.

Duroy n'osait point placer un mot. Il regardait parfois sa voisine, dont la gorge ronde le séduisait. Un diamant tenu par un fil d'or pendait au bas de l'oreille, comme une goutte d'eau qui aurait glissé sur la chair. De temps en temps, elle faisait une remarque qui éveillait toujours un sourire sur les lèvres. Elle avait un esprit drôle, gentil, inattendu, un esprit de gamine expérimentée qui voit les choses avec insouciance et les juge avec un scepticisme[1] léger et bienveillant.

Duroy cherchait en vain quelque compliment à lui faire, et, ne trouvant rien, il s'occupait de sa fille, lui versait à boire, lui tenait ses plats, la servait. L'enfant, plus sévère que sa mère, remerciait avec une voix grave, faisait de courts saluts de la tête : « Vous êtes bien aimable, monsieur », et elle écoutait les grandes personnes d'un petit air réfléchi.

Le dîner était fort bon, et chacun s'extasiait. M. Walter mangeait comme un ogre, ne parlait presque pas, et considérait d'un regard oblique, glissé sous ses lunettes, les mets qu'on lui présentait. Norbert de Varenne lui tenait tête et laissait tomber parfois des gouttes de sauce sur son plastron de chemise.

Forestier, souriant et sérieux, surveillait, échangeait avec sa femme des regards d'intelligence, à la façon de compères accomplissant ensemble une besogne difficile et qui marche à souhait.

Les visages devenaient rouges, les voix s'enflaient. De moment en moment, le domestique murmurait à l'oreille des convives : « Corton[2] – Château-Laroze[3] ? »

---

205   Duroy avait trouvé le corton de son goût et il laissait chaque fois emplir son verre. Une gaieté délicieuse entrait en lui, une gaieté chaude qui lui montait du ventre à la tête, lui courait dans les membres, le pénétrait tout entier. Il se sentait envahi par un bien-être complet, un bien-être de vie et de pensée, de corps et d'âme.

210   Et une envie de parler lui venait, de se faire remarquer, d'être écouté, apprécié comme ces hommes dont on savourait les moindres expressions.

    Mais la causerie qui allait sans cesse, accrochant les idées les unes aux autres, sautant d'un sujet à l'autre sur un mot, un rien, après
215 avoir fait le tour des événements du jour et avoir effleuré, en passant, mille questions, revint à la grande interpellation de M. Morel sur la colonisation de l'Algérie[1].

    M. Walter, entre deux services, fit quelques plaisanteries, car il avait l'esprit sceptique et gras. Forestier raconta son article du len-
220 demain, Jacques Rival réclama un gouvernement militaire avec des concessions de terres accordées à tous les officiers après trente années de service colonial.

    «De cette façon, disait-il, vous créerez une société énergique, ayant appris depuis longtemps à connaître et à aimer le pays, sachant
225 sa langue et au courant de toutes ces graves questions locales auxquelles se heurtent infailliblement les nouveaux venus.»

    Norbert de Varenne l'interrompit :

    «Oui… ils sauront tout, excepté l'agriculture. Ils parleront l'arabe, mais ils ignoreront comment on repique des betteraves et comment
230 on sème du blé. Ils seront même forts en escrime, mais très faibles sur les engrais. Il faudrait au contraire ouvrir largement ce pays neuf à tout le monde. Les hommes intelligents s'y feront une place, les autres succomberont. C'est la loi sociale.»

    Un léger silence suivit. On souriait.
235   Georges Duroy ouvrit la bouche et prononça, surpris par le son de sa voix, comme s'il ne s'était jamais entendu parler : «Ce qui manque le plus là-bas, c'est la bonne terre. Les propriétés vraiment fertiles coûtent aussi cher qu'en France et sont achetées, comme placement de fonds, par des Parisiens très riches. Les vrais colons, les

---

Note   1. Le début de l'établissement de la France en Algérie date de 1830.

pauvres, ceux qui s'exilent faute de pain, sont rejetés dans le désert, où il ne pousse rien, par manque d'eau. »

Tout le monde le regardait. Il se sentit rougir. M. Walter demanda : « Vous connaissez l'Algérie, monsieur ? »

Il répondit : « Oui, monsieur, j'y suis resté vingt-huit mois, et j'ai séjourné dans les trois provinces. »

Et brusquement, oubliant la question Morel, Norbert de Varenne l'interrogea sur un détail de mœurs qu'il tenait d'un officier. Il s'agissait du Mzab[1], cette étrange petite république arabe née au milieu du Sahara, dans la partie la plus desséchée de cette région brûlante.

Duroy avait visité deux fois le Mzab, et il raconta les mœurs de ce singulier pays où les gouttes d'eau ont la valeur de l'or, où chaque habitant est tenu à tous les services publics, où la probité commerciale est poussée plus loin que chez les peuples civilisés.

Il parla avec une certaine verve hâbleuse[2], excité par le vin et par le désir de plaire ; il raconta des anecdotes de régiment, des traits de la vie arabe, des aventures de guerre. Il trouva même quelques mots colorés pour exprimer ces contrées jaunes et nues, interminablement désolées sous la flamme dévorante du soleil.

Toutes les femmes avaient les yeux sur lui. Mme Walter murmura de sa voix lente : « Vous feriez avec vos souvenirs une charmante série d'articles. » Alors Walter considéra le jeune homme par-dessus le verre de ses lunettes, comme il faisait pour bien voir les visages. Il regardait les plats par-dessous.

Forestier saisit le moment : « Mon cher patron, je vous ai parlé tantôt de M. Georges Duroy, en vous demandant de me l'adjoindre pour le service des informations politiques. Depuis que Marambot nous a quittés, je n'ai personne pour aller prendre les renseignements urgents et confidentiels ; et le journal en souffre. »

Le père Walter devint sérieux et releva tout à fait ses lunettes pour regarder Duroy bien en face. Puis il dit : « Il est certain que M. Duroy a un esprit original. S'il veut bien venir causer avec moi, demain à trois heures, nous arrangerons ça. » Puis, après un silence,

Notes

1. **Mzab** : région du Sahara algérien dont une des villes principales est Ghardaïa.

2. **hâbleuse** : vantarde.

et se tournant tout à fait vers le jeune homme : «Mais faites-nous
275 tout de suite une petite série fantaisiste sur l'Algérie. Vous raconte-
rez vos souvenirs, et vous mêlerez à ça la question de la colonisation,
comme tout à l'heure. C'est d'actualité, tout à fait d'actualité, et je
suis sûr que ça plaira beaucoup à nos lecteurs. Mais dépêchez-vous.
Il me faut le premier article pour demain ou après-demain, pendant
280 qu'on discute à la Chambre[1], afin d'amorcer le public.»

Mme Walter ajouta, avec cette grâce sérieuse qu'elle mettait en
tout et qui donnait un air de faveurs à ses paroles : «Et vous avez un
titre charmant : *Souvenirs d'un chasseur d'Afrique*, n'est-ce pas, monsieur Norbert?»

285 Le vieux poète, arrivé tard à la renommée, détestait et redoutait
les nouveaux venus. Il répondit d'un air sec :

«Oui, excellent, à condition que la suite soit dans la note, car c'est
là la grande difficulté ; la note juste, ce qu'en musique on appelle
le ton.»

290 Mme Forestier couvrait Duroy d'un regard protecteur et souriant, d'un regard de connaisseur qui semblait dire : «Toi, tu arrive-
ras.» Mme de Marelle s'était, à plusieurs reprises, tournée vers lui,
et le diamant de son oreille tremblait sans cesse comme si la fine
goutte d'eau allait se détacher et tomber.

295 La petite fille demeurait immobile et grave, la tête baissée sur son
assiette.

Mais le domestique faisait le tour de la table, versant dans les
verres bleus du vin de Johannisberg[2] ; et Forestier portait un toast
en saluant M. Walter : «À la longue prospérité de *La Vie française*!»

300 Tout le monde s'inclina vers le Patron qui souriait et Duroy, gris
de triomphe, but d'un trait. Il aurait vidé de même une barrique
entière, lui semblait-il, il aurait mangé un bœuf, étranglé un lion.
Il se sentait dans les membres une vigueur surhumaine, dans l'esprit
une résolution invincible et une espérance infinie. Il était chez lui,
305 maintenant, au milieu de ces gens ; il venait d'y prendre position,
d'y conquérir sa place. Son regard se posait sur les visages avec une

---

Notes

1. Les deux Chambres se composent de
la Chambre des députés et de celle des
sénateurs.

2. **Johannisberg** : grand cru blanc de la
région rhénane du Rheingau, fait à partir
du cépage riesling.

assurance nouvelle, et il osa, pour la première fois, adresser la parole à sa voisine :

« Vous avez, madame, les plus jolies boucles d'oreilles que j'aie jamais vues. »

Elle se tourna vers lui en souriant : « C'est une idée à moi de pendre des diamants comme ça, simplement au bout d'un fil. On dirait vraiment de la rosée, n'est-ce pas ? »

Il murmura, confus de son audace et tremblant de dire une sottise :

« C'est charmant... mais l'oreille aussi fait valoir la chose. »

Elle le remercia d'un regard, d'un de ces clairs regards de femme qui pénètrent jusqu'au cœur.

Et comme il tournait la tête, il rencontra encore les yeux de Mme Forestier, toujours bienveillants, mais il crut y voir une gaieté plus vive, une malice, un encouragement.

Tous les hommes maintenant parlaient en même temps avec des gestes et des éclats de voix ; on discutait le grand projet du chemin de fer métropolitain[1]. Le sujet ne fut épuisé qu'à la fin du dessert, chacun ayant une quantité de choses à dire sur la lenteur des communications dans Paris, les inconvénients des tramways, les ennuis des omnibus et la grossièreté des cochers de fiacre.

Puis on quitta la salle à manger pour aller prendre le café. Duroy, par plaisanterie, offrit son bras à la petite fille. Elle le remercia gravement et se haussa sur la pointe des pieds pour arriver à poser la main sur le coude de son voisin.

En entrant dans le salon, il eut de nouveau la sensation de pénétrer dans une serre[2]. De grands palmiers ouvraient leurs feuilles élégantes dans les quatre coins de la pièce, montaient jusqu'au plafond, puis s'élargissaient en jets d'eau.

Des deux côtés de la cheminée, des caoutchoucs, ronds comme des colonnes, étageaient l'une sur l'autre leurs longues feuilles d'un vert sombre, et sur le piano deux arbustes inconnus, ronds et cou-

---

Notes

1. Le projet du métropolitain se réalise à Paris dès 1896 (inauguré en 1900) sous la direction de Fulgence Bienvenüe.

2. **serre** : lieu de l'adultère décrit dans *La Curée* (1871) de Zola. Les jardins d'hiver sont à la mode à l'époque.

verts de fleurs, l'un tout rose et l'autre tout blanc, avaient l'air de
340 plantes factices, invraisemblables, trop belles pour être vraies.

L'air était frais et pénétré d'un parfum vague, doux, qu'on n'aurait
pu définir, dont on ne pouvait dire le nom.

Et le jeune homme, plus maître de lui, considéra avec attention l'appartement. Il n'était pas grand; rien n'attirait le regard en dehors des
345 arbustes; aucune couleur vive ne frappait; mais on se sentait à son aise
dedans, on se sentait tranquille, reposé; il enveloppait doucement, il
plaisait, mettait autour du corps quelque chose comme une caresse.

Les murs étaient tendus avec une étoffe ancienne d'un violet passé,
criblée de petites fleurs de soie jaune, grosses comme des mouches.
350 Des portières en drap bleu-gris, en drap de soldat où l'on avait
brodé quelques œillets de soie rouge retombaient sur les portes; et
les sièges, de toutes les formes, de toutes les grandeurs, éparpillés
au hasard dans l'appartement, chaises longues, fauteuils énormes ou
minuscules, poufs et tabourets, étaient couverts de soie Louis XVI
355 ou de beau velours d'Utrecht, fond crème, à dessins grenat.

«Prenez-vous du café, monsieur Duroy?»

Et Mme Forestier lui tendait une tasse pleine, avec ce sourire ami
qui ne quittait point sa lèvre.

«Oui, madame, je vous remercie.»

360 Il reçut la tasse, et comme il se penchait plein d'angoisse pour
cueillir avec la pince d'argent un morceau de sucre dans le sucrier
que portait la petite fille, la jeune femme lui dit à mi-voix :

«Faites donc votre cour à Mme Walter.»

Puis elle s'éloigna avant qu'il eût pu répondre un mot.

365 Il but d'abord son café qu'il craignait de laisser tomber sur le tapis;
puis, l'esprit plus libre, il chercha un moyen de se rapprocher de la
femme de son nouveau directeur et d'entamer une conversation.

Tout à coup il s'aperçut qu'elle tenait à la main sa tasse vide; et,
comme elle se trouvait loin d'une table, elle ne savait où la poser.
370 Il s'élança.

«Permettez, madame.

– Merci, monsieur.»

Il emporta la tasse, puis il revint : «Si vous saviez, madame, quels
bons moments m'a fait passer *La Vie française*, quand j'étais là-bas
375 dans le désert. C'est vraiment le seul journal qu'on puisse lire hors

de France, parce qu'il est plus littéraire, plus spirituel et moins monotone que tous les autres. On trouve de tout là-dedans.»

Elle sourit, avec une indifférence aimable, et répondit gravement :

«M. Walter a eu bien du mal pour créer ce type de journal qui
380 répondait à un besoin nouveau.»

Et ils se mirent à causer. Il avait la parole facile et banale, du charme dans la voix, beaucoup de grâce dans le regard et une séduction irrésistible dans la moustache. Elle s'ébouriffait sur sa lèvre, crépue, frisée, jolie, d'un blond teinté de roux avec une nuance plus
385 pâle dans les poils hérissés des bouts.

Ils parlèrent de Paris, des environs, des bords de la Seine, des villes d'eaux, des plaisirs de l'été, de toutes les choses courantes sur lesquelles on peut discourir indéfiniment sans se fatiguer l'esprit.

Puis, comme M. Norbert de Varenne s'approchait, un verre de
390 liqueur à la main, Duroy s'éloigna par discrétion.

Mme de Marelle, qui venait de causer avec Mme Forestier, l'appela : «Eh bien, monsieur, lui dit-elle brusquement, vous voulez donc tâter du journalisme?»

Alors il parla de ses projets, en termes vagues, puis recommen-
395 ça avec elle la conversation qu'il venait d'avoir avec Mme Walter ; mais, comme il possédait mieux son sujet, il s'y montra supérieur, répétant comme de lui des choses qu'il venait d'entendre. Et sans cesse il regardait dans les yeux sa voisine, comme pour donner à ce qu'il disait un sens profond.

400 Elle lui raconta à son tour des anecdotes, avec un entrain facile de femme qui se sait spirituelle et qui veut toujours être drôle ; et, devenant familière, elle posait la main sur son bras, baissait la voix pour dire des riens qui prenaient ainsi un caractère d'intimité. Il s'exaltait intérieurement à frôler cette jeune femme qui s'occupait
405 de lui. Il aurait voulu tout de suite se dévouer pour elle, la défendre, montrer ce qu'il valait ; et les retards qu'il mettait à lui répondre indiquaient la préoccupation de sa pensée.

Mais tout à coup, sans raison, Mme de Marelle appela : «Laurine!» et la petite fille s'en vint.
410 «Assieds-toi là, mon enfant, tu aurais froid près de la fenêtre.»

Et Duroy fut pris d'une envie folle d'embrasser la fillette, comme si quelque chose de ce baiser eût dû retourner à la mère.

Il demanda, d'un ton galant et paternel : «Voulez-vous me permettre de vous embrasser, mademoiselle?»

415 L'enfant leva les yeux sur lui d'un air surpris. Mme de Marelle dit en riant : «Réponds : "Je veux bien, monsieur, pour aujourd'hui ; mais ce ne sera pas toujours comme ça."»

Duroy, s'asseyant aussitôt, prit sur son genou Laurine, puis effleura des lèvres les cheveux ondés et fins de son front.

420 La mère s'étonna : «Tiens, elle ne s'est pas sauvée ; c'est stupéfiant. Elle ne se laisse d'ordinaire embrasser que par les femmes. Vous êtes irrésistible, monsieur Duroy.»

Il rougit, sans répondre, et d'un mouvement léger il balançait la petite fille sur sa jambe.

425 Mme Forestier s'approcha et, poussant un cri d'étonnement : «Tiens, voilà Laurine apprivoisée, quel miracle!»

Jacques Rival aussi s'en venait, un cigare à la bouche, et Duroy se leva pour partir, ayant peur de gâter par quelque mot maladroit la besogne faite, son œuvre de conquête commencée.

430 Il salua, prit et serra doucement la petite main tendue des femmes, puis secoua avec force la main des hommes. Il remarqua que celle de Jacques Rival était sèche et chaude et répondait cordialement à sa pression, celle de Norbert de Varenne humide et froide et fuyait en glissant entre les doigts, celle du père Walter froide et molle, sans

435 énergie, sans expression, celle de Forestier, grasse et tiède. Son ami lui dit à mi-voix :

«Demain, trois heures, n'oublie pas.

– Oh non! ne crains rien.»

Quand il se retrouva sur l'escalier, il eut envie de descendre en

440 courant, tant sa joie était véhémente, et il s'élança, enjambant les marches deux par deux ; mais tout à coup il aperçut, dans la grande glace du second étage, un monsieur pressé qui venait en gambadant à sa rencontre et il s'arrêta net, honteux comme s'il venait d'être surpris en faute.

445 Puis il se regarda longuement, émerveillé d'être vraiment aussi joli garçon ; puis il se sourit avec complaisance ; puis, prenant congé de son image, il se salua très bas, avec cérémonie, comme on salue les grands personnages.

« *Un monsieur en grande toilette* »

Lecture analytique de l'extrait (p. 29, l. 6, à p. 30, l. 55)

Un portrait original

1 Relevez les éléments qui font de cet extrait un portrait réaliste.

2 Quel est le point de vue dominant dans ce texte ? Justifiez votre réponse en vous appuyant précisément sur le texte (champ lexical et types de verbes utilisés).

3 Dégagez le plan du texte en fonction de la progression du personnage.

4 Quelle vision de son habit a le héros dans les deux premiers paragraphes ? Montrez précisément comment elle change au fur et à mesure de l'extrait.

Un personnage ambigu

5 Relevez la place et le rôle du miroir dans l'extrait. Quels traits de la personnalité du héros cet objet révèle-t-il ?

6 Montrez l'évolution de l'état d'esprit du personnage en fonction de sa progression dans l'escalier.

Discours indirect libre

• Forme de discours rapporté, qui n'utilise pas de verbe introducteur (comme « Il disait que… »).
• Du discours indirect, il conserve les temps et modes, ainsi que la 3e personne, mais il utilise la ponctuation du discours direct.
• Dans ce procédé, on ne distingue plus la voix du personnage de celle du narrateur (ex. : « Il réfléchit qu'il devait faire le voyage. La semaine prochaine ? Pourquoi pas ? Mais il y aurait beaucoup de monde ! Bon, il verrait bien »).

7 Relevez un passage au discours indirect libre. Montrez quel trait de caractère du héros s'y manifeste et trouvez-en d'autres exemples dans l'extrait.

8 À quels moments du texte le héros est-il observé par le narrateur (point de vue omniscient*) ? Quel est l'intérêt de ce jeu entre les deux points de vue ?

*Point de vue omniscient : voir p. 42.

9 Quelle image le narrateur donne-t-il de son personnage ?

10 Imaginez la scène décrite par un habitant de l'immeuble qui observe Duroy sans être vu de lui.

11 En vous appuyant sur vos réponses à ce questionnaire, rédigez un commentaire organisé montrant l'originalité du portrait brossé par Maupassant.

III

1　Quand Georges Duroy se retrouva dans la rue, il hésita sur ce qu'il ferait. Il avait envie de courir, de rêver, d'aller devant lui en songeant à l'avenir et en respirant l'air doux de la nuit ; mais la pensée de la série d'articles demandés par le père Walter le poursuivait,
5　et il se décida à rentrer tout de suite pour se mettre au travail.

Il revint à grands pas, gagna le boulevard extérieur, et le suivit jusqu'à la rue Boursault[1] qu'il habitait. Sa maison, haute de six étages, était peuplée par vingt petits ménages ouvriers et bourgeois, et il éprouva, en montant l'escalier, dont il éclairait avec des allu-
10　mettes-bougies[2] les marches sales où traînaient des bouts de papier, des bouts de cigarettes, des épluchures de cuisine, une écœurante sensation de dégoût, et une hâte de sortir de là, de loger comme les hommes riches, en des demeures propres, avec des tapis. Une odeur lourde de nourriture, de fosse d'aisances[3] et d'humanité, une odeur
15　stagnante de crasse et de vieille muraille, qu'aucun courant d'air n'eût pu chasser de ce logis, l'emplissait du haut en bas.

La chambre du jeune homme, au cinquième étage, donnait, comme sur un abîme profond, sur l'immense tranchée du chemin de fer de l'Ouest, juste au-dessus de la sortie du tunnel, près de
20　la gare des Batignolles[4]. Duroy ouvrit sa fenêtre et s'accouda sur l'appui de fer rouillé.

Au-dessous de lui, dans le fond du trou sombre, trois signaux rouges immobiles avaient l'air de gros yeux de bête ; et plus loin on en voyait d'autres, et encore d'autres, encore plus loin. À tout ins-
25　tant des coups de sifflet prolongés ou courts passaient dans la nuit, les uns proches, les autres à peine perceptibles, venus de là-bas, du côté d'Asnières. Ils avaient des modulations comme des appels de voix. Un d'eux se rapprochait, poussant toujours son cri plaintif qui grandissait de seconde en seconde, et bientôt une grosse lumière
30　jaune apparut, courant avec un grand bruit ; et Duroy regarda le long chapelet des wagons s'engouffrer sous le tunnel.

Notes

1. La rue Boursault est située dans le XVIIe arrondissement de Paris.
2. Les allumettes-bougies ont une durée d'éclairage plus longue.

3. **fosse d'aisances** : fosse creusée pour recevoir les matières fécales.
4. **la gare des Batignolles** : aujourd'hui la station Pont-Cardinet.

Puis il se dit : « Allons, au travail. » Il posa sa lumière sur sa table, mais au moment de se mettre à écrire, il s'aperçut qu'il n'avait chez lui qu'un cahier de papier à lettres.

35 Tant pis, il l'utiliserait en ouvrant la feuille dans toute sa grandeur. Il trempa sa plume dans l'encre et écrivit en tête, de sa plus belle écriture :

Souvenirs d'un Chasseur d'Afrique.

Puis il chercha le commencement de la première phrase.

40 Il restait le front dans sa main, les yeux fixés sur le carré blanc déployé devant lui.

Qu'allait-il dire ? Il ne trouvait plus rien maintenant de ce qu'il avait raconté tout à l'heure, pas une anecdote, pas un fait, rien. Tout à coup il pensa : « Il faut que je débute par mon départ. » Et il écri-

45 vit : « C'était en 1874, aux environs du 15 mai, alors que la France épuisée se reposait après les catastrophes de l'année terrible[1]… »

Et il s'arrêta net, ne sachant comment amener ce qui suivrait, son embarquement, son voyage, ses premières émotions.

Après dix minutes de réflexion il se décida à remettre au len-

50 demain la page préparatoire du début, et à faire tout de suite une description d'Alger.

Et il traça sur son papier : « Alger[2] est une ville toute blanche… » sans parvenir à énoncer autre chose. Il revoyait en souvenir la jolie cité claire, dégringolant, comme une cascade de maisons plates, du

55 haut de sa montagne dans la mer, mais il ne trouvait plus un mot pour exprimer ce qu'il avait vu, ce qu'il avait senti.

Après un grand effort, il ajouta : « Elle est habitée en partie par des Arabes… » Puis il jeta sa plume sur la table et se leva.

Sur son petit lit de fer, où la place de son corps avait fait un creux,

60 il aperçut ses habits de tous les jours jetés là, vides, fatigués, flasques,

---

Notes

1. Après l'élection du général Mac-Mahon à la présidence de la République, certains députés souhaitent la restauration de la monarchie. *L'Année terrible*, recueil de poèmes de Victor Hugo publié en 1872, est une épopée sur la guerre de 1870 et la Commune : deux éditions illustrées de cet ouvrage furent publiées en 1874.

2. Maupassant évoque ici des souvenirs personnels.

vilains comme des hardes de la Morgue[1]. Et, sur une chaise de paille, son chapeau de soie, son unique chapeau semblait ouvert pour recevoir l'aumône.

Ses murs, tendus d'un papier gris à bouquets bleus, avaient autant de taches que de fleurs, des taches anciennes, suspectes, dont on n'aurait pu dire la nature, bêtes écrasées ou gouttes d'huile, bouts de doigts graissés de pommade ou écume de la cuvette projetée pendant les lavages. Cela sentait la misère honteuse, la misère en garni[2] de Paris. Et une exaspération le souleva contre la pauvreté de sa vie. Il se dit qu'il fallait sortir de là, tout de suite, qu'il fallait en finir dès le lendemain avec cette existence besogneuse.

Une ardeur de travail l'ayant soudain ressaisi, il se rassit devant sa table et recommença à chercher des phrases pour bien raconter la physionomie étrange et charmante d'Alger, cette antichambre de l'Afrique mystérieuse et profonde, l'Afrique des Arabes vagabonds et des nègres inconnus, l'Afrique inexplorée et tentante, dont on nous montre parfois, dans les jardins publics, les bêtes invraisemblables qui semblent créées pour des contes de fées, les autruches, ces poules extravagantes, les gazelles, ces chèvres divines, les girafes surprenantes et grotesques, les chameaux graves, les hippopotames monstrueux, les rhinocéros informes, et les gorilles, ces frères effrayants de l'homme.

Il sentait vaguement des pensées lui venir ; il les aurait dites, peut-être, mais il ne les pouvait point formuler avec des mots écrits. Et son impuissance l'enfiévrant, il se leva de nouveau, les mains humides de sueur et le sang battant aux tempes.

Et ses yeux étant tombés sur la note de sa blanchisseuse, montée, le soir même, par le concierge, il fut saisi brusquement par un désespoir éperdu. Toute sa joie disparut en une seconde, avec sa confiance en lui et sa foi dans l'avenir. C'était fini ; tout était fini, il ne ferait rien, il ne serait rien ; il se sentait vide, incapable, inutile, condamné.

Notes

1. **hardes de la Morgue** : vêtements usés et déchirés des morts. La morgue est la salle d'un hôpital, d'une clinique, où reposent momentanément les personnes décédées.

2. **garni** : chambre meublée affectée à la location.

Et il retourna s'accouder à la fenêtre, juste au moment où un train sortait du tunnel avec un bruit subit et violent. Il s'en allait là-bas, à travers les champs et les plaines, vers la mer. Et le souvenir de ses parents entra au cœur de Duroy.

Il allait passer près d'eux, ce convoi, à quelques lieues seulement de leur maison. Il la revit, la petite maison, au haut de la côte, dominant Rouen et l'immense vallée de la Seine, à l'entrée du village de Canteleu[1].

Son père et sa mère tenaient un petit cabaret, une guinguette[2] où les bourgeois des faubourgs venaient déjeuner le dimanche : *À la Belle-Vue*. Ils avaient voulu faire de leur fils un monsieur, et l'avaient mis au collège. Ses études finies et son baccalauréat manqué, il était parti pour le service avec l'intention de devenir officier, colonel, général. Mais, dégoûté de l'état militaire bien avant d'avoir fini ses cinq années, il avait rêvé de faire fortune à Paris.

Il y était venu, son temps expiré, malgré les prières du père et de la mère, qui, leur songe envolé, voulaient le garder maintenant. À son tour, il espérait un avenir ; il entrevoyait le triomphe au moyen d'événements encore confus dans son esprit, qu'il saurait assurément faire naître et seconder.

Il avait eu au régiment des succès de garnison, des bonnes fortunes faciles et même des aventures dans un monde plus élevé, ayant séduit la fille d'un percepteur qui voulait tout quitter pour le suivre, et la femme d'un avoué qui avait tenté de se noyer par désespoir d'être délaissée.

Ses camarades disaient de lui : « C'est un malin, c'est un roublard[3], c'est un débrouillard qui saura se tirer d'affaire. » Et il s'était promis en effet d'être un malin, un roublard et un débrouillard.

Sa conscience native de Normand, frottée par la pratique quotidienne de l'existence de garnison, distendue par les exemples de

---

Notes

1. **Canteleu** : village à 6 km à l'ouest de Rouen, sur le plateau. En contrebas se trouve Croisset où séjournait Flaubert. On sait l'admiration que Maupassant portait à l'écrivain.

2. **guinguette** : café populaire où l'on consomme et où l'on danse, le plus souvent en plein air.

3. **roublard** : qui fait preuve d'astuce et de ruse dans la défense de ses intérêts.

maraudages[1] en Afrique, de bénefs illicites, de supercheries suspectes, fouettée aussi par les idées d'honneur qui ont cours dans
125 l'armée, par les bravades militaires, les sentiments patriotiques, les
histoires magnanimes[2] racontées entre sous-offs et par la gloriole[3]
du métier, était devenue une sorte de boîte à triple fond où l'on
trouvait de tout.

Mais le désir d'arriver y régnait en maître.

130 Il s'était remis, sans s'en apercevoir, à rêvasser, comme il faisait
chaque soir. Il imaginait une aventure d'amour magnifique qui
l'amenait, d'un seul coup, à la réalisation de son espérance. Il épou-
sait la fille d'un banquier ou d'un grand seigneur rencontrée dans la
rue et conquise à première vue.

135 Le sifflet strident d'une locomotive qui, sortie toute seule du tunnel, comme un gros lapin de son terrier, et courant à toute vapeur
sur les rails, filait vers le garage des machines où elle allait se reposer, le réveilla de son songe.

Alors, ressaisi par l'espoir confus et joyeux qui hantait toujours
140 son esprit, il jeta, à tout hasard, un baiser dans la nuit, un baiser d'amour vers l'image de la femme attendue, un baiser de désir
vers la fortune convoitée. Puis il ferma sa fenêtre et commença à se
dévêtir en murmurant :

«Bah, je serai mieux disposé demain matin. Je n'ai pas l'esprit
145 libre ce soir. Et puis, j'ai peut-être aussi un peu trop bu. On ne travaille pas bien dans ces conditions-là. »

Il se mit au lit, souffla sa lumière, et s'endormit presque aussitôt.

Il se réveilla de bonne heure, comme on s'éveille aux jours d'espérance vive ou de souci, et, sautant du lit, il alla ouvrir sa fenêtre
150 pour avaler une bonne tasse d'air frais, comme il disait.

Les maisons de la rue de Rome, en face, de l'autre côté du large
fossé du chemin de fer, éclatantes dans la lumière du soleil levant,
semblaient peintes avec de la clarté blanche. Sur la droite, au loin,
on apercevait les coteaux d'Argenteuil[4], les hauteurs de Sannois et

---

Notes

1. **maraudages :** vols de produits de
la terre avant leur récolte.
2. **magnanimes :** belles, nobles.
3. **gloriole :** vaine gloire, vanité.

4. Claude Monet peint, l'été 1874,
plusieurs toiles : *Régates à Argenteuil*,
La Seine à Argenteuil, *Argenteuil* et *En
bateau*.

les moulins d'Orgemont dans une brume bleuâtre et légère, semblable à un petit voile flottant et transparent qui aurait été jeté sur l'horizon.

Duroy demeura quelques minutes à regarder la campagne lointaine, et il murmura : «Il ferait bougrement bon, là-bas, un jour comme ça.» Puis, il songea qu'il lui fallait travailler, et tout de suite, et aussi envoyer, moyennant dix sous, le fils de sa concierge dire à son bureau qu'il était malade.

Il s'assit devant sa table, trempa sa plume dans l'encrier, prit son front dans sa main et chercha des idées. Ce fut en vain. Rien ne venait.

Il ne se découragea pas cependant. Il pensa : «Bah, je n'en ai pas l'habitude. C'est un métier à apprendre comme tous les métiers. Il faut qu'on m'aide les premières fois. Je vais trouver Forestier, qui me mettra mon article sur pied en dix minutes.»

Et il s'habilla.

Quand il fut dans la rue, il jugea qu'il était encore trop tôt pour se présenter chez son ami qui devait dormir tard. Il se promena donc, tout doucement, sous les arbres du boulevard extérieur.

Il n'était pas encore neuf heures, et il gagna le parc Monceau tout frais de l'humidité des arrosages.

S'étant assis sur un banc, il se remit à rêver. Un jeune homme allait et venait devant lui, très élégant, attendant une femme sans doute.

Elle parut, voilée, le pied rapide, et, ayant pris son bras, après une courte poignée de main, ils s'éloignèrent.

Un tumultueux besoin d'amour entra au cœur de Duroy, un besoin d'amours distinguées, parfumées, délicates. Il se leva et se remit en route en songeant à Forestier. Avait-il de la chance, celui-là !

Il arriva devant sa porte au moment où son ami sortait.

«Te voilà ! à cette heure-ci ! Que me voulais-tu ?»

Duroy, troublé de le rencontrer ainsi comme il s'en allait, balbutia :

«C'est que… c'est que… je ne peux pas arriver à faire mon article, tu sais, l'article que M. Walter m'a demandé sur l'Algérie. Ça n'est pas bien étonnant, étant donné que je n'ai jamais écrit. Il faut de la pratique pour ça comme pour tout. Je m'y ferai bien vite, j'en suis sûr, mais, pour débuter, je ne sais pas comment m'y prendre. J'ai bien les idées, je les ai toutes, et je ne parviens pas à les exprimer. »

Il s'arrêta, hésitant un peu. Forestier souriait, avec malice :

195 «Je connais ça. »

Duroy reprit : «Oui, ça doit arriver à tout le monde en commençant. Eh bien, je venais... je venais te demander un coup de main... En dix minutes, tu me mettrais ça sur pied, toi, tu me montrerais la tournure qu'il faut prendre. Tu me donnerais là une bonne leçon de

200 style, et sans toi je ne m'en tirerai pas. »

L'autre souriait toujours d'un air gai. Il tapa sur le bras de son ancien camarade et lui dit :

«Va-t'en trouver ma femme, elle t'arrangera ton affaire aussi bien que moi. Je l'ai dressée à cette besogne-là. Moi, je n'ai pas le temps

205 ce matin, sans quoi je l'aurais fait bien volontiers. »

Duroy, intimidé soudain, hésitait, n'osait point :

«Mais, à cette heure-ci, je ne peux pas me présenter devant elle ?...

– Si, parfaitement. Elle est levée. Tu la trouveras dans mon cabinet de travail, en train de mettre en ordre des notes pour moi. »

210 L'autre refusait de monter.

«Non... ça n'est pas possible... »

Forestier le prit par les épaules, le fit pivoter sur ses talons, et le poussant vers l'escalier : «Mais, va donc, grand serin[1], quand je te dis d'y aller. Tu ne vas pas me forcer à regrimper mes trois étages

215 pour te présenter et expliquer ton cas. »

Alors Duroy se décida : «Merci, j'y vais. Je lui dirai que tu m'as forcé, absolument forcé à venir la trouver.

– Oui. Elle ne te mangera pas, sois tranquille. Surtout n'oublie pas, tantôt, trois heures.

220 – Oh! ne crains rien. »

Et Forestier s'en alla de son air pressé, tandis que Duroy se mit à monter lentement, marche à marche, cherchant ce qu'il allait dire et inquiet de l'accueil qu'il recevrait.

Le domestique vint lui ouvrir. Il avait un tablier bleu et tenait un

225 balai dans ses mains.

«Monsieur est sorti», dit-il, sans attendre la question.

Note

1. **grand serin** : niais, nigaud (terme familier).

Duroy insista : «Demandez à Mme Forestier si elle peut me recevoir, et prévenez-la que je viens de la part de son mari que j'ai rencontré dans la rue.»

230 Puis il attendit. L'homme revint, ouvrit une porte à droite, et annonça : «Madame attend monsieur.»

Elle était assise sur un fauteuil de bureau, dans une petite pièce dont les murs se trouvaient entièrement cachés par des livres bien rangés sur des planches de bois noir. Les reliures, de tons différents,
235 rouges, jaunes, vertes, violettes et bleues, mettaient de la couleur et de la gaieté dans cet alignement monotone de volumes.

Elle se retourna, souriant toujours, enveloppée d'un peignoir blanc garni de dentelle ; et elle tendit sa main, montrant son bras nu dans la manche largement ouverte.

240 «Déjà?» dit-elle. Puis elle reprit : «Ce n'est point un reproche, c'est une simple question.»

Il balbutia : «Oh! madame, je ne voulais pas monter ; mais votre mari, que j'ai rencontré en bas, m'y a forcé. Je suis tellement confus que je n'ose pas dire ce qui m'amène.»

245 Elle montrait un siège : «Asseyez-vous et parlez.»

Elle maniait entre deux doigts une plume d'oie en la tournant agilement ; et, devant elle, une grande page de papier demeurait écrite à moitié, interrompue à l'arrivée du jeune homme.

Elle avait l'air chez elle devant cette table de travail, à l'aise
250 comme dans son salon, occupée à sa besogne ordinaire. Un parfum léger s'envolait du peignoir, le parfum frais de la toilette récente. Et Duroy cherchait à deviner, croyait voir le corps jeune et clair, gras et chaud, doucement enveloppé dans l'étoffe moelleuse.

Elle reprit, comme il ne parlait pas : «Eh bien, dites, qu'est-ce
255 que c'est?»

Il murmura, en hésitant : «Voilà… mais vraiment… je n'ose pas… C'est que j'ai travaillé hier soir très tard… et ce matin… très tôt… pour faire cet article sur l'Algérie que M. Walter m'a demandé… et je n'arrive à rien de bon… j'ai déchiré tous mes essais… Je n'ai pas
260 l'habitude de ce travail-là, moi ; et je venais demander à Forestier de m'aider… pour une fois…»

Elle l'interrompit, en riant de tout son cœur, heureuse, joyeuse, et flattée : «Et il vous a dit de venir me trouver…? C'est gentil, ça…

– Oui, madame. Il m'a dit que vous me tireriez d'embarras mieux que lui… mais, moi, je n'osais pas, je ne voulais pas. Vous comprenez ? »

Elle se leva : « Ça va être charmant de collaborer comme ça. Je suis ravie de votre idée. Tenez, asseyez-vous à ma place, car on connaît mon écriture au journal. Et nous allons vous tourner un article, mais là, un article à succès. »

Il s'assit, prit une plume, étala devant lui une feuille de papier, et attendit.

Mme Forestier, restée debout, le regardait faire ses préparatifs ; puis elle atteignit une cigarette sur la cheminée et l'alluma :

« Je ne puis pas travailler sans fumer, dit-elle. Voyons, qu'allez-vous raconter ? »

Il leva la tête vers elle avec étonnement.

« Mais je ne sais pas, moi, puisque je suis venu vous trouver pour ça. »

Elle reprit : « Oui, je vous arrangerai la chose. Je ferai la sauce, mais il me faut le plat. »

Il demeurait embarrassé ; enfin il prononça avec hésitation : « Je voudrais raconter mon voyage depuis le commencement… »

Alors elle s'assit, en face de lui, de l'autre côté de la grande table, et, le regardant dans les yeux :

« Eh bien, racontez-le-moi d'abord, pour moi toute seule, vous entendez, bien doucement, sans rien oublier, et je choisirai ce qu'il faut prendre. »

Mais comme il ne savait pas par où commencer, elle se mit à l'interroger comme aurait fait un prêtre au confessionnal[1], posant des questions précises qui lui rappelaient des détails oubliés, des personnages rencontrés, des figures seulement aperçues.

Quand elle l'eut contraint à parler ainsi pendant un petit quart d'heure, elle l'interrompit tout à coup : « Maintenant, nous allons commencer. D'abord, nous supposons que vous adressez à un ami vos impressions, ce qui vous permet de dire un tas de bêtises, de

Note

1. **confessionnal** : petit édifice en bois, situé dans les bas-côtés d'une église, où le pénitent confesse ses fautes à un prêtre.

faire des remarques de toute espèce, d'être naturel et drôle, si nous pouvons. Commencez :

«Mon cher Henry, tu veux savoir ce que c'est que l'Algérie ; tu
300 le sauras. Je vais t'envoyer, n'ayant rien à faire dans la petite case de boue sèche qui me sert d'habitation, une sorte de journal de ma vie, jour par jour, heure par heure. Ce sera un peu vif, quelquefois, tant pis, tu n'es pas obligé de le montrer aux dames de ta connaissance... »

305 Elle s'interrompit pour rallumer sa cigarette éteinte ; et, aussitôt, le petit grincement criard de la plume d'oie sur le papier s'arrêta.

«Nous continuons, dit-elle.

L'Algérie est un grand pays français sur la frontière des grands pays inconnus qu'on appelle le désert, le Sahara, l'Afrique centrale,
310 etc., etc.

Alger est la porte, la porte blanche et charmante de cet étrange continent.

Mais d'abord il faut y aller, ce qui n'est pas rose pour tout le monde. Je suis, tu le sais, un excellent écuyer, puisque je dresse
315 les chevaux du colonel, mais on peut être bon cavalier et mauvais marin. C'est mon cas.

Te rappelles-tu le major Simbretas, que nous appelions le docteur Ipéca[1]? Quand nous nous jugions mûrs pour vingt-quatre heures d'infirmerie, pays béni, nous passions à la visite.

320 Il était assis sur sa chaise, avec ses grosses cuisses ouvertes dans son pantalon rouge, ses mains sur ses genoux, les bras formant pont, le coude en l'air, et il roulait ses gros yeux de loto en mordillant sa moustache blanche.

Tu te rappelles sa prescription :

325 "Ce soldat est atteint d'un dérangement d'estomac. Administrez-lui le vomitif n° 3 selon ma formule, puis douze heures de repos ; il ira bien."

Il était souverain, ce vomitif, souverain et irrésistible. On l'avalait donc, puisqu'il le fallait. Puis, quand on avait passé par la formule
330 du docteur Ipéca, on jouissait de douze heures de repos bien gagné.

Note

1. Ipéca : plante dont on extrait un vomitif.

Eh bien, mon cher, pour atteindre l'Afrique, il faut subir, pendant quarante heures, une autre sorte de vomitif irrésistible, selon la formule de la Compagnie Transatlantique[1]… »

Elle se frottait les mains, tout à fait heureuse de son idée.

335 Elle se leva et se mit à marcher, après avoir allumé une autre cigarette, et elle dictait, en soufflant des filets de fumée qui sortaient d'abord tout droit d'un petit trou rond au milieu de ses lèvres serrées, puis s'élargissant, s'évaporaient en laissant par places, dans l'air, des lignes grises, une sorte de brume transparente, une buée pareille
340 à des fils d'araignée. Parfois, d'un coup de sa main ouverte, elle effaçait ces traces légères et plus persistantes ; parfois aussi elle les coupait d'un mouvement tranchant de l'index et regardait ensuite, avec une attention grave, les deux tronçons d'imperceptible vapeur disparaître lentement.

345 Et Duroy, les yeux levés, suivait tous ses gestes, toutes ses attitudes, tous les mouvements de son corps et de son visage occupés à ce jeu vague qui ne prenait point sa pensée.

Elle imaginait maintenant les péripéties de la route, portraiturait des compagnons de voyage inventés par elle, et ébauchait une aven-
350 ture d'amour avec la femme d'un capitaine d'infanterie qui allait rejoindre son mari.

Puis, s'étant assise, elle interrogea Duroy sur la topographie de l'Algérie qu'elle ignorait absolument. En dix minutes, elle en sut autant que lui, et elle fit un petit chapitre de géographie politique
355 et coloniale pour mettre le lecteur au courant et le bien préparer à comprendre les questions sérieuses qui seraient soulevées dans les articles suivants.

Puis elle continua par une excursion dans la province d'Oran[2], une excursion fantaisiste, où il était surtout question des femmes,
360 des Mauresques, des Juives, des Espagnoles.

« Il n'y a que ça qui intéresse », disait-elle.

Elle termina par un séjour à Saïda, au pied des hauts plateaux, et par une jolie intrigue entre le sous-officier Georges Duroy et

---

Notes

1. La même mésaventure arrive à Tartarin de Tarascon dans le roman de Daudet, quand le héros navigue vers Alger.

2. **Oran** : ville située à l'ouest d'Alger.

une ouvrière espagnole employée à la manufacture d'alfa de Aïn el
365 Hadjar[1]. Elle racontait les rendez-vous, la nuit, dans la montagne
pierreuse et nue, alors que les chacals, les hyènes et les chiens arabes
crient, aboient et hurlent au milieu des rocs.

Et elle prononça d'une voix joyeuse : «La suite à demain[2].» Puis,
se relevant : «C'est comme ça qu'on écrit un article, mon cher mon-
370 sieur. Signez, s'il vous plaît.»

Il hésitait.

«Mais signez donc!»

Alors il se mit à rire et écrivit au bas de la page :

«GEORGES DUROY.»

375 Elle continuait à fumer en marchant; et il la regardait toujours,
ne trouvant rien à dire pour la remercier, heureux d'être près d'elle,
pénétré de reconnaissance et du bonheur sensuel de cette intimité naissante. Il lui semblait que tout ce qui l'entourait faisait partie d'elle, tout, jusqu'aux murs couverts de livres. Les sièges, les
380 meubles, l'air où flottait l'odeur du tabac avaient quelque chose de
particulier, de bon, de doux, de charmant, qui venait d'elle.

Brusquement elle demanda :

«Qu'est-ce que vous pensez de mon amie, Mme de Marelle?»

Il fut surpris : «Mais… je la trouve… je la trouve très séduisante.
385 — N'est-ce pas?

— Oui, certainement.»

Il avait envie d'ajouter : «Mais pas autant que vous.» Il n'osa point.

Elle reprit : «Et si vous saviez comme elle est drôle, originale,
intelligente. C'est une bohème[3], par exemple, une vraie bohème.
390 C'est pour cela que son mari ne l'aime guère. Il ne voit que le défaut
et n'apprécie point les qualités.»

Duroy fut stupéfait d'apprendre que Mme de Marelle était mariée. C'était bien naturel, pourtant.

Il demanda : «Tiens… elle est mariée? Et qu'est-ce que fait son
395 mari?»

1. **Aïn el Hadjar :** village de l'Oranie.
2. **La suite à demain :** formule de
conclusion des feuilletons dans les
journaux.

3. **bohème :** personne fantaisiste.

Mme Forestier haussa tout doucement les épaules et les sourcils d'un seul mouvement plein de significations incompréhensibles.

«Oh! il est inspecteur de la ligne du Nord. Il passe huit jours par mois à Paris. Ce que sa femme appelle "le service obligatoire", ou encore "la corvée de semaine", ou encore "la semaine sainte". Quand vous la connaîtrez mieux, vous verrez comme elle est fine et gentille. Allez donc la voir un de ces jours.»

Duroy ne pensait plus à partir, il lui semblait qu'il allait rester toujours, qu'il était chez lui.

Mais la porte s'ouvrit sans bruit, et un grand monsieur s'avança, qu'on n'avait point annoncé.

Il s'arrêta en voyant un homme. Mme Forestier parut gênée une seconde, puis elle dit, de sa voix naturelle, bien qu'un peu de rose lui fût monté des épaules au visage :

«Mais entrez donc, mon cher. Je vous présente un bon camarade de Charles, M. Georges Duroy, un futur journaliste.»

Puis, sur un ton différent, elle annonça : «Le meilleur et le plus intime de nos amis, le comte de Vaudrec.»

Les deux hommes se saluèrent en se regardant au fond des yeux, et Duroy tout aussitôt se retira.

On ne le retint pas. Il balbutia quelques remerciements, serra la main tendue de la jeune femme, s'inclina encore devant le nouveau venu qui gardait un visage froid et sérieux d'homme du monde, et il sortit tout à fait troublé, comme s'il venait de commettre une sottise.

En se retrouvant dans la rue, il se sentit triste, mal à l'aise, obsédé par l'obscure sensation d'un chagrin voilé. Il allait devant lui, se demandant pourquoi cette mélancolie subite lui était venue ; il ne trouvait point, mais la figure sévère du comte de Vaudrec, un peu vieux déjà, avec des cheveux gris, l'air tranquille et insolent d'un particulier très riche et sûr de lui, revenait sans cesse dans son souvenir.

Et il s'aperçut que l'arrivée de cet inconnu, brisant un tête-à-tête charmant où son cœur s'accoutumait déjà, avait fait passer en lui cette impression de froid et de désespérance qu'une parole entendue, une misère entrevue, les moindres choses parfois suffisent à nous donner.

Et il lui semblait aussi que cet homme, sans qu'il devinât pourquoi, avait été mécontent de le trouver là.

435 Il n'avait plus rien à faire jusqu'à trois heures ; et il n'était pas encore midi. Il lui restait en poche six francs cinquante : il alla déjeuner au Bouillon Duval[1]. Puis il rôda sur le boulevard ; et comme trois heures sonnaient, il monta l'escalier-réclame de *La Vie française*.

440 Les garçons de bureau, assis sur une banquette, les bras croisés, attendaient, tandis que, derrière une sorte de petite chaise de professeur, un huissier classait la correspondance qui venait d'arriver. La mise en scène était parfaite pour en imposer aux visiteurs. Tout le monde avait de la tenue, de l'allure, de la dignité, du chic, comme
445 il convenait dans l'antichambre d'un grand journal.

Duroy demanda : «M. Walter, s'il vous plaît ?»

L'huissier répondit : «M. le directeur est en conférence. Si monsieur veut bien s'asseoir un peu.» Et il indiqua le salon d'attente, déjà plein de monde.

450 On voyait là des hommes graves, décorés, importants, et des hommes négligés au linge invisible, dont la redingote[2], fermée jusqu'au col, portait sur la poitrine des dessins de taches rappelant les découpures des continents et des mers sur les cartes de géographie. Trois femmes étaient mêlées à ces gens. Une d'elles était jolie,
455 souriante, parée, et avait l'air d'une cocotte ; sa voisine, au masque tragique, ridée, parée aussi d'une façon sévère, portait en elle ce quelque chose de fripé, d'artificiel qu'ont, en général, les anciennes actrices, une sorte de fausse jeunesse éventée, comme un parfum d'amour ranci[3].

460 La troisième femme, en deuil, se tenait dans un coin, avec une allure de veuve désolée. Duroy pensa qu'elle venait demander l'aumône.

Cependant on ne faisait entrer personne et plus de vingt minutes s'étaient écoulées.

---

465 Alors Duroy eut une idée, et, retournant trouver l'huissier : «Monsieur Walter m'a donné rendez-vous à trois heures, dit-il. En tout cas, voyez si mon ami M. Forestier n'est pas ici.»

Alors on le fit passer par un long corridor qui l'amena dans une grande salle où quatre messieurs écrivaient autour d'une large table
470 verte.

Forestier, debout devant la cheminée, fumait une cigarette en jouant au bilboquet[1]. Il était très adroit à ce jeu et piquait à tous coups la bille énorme en buis jaune sur la petite pointe de bois. Il comptait : «Vingt-deux, vingt-trois, vingt-quatre, vingt-cinq.»
475 Duroy prononça : «Vingt-six.» Et son ami leva les yeux, sans arrêter le mouvement régulier de son bras : «Tiens, te voilà! Hier j'ai fait cinquante-sept coups de suite. Il n'y a que Saint-Potin qui soit plus fort que moi ici. As-tu vu le patron? Il n'y a rien de plus drôle que de regarder cette vieille bedole[2] de Norbert jouer au bilboquet.
480 Il ouvre la bouche comme pour avaler la boule.»

Un des rédacteurs tourna la tête vers lui :

«Dis donc, Forestier, j'en connais un à vendre, un superbe, en bois des Îles. Il a appartenu à la reine d'Espagne, à ce qu'on dit. On en réclame soixante francs. Ça n'est pas cher.»
485 Forestier demanda : «Où loge-t-il?» Et comme il avait manqué son trente-septième coup, il ouvrit une armoire où Duroy aperçut une vingtaine de bilboquets superbes, rangés et numérotés comme des bibelots dans une collection. Puis, ayant posé son instrument à sa place ordinaire, il répéta : «Où loge-t-il, ce joyau?»
490 Le journaliste répondit : «Chez un marchand de billets du Vaudeville. Je t'apporterai la chose demain, si tu veux.

– Oui, c'est entendu. S'il est vraiment beau, je le prends; on n'a jamais trop de bilboquets.»

Puis se tournant vers Duroy : «Viens avec moi, je vais t'introduire
495 chez le patron, sans quoi tu pourrais moisir jusqu'à sept heures du soir.»

Notes

1. **bilboquet :** jeu très à la mode dans les années 1880.

2. **bedole :** vieillard gâteux (terme normand).

Ils retraversèrent le salon d'attente où les mêmes personnes demeuraient dans le même ordre. Dès que Forestier parut, la jeune femme et la vieille actrice se levant vivement, vinrent à lui.

500 Il les emmena, l'une après l'autre, dans l'embrasure de la fenêtre, et, bien qu'ils prissent soin de causer à voix basse, Duroy remarqua qu'il les tutoyait l'une et l'autre.

Puis, ayant poussé deux portes capitonnées, ils pénétrèrent chez le directeur.

505 La conférence, qui durait depuis une heure, était une partie d'écarté[1] avec quelques-uns de ces messieurs à chapeaux plats que Duroy avait remarqués la veille.

M. Walter tenait les cartes et jouait avec une attention concentrée et des mouvements cauteleux[2], tandis que son adversaire abattait,
510 relevait, maniait les légers cartons coloriés avec une souplesse, une adresse et une grâce de joueur exercé. Norbert de Varenne écrivait un article, assis dans le fauteuil directorial, et Jacques Rival, étendu tout au long sur un divan, fumait un cigare, les yeux fermés.

On sentait là-dedans le renfermé, le cuir des meubles, le vieux
515 tabac et l'imprimerie ; on sentait cette odeur particulière des salles de rédaction que connaissent tous les journalistes.

Sur la table en bois noir aux incrustations de cuivre, un incroyable amas de papiers gisait : lettres, cartes, journaux, revues, notes de fournisseurs, imprimés de toute espèce.

520 Forestier serra les mains des parieurs debout derrière les joueurs, et sans dire un mot regarda la partie ; puis, dès que le père Walter eut gagné, il présenta :

« Voici mon ami Duroy. »

Le directeur considéra brusquement le jeune homme de son coup
525 d'œil glissé par-dessus le verre des lunettes, puis il demanda :

« M'apportez-vous mon article ? Ça irait très bien aujourd'hui, en même temps que la discussion Morel. »

Duroy tira de sa poche les feuilles de papier pliées en quatre :
« Voici, monsieur. »

Notes

1. **écarté** : jeu où chaque joueur peut écarter les cartes qui ne lui conviennent pas pour les échanger.

2. **cauteleux** : qui traduisent la défiance et la ruse.

530 Le patron parut ravi, et, souriant : « Très bien, très bien. Vous êtes de parole. Il faudra me revoir ça, Forestier ? »

Mais Forestier s'empressa de répondre :

« Ce n'est pas la peine, monsieur Walter, j'ai fait la chronique avec lui pour lui apprendre le métier. Elle est très bonne. »

535 Et le directeur, qui recevait à présent les cartes données par un grand monsieur maigre, un député du centre gauche, ajouta avec indifférence : « C'est parfait, alors. »

Forestier ne le laissa pas commencer sa nouvelle partie ; et, se baissant vers son oreille : « Vous savez que vous m'avez promis d'engager

540 Duroy pour remplacer Marambot. Voulez-vous que je le retienne aux mêmes conditions ?

– Oui, parfaitement. »

Et prenant le bras de son ami, le journaliste l'entraîna pendant que M. Walter se remettait à jouer.

545 Norbert de Varenne n'avait pas levé la tête, il semblait n'avoir pas vu ou reconnu Duroy. Jacques Rival, au contraire, lui avait serré la main avec une énergie démonstrative et voulue de bon camarade sur qui on peut compter en cas d'affaire.

Ils retraversèrent le salon d'attente, et comme tout le monde levait

550 les yeux, Forestier dit à la plus jeune des femmes, assez haut pour être entendu des autres patients : « Le directeur va vous recevoir tout à l'heure. Il est en conférence en ce moment avec deux membres de la commission du budget. »

Puis il passa vivement, d'un air important et pressé, comme s'il

555 allait rédiger aussitôt une dépêche de la plus extrême gravité.

Dès qu'ils furent rentrés dans la salle de rédaction, Forestier retourna prendre immédiatement son bilboquet, et, tout en se remettant à jouer, et en coupant ses phrases pour compter les coups, il dit à Duroy : « Voilà. Tu viendras ici tous les jours à trois heures et je

560 te dirai les courses et les visites qu'il faudra faire, soit dans le jour, soit dans la soirée, soit dans la matinée. – Un, – je vais te donner d'abord une lettre d'introduction pour le chef du premier bureau de la préfecture de police, – deux, – qui te mettra en rapport avec un de ses employés. Et tu t'arrangeras avec lui pour toutes les nouvelles

565 importantes, – trois, – du service de la préfecture, les nouvelles officielles et quasi officielles, bien entendu. Pour tout le détail, tu

t'adresseras à Saint-Potin, qui est au courant, – quatre, – tu le verras tout à l'heure ou demain. Il faudra surtout t'accoutumer à tirer les vers du nez des gens que je t'enverrai voir, – cinq, – et à pénétrer partout malgré les portes fermées, – six. – Tu toucheras pour cela deux cents francs par mois de fixe, plus deux sous la ligne pour les échos intéressants de ton cru, – sept, – plus deux sous la ligne également pour les articles qu'on te commandera sur des sujets divers, – huit. »

Puis il ne fit plus attention qu'à son jeu et il continua à compter lentement, – neuf, – dix, – onze, – douze, – treize. – Il manqua le quatorzième et, jurant : « Nom de Dieu de treize ; il me porte toujours la guigne, ce bougre[1]-là. Je mourrai un treize certainement. »

Un des rédacteurs qui avait fini sa besogne, prit à son tour un bilboquet dans l'armoire ; c'était un tout petit homme qui avait l'air d'un enfant, bien qu'il fût âgé de trente-cinq ans ; et plusieurs autres journalistes étant entrés, ils allèrent l'un après l'autre chercher le joujou qui leur appartenait. Bientôt ils furent six, côte à côte, le dos au mur, qui lançaient en l'air, d'un mouvement pareil et régulier, les boules rouges, jaunes ou noires, suivant la nature du bois. Et une lutte s'étant établie, les deux rédacteurs qui travaillaient encore se levèrent pour juger les coups.

Forestier gagna de onze points. Alors le petit homme à l'air enfantin, qui avait perdu, sonna le garçon de bureau et commanda : « Neuf bocks. » Et ils se remirent à jouer en attendant les rafraîchissements.

Duroy but un verre de bière avec ses nouveaux confrères, puis il demanda à son ami :

« Que faut-il que je fasse ? » L'autre répondit : « Je n'ai rien pour toi aujourd'hui. Tu peux t'en aller si tu veux.

– Et... notre... notre article... est-ce ce soir qu'il passera ?

– Oui, mais ne t'en occupe pas, je corrigerai les épreuves. Fais la suite pour demain, et viens ici à trois heures, comme aujourd'hui. »

Et Duroy, ayant serré toutes les mains sans savoir même le nom de leurs possesseurs, redescendit le bel escalier, le cœur joyeux et l'esprit allègre.

Note

1. **bougre** : gaillard, type (terme familier).

Le marchand de journaux ambulant, gravure extraite du journal *L'Illustration*.

IV

Georges Duroy dormit mal, tant l'excitait le désir de voir imprimé son article. Dès que le jour parut, il fut debout et il rôdait dans la rue bien avant l'heure où les porteurs de journaux vont, en courant, de kiosque en kiosque.

Alors il gagna la gare Saint-Lazare, sachant bien que *La Vie française* y arriverait avant de parvenir dans son quartier. Comme il était encore trop tôt, il erra sur le trottoir.

Il vit arriver la marchande qui ouvrit sa boutique de verre, puis il aperçut un homme portant sur sa tête un tas de grands papiers pliés. Il se précipita : c'étaient *Le Figaro*, le *Gil Blas*, *Le Gaulois*, *L'Événement*, et deux ou trois autres feuilles du matin ; mais *La Vie française* n'y était pas.

Une peur le saisit : « Si on avait remis au lendemain *Les Souvenirs d'un Chasseur d'Afrique*, ou si, par hasard, la chose n'avait pas plu, au dernier moment, au père Walter ? »

En redescendant vers le kiosque, il s'aperçut qu'on vendait le journal sans qu'il l'eût vu apporter. Il se précipita, le déplia, après avoir jeté les trois sous, et parcourut les titres de la première page. – Rien. – Son cœur se mit à battre ; il ouvrit la feuille, et il eut une forte émotion en lisant, au bas d'une colonne, en grosses lettres : « Georges Duroy. » Ça y était ! quelle joie !

Il se mit à marcher, sans penser, le journal à la main, le chapeau sur le côté, avec une envie d'arrêter les passants pour leur dire : « Achetez ça – achetez ça. Il y a un article de moi. » – Il aurait voulu pouvoir crier de tous ses poumons, comme font certains hommes, le soir, sur les boulevards : « Lisez *La Vie française*, lisez l'article de Georges Duroy : *Les Souvenirs d'un Chasseur d'Afrique* ! » Et, tout à coup, il éprouva le désir de lire lui-même cet article, de le lire dans un endroit public, dans un café, bien en vue. Et il chercha un établissement qui fût déjà fréquenté. Il lui fallut marcher longtemps. Il s'assit enfin devant une espèce de marchand de vin où plusieurs consommateurs étaient déjà installés et il demanda : « Un rhum », comme il aurait demandé : « Une absinthe[1] », sans songer à l'heure. Puis il appela : « Garçon, donnez-moi *La Vie française.* »

35   Un homme à tablier blanc accourut :

« Nous ne l'avons pas, monsieur, nous ne recevons que *Le Rappel*, *Le Siècle*, *La Lanterne* et *Le Petit Parisien.* »

Duroy déclara, d'un ton furieux et indigné : « En voilà une boîte ! Alors, allez me l'acheter. » Le garçon y courut, la rapporta. Duroy

40   se mit à lire son article ; et plusieurs fois il dit, tout haut : *« Très bien, très bien ! »* pour attirer l'attention des voisins et leur inspirer le désir de savoir ce qu'il y avait dans cette feuille. Puis il la laissa sur la table en s'en allant. Le patron s'en aperçut, le rappela :

« Monsieur, monsieur, vous oubliez votre journal ! »

45   Et Duroy répondit : « Je vous le laisse, je l'ai lu. Il y a d'ailleurs aujourd'hui, dedans, une chose très intéressante. »

Il ne désigna pas la chose, mais il vit, en s'en allant, un de ses voisins prendre *La Vie française* sur la table où il l'avait laissée.

Il pensa : « Que vais-je faire, maintenant ? » Et il se décida à aller

50   à son bureau toucher son mois et donner sa démission. Il tressaillait d'avance de plaisir à la pensée de la tête que feraient son chef et ses collègues. L'idée de l'effarement du chef, surtout, le ravissait.

Il marchait lentement pour ne pas arriver avant neuf heures et demie, la caisse n'ouvrant qu'à dix heures.

55   Son bureau était une grande pièce sombre, où il fallait tenir le gaz allumé presque tout le jour en hiver. Elle donnait sur une cour étroite, en face d'autres bureaux. Ils étaient huit employés là-dedans, plus un sous-chef dans un coin, caché derrière un paravent.

Duroy alla d'abord chercher ses cent dix-huit francs vingt-cinq

60   centimes, enfermés dans une enveloppe jaune et déposés dans le tiroir du commis chargé des payements, puis il pénétra d'un air vainqueur dans la vaste salle de travail où il avait déjà passé tant de jours.

Dès qu'il fut entré, le sous-chef, M. Potel, l'appela :

Note

1. absinthe : liqueur verte, extraite de la plante du même nom, très en vogue à la fin du XIXᵉ siècle.

«Ah! c'est vous, monsieur Duroy? Le chef vous a déjà demandé plusieurs fois. Vous savez qu'il n'admet pas qu'on soit malade deux jours de suite sans attestation du médecin.»

Duroy, qui se tenait debout au milieu du bureau, préparant son effet, répondit d'une voix forte :

«Je m'en fiche un peu, par exemple.»

Il y eut parmi les employés un mouvement de stupéfaction, et la tête de M. Potel apparut, effarée, au-dessus du paravent qui l'enfermait comme une boîte.

Il se barricadait là-dedans, par crainte des courants d'air, car il était rhumatisant. Il avait seulement percé deux trous dans le papier pour surveiller son personnel.

On entendait voler les mouches. Le sous-chef, enfin, demanda avec hésitation :

«Vous avez dit?

– J'ai dit que je m'en fichais un peu. Je ne viens aujourd'hui que pour donner ma démission. Je suis entré comme rédacteur à *La Vie française* avec cinq cents francs par mois, plus les lignes. J'y ai même débuté ce matin.»

Il s'était pourtant promis de faire durer le plaisir ; mais il n'avait pu résister à l'envie de tout lâcher d'un seul coup.

L'effet, du reste, était complet. Personne ne bougeait.

Alors Duroy déclara : «Je vais prévenir M. Perthuis, puis je viendrai vous faire mes adieux.» Et il sortit pour aller trouver le chef, qui s'écria en l'apercevant :

«Ah! vous voilà. Vous savez que je ne veux pas…»

L'employé lui coupa la parole :

«Ce n'est pas la peine de gueuler comme ça…»

M. Perthuis, un gros homme rouge comme une crête de coq, demeura suffoqué par la surprise.

Duroy reprit : «J'en ai assez de votre boutique. J'ai débuté ce matin dans le journalisme, où on me fait une très belle position. J'ai bien l'honneur de vous saluer.»

Et il sortit. Il était vengé.

Il alla en effet serrer la main de ses anciens collègues qui osaient à peine lui parler, par peur de se compromettre, car on avait entendu sa conversation avec le chef, la porte étant restée ouverte.

Et il se retrouva dans la rue avec son traitement dans sa poche. Il se paya un déjeuner succulent dans un bon restaurant à prix modérés, qu'il connaissait ; puis, ayant encore acheté et laissé *La Vie française* sur la table où il avait mangé, il pénétra dans plusieurs magasins où il acheta de menus objets, rien que pour les faire livrer chez lui et donner son nom : – Georges Duroy. – Il ajoutait : « Je suis le rédacteur de *La Vie française*. »

Puis il indiquait la rue et le numéro, en ayant soin de stipuler : « Vous laisserez chez le concierge. »

Comme il avait encore du temps, il entra chez un lithographe[1] qui fabriquait des cartes de visite à la minute, sous les yeux des passants ; et il s'en fit faire immédiatement une centaine, qui portaient, imprimée sous son nom, sa nouvelle qualité.

Puis il se rendit au journal.

Forestier le reçut de haut, comme on reçoit un inférieur : « Ah ! te voilà, très bien. J'ai justement plusieurs affaires pour toi. Attends-moi dix minutes. Je vais d'abord finir ma besogne. » Et il continua une lettre commencée.

À l'autre bout de la grande table, un petit homme très pâle, bouffi, très gras, chauve, avec un crâne tout blanc et luisant, écrivait, le nez sur son papier, par suite d'une myopie excessive.

Forestier lui demanda : « Dis donc, Saint-Potin, à quelle heure vas-tu interviewer nos gens ?

– À quatre heures.

– Tu emmèneras avec toi le jeune Duroy ici présent et tu lui dévoileras les arcanes[2] du métier.

– C'est entendu. »

Puis, se tournant vers son ami, Forestier ajouta :

« As-tu apporté la suite sur l'Algérie ? Le début de ce matin a eu beaucoup de succès. »

Duroy, interdit[3], balbutia : « Non – j'avais cru avoir le temps dans l'après-midi, – j'ai eu un tas de choses à faire, – je n'ai pas pu… »

L'autre leva les épaules d'un air mécontent : « Si tu n'es pas plus exact que ça, tu rateras ton avenir, toi. Le père Walter comptait sur

---

Notes

1. **lithographe** : graveur.
2. **arcanes** : secrets.

3. **interdit** : très étonné.

ta copie. Je vais lui dire que ce sera pour demain. Si tu crois que tu seras payé pour ne rien faire, tu te trompes. »

Puis, après un silence, il ajouta : « On doit battre le fer quand il est chaud, que diable. »

140 Saint-Potin se leva : « Je suis prêt », dit-il.

Alors Forestier, se renversant sur sa chaise, prit une pose presque solennelle pour donner ses instructions, et, se tournant vers Duroy : « Voilà. Nous avons à Paris depuis deux jours le général chinois Li-Theng-Fao[1], descendu au Continental, et le rajah Taposahib Ra-
145 maderao Pali, descendu à l'hôtel Bristol[2]. Vous allez leur prendre une conversation. »

Puis, se tournant vers Saint-Potin : « N'oublie point les principaux points que je t'ai indiqués. Demande au général et au rajah leur opinion sur les menées de l'Angleterre dans l'Extrême-Orient,
150 leurs idées sur son système de colonisation et de domination, leurs espérances relatives à l'intervention de l'Europe, et de la France en particulier, dans leurs affaires. »

Il se tut, puis il ajouta, parlant à la cantonade : « Il sera on ne peut plus intéressant pour nos lecteurs de savoir en même temps ce qu'on
155 pense en Chine et dans les Indes sur ces questions, qui passionnent si fort l'opinion publique en ce moment. »

Il ajouta, pour Duroy : « Observe comment Saint-Potin s'y prendra, c'est un excellent reporter, et tâche d'apprendre les ficelles pour vider un homme en cinq minutes. »

160 Puis il recommença à écrire avec gravité, avec l'intention évidente de bien établir les distances, de bien mettre à sa place son ancien camarade et nouveau confrère.

Notes

1. Les noms sont inventés mais la situation politique est exacte. Les provinces du Tonkin sont sous administration française mais le corps expéditionnaire se heurte aux Chinois dans le Haut Tonkin. La Chine finira par reconnaître le protectorat français en 1885.

2. Le *Bristol*, place Vendôme, et le *Continental*, rue de Castiglione, passaient pour être les hôtels les plus prestigieux de la capitale.

Dès qu'ils eurent franchi la porte, Saint-Potin se mit à rire et dit à Duroy : «En voilà un faiseur[1]. Il nous la fait à nous-mêmes. On dirait vraiment qu'il nous prend pour ses lecteurs. »

Puis ils descendirent sur le boulevard et le reporter demanda : «Buvez-vous quelque chose ?

– Oui, volontiers. Il fait très chaud. »

Ils entrèrent dans un café et se firent servir des boissons fraîches. Et Saint-Potin se mit à parler. Il parla de tout le monde et du journal avec une profusion de détails surprenants.

«Le patron ? Un vrai juif[2] ! Et vous savez, les juifs, on ne les changera jamais. Quelle race !» Et il cita des traits étonnants d'avarice, de cette avarice particulière aux fils d'Israël, des économies de dix centimes, des marchandages de cuisinière, des rabais honteux demandés et obtenus, toute une manière d'être d'usurier[3], de prêteur à gages[4].

Et avec ça, pourtant, un bon zig[5] qui ne croit à rien et roule tout le monde. Son journal qui est officieux, catholique, libéral, républicain, orléaniste[6], tarte à la crème et boutique à treize[7], n'a été fondé que pour soutenir ses opérations de Bourse et ses entreprises de toute sorte[8]. Pour ça il est très fort, et il gagne des millions au moyen de sociétés qui n'ont pas quatre sous de capital… »

Il allait toujours, appelant Duroy «mon cher ami». «Et il a des mots à la Balzac, ce grigou[9]. Figurez-vous que l'autre jour, je me trouvais dans son cabinet avec cette antique bedole de Norbert, et ce Don Quichotte de Rival, quand Montelin, notre administrateur, arriva, avec sa serviette en maroquin[10] sous le bras, cette serviette que tout Paris connaît. Walter leva le nez et demanda : "Quoi de neuf ?"

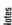

Notes

1. **faiseur :** celui qui cherche à se faire valoir.
2. **Un vrai juif :** ici, une personne âpre au gain.
3. **usurier :** prêteur.
4. **prêteur à gages :** personne qui consent un prêt en exigeant une caution d'ordre mobilier.
5. **un bon zig :** un bon type (terme familier).

6. **orléaniste :** se dit des partisans des princes de la famille d'Orléans.
7. **boutique à treize :** boutique où l'on trouvait des objets de second choix à prix fixe (13 sous) ; expression peu élogieuse pour qualifier le journal.
8. Les propriétaires des journaux sont liés avec les milieux d'affaires.
9. **grigou :** homme avare (terme familier).
10. **maroquin :** cuir de chèvre tanné et teint.

Montelin répondit avec naïveté : "Je viens de payer les seize mille francs que nous devions au marchand de papier."

Le patron fit un bond, un bond étonnant.

"Vous dites ?

– Que je viens de payer M. Privas.

– Mais vous êtes fou !

– Pourquoi ?

– Pourquoi… pourquoi… pourquoi…"

Il ôta ses lunettes, les essuya. Puis il sourit, d'un drôle de sourire qui court autour de ses grosses joues chaque fois qu'il va dire quelque chose de malin ou de fort, et, avec un ton gouailleur[1] et convaincu, il prononça : "Pourquoi ? Parce que nous pouvions obtenir là-dessus une réduction de quatre à cinq mille francs."

Montelin, étonné, reprit : "Mais, monsieur le directeur, tous les comptes étaient réguliers, vérifiés par moi et approuvés par vous…"

Alors le patron, redevenu sérieux, déclara : "On n'est pas naïf comme vous. Sachez, monsieur Montelin, qu'il faut toujours accumuler ses dettes pour transiger." »

Et Saint-Potin ajouta, avec un hochement de tête de connaisseur : « Hein ? Est-il à la Balzac, celui-là ? »

Duroy n'avait pas lu Balzac, mais il répondit avec conviction : « Bigre, oui. »

Puis le reporter parla de Mme Walter, une grande dinde[2], de Norbert de Varenne, un vieux raté, de Rival, une resucée[3] de Fervacques. Puis il en vint à Forestier. « Quant à celui-là, il a de la chance d'avoir épousé sa femme, voilà tout. »

Duroy demanda :

« Qu'est-ce au juste que sa femme ? »

Saint-Potin se frotta les mains : « Oh ! une rouée[4], une fine mouche[5]. C'est la maîtresse d'un vieux viveur[6] nommé Vaudrec, le comte de Vaudrec, qui l'a dotée et mariée… »

Notes

1. **gouailleur** : moqueur, railleur.
2. **grande dinde** : femme stupide.
3. **resucée** : répétition.
4. **rouée** : personne intéressée et rusée qui ne s'embarrasse pas de scrupules pour parvenir à ses fins.

5. **fine mouche** : personne habile, rusée.
6. **vieux viveur** : homme qui mène une vie de plaisirs.

220 Duroy sentit brusquement une sensation de froid, une sorte de crispation nerveuse, un besoin d'injurier et de gifler ce bavard. Mais il l'interrompit simplement pour lui demander :

« C'est votre nom, Saint-Potin ? »

L'autre répondit avec simplicité :

225 « Non, je m'appelle Thomas. C'est au journal qu'on m'a surnommé Saint-Potin. »

Et Duroy, payant les consommations, reprit : « Mais il me semble qu'il est tard et que nous avons deux nobles seigneurs à visiter. »

Saint-Potin se mit à rire : « Vous êtes encore naïf, vous ! Alors 230 vous croyez comme ça que je vais aller demander à ce Chinois et à cet Indien ce qu'ils pensent de l'Angleterre. Comme si je ne le savais pas mieux qu'eux, ce qu'ils doivent penser pour les lecteurs de *La Vie française*. J'en ai déjà interwiévé[1] cinq cents de ces Chinois, Persans, Hindous, Chiliens, Japonais et autres. Ils répondent tous 235 la même chose, d'après moi. Je n'ai qu'à reprendre mon article sur le dernier venu et à le copier mot pour mot. Ce qui change, par exemple, c'est leur tête, leur nom, leurs titres, leur âge, leur suite. Oh ! là-dessus il ne faut pas d'erreur, parce que je serais relevé raide par *Le Figaro* ou *Le Gaulois*. Mais sur ce sujet le concierge de l'hôtel 240 Bristol et celui du Continental m'auront renseigné en cinq minutes. Nous irons à pied jusque-là en fumant un cigare. Total : cent sous de voitures à réclamer au journal. Voilà, mon cher, comment on s'y prend, quand on est pratique. »

Duroy demanda : « Ça doit rapporter bon d'être reporter dans ces 245 conditions-là. »

Le journaliste répondit avec mystère : « Oui, mais rien ne rapporte autant que les échos, à cause des réclames déguisées. »

Ils s'étaient levés et suivaient le boulevard, vers la Madeleine. Et Saint-Potin, tout à coup, dit à son compagnon : « Vous savez, si vous 250 avez à faire quelque chose, je n'ai pas besoin de vous, moi. »

Duroy lui serra la main, et s'en alla.

L'idée de son article à écrire dans la soirée le tracassait, et il se mit à y songer. Il emmagasina des idées, des réflexions, des jugements,

---

Note

1. **interwiévé :** interviewé ; terme alors récent, dont la nouveauté explique l'orthographe.

des anecdotes, tout en marchant, et il monta jusqu'au bout de l'avenue des Champs-Élysées, où on ne voyait que de rares promeneurs,
Paris étant vide par ces jours de chaleur.

Ayant dîné chez un marchand de vin auprès de l'arc de triomphe
de l'Étoile, il revint lentement à pied chez lui par les boulevards
extérieurs, et il s'assit devant sa table, pour travailler.

Mais, dès qu'il eut sous les yeux la grande feuille de papier blanc,
tout ce qu'il avait amassé de matériaux s'envola de son esprit, comme
si sa cervelle se fût évaporée. Il essayait de ressaisir des bribes de souvenirs et de les fixer : ils lui échappaient à mesure qu'il les reprenait,
ou bien ils se précipitaient pêle-mêle, et il ne savait comment les
présenter, les habiller, ni par lequel commencer.

Après une heure d'efforts, et cinq pages de papier noircies par
des phrases de début qui n'avaient point de suite, il se dit : «Je ne
suis pas encore assez rompu[1] au métier. Il faut que je prenne une
nouvelle leçon.» Et tout de suite la perspective d'une autre matinée
avec Mme Forestier, l'espoir de ce long tête-à-tête intime, cordial,
si doux, le firent tressaillir de désir. Il se coucha bien vite, ayant
presque peur à présent de se remettre à la besogne et de réussir tout
à coup.

Il ne se leva, le lendemain, qu'un peu tard, éloignant et savourant
d'avance le plaisir de cette visite.

Il était dix heures passées quand il sonna chez son ami.

Le domestique répondit :

«C'est que monsieur est en train de travailler.»

Duroy n'avait point songé que le mari pouvait être là. Il insista
cependant : «Dites-lui que c'est moi, pour une affaire pressante.»

Après cinq minutes d'attente on le fit entrer dans le cabinet où il
avait passé une si bonne matinée.

À la place occupée par lui, Forestier maintenant était assis et écrivait, en robe de chambre, les pieds dans ses pantoufles, la tête couverte d'une petite toque anglaise ; tandis que sa femme, enveloppée
du même peignoir blanc, et accoudée à la cheminée, dictait, une
cigarette à la bouche.

Note

1. **rompu** : expérimenté.

Duroy, s'arrêtant sur le seuil, murmura : «Je vous demande bien pardon, je vous dérange. »

290 Et son ami, ayant tourné la tête, une tête furieuse, grogna : «Qu'est-ce que tu veux encore? Dépêche-toi, nous sommes pressés. »

L'autre, interdit, balbutiait : «Non, ce n'est rien, pardon. »

Mais Forestier, se fâchant : «Allons, sacrebleu! ne perds pas de
295 temps, tu n'as pourtant pas forcé ma porte pour le plaisir de nous dire bonjour. »

Alors Duroy, fort troublé, se décida : «Non… voilà… c'est que… je n'arrive pas encore à faire mon article… et tu as été… vous avez été si… si… si gentils la dernière fois que… que j'espérais… que j'ai
300 osé venir… »

Forestier lui coupa la parole :

«Tu te fiches du monde, à la fin. Alors tu t'imagines que je vais faire ton métier, et que tu n'auras qu'à passer à la caisse au bout du mois. Non! Elle est bonne, celle-là! »

305 La jeune femme continuait à fumer, sans dire un mot, souriant toujours d'un vague sourire qui semblait un masque aimable sur l'ironie de sa pensée.

Et Duroy, rougissant, bégayait : «Excusez-moi… j'avais cru… j'avais pensé… » Puis brusquement, d'une voix claire : «Je vous de-
310 mande mille fois pardon, madame, en vous adressant encore mes remerciements les plus vifs pour la chronique si charmante que vous m'avez faite hier. »

Puis il salua, dit à Charles : «Je serai à trois heures au journal », et il sortit.

315 Il retourna chez lui, à grands pas, en grommelant : «Eh bien, je m'en vais la faire celle-là, et tout seul, et ils verront… »

À peine rentré, la colère l'excitant, il se mit à écrire.

Il continua l'aventure commencée par Mme Forestier, accumu-
lant des détails de roman-feuilleton, des péripéties surprenantes et
320 des descriptions ampoulées[1], avec une maladresse de style de collégien et des formules de sous-officier. En une heure, il eut terminé

Note

1. ampoulées : emphatiques, boursouflées.

une chronique qui ressemblait à un chaos de folies, et il la porta, avec assurance, à *La Vie française.*

La première personne qu'il rencontra fut Saint-Potin qui, lui serrant la main avec une énergie de complice, demanda :

«Vous avez lu ma conversation avec le Chinois et avec l'Hindou. Est-ce assez drôle ? Ça a amusé tout Paris. Et je n'ai pas vu seulement le bout de leur nez.»

Duroy, qui n'avait rien lu, prit aussitôt le journal, et il parcourut de l'œil un long article intitulé «Inde et Chine», pendant que le reporter lui indiquait et soulignait les passages les plus intéressants.

Forestier survint, soufflant, pressé, l'air affairé :

«Ah bon, j'ai besoin de vous deux.»

Et il leur indiqua une série d'informations politiques qu'il fallait se procurer pour le soir même.

Duroy lui tendit son article.

«Voici la suite sur l'Algérie.

— Très bien, donne, je vais la remettre au patron.»

Ce fut tout.

Saint-Potin entraîna son nouveau confrère, et lorsqu'ils furent dans le corridor, il lui dit :

«Avez-vous passé à la caisse ?

— Non. Pourquoi ?

— Pourquoi ? Pour vous faire payer. Voyez-vous, il faut toujours prendre un mois d'avance. On ne sait pas ce qui peut arriver.

— Mais… je ne demande pas mieux.

— Je vais vous présenter au caissier. Il ne fera point de difficultés. On paye bien ici.»

Et Duroy alla toucher ses deux cents francs, plus vingt-huit francs pour son article de la veille, qui, joints à ce qui lui restait de son traitement du chemin de fer, lui faisait trois cent quarante francs en poche.

Jamais il n'avait tenu pareille somme ; et il se crut riche pour des temps indéfinis.

Puis Saint-Potin l'emmena bavarder dans les bureaux de quatre ou cinq feuilles rivales, espérant que les nouvelles qu'on l'avait chargé de recueillir avaient été prises déjà par d'autres, et qu'il saurait bien les leur souffler, grâce à l'abondance et à l'astuce de sa conversation.

Le soir venu, Duroy, qui n'avait plus rien à faire, songea à retourner aux Folies-Bergère, et, payant d'audace, il se présenta au contrôle :

«Je m'appelle Georges Duroy, rédacteur à *La Vie française*. Je suis venu l'autre jour avec M. Forestier, qui m'avait promis de demander mes entrées. Je ne sais s'il y a songé.»

On consulta un registre. Son nom ne s'y trouvait pas inscrit. Cependant le contrôleur, homme très affable[1], lui dit : «Entrez toujours, monsieur, et adressez vous-même votre demande à M. le directeur qui y fera droit assurément.»

Il entra, et presque aussitôt il rencontra Rachel, la femme emmenée le premier soir.

Elle vint à lui : «Bonjour, mon chat. Tu vas bien?

— Très bien, et toi?

— Moi, pas mal. Tu ne sais pas, j'ai rêvé deux fois de toi depuis l'autre jour.»

Duroy sourit, flatté : «Ah! ah! et qu'est-ce que ça prouve?

— Ça prouve que tu m'as plu, gros serin, et que nous recommencerons quand ça te dira.

— Aujourd'hui si tu veux.

— Oui, je veux bien.

— Bon, mais écoute…» Il hésitait, un peu confus de ce qu'il allait faire : «C'est que, cette fois, je n'ai pas le sou, je viens du cercle où j'ai tout claqué.»

Elle le regardait au fond des yeux, flairant le mensonge avec son instinct et sa pratique de fille habituée aux rouelles et aux marchandages des hommes. Elle dit : «Blagueur! Tu sais, ça n'est pas gentil avec moi cette manière-là.»

Il eut un sourire embarrassé : «Si tu veux dix francs, c'est tout ce qui me reste.»

Elle murmura avec un désintéressement de courtisane[2] qui se paye un caprice :

«Ce qui te plaira, mon chéri, je ne veux que toi.»

---

1. **affable** : aimable.

2. **courtisane** : femme de mauvaise vie d'un rang social assez élevé.

Et levant ses yeux séduits vers la moustache du jeune homme, elle prit son bras et s'appuya dessus amoureusement :

« Allons boire une grenadine d'abord. Et puis nous ferons un tour
395 ensemble. Moi je voudrais aller à l'Opéra, comme ça, avec toi, pour te montrer. Et puis nous rentrerons de bonne heure, n'est-ce pas ? »

....

Il dormit tard, chez cette fille. Il faisait jour quand il sortit, et la pensée lui vint aussitôt d'acheter *La Vie française*. Il ouvrit le journal d'une main fiévreuse ; sa chronique n'y était pas ; et il demeurait
400 debout sur le trottoir, parcourant anxieusement de l'œil les colonnes imprimées avec l'espoir d'y trouver, enfin, ce qu'il cherchait.

Quelque chose de pesant tout à coup accablait son cœur, car, après la fatigue d'une nuit d'amour, cette contrariété tombant sur sa lassitude avait le poids d'un désastre.

405 Il remonta chez lui et s'endormit tout habillé sur son lit.

En entrant quelques heures plus tard dans les bureaux de la rédaction, il se présenta devant M. Walter : « J'ai été tout surpris ce matin, monsieur, de ne pas trouver mon second article sur l'Algérie. »

Le directeur leva la tête, et d'une voix sèche : « Je l'ai donné à
410 votre ami Forestier, en le priant de le lire ; il ne l'a pas trouvé suffisant, il faudra me le refaire. »

Duroy, furieux, sortit sans répondre un mot, et, pénétrant brusquement dans le cabinet de son camarade : « Pourquoi n'as-tu pas fait paraître, ce matin, ma chronique ? »

415 Le journaliste fumait une cigarette, le dos au fond de son fauteuil et les pieds sur sa table, salissant de ses talons un article commencé. Il articula tranquillement avec un son de voix ennuyé et lointain, comme s'il parlait du fond d'un trou : « Le patron l'a trouvé mauvais, et m'a chargé de te le remettre pour le recommencer. Tiens, le
420 voilà. » Et il indiquait du doigt les feuilles dépliées sous un presse-papiers.

Duroy, confondu, ne trouva rien à dire et, comme il mettait sa prose dans sa poche, Forestier reprit : « Aujourd'hui tu vas te rendre d'abord à la préfecture… »

425 Et il indiqua une série de courses d'affaires, de nouvelles à recueillir. Duroy s'en alla, sans avoir pu découvrir le mot mordant qu'il cherchait.

Il rapporta son article le lendemain. Il lui fut rendu de nouveau. L'ayant refait une troisième fois, et le voyant refusé, il comprit qu'il allait trop vite et que la main de Forestier pouvait seule l'aider dans sa route.

Il ne parla donc plus des *Souvenirs d'un Chasseur d'Afrique*, en se promettant d'être souple et rusé, puisqu'il le fallait, et de faire, en attendant mieux, son métier de reporter avec zèle.

Il connut les coulisses des théâtres et celles de la politique, les corridors et le vestibule des hommes d'État et de la Chambre des députés, les figures importantes des attachés de cabinet[1] et les mines renfrognées des huissiers endormis.

Il eut des rapports continus avec des ministres, des concierges, des généraux, des agents de police, des princes, des souteneurs, des courtisanes, des ambassadeurs, des évêques, des proxénètes, des rastaquouères[2], des hommes du monde, des grecs, des cochers de fiacre, des garçons de café et bien d'autres, étant devenu l'ami intéressé et indifférent de tous ces gens, les confondant dans son estime, les toisant[3] à la même mesure, les jugeant avec le même œil, à force de les voir tous les jours, à toute heure, sans transition d'esprit, et de parler avec eux tous des mêmes affaires concernant son métier. Il se comparait lui-même à un homme qui goûterait, coup sur coup, les échantillons de tous les vins et ne distinguerait bientôt plus le château-margaux[4] de l'argenteuil[5].

Il devint en peu de temps un remarquable reporter, sûr de ses informations, rusé, rapide, subtil, une vraie valeur pour le journal, comme disait le père Walter, qui s'y connaissait en rédacteurs.

Cependant, comme il ne touchait que dix centimes la ligne, plus ses deux cents francs de fixe, et comme la vie de boulevard, la vie de café, la vie de restaurant coûte cher, il n'avait jamais le sou et se désolait de sa misère.

Notes

1. attachés de cabinet : collaborateurs des ministres.
2. rastaquouères : étrangers aux allures voyantes, affichant une richesse suspecte (terme familier).
3. toisant : estimant à la vue.

4. château-margaux : un des quatre premiers crus dans la classification de 1855 des vins rouges de Gironde.
5. argenteuil : petit vin rouge aigrelet encore produit à cette époque sur les coteaux d'Argenteuil.

C'est un truc à saisir, pensait-il, en voyant certains confrères aller
la poche pleine d'or, sans jamais comprendre quels moyens secrets
460 ils pouvaient bien employer pour se procurer cette aisance. Et il
soupçonnait avec envie des procédés inconnus et suspects, des services rendus, toute une contrebande acceptée et consentie. Or, il lui
fallait pénétrer le mystère, entrer dans l'association tacite, s'imposer
aux camarades qui partageaient sans lui.
465 Et il rêvait souvent le soir, en regardant de sa fenêtre passer les
trains, aux procédés qu'il pourrait employer.

V

1 Deux mois s'étaient écoulés; on touchait à septembre, et la fortune rapide que Duroy avait espérée lui semblait bien lente à venir.
Il s'inquiétait surtout de la médiocrité morale de sa situation et
ne voyait point par quelle voie il escaladerait les hauteurs où l'on
5 trouve la considération, la puissance et l'argent.

Il se sentait enfermé dans ce métier médiocre de reporter, muré
là-dedans à n'en pouvoir sortir. On l'appréciait, mais on l'estimait
selon son rang. Forestier même, à qui il rendait mille services, ne
l'invitait plus à dîner, le traitait en tout comme un inférieur, bien
10 qu'il le tutoyât comme un ami.

De temps en temps, il est vrai, Duroy, saisissant une occasion, plaçait un bout d'article, et ayant acquis par ses échos une souplesse de
plume et un tact qui lui manquaient lorsqu'il avait écrit sa seconde
chronique sur l'Algérie, il ne courait plus aucun risque de voir refu-
15 ser ses actualités. Mais de là à faire des chroniques au gré de sa fantaisie ou à traiter, en juge, les questions politiques, il y avait autant
de différence qu'à conduire dans les avenues du Bois, étant cocher,
ou à conduire, étant maître. Ce qui l'humiliait surtout, c'était de
sentir fermées les portes du monde, de n'avoir pas de relations à
20 traiter en égal, de ne pas entrer dans l'intimité des femmes, bien
que plusieurs actrices connues l'eussent parfois accueilli avec une
familiarité intéressée.

Il savait d'ailleurs, par expérience, qu'elles éprouvaient pour lui, toutes, mondaines ou cabotines[1], un entraînement singulier, une sympathie instantanée, et il ressentait, de ne point connaître celles dont pourrait dépendre son avenir, une impatience de cheval entravé.

Bien souvent il avait songé à faire une visite à Mme Forestier, mais la pensée de leur dernière rencontre l'arrêtait, l'humiliait ; et il attendait, en outre, d'y être engagé par le mari. Alors le souvenir lui vint de Mme de Marelle, et, se rappelant qu'elle l'avait prié de la venir voir, il se présenta chez elle, un après-midi qu'il n'avait rien à faire.

«J'y suis toujours jusqu'à trois heures», avait-elle dit.

Il sonnait à sa porte, à deux heures et demie.

Elle habitait rue de Verneuil[2], au quatrième.

Au bruit du timbre, une bonne vint ouvrir, une petite servante dépeignée qui nouait son bonnet en répondant :

«Oui, madame est là, mais je ne sais pas si elle est levée.»

Et elle poussa la porte du salon qui n'était point fermée.

Duroy entra. La pièce était assez grande, peu meublée et d'aspect négligé. Les fauteuils, défraîchis et vieux, s'alignaient le long des murs, selon l'ordre établi par la domestique, car on ne sentait en rien le soin élégant d'une femme qui aime le chez-soi. Quatre pauvres tableaux, représentant une barque sur un fleuve, un navire sur la mer, un moulin dans une plaine et un bûcheron dans un bois, pendaient au milieu des quatre panneaux, au bout de cordons inégaux, et tous les quatre accrochés de travers. On devinait que depuis longtemps ils restaient penchés ainsi sous l'œil négligent d'une indifférente.

Duroy s'assit et attendit. Il attendit longtemps. Puis une porte s'ouvrit et Mme de Marelle entra en courant, vêtue d'un peignoir japonais, en soie rose où étaient brodés des paysages d'or, des fleurs bleues et des oiseaux blancs, et elle s'écria :

 Notes

1. cabotines : personnes qui cherchent à se faire valoir par des manières affectées.
2. La rue de Verneuil est située dans le faubourg Saint-Germain. C'est la seule adresse de la rive gauche indiquée dans le roman.

55 « Figurez-vous que j'étais encore couchée. Que c'est gentil à vous de venir me voir. J'étais persuadée que vous m'aviez oubliée. »

Elle tendit ses deux mains d'un geste ravi, et Duroy, que l'aspect médiocre de l'appartement mettait à son aise, les ayant prises, en baisa une, comme il avait vu faire à Norbert de Varenne.

60 Elle le pria de s'asseoir; puis, le regardant des pieds à la tête : « Comme vous êtes changé ! Vous avez gagné de l'air. Paris vous fait du bien. Allons, racontez-moi les nouvelles. »

Et ils se mirent à bavarder tout de suite, comme s'ils eussent été d'anciennes connaissances, sentant naître entre eux une familia-
65 rité instantanée, sentant s'établir un de ces courants de confiance, d'intimité et d'affection qui font amis, en cinq minutes, deux êtres de même caractère et de même race.

Tout à coup, la jeune femme s'interrompit, et s'étonnant : « C'est drôle comme je suis avec vous. Il me semble que je vous connais
70 depuis dix ans. Nous deviendrons, sans doute, bons camarades. Voulez-vous ? »

Il répondit : « Mais, certainement », avec un sourire qui en disait plus.

Il la trouvait tout à fait tentante, dans son peignoir éclatant et
75 doux, moins fine que l'autre dans son peignoir blanc, moins chatte, moins délicate, mais plus excitante, plus poivrée.

Quand il sentait près de lui Mme Forestier, avec son sourire im-mobile et gracieux qui attirait et arrêtait en même temps, qui sem-blait dire : « Vous me plaisez » et aussi : « Prenez garde », dont on ne
80 comprenait jamais le sens véritable, il éprouvait surtout le désir de se coucher à ses pieds, ou de baiser la fine dentelle de son corsage et d'aspirer lentement l'air chaud et parfumé qui devait sortir de là, glissant entre les seins. Auprès de Mme de Marelle, il sentait en lui un désir plus brutal, plus précis, un désir qui frémissait dans ses
85 mains devant les contours soulevés de la soie légère.

Elle parlait toujours, semant en chaque phrase cet esprit facile dont elle avait pris l'habitude, comme un ouvrier saisit le tour de main qu'il faut pour accomplir une besogne réputée difficile et dont s'étonnent les autres. Il l'écoutait, pensant : « C'est bon à retenir tout
90 ça. On écrirait des chroniques parisiennes charmantes en la faisant bavarder sur les événements du jour. »

Mais on frappa doucement, tout doucement à la porte par laquelle elle était venue ; et elle cria : « Tu peux entrer, mignonne. » La petite fille parut, alla droit à Duroy et lui tendit la main.

95 La mère étonnée murmura : « Mais c'est une conquête. Je ne la reconnais plus. » Le jeune homme ayant embrassé l'enfant, la fit asseoir à côté de lui, et lui posa, avec un air sérieux, des questions gentilles sur ce qu'elle avait fait depuis qu'ils ne s'étaient vus. Elle répondait de sa petite voix de flûte, avec son air grave de grande

100 personne.

La pendule sonna trois heures. Le journaliste se leva.

« Venez souvent, demanda Mme de Marelle, nous bavarderons comme aujourd'hui, vous me ferez toujours plaisir. Mais pourquoi ne vous voit-on plus chez les Forestier ? »

105 Il répondit : « Oh ! pour rien. J'ai eu beaucoup à faire. J'espère bien que nous nous y retrouverons un de ces jours. »

Et il sortit, le cœur plein d'espoir, sans savoir pourquoi.

Il ne parla pas à Forestier de cette visite.

Mais il en garda le souvenir, les jours suivants, plus que le souve-

110 nir, une sorte de sensation de la présence irréelle et persistante de cette femme. Il lui semblait avoir pris quelque chose d'elle, l'image de son corps restée dans ses yeux et la saveur de son être moral restée en son cœur. Il demeurait sous l'obsession de son image, comme il arrive quelquefois quand on a passé des heures charmantes auprès

115 d'un être. On dirait qu'on subit une possession étrange, intime, confuse, troublante et exquise parce qu'elle est mystérieuse.

Il fit une seconde visite au bout de quelques jours.

La bonne l'introduisit dans le salon, et Laurine parut aussitôt. Elle tendit, non plus sa main, mais son front, et dit : « Maman m'a

120 chargée de vous prier de l'attendre. Elle en a pour un quart d'heure, parce qu'elle n'est pas habillée. Je vous tiendrai compagnie. »

Duroy, qu'amusaient les manières cérémonieuses de la fillette, répondit : « Parfaitement, mademoiselle, je serai enchanté de passer un quart d'heure avec vous ; mais je vous préviens que je ne suis pas

125 sérieux du tout, moi, je joue toute la journée ; je vous propose donc de faire une partie de chat perché. »

La gamine demeura saisie, puis elle sourit, comme aurait fait une femme, de cette idée qui la choquait un peu et l'étonnait aussi ; et elle murmura :

130 « Les appartements ne sont pas faits pour jouer. » Il reprit : « Ça m'est égal. Moi, je joue partout. Allons, attrapez-moi. » Et il se mit à tourner autour de la table, en l'excitant à le poursuivre, tandis qu'elle s'en venait derrière lui, souriant toujours avec une sorte de condescendance[1] polie, et étendant parfois la main pour le toucher,
135 mais sans s'abandonner jusqu'à courir.

Il s'arrêtait, se baissait, et lorsqu'elle approchait, de son petit pas hésitant, il sautait en l'air comme les diables enfermés en des boîtes, puis il s'élançait d'une enjambée à l'autre bout du salon. Elle trouvait ça drôle, finissait par rire, et, s'animant, commençait à trottiner
140 derrière lui, avec de légers cris joyeux et craintifs, quand elle avait cru le saisir. Il déplaçait les chaises, en faisait des obstacles, la forçait à pivoter pendant une minute autour de la même, puis quittant celle-là en saisissait une autre. Laurine courait maintenant, s'abandonnait tout à fait au plaisir de ce jeu nouveau et, la figure rose, elle
145 se précipitait d'un grand élan d'enfant ravie, à chacune des fuites, à chacune des ruses, à chacune des feintes de son compagnon.

Brusquement, comme elle s'imaginait l'atteindre, il la saisit dans ses bras, et, l'élevant jusqu'au plafond, il cria : « Chat perché ! »

La fillette enchantée agitait ses jambes pour s'échapper et riait de
150 tout son cœur.

Mme de Marelle entra et, stupéfaite : « Ah ! Laurine… Laurine qui joue… Vous êtes un ensorceleur, monsieur. »

Il reposa par terre la gamine, baisa la main de la mère, et ils s'assirent, l'enfant entre eux. Ils voulurent causer, mais Laurine, gri-
155 sée[2], si muette d'ordinaire, parlait tout le temps, et il fallut l'envoyer à sa chambre.

Elle obéit sans répondre, mais avec des larmes dans les yeux.

Dès qu'ils furent seuls, Mme de Marelle baissa la voix : « Vous ne savez pas, j'ai un grand projet, et j'ai pensé à vous. Voilà : comme je
160 dîne toutes les semaines chez les Forestier, je leur rends ça, de temps

---

Notes

1. condescendance : complaisance par laquelle on s'abaisse au niveau d'autrui.

2. grisée : étourdie, excitée.

en temps, dans un restaurant. Moi, je n'aime pas à avoir du monde chez moi, je ne suis pas organisée pour ça, et, d'ailleurs, je n'entends rien aux choses de la maison, rien à la cuisine, rien à rien. J'aime vivre à la diable[1]. Donc je les reçois de temps en temps au restau-
165 rant, mais ça n'est pas gai quand nous ne sommes que nous trois, et mes connaissances à moi ne vont guère avec eux. Je vous dis ça pour vous expliquer une invitation peu régulière. Vous comprenez, n'est-ce pas, que je vous demande d'être des nôtres samedi, au café Riche[2], sept heures et demie. Vous connaissez la maison ? »
170 Il accepta avec bonheur. Elle reprit : « Nous serons tous les quatre seulement, une vraie partie carrée. C'est très amusant ces petites fêtes-là, pour nous autres femmes qui n'y sommes pas habituées. »

Elle portait une robe marron foncé, qui moulait sa taille, ses hanches, sa gorge, ses bras d'une façon provocante et coquette ; et
175 Duroy éprouvait un étonnement confus, presque une gêne dont il ne saisissait pas bien la cause, du désaccord de cette élégance soignée et raffinée avec l'insouci[3] visible pour le logis qu'elle habitait.

Tout ce qui vêtait son corps, tout ce qui touchait intimement et directement sa chair, était délicat et fin, mais ce qui l'entourait ne
180 lui importait plus.

Il la quitta, gardant, comme l'autre fois, la sensation de sa présence continuée dans une sorte d'hallucination de ses sens. Et il attendit le jour du dîner avec une impatience grandissante.

Ayant loué pour la seconde fois un habit noir, ses moyens ne lui
185 permettant point encore d'acheter un costume de soirée, il arriva le premier au rendez-vous, quelques minutes avant l'heure.

On le fit monter au second étage, et on l'introduisit dans un petit salon de restaurant, tendu de rouge et ouvrant sur le boulevard son unique fenêtre.
190 Une table carrée, de quatre couverts, étalait sa nappe blanche, si luisante qu'elle semblait vernie ; et les verres, l'argenterie, le réchaud

Notes

1. à la diable : sans soin, de façon désordonnée.
2. Le café *Riche*, situé boulevard des Italiens, est l'un des plus célèbres établissements parisiens.

3. insouci : manque de soin, médiocrité du logis.

brillaient gaiement sous la flamme de douze bougies portées par deux hauts candélabres.

Au-dehors on apercevait une grande tache d'un vert clair que faisaient les feuilles d'un arbre, éclairées par la lumière vive des cabinets particuliers.

Duroy s'assit sur un canapé très bas, rouge comme les tentures des murs, et dont les ressorts fatigués, s'enfonçant sous lui, lui donnèrent la sensation de tomber dans un trou. Il entendait dans toute cette vaste maison une rumeur confuse, ce bruissement des grands restaurants fait du bruit des vaisselles et des argenteries heurtées, du bruit des pas rapides des garçons, adoucis par le tapis des corridors, du bruit des portes un moment ouvertes et qui laissent échapper le son des voix de tous ces étroits salons où sont enfermés des gens qui dînent. Forestier entra et lui serra la main avec une familiarité cordiale, qu'il ne lui témoignait jamais dans les bureaux de *La Vie française*.

«Ces deux dames vont arriver ensemble, dit-il; c'est très gentil ces dîners-là!»

Puis il regarda la table, fit éteindre tout à fait un bec de gaz qui brûlait en veilleuse, ferma un battant de la fenêtre, à cause du courant d'air, et choisit sa place bien à l'abri, en déclarant: «Il faut que je fasse grande attention; j'ai été mieux pendant un mois, et me voici repris depuis quelques jours. J'aurai attrapé froid mardi en sortant du théâtre.»

On ouvrit la porte et les deux jeunes femmes parurent, suivies d'un maître d'hôtel, voilées, cachées, discrètes, avec cette allure de mystère charmant qu'elles prennent en ces endroits où les voisinages et les rencontres sont suspects.

Comme Duroy saluait Mme Forestier, elle le gronda fort de n'être pas revenu la voir, puis elle ajouta, avec un sourire vers son amie: «C'est ça, vous me préférez Mme de Marelle, vous trouvez bien le temps pour elle.»

Puis on s'assit, et le maître d'hôtel ayant présenté à Forestier la carte des vins, Mme de Marelle s'écria: «Donnez à ces messieurs ce qu'ils voudront; quant à nous, du champagne frappé, du meilleur, du champagne doux par exemple, rien autre chose.» Et l'homme étant sorti, elle annonça avec un rire excité : «Je veux me pocharder[1] ce soir, nous allons faire une noce, une vraie noce.»

230 Forestier, qui paraissait n'avoir point entendu, demanda : «Cela ne vous ferait-il rien qu'on fermât la fenêtre ? j'ai la poitrine un peu prise depuis quelques jours.

— Non, rien du tout.»

Il alla donc pousser le battant resté entrouvert et il revint s'asseoir
235 avec un visage rasséréné[2], tranquillisé.

Sa femme ne disait rien, paraissait absorbée ; et, les yeux baissés vers la table, elle souriait aux verres, de ce sourire vague qui semblait promettre toujours pour ne jamais tenir.

Les huîtres d'Ostende furent apportées, mignonnes et grasses,
240 semblables à de petites oreilles enfermées en des coquilles, et fondant entre le palais et la langue ainsi que des bonbons salés.

Puis, après le potage, on servit une truite rose comme de la chair de jeune fille ; et les convives commencèrent à causer.

On parla d'abord d'un cancan[3] qui courait les rues, l'histoire
245 d'une femme du monde surprise, par un ami de son mari, soupant avec un prince étranger en cabinet particulier.

Forestier riait beaucoup de l'aventure ; les deux femmes déclaraient que le bavard indiscret n'était qu'un goujat[4] et qu'un lâche. Duroy fut de leur avis et proclama bien haut qu'un homme a le
250 devoir d'apporter en ces sortes d'affaires, qu'il soit acteur, confident ou simplement témoin, un silence de tombeau. Il ajouta :

«Comme la vie serait pleine de choses charmantes si nous pouvions compter sur la discrétion absolue les uns des autres. Ce qui arrête souvent, bien souvent, presque toujours les femmes, c'est la
255 peur du secret dévoilé.»

Puis il ajouta, souriant : «Voyons, n'est-ce pas vrai ? Combien y en a-t-il qui s'abandonneraient à un rapide désir, au caprice brusque et violent d'une heure, à une fantaisie d'amour, si elles ne craignaient

---

Notes

1. me pocharder : me mettre en état d'ivresse (terme populaire).
2. rasséréné : rassuré.
3. cancan : commérage, racontar.

4. goujat : personnage qui se comporte grossièrement, en particulier à l'égard d'une femme.

de payer par un scandale irrémédiable et par des larmes douloureuses un court et léger bonheur ! »

Il parlait avec une conviction contagieuse, comme s'il avait plaidé
une cause, sa cause, comme s'il eût dit : «Ce n'est pas avec moi qu'on
aurait à craindre de pareils dangers. Essayez pour voir. »

Elles le contemplaient toutes les deux, l'approuvant du regard,
trouvant qu'il parlait bien et juste, confessant par leur silence ami
que leur morale flexible de Parisiennes n'aurait pas tenu longtemps
devant la certitude du secret.

Et Forestier, presque couché sur le canapé, une jambe repliée sous
lui, la serviette glissée dans son gilet pour ne point maculer[1] son
habit, déclara tout à coup, avec un rire convaincu de sceptique :
«Sacristi[2] oui, on s'en payerait si on était sûr du silence. Bigre de
bigre ! les pauvres maris ! »

Et on se mit à parler d'amour. Sans l'admettre éternel, Duroy
le comprenait durable, créant un lien, une amitié tendre, une
confiance ! L'union des sens n'était qu'un sceau à l'union des cœurs.
Mais il s'indignait des jalousies harcelantes, des drames, des scènes,
des misères qui, presque toujours, accompagnent les ruptures.

Quand il se tut, Mme de Marelle soupira : «Oui, c'est la seule
bonne chose de la vie, et nous la gâtons souvent par des exigences
impossibles. »

Mme Forestier, qui jouait avec un couteau, ajouta : «Oui… oui…
c'est bon d'être aimée… »

Et elle semblait pousser plus loin son rêve, songer à des choses
qu'elle n'osait point dire.

Et comme la première entrée n'arrivait pas, ils buvaient de temps
en temps une gorgée de champagne en grignotant des croûtes arrachées sur le dos des petits pains ronds. Et la pensée de l'amour, lente
et envahissante, entrait en eux, enivrait peu à peu leur âme, comme
le vin clair, tombé goutte à goutte en leur gorge, échauffait leur
sang et troublait leur esprit.

Notes

1. maculer : tacher.
2. Sacristi : sapristi ; juron exprimant
l'irritation ou l'étonnement, souvent

employé par le héros (altération de
« sacré »).

On apporta des côtelettes d'agneau, tendres, légères, couchées sur un lit épais et menu de pointes d'asperges.

«Bigre! la bonne chose!» s'écria Forestier. Et ils mangeaient avec lenteur, savourant la viande fine et le légume onctueux comme une crème.

Duroy reprit : «Moi, quand j'aime une femme, tout disparaît du monde autour d'elle.»

Il disait cela avec conviction, s'exaltant à la pensée de cette jouissance d'amour, dans le bien-être de la jouissance de table qu'il goûtait.

Mme Forestier murmura, avec son air de n'y point toucher : «Il n'y a pas de bonheur comparable à la première pression des mains, quand l'une demande : "M'aimez-vous?" et quand l'autre répond : "Oui, je t'aime."»

Mme de Marelle, qui venait de vider d'un trait une nouvelle flûte de champagne, dit gaiement, en reposant son verre : «Moi, je suis moins platonique[1].»

Et chacun se mit à ricaner, l'œil allumé, en approuvant cette parole.

Forestier s'étendit sur le canapé, ouvrit les bras, les appuya sur des coussins et d'un ton sérieux : «Cette franchise vous honore et prouve que vous êtes une femme pratique. Mais peut-on vous demander quelle est l'opinion de M. de Marelle?»

Elle haussa les épaules lentement, avec un dédain infini, prolongé, puis d'une voix nette : «M. de Marelle n'a pas d'opinion en cette matière. Il n'a que des… que des abstentions.»

Et la causerie, descendant des théories élevées sur la tendresse, entra dans le jardin fleuri des polissonneries distinguées.

Ce fut le moment des sous-entendus adroits, des voiles levés par des mots, comme on lève des jupes, le moment des ruses de langage, des audaces habiles et déguisées, de toutes les hypocrisies impudiques de la phrase qui montre des images dévêtues avec des expressions couvertes, qui fait passer dans l'œil et dans l'esprit la vision rapide de tout ce qu'on ne peut pas dire, et permet aux gens du monde une sorte d'amour subtil et mystérieux, une sorte de contact

---

Note

1. platonique : chaste.

impur des pensées par l'évocation simultanée, troublante et sensuelle comme une étreinte, de toutes les choses secrètes, honteuses et désirées de l'enlacement. On avait apporté le rôti, des perdreaux flanqués de cailles, puis des petits pois, puis une terrine de foies gras
330 accompagnée d'une salade aux feuilles dentelées, emplissant comme une mousse verte un grand saladier en forme de cuvette. Ils avaient mangé de tout cela sans y goûter, sans s'en douter, uniquement préoccupés de ce qu'ils disaient, plongés dans un bain d'amour.

Les deux femmes, maintenant, en lançaient de roides[1], Mme de
335 Marelle avec une audace naturelle qui ressemblait à une provocation, Mme Forestier avec une réserve charmante, une pudeur dans le ton, dans la voix, dans le sourire, dans toute l'allure, qui soulignait, en ayant l'air de les atténuer, les choses hardies sorties de sa bouche.

340 Forestier, tout à fait vautré sur les coussins, riait, buvait, mangeait sans cesse et jetait parfois une parole tellement osée ou tellement crue que les femmes, un peu choquées par la forme et pour la forme, prenaient un petit air gêné qui durait deux ou trois secondes. Quand il avait lâché quelque polissonnerie trop grosse, il ajoutait :
345 «Vous allez bien, mes enfants. Si vous continuez comme ça, vous finirez par faire des bêtises. »

Le dessert vint, puis le café ; et les liqueurs versèrent dans les esprits excités un trouble plus lourd et plus chaud.

Comme elle l'avait annoncé en se mettant à table, Mme de Ma-
350 relle était pocharde[2], et elle le reconnaissait, avec une grâce gaie et bavarde de femme qui accentue, pour amuser ses convives, une pointe d'ivresse très réelle.

Mme Forestier se taisait maintenant, par prudence peut-être ; et Duroy, se sentant trop allumé pour ne pas se compromettre, gardait
355 une réserve habile.

On alluma des cigarettes et Forestier, tout à coup, se mit à tousser.

Ce fut une quinte terrible qui lui déchirait la gorge ; et, la face rouge, le front en sueur, il étouffait dans sa serviette. Lorsque la crise fut calmée, il grogna, d'un air furieux : «Ça ne me vaut rien,

---

Notes

1. **roides** : propos osés et licencieux.   2. **pocharde** : ivrogne (terme familier).

360 ces parties-là ; c'est stupide. » Toute sa bonne humeur avait disparu
dans la terreur du mal qui hantait sa pensée.

« Rentrons chez nous », dit-il.

Mme de Marelle sonna le garçon et demanda l'addition. On la
lui apporta presque aussitôt. Elle essaya de la lire, mais les chiffres
365 tournaient devant ses yeux, et elle passa le papier à Duroy : « Tenez,
payez pour moi, je n'y vois plus, je suis trop grise[1]. »

Et elle lui jeta en même temps sa bourse dans les mains.

Le total montait à cent trente francs. Duroy contrôla et vérifia la
note, puis donna deux billets, et reprit la monnaie, en demandant à
370 mi-voix : « Combien faut-il laisser aux garçons ?

– Ce que vous voudrez, je ne sais pas. »

Il mit cinq francs sur l'assiette, puis rendit la bourse à la jeune
femme, en lui disant :

« Voulez-vous que je vous reconduise à votre porte ?

375 – Mais certainement. Je suis incapable de retrouver mon adresse. »

On serra les mains des Forestier ; et Duroy se trouva seul avec
Mme de Marelle dans un fiacre qui roulait.

Il la sentait contre lui, si près, enfermée avec lui dans cette boîte
noire, qu'éclairaient brusquement, pendant un instant, les becs de
380 gaz des trottoirs. Il sentait, à travers sa manche, la chaleur de son
épaule, et il ne trouvait rien à lui dire, absolument rien, ayant l'esprit paralysé par le désir impérieux de la saisir dans ses bras.

« Si j'osais, que ferait-elle ? » pensait-il. Et le souvenir de toutes les
polissonneries chuchotées pendant le dîner l'enhardissait, mais la
385 peur du scandale le retenait en même temps.

Elle ne disait rien non plus, immobile, enfoncée en son coin. Il
eût pensé qu'elle dormait s'il n'avait vu briller ses yeux chaque fois
qu'un rayon de lumière pénétrait dans la voiture.

« Que pensait-elle ? » Il sentait bien qu'il ne fallait point parler,
390 qu'un mot, un seul mot, rompant le silence, emporterait ses chances ;
mais l'audace lui manquait, l'audace de l'action brusque et brutale.

Tout à coup il sentit remuer son pied. Elle avait fait un mouvement, un mouvement sec, nerveux, d'impatience ou d'appel peut-
être. Ce geste, presque insensible, lui fit courir, de la tête aux pieds,

---

Note 1. **grise** : proche de l'ivresse.

un grand frisson sur la peau, et, se tournant vivement, il se jeta sur elle, cherchant la bouche avec ses lèvres et la chair nue avec ses mains.

Elle jeta un cri, un petit cri, voulut se dresser, se débattre, le repousser, puis elle céda, comme si la force lui eût manqué pour résister plus longtemps.

Mais la voiture s'étant arrêtée bientôt devant la maison qu'elle habitait, Duroy, surpris, n'eut point à chercher des paroles passionnées pour la remercier, la bénir et lui exprimer son amour reconnaissant. Cependant elle ne se levait pas, elle ne remuait point, étourdie par ce qui venait de se passer. Alors il craignit que le cocher n'eût des doutes, et il descendit le premier pour tendre la main à la jeune femme.

Elle sortit enfin du fiacre en trébuchant et sans prononcer une parole. Il sonna, et, comme la porte s'ouvrait, il demanda, en tremblant : «Quand vous reverrai-je?»

Elle murmura si bas qu'il entendit à peine : «Venez déjeuner avec moi demain.» Et elle disparut dans l'ombre du vestibule en repoussant le lourd battant qui fit un bruit de coup de canon.

Il donna cent sous au cocher et se mit à marcher devant lui, d'un pas rapide et triomphant, le cœur débordant de joie.

Il en tenait une, enfin, une femme mariée! une femme du monde! du vrai monde! du monde parisien! Comme ça avait été facile et inattendu!

Il s'était imaginé jusque-là que pour aborder et conquérir une de ces créatures tant désirées, il fallait des soins infinis, des attentes interminables, un siège habile fait de galanteries, de paroles d'amour, de soupirs et de cadeaux. Et voilà que tout d'un coup, à la moindre attaque, la première qu'il rencontrait s'abandonnait à lui, si vite qu'il en demeurait stupéfait.

«Elle était grise, pensait-il; demain, ce sera une autre chanson. J'aurai les larmes.» Cette idée l'inquiéta, puis il se dit : «Ma foi, tant pis. Maintenant je la tiens, je saurai bien la garder.»

Et, dans le mirage confus où s'égaraient ses espérances, espérances de grandeur, de succès, de renommée, de fortune et d'amour, il aperçut tout à coup, pareilles à ces guirlandes de figurantes qui se déroulent dans le ciel des apothéoses, une procession de femmes élégantes, riches, puissantes, qui passaient en souriant pour disparaître l'une après l'autre au fond du nuage doré de ses rêves.

Et son sommeil fut peuplé de visions.

435 Il était un peu ému, le lendemain, en montant l'escalier de Mme de Marelle. Comment allait-elle le recevoir ? Et si elle ne le recevait pas ? Si elle avait défendu l'entrée de sa demeure ? Si elle racontait… ? Mais non, elle ne pouvait rien dire sans laisser deviner la vérité tout entière. Donc il était maître de la situation.

440 La petite bonne ouvrit la porte. Elle avait son visage ordinaire. Il se rassura, comme s'il se fût attendu à ce que la domestique lui montrât une figure bouleversée.

Il demanda : «Madame va bien ! »

Elle répondit : «Oui, monsieur, comme toujours. »

445 Et elle le fit entrer dans le salon.

Il alla droit à la cheminée pour constater l'état de ses cheveux et de sa toilette ; et il rajustait sa cravate devant la glace, quand il aperçut dedans la jeune femme qui le regardait, debout sur le seuil de sa chambre.

450 Il fit semblant de ne l'avoir point vue, et ils se considérèrent quelques secondes, au fond du miroir, s'observant, s'épiant, avant de se trouver face à face.

Il se retourna. Elle n'avait point bougé, et semblait attendre. Il s'élança, balbutiant : «Comme je vous aime ! Comme je vous 455 aime ! » Elle ouvrit les bras et tomba sur sa poitrine ; puis, ayant levé la tête vers lui, ils s'embrassèrent longtemps.

Il pensait : «C'est plus facile que je n'aurais cru. Ça va très bien. » Et, leurs lèvres s'étant séparées, il souriait, sans dire un mot, en tâchant de mettre dans son regard une infinité d'amour.

460 Elle aussi souriait, de ce sourire qu'elles ont pour offrir leur désir, leur consentement, leur volonté de se donner. Elle murmura : «Nous sommes seuls. J'ai envoyé Laurine déjeuner chez une camarade. »

Il soupira, en lui baisant les poignets : «Merci, je vous adore. »

465 Alors elle lui prit le bras, comme s'il eût été son mari, pour aller jusqu'au canapé où ils s'assirent côte à côte.

Il lui fallait un début de causerie habile et séduisant ; ne le découvrant point à son gré, il balbutia :

« Alors, vous ne m'en voulez pas trop ? »

470 Elle lui mit une main sur la bouche :

« Tais-toi ! »

Ils demeurèrent silencieux, les regards mêlés, les doigts enlacés et brûlants.

« Comme je vous désirais ! » dit-il.

475 Elle répéta : « Tais-toi. »

On entendait la bonne remuer les assiettes dans la salle, derrière le mur.

Il se leva : « Je ne veux pas rester si près de vous. Je perdrais la tête. »

480 La porte s'ouvrit : « Madame est servie. »

Et il offrit son bras avec gravité.

Ils déjeunèrent face à face, se regardant et se souriant sans cesse, occupés uniquement d'eux, tout enveloppés par le charme si doux d'une tendresse qui commence. Ils mangeaient, sans savoir quoi. Il 485 sentit un pied, un petit pied, qui rôdait sous la table. Il le prit entre les siens et l'y garda, le serrant de toute sa force.

La bonne allait, venait, apportait et enlevait les plats d'un air nonchalant, sans paraître rien remarquer.

Quand ils eurent fini de manger, ils rentrèrent dans le salon et 490 reprirent leur place sur le canapé, côte à côte.

Peu à peu, il se serrait contre elle, essayant de l'étreindre. Mais elle le repoussait avec calme : « Prenez garde, on pourrait entrer. »

Il murmura : « Quand pourrai-je vous voir bien seule pour vous dire comme je vous aime ? »

495 Elle se pencha vers son oreille, et prononça tout bas : « J'irai vous faire une petite visite chez vous un de ces jours. »

Il se sentit rougir : « C'est que… chez moi… c'est… c'est bien modeste… »

Elle sourit : « Ça ne fait rien. C'est vous que j'irai voir et non pas 500 l'appartement. »

Alors il la pressa pour savoir quand elle viendrait. Elle fixa un jour éloigné de la semaine suivante, et il la supplia d'avancer la date, avec des paroles balbutiées, des yeux luisants, en lui maniant et lui broyant les mains, le visage rouge, enfiévré, ravagé de désir, de ce 505 désir impétueux qui suit les repas en tête-à-tête.

Elle s'amusait de le voir l'implorer avec cette ardeur, et cédait un jour, de temps en temps. Mais il répétait : « Demain... dites... demain. »

Elle y consentit à la fin : « Oui. Demain. Cinq heures. »

510 Il poussa un long soupir de joie ; et ils causèrent presque tranquillement, avec des allures d'intimité, comme s'ils se fussent connus depuis vingt ans.

Un coup de timbre les fit tressaillir ; et, d'une secousse, ils s'éloignèrent l'un de l'autre.

515 Elle murmura : « Ce doit être Laurine. »

L'enfant parut, puis s'arrêta interdite, puis courut vers Duroy en battant des mains, transportée de plaisir en l'apercevant, et elle cria : « Ah ! Bel-Ami[1]. »

Mme de Marelle se mit à rire :

520 « Tiens ! Bel-Ami ! Laurine vous a baptisé ! C'est un bon petit nom d'amitié pour vous, ça ; moi aussi je vous appellerai Bel-Ami ! »

Il avait pris sur ses genoux la fillette, et il dut jouer avec elle à tous les petits jeux qu'il lui avait appris.

Il se leva à trois heures moins vingt minutes, pour se rendre au 525 journal ; et, sur l'escalier, par la porte entrouverte, il murmura encore, du bout des lèvres : « Demain. Cinq heures. »

La jeune femme répondit : « Oui », d'un sourire, et disparut.

Dès qu'il eut fini sa besogne journalière, il songea à la façon dont il arrangerait sa chambre pour recevoir sa maîtresse et dissimuler le 530 mieux possible la pauvreté du local. Il eut l'idée d'épingler sur les murs de menus bibelots japonais[2], et il acheta pour cinq francs toute une collection de crépons, de petits éventails et de petits écrans, dont il cacha les taches trop visibles du papier. Il appliqua sur les vitres de la fenêtre des images transparentes représentant des ba-535 teaux sur des rivières, des vols d'oiseaux à travers des ciels rouges, des dames multicolores sur des balcons et des processions de petits bonshommes noirs dans des plaines remplies de neige.

Son logis, grand tout juste pour y dormir et s'y asseoir, eut bientôt l'air de l'intérieur d'une lanterne de papier peint. Il jugea l'effet

540 satisfaisant, et il passa la soirée à coller sur le plafond des oiseaux découpés dans des feuilles coloriées qui lui restaient.

Puis il se coucha, bercé par le sifflet des trains.

Il rentra de bonne heure le lendemain, portant un sac de gâteaux et une bouteille de madère[1] achetée chez l'épicier. Il dut ressortir
545 pour se procurer deux assiettes et deux verres ; et il disposa cette collation[2] sur sa table de toilette, dont le bois sale fut caché par une serviette ; la cuvette et le pot à l'eau étant dissimulés par-dessous.

Puis il attendit.

Elle arriva vers cinq heures un quart, et, séduite par le papillote-
550 ment coloré des dessins, elle s'écria : « Tiens, c'est gentil, chez vous. Mais il y a bien du monde dans l'escalier. »

Il l'avait prise dans ses bras, et il baisait ses cheveux avec emporte-ment, entre le front et le chapeau, à travers le voile.

Une heure et demie plus tard, il la reconduisit à la station de
555 fiacres de la rue de Rome. Lorsqu'elle fut dans la voiture, il mur-mura : « Mardi, à la même heure. »

Elle dit : « À la même heure, mardi. » Et, comme la nuit était venue, elle attira sa tête dans la portière et le baisa sur les lèvres. Puis le cocher ayant fouetté sa bête, elle cria : « Adieu, Bel-Ami ! », et le
560 vieux coupé[3] s'en alla au trot fatigué d'un cheval blanc.

Pendant trois semaines, Duroy reçut ainsi Mme de Marelle tous les deux ou trois jours, tantôt le matin, tantôt le soir.

Comme il l'attendait, un après-midi, un grand bruit dans l'esca-lier l'attira sur sa porte. Un enfant hurlait. Une voix furieuse, celle
565 d'un homme, cria : « Qu'est-ce qu'il a encore à gueuler, ce bougre-là ? » La voix glapissante et exaspérée d'une femme répondit : « C'est c'te sale cocotte qui vient chez l'journalisse d'en haut qu'a ren-versé Nicolas sur l'palier. Comme si on devrait laisser des roulures[4] comme ça qui n'font seulement pas attention aux éfants dans les
570 escaliers. »

Notes

1. **madère :** vin produit sur l'île de Madère au Portugal.
2. **collation :** repas léger.

3. **coupé :** voiture à cheval fermée à quatre roues et généralement à deux places.
4. **roulures :** femmes de mauvaise vie (terme injurieux).

Duroy, éperdu, se recula, car il entendait un rapide frôlement de jupes et un pas précipité gravissant l'étage au-dessous de lui.

On frappa bientôt à sa porte qu'il venait de refermer. Il ouvrit, et Mme de Marelle se jeta dans la chambre, essoufflée, affolée, bal‐
575 butiant :

«As-tu entendu?»

Il fit semblant de ne rien savoir.

«Non, quoi?

— Comme ils m'ont insultée?

580 — Qui ça?

— Les misérables qui habitent au-dessous.

— Mais non, qu'est-ce qu'il y a, dis-moi!»

Elle se mit à sangloter sans pouvoir prononcer un mot.

Il dut la décoiffer, la délacer, l'étendre sur le lit, lui tapoter les
585 tempes avec un linge mouillé; elle suffoquait; puis, quand son émotion se fut un peu calmée, toute sa colère indignée éclata.

Elle voulait qu'il descendît tout de suite, qu'il se battît, qu'il les tuât.

Il répétait : «Mais ce sont des ouvriers, des rustres. Songe qu'il
590 faudrait aller en justice, que tu pourrais être reconnue, arrêtée, per‐
due. On ne se commet pas avec des gens comme ça.»

Elle passa à une autre idée : «Comment ferons-nous, maintenant? Moi, je ne peux pas rentrer ici.» Il répondit : «C'est bien simple, je vais déménager.»

595 Elle murmura : «Oui, mais ce sera long.» Puis, tout d'un coup, elle imagina une combinaison, et, rassérénée brusquement :

«Non, écoute, j'ai trouvé, laisse-moi faire, ne t'occupe de rien. Je t'enverrai un petit bleu[1] demain matin.»

Elle appelait des «petits bleus» les télégrammes fermés circulant
600 dans Paris.

Elle souriait maintenant, ravie de son invention qu'elle ne voulait pas révéler; et elle fit mille folies d'amour.

Elle était bien émue cependant, en redescendant l'escalier, et elle appuyait de toute sa force sur le bras de son amant, tant elle sentait
605 fléchir ses jambes.

Note

1. **petit bleu** : télégramme, dépêche sur un papier de couleur bleue (terme vieilli).

Ils ne rencontrèrent personne.

Comme il se levait tard, il était encore au lit, le lendemain vers onze heures, quand le facteur du télégraphe lui apporta le petit bleu promis.

610   Duroy l'ouvrit et lut :

Rendez-vous tantôt, cinq heures, rue de Constantinople, 127. Tu te feras ouvrir l'appartement loué par Mme Duroy.

CLO t'embrasse.

À cinq heures précises, il entrait chez le concierge d'une grande
615   maison meublée et demandait : « C'est ici que Mme Duroy a loué un appartement ?

– Oui, monsieur.

– Voulez-vous m'y conduire, s'il vous plaît. »

L'homme, habitué sans doute aux situations délicates où la pru-
620   dence est nécessaire, le regardait dans les yeux, puis, choisissant dans la longue file de clefs :

« Vous êtes bien M. Duroy ?

– Mais oui, parfaitement. »

Et il ouvrit un petit logement composé de deux pièces et situé au
625   rez-de-chaussée, en face de la loge.

Le salon, tapissé de papier ramagé[1], assez frais, possédait un meuble d'acajou recouvert en reps[2] verdâtre à dessins jaunes, et un maigre tapis à fleurs, si mince que le pied sentait le bois par-dessous.

La chambre à coucher était si exiguë que le lit l'emplissait aux
630   trois quarts. Il tenait le fond, allant d'un mur à l'autre, un grand lit de maison meublée, enveloppé de rideaux bleus et lourds, égale-ment en reps, et écrasé sous un édredon de soie rouge maculé de taches suspectes.

Duroy, inquiet et mécontent, pensait : « Ça va me coûter un
635   argent fou, ce logis-là. Il va falloir que j'emprunte encore. C'est idiot, ce qu'elle a fait. »

La porte s'ouvrit et Clotilde se précipita en coup de vent, avec un grand bruit de robe, les bras ouverts. Elle était enchantée : « Est-ce gentil, dis, est-ce gentil ? Et pas à monter, c'est sur la rue, au

---

Notes

1. ramagé : couvert de ramages, c'est-à-dire d'arabesques.

2. reps : étoffe d'ameublement dont les côtes sont perpendiculaires aux bords.

rez-de-chaussée ! On peut entrer et sortir par la fenêtre sans que le concierge vous voie. Comme nous nous aimerons, là-dedans. »

Il l'embrassait froidement, n'osant faire la question qui lui venait aux lèvres.

Elle avait posé un gros paquet sur le guéridon, au milieu de la pièce. Elle l'ouvrit et en tira un savon, une bouteille d'eau de Lubin, une éponge, une boîte d'épingles à cheveux, un tire-bouchon et un petit fer à friser pour rajuster les mèches de son front qu'elle défaisait toutes les fois.

Et elle joua à l'installation, cherchant la place de chaque chose, s'amusant énormément.

Elle parlait tout en ouvrant les tiroirs : « Il faudra que j'apporte un peu de linge, pour pouvoir en changer à l'occasion. Ce sera très commode. Si je reçois une averse, par hasard, en faisant des courses, je viendrai me sécher ici. Nous aurons chacun notre clef, outre celle laissée dans la loge pour le cas où nous oublierions les nôtres. J'ai loué pour trois mois, à ton nom, bien entendu, puisque je ne pouvais donner le mien. »

Alors il demanda :

« Tu me diras quand il faudra payer ? »

Elle répondit simplement : « Mais c'est payé, mon chéri ! »

Il reprit : « Alors, c'est à toi que je le dois ? »

– Mais non, mon chat, ça ne te regarde pas, c'est moi qui veux faire cette petite folie. »

Il eut l'air de se fâcher : « Ah ! mais non, par exemple. Je ne le permettrai point. »

Elle vint à lui suppliante, et, posant les mains sur ses épaules : « Je t'en prie, Georges, ça me fera tant de plaisir, tant de plaisir que ce soit à moi, notre nid, rien qu'à moi. Ça ne peut pas te froisser ? En quoi ? Je voudrais apporter ça dans notre amour. Dis que tu veux bien, mon petit Géo, dis que tu veux bien ?… » Elle l'implorait du regard, de la lèvre, de tout son être.

Il se fit prier, refusant avec des mines irritées, puis il céda, trouvant cela juste, au fond.

Et quand elle fut partie, il murmura, en se frottant les mains et sans chercher dans les replis de son cœur d'où lui venait, ce jour-là, cette opinion : « Elle est gentille, tout de même. »

Il reçut quelques jours plus tard un autre petit bleu qui lui disait : *Mon mari arrive ce soir, après six semaines d'inspection. Nous aurons donc relâche huit jours. Quelle corvée, mon chéri !*

Ta CLO.

680

Duroy demeura stupéfait. Il ne songeait vraiment plus qu'elle était mariée. En voilà un homme dont il aurait voulu voir la tête, rien qu'une fois, pour le connaître.

Il attendit avec patience cependant le départ de l'époux, mais
685 il passa aux Folies–Bergère deux soirées qui se terminèrent chez Rachel.

Puis, un matin, nouveau télégramme contenant quatre mots : « Tantôt, cinq heures. – CLO. »

Ils arrivèrent tous les deux en avance au rendez-vous. Elle se jeta
690 dans ses bras avec un grand élan d'amour, le baisant passionnément à travers le visage, puis elle lui dit : « Si tu veux, quand nous nous serons bien aimés, tu m'emmèneras dîner quelque part. Je me suis faite libre. »

On était justement au commencement du mois, et bien que son
695 traitement fût escompté longtemps d'avance, et qu'il vécût au jour le jour d'argent cueilli de tous les côtés, Duroy se trouvait par hasard en fonds ; et il fut content d'avoir l'occasion de dépenser quelque chose pour elle.

Il répondit : « Mais oui, ma chérie, où tu voudras. » Ils partirent
700 donc vers sept heures et gagnèrent le boulevard extérieur. Elle s'appuyait fortement sur lui et lui disait, dans l'oreille : « Si tu savais comme je suis contente de sortir à ton bras, comme j'aime te sentir contre moi. »

Il demanda : « Veux-tu aller chez le Père Lathuile[1] ? »

705 Elle répondit : « Oh non, c'est trop chic. Je voudrais quelque chose de drôle, de commun, comme un restaurant où vont les employés et les ouvrières ; j'adore les parties dans les guinguettes ! Oh ! si nous avions pu aller à la campagne ! »

---

1. Le restaurant du *Père Lathuile*, situé boulevard de Clichy, était fréquenté par des artistes et des hommes politiques ; il fut rendu célèbre par un tableau de Manet peint en 1879.

Comme il ne connaissait rien en ce genre dans le quartier, ils
710 errèrent le long du boulevard, et ils finirent par entrer chez un marchand de vin qui donnait à manger dans une salle à part. Elle avait
vu, à travers la vitre, deux fillettes en cheveux[1] attablées en face de
deux militaires.

Trois cochers de fiacre dînaient dans le fond de la pièce étroite et
715 longue, et un personnage, impossible à classer dans aucune profession, fumait sa pipe, les jambes allongées, les mains dans la ceinture
de sa culotte, étendu sur sa chaise et la tête renversée en arrière par-
dessus la barre. Sa jaquette semblait un musée de taches, et dans les
poches gonflées comme des ventres on apercevait le goulot d'une
720 bouteille, un morceau de pain, un paquet enveloppé dans un journal, et un bout de ficelle qui pendait. Il avait des cheveux épais,
crépus, mêlés, gris de saleté ; et sa casquette était par terre, sous sa
chaise.

L'entrée de Clotilde fit sensation par l'élégance de sa toilette. Les
725 deux couples cessèrent de chuchoter, les trois cochers cessèrent de
discuter, et le particulier qui fumait, ayant ôté sa pipe de sa bouche
et craché devant lui, regarda en tournant un peu la tête.

Mme de Marelle murmura : «C'est très gentil. Nous serons très
bien ; une autre fois, je m'habillerai en ouvrière. » Et elle s'assit sans
730 embarras et sans dégoût en face de la table de bois vernie par la
graisse des nourritures, lavée par les boissons répandues et torchée
d'un coup de serviette par le garçon. Duroy, un peu gêné, un peu
honteux, cherchait une patère pour y pendre son haut chapeau.
N'en trouvant point, il le déposa sur une chaise.

735 Ils mangèrent un ragoût de mouton, une tranche de gigot et une
salade. Clotilde répétait : «Moi, j'adore ça. J'ai des goûts canailles[2].
Je m'amuse mieux ici qu'au café Anglais[3]. » Puis elle dit : «Si tu veux
me faire tout à fait plaisir, tu me mèneras dans un bastringue. J'en
connais un très drôle près d'ici, qu'on appelle *La Reine Blanche*[4]. »
740 Duroy, surpris, demanda : «Qui est-ce qui t'a menée là ? »

Notes

1. **en cheveux** : se dit d'une personne qui
ne porte aucune coiffure (terme familier).
2. **canailles** : vulgaires.

3. Le café *Anglais*, établissement réputé
pour sa cave, était situé boulevard des
Italiens.
4. Le cabaret de *La Reine Blanche*, bal
populaire, était situé boulevard de Clichy.

Il la regardait et il la vit rougir, un peu troublée, comme si cette question brusque eût éveillé en elle un souvenir délicat. Après une de ces hésitations féminines si courtes qu'il les faut deviner, elle répondit : «C'est un ami… – puis, après un silence, elle ajouta… – qui est mort.» Et elle baissa les yeux avec une tristesse bien naturelle.

Et Duroy, pour la première fois, songea à tout ce qu'il ne savait point dans la vie passée de cette femme, et il rêva. Certes elle avait eu des amants, déjà, mais de quelle sorte ? de quel monde ? Une vague jalousie, une sorte d'inimitié s'éveillait en lui contre elle, une inimitié pour tout ce qu'il ignorait, pour tout ce qui ne lui avait point appartenu dans ce cœur et dans cette existence. Il la regardait, irrité du mystère enfermé dans cette tête jolie et muette et qui songeait, en ce moment-là même peut-être, à l'autre, aux autres, avec des regrets. Comme il eût aimé regarder dans ce souvenir, y fouiller, et tout savoir, tout connaître…

Elle répéta : «Veux-tu me conduire à *La Reine Blanche* ? Ce sera une fête complète.»

Il pensa : «Bah ! qu'importe le passé ? Je suis bien bête de me troubler de ça.» Et, souriant, il répondit : «Mais certainement, ma chérie.»

Lorsqu'ils furent dans la rue, elle reprit, tout bas, avec ce ton mystérieux dont on fait les confidences : «Je n'osais point te demander ça, jusqu'ici ; mais tu ne te figures pas comme j'aime ces escapades de garçon dans tous ces endroits où les femmes ne vont pas. Pendant le carnaval, je m'habillerai en collégien. Je suis drôle comme tout, en collégien.»

Quand ils pénétrèrent dans la salle de bal, elle se serra contre lui, effrayée et contente, regardant d'un œil ravi les filles et les souteneurs et, de temps en temps, comme pour se rassurer contre un danger possible, elle disait, en apercevant un municipal grave et immobile : «Voilà un agent qui a l'air solide.» Au bout d'un quart d'heure, elle en eut assez, et il la reconduisit chez elle.

Alors commença une série d'excursions dans tous les endroits louches où s'amuse le peuple ; et Duroy découvrit dans sa maîtresse un goût passionné pour ce vagabondage d'étudiants en goguette[1].

Note

1. **en goguette** : légèrement ivres.

Elle arrivait au rendez-vous habituel vêtue d'une robe de toile, la tête couverte d'un bonnet de soubrette, de soubrette de vaudeville ; et, malgré la simplicité élégante et cherchée de la toilette, elle gardait ses bagues, ses bracelets et ses boucles d'oreilles en brillants, en donnant cette raison, quand il la suppliait de les ôter : « Bah ! on croira que ce sont des cailloux du Rhin[1]. »

Elle se jugeait admirablement déguisée, et, bien qu'elle fût en réalité cachée, à la façon des autruches, elle allait dans les tavernes les plus mal famées[2].

Elle avait voulu que Duroy s'habillât en ouvrier, mais il résista et garda sa tenue correcte de boulevardier, sans vouloir même changer son haut chapeau contre un chapeau de feutre mou.

Elle s'était consolée de son obstination, par ce raisonnement : « On pense que je suis une femme de chambre en bonne fortune avec un jeune homme du monde. » Et elle trouvait délicieuse cette comédie.

Ils entraient ainsi dans les caboulots[3] populaires et allaient s'asseoir au fond du bouge[4] enfumé, sur des chaises boiteuses, devant une vieille table de bois. Un nuage de fumée âcre où restait une odeur de poisson frit du dîner emplissait la salle ; des hommes en blouse gueulaient en buvant des petits verres ; et le garçon étonné dévisageait ce couple étrange, en posant devant lui deux cerises à l'eau-de-vie.

Elle, tremblante, apeurée et ravie, se mettait à boire le jus rouge des fruits, à petits coups, en regardant autour d'elle d'un œil inquiet et allumé. Chaque cerise avalée lui donnait la sensation d'une faute commise, chaque goutte du liquide brûlant et poivré descendant en sa gorge lui procurait un plaisir âcre, la joie d'une jouissance scélérate et défendue.

Puis elle disait à mi-voix : « Allons-nous-en. » Et ils partaient. Elle filait vivement, la tête basse, d'un pas menu, d'un pas d'actrice qui quitte la scène, entre les buveurs accoudés aux tables qui la regar-

Notes

1. **cailloux du Rhin** : fragments de cristal de roche, etc., qui peuvent être polis.
2. **famées** : fréquentées.

3. **caboulots** : petits restaurants ou cafés de médiocre apparence.
4. **bouge** : café misérable et mal fréquenté.

daient passer d'un air soupçonneux et mécontent; et quand elle avait franchi la porte, elle poussait un grand soupir, comme si elle venait d'échapper à quelque terrible danger.

Quelquefois elle demandait à Duroy, en frissonnant : «Si on m'injuriait dans ces endroits-là, qu'est-ce que tu ferais?»

Il répondait d'un ton crâne : «Je te défendrais, parbleu!»

Et elle lui serrait le bras avec bonheur, avec le désir confus peut-être d'être injuriée et défendue, de voir des hommes se battre pour elle, même ces hommes-là, avec son bien-aimé.

Mais ces excursions, se renouvelant deux ou trois fois par semaine, commençaient à fatiguer Duroy, qui avait grand mal d'ailleurs, depuis quelque temps, à se procurer le demi-louis qu'il lui fallait pour payer la voiture et les consommations.

Il vivait maintenant avec une peine infinie, avec plus de peine qu'aux jours où il était employé du Nord, car, ayant dépensé largement, sans compter, pendant ses premiers mois de journalisme, avec l'espoir constant de gagner de grosses sommes le lendemain, il avait épuisé toutes ses ressources et tous les moyens de se procurer de l'argent.

Un procédé fort simple, celui d'emprunter à la caisse, s'était trouvé bien vite usé, et il devait déjà au journal quatre mois de son traitement, plus six cents francs sur ses lignes. Il devait, en outre, cent francs à Forestier, trois cents francs à Jacques Rival, qui avait la bourse large, et il était rongé par une multitude de petites dettes inavouables, de vingt francs ou de cent sous.

Saint-Potin, consulté sur les méthodes à employer pour trouver encore cent francs, n'avait découvert aucun expédient[1], bien qu'il fût un homme d'invention; et Duroy s'exaspérait de cette misère plus sensible maintenant qu'autrefois, parce qu'il avait plus de besoins. Une colère sourde contre tout le monde couvait en lui, et une irritation incessante, qui se manifestait à tout propos, à tout moment, pour les causes les plus futiles.

Il se demandait parfois comment il avait fait pour dépenser une moyenne de mille livres par mois, sans aucun excès, ni aucune fantaisie; et il constatait qu'en additionnant un déjeuner de huit francs

1. **expédient** : moyen pour se tirer d'affaire.

avec un dîner de douze pris dans un grand café quelconque du boulevard, il arrivait tout de suite à un louis, qui, joint à une dizaine de
845 francs d'argent de poche, de cet argent qui coule, sans qu'on sache comment, formait un total de trente francs. Or, trente francs par jour donnent neuf cents francs à la fin du mois. Et il ne comptait pas là-dedans tous les frais d'habillement, de chaussures, de linge, de blanchissage, etc.

850 Donc, le 14 décembre, il se trouva sans un sou dans sa poche et sans un moyen dans l'esprit pour obtenir quelque monnaie.

Il fit, comme il avait fait souvent jadis, il ne déjeuna point et il passa l'après-midi au journal à travailler, rageant et préoccupé.

Vers quatre heures, il reçut un petit bleu de sa maîtresse, qui lui
855 disait : «Veux-tu que nous dînions ensemble ? nous ferons ensuite une escapade. »

Il répondit aussitôt : «Impossible dîner.» Puis il réfléchit qu'il serait bien bête de se priver des moments agréables qu'elle pourrait lui donner, et il ajouta : «Mais je t'attendrai, à neuf heures, dans
860 notre logis. »

Et ayant envoyé un des garçons porter ce mot, afin d'économiser le prix du télégramme, il réfléchit à la façon dont il s'y prendrait pour se procurer le repas du soir.

À sept heures, il n'avait encore rien inventé ; et une faim terrible
865 lui creusait le ventre. Alors il eut recours à un stratagème de désespéré. Il laissa partir tous ses confrères, l'un après l'autre, et, quand il fut seul, il sonna vivement. L'huissier du patron, resté pour garder les bureaux, se présenta.

Duroy debout, nerveux, fouillait ses poches, et d'une voix
870 brusque : «Dites donc, Foucart, j'ai oublié mon porte-monnaie chez moi et il faut que j'aille dîner au Luxembourg. Prêtez-moi cinquante sous pour payer ma voiture. »

L'homme tira trois francs de son gilet, en demandant :

«Monsieur Duroy ne veut pas davantage ?
875 – Non, non, cela me suffit. Merci bien. »

Et, ayant saisi les pièces blanches, Duroy descendit en courant l'escalier, puis alla dîner dans une gargote où il échouait aux jours de misère.

À neuf heures, il attendait sa maîtresse, les pieds au feu dans le petit salon.

Elle arriva, très animée, très gaie, fouettée par l'air froid de la rue : «Si tu veux, dit-elle, nous ferons d'abord un tour, puis nous rentrerons ici à onze heures. Le temps est admirable pour se promener.»

Il répondit d'un ton grognon : «Pourquoi sortir? On est très bien ici.»

Elle reprit, sans ôter son chapeau : «Si tu savais, il fait un clair de lune merveilleux. C'est un vrai bonheur de se promener, ce soir.

– C'est possible, mais moi je ne tiens pas à me promener.»

Il avait dit cela d'un air furieux. Elle en fut saisie, blessée, et demanda : «Qu'est-ce que tu as? pourquoi prends-tu ces manières-là? J'ai le désir de faire un tour, je ne vois pas en quoi cela peut te fâcher.»

Il se leva, exaspéré : «Cela ne me fâche pas. Cela m'embête. Voilà!»

Elle était de celles que la résistance irrite et que l'impolitesse exaspère.

Elle prononça, avec dédain, avec une colère froide :

«Je n'ai pas l'habitude qu'on me parle ainsi. Je m'en irai seule, alors; adieu!»

Il comprit que c'était grave, et s'élançant vivement vers elle, il lui prit les mains, les baisa, en balbutiant :

«Pardonne-moi, ma chérie, pardonne-moi. Je suis très nerveux, ce soir, très irritable. C'est que j'ai des contrariétés, des ennuis, tu sais, des affaires de métier.»

Elle répondit, un peu adoucie, mais non calmée :

«Cela ne me regarde pas, moi; et je ne veux point supporter le contrecoup de votre mauvaise humeur.»

Il la prit dans ses bras, l'attira vers le canapé :

«Écoute, ma mignonne, je ne voulais point te blesser, je n'ai pas songé à ce que je disais.»

Il l'avait forcée à s'asseoir, et s'agenouillant devant elle : «M'as-tu pardonné? Dis-moi que tu m'as pardonné.»

Elle murmura, d'une voix froide : «Soit, mais ne recommence pas.» Et, s'étant relevée, elle ajouta :

«Maintenant, allons faire un tour.»

Il était demeuré à ses genoux, entourant les hanches de ses deux bras; il balbutia: «Je t'en prie, restons ici. Je t'en supplie. Accorde-moi cela. J'aimerais tant à te garder, ce soir, pour moi tout seul, là, près du feu. Dis "oui", je t'en supplie, dis "oui".»

Elle répliqua nettement, durement: «Non. Je tiens à sortir, et je ne céderai pas à tes caprices.»

Il insista: «Je t'en supplie, j'ai une raison, une raison très sérieuse…»

Elle dit de nouveau: «Non. Et si tu ne veux pas sortir avec moi, je m'en vais. Adieu!»

Elle s'était dégagée d'une secousse, et gagnait la porte. Il courut vers elle, l'enveloppa dans ses bras:

«Écoute, Clo, ma petite Clo, écoute, accorde-moi cela…» Elle faisait non, de la tête, sans répondre, évitant ses baisers et cherchant à sortir de son étreinte pour s'en aller.

Il bégayait: «Clo, ma petite Clo, j'ai une raison.»

Elle s'arrêta, le regardant en face: «Tu mens… Laquelle?»

Il rougit, ne sachant que dire. Et elle reprit, indignée: «Tu vois bien que tu mens… sale bête…» Et avec un geste rageur, les larmes aux yeux, elle lui échappa.

Il la prit encore une fois par les épaules, et désolé, prêt à tout avouer pour éviter cette rupture, il déclara avec un accent désespéré: «Il y a que je n'ai pas le sou… Voilà.»

Elle s'arrêta net, et le regardant au fond des yeux pour y lire la vérité: «Tu dis?»

Il avait rougi jusqu'aux cheveux: «Je dis que je n'ai pas le sou. Comprends-tu? Mais pas vingt sous, pas dix sous, pas de quoi payer un verre de cassis dans le café où nous entrerons. Tu me forces à confesser des choses honteuses. Il ne m'était pourtant pas possible de sortir avec toi, et quand nous aurions été attablés devant deux consommations, de te raconter tranquillement que je ne pouvais pas les payer…»

Elle le regardait toujours en face: «Alors… c'est bien vrai… ça?»

En une seconde, il retourna toutes ses poches, celles du pantalon, celles du gilet, celles de la jaquette, et il murmura: «Tiens… es-tu contente… maintenant?»

Brusquement, ouvrant ses deux bras avec un élan passionné, elle lui sauta au cou, en bégayant : «Oh! mon pauvre chéri… mon pauvre chéri… si j'avais su! Comment cela t'est-il arrivé?»

Elle le fit asseoir, et s'assit elle-même sur ses genoux, puis le tenant par le cou, le baisant à tout instant, baisant sa moustache, sa bouche, ses yeux, elle le força à raconter d'où lui venait cette infortune.

Il inventa une histoire attendrissante. Il avait été obligé de venir en aide à son père qui se trouvait dans l'embarras. Il lui avait donné non seulement toutes ses économies, mais il s'était même endetté gravement.

Il ajouta : «J'en ai pour six mois au moins à crever de faim, car j'ai épuisé toutes mes ressources. Tant pis, il y a des moments de crise dans la vie. L'argent, après tout, ne vaut pas qu'on s'en préoccupe.»

Elle lui souffla dans l'oreille : «Je t'en prêterai, veux-tu?»

Il répondit, avec dignité : «Tu es bien gentille, ma mignonne, mais ne parlons plus de ça, je te prie. Tu me blesserais.»

Elle se tut; puis, le serrant dans ses bras, elle murmura : «Tu ne sauras jamais comme je t'aime.»

Ce fut une de leurs meilleures soirées d'amour.

Comme elle allait partir, elle reprit en souriant :

«Hein! quand on est dans ta situation, comme c'est amusant de retrouver de l'argent oublié dans une poche, une pièce qui avait glissé dans la doublure.»

Il répondit avec conviction : «Ah! ça oui, par exemple.»

Elle voulut rentrer à pied, sous prétexte que la lune était admirable, et elle s'extasiait en la regardant.

C'était une nuit froide et sereine du commencement de l'hiver. Les passants et les chevaux allaient vite, piqués par une claire gelée. Les talons sonnaient sur les trottoirs.

En le quittant, elle demanda : «Veux-tu nous revoir après-demain?

— Mais oui, certainement.

— À la même heure?

— À la même heure.

— Adieu, mon chéri.»

Et ils s'embrassèrent tendrement.

Puis il revint à grands pas, se demandant ce qu'il inventerait le lendemain, afin de se tirer d'affaire. Mais, comme il ouvrait la porte de sa chambre, il fouilla dans la poche de son gilet, pour y trouver des allumettes, et il demeura stupéfait de rencontrer une pièce de monnaie qui roulait sous son doigt.

Dès qu'il eut de la lumière, il saisit cette pièce pour l'examiner. C'était un louis de vingt francs !

Il se pensa devenu fou.

Il le tourna, le retourna, cherchant par quel miracle cet argent se trouvait là. Il n'avait pourtant pas pu tomber du ciel dans sa poche.

Puis, tout à coup, il devina, et une colère indignée le saisit. Sa maîtresse avait parlé, en effet, de monnaie glissée dans la doublure et qu'on retrouvait aux heures de pauvreté. C'était elle qui lui avait fait cette aumône. Quelle honte !

Il jura : «Ah bien ! je vais la recevoir, après-demain ! Elle en passera un joli quart d'heure !»

Et il se mit au lit, le cœur agité de fureur et d'humiliation.

Il s'éveilla tard. Il avait faim. Il essaya de se rendormir pour ne se lever qu'à deux heures ; puis il se dit : «Cela ne m'avancera à rien, il faut toujours que je finisse par découvrir de l'argent.» Puis il sortit, espérant qu'une idée lui viendrait dans la rue.

Il ne lui en vint pas, mais en passant devant chaque restaurant un désir ardent de manger lui mouillait la bouche de salive. À midi, comme il n'avait rien imaginé, il se décida brusquement : «Bah ! je vais déjeuner sur les vingt francs de Clotilde. Cela ne m'empêchera pas de les lui rendre demain.»

Il déjeuna donc dans une brasserie pour deux francs cinquante. En entrant au journal il remit encore trois francs à l'huissier. «Tenez, Foucart, voici ce que vous m'avez prêté hier soir pour ma voiture.»

Et il travailla jusqu'à sept heures. Puis il alla dîner et prit de nouveau trois francs sur le même argent. Les deux bocks de la soirée portèrent à neuf francs trente centimes sa dépense du jour.

Mais comme il ne pouvait se refaire un crédit ni se recréer des ressources en vingt-quatre heures, il emprunta encore six francs cinquante le lendemain sur les vingt francs qu'il devait rendre le soir même, de sorte qu'il vint au rendez-vous convenu avec quatre francs vingt dans sa poche.

Il était d'une humeur de chien enragé et se promettait bien de faire nette tout de suite la situation. Il dirait à sa maîtresse : «Tu sais, j'ai trouvé les vingt francs que tu as mis dans ma poche l'autre jour. Je ne te les rends pas aujourd'hui parce que ma position n'a point changé, et que je n'ai pas eu le temps de m'occuper de la question d'argent. Mais je te les remettrai la première fois que nous nous verrons.»

Elle arriva, tendre, empressée, pleine de craintes. Comment allait-il la recevoir? Et elle l'embrassa avec persistance pour éviter une explication dans les premiers moments.

Il se disait, de son côté : «Il sera bien temps tout à l'heure d'aborder la question. Je vais chercher un joint.»

Il ne trouva pas de joint et ne dit rien, reculant devant les premiers mots à prononcer sur ce sujet délicat.

Elle ne parla point de sortir et fut charmante de toutes façons.

Ils se séparèrent vers minuit, après avoir pris rendez-vous seulement pour le mercredi de la semaine suivante, car Mme de Marelle avait plusieurs dîners en ville de suite.

Le lendemain, en payant son déjeuner, comme Duroy cherchait les quatre pièces de monnaie qui devaient lui rester, il s'aperçut qu'elles étaient cinq, dont une en or.

Au premier moment il crut qu'on lui avait rendu, la veille, vingt francs par mégarde, puis il comprit, et il sentit une palpitation de cœur sous l'humiliation de cette aumône persévérante.

Comme il regretta de n'avoir rien dit! S'il avait parlé avec énergie, cela ne serait point arrivé.

Pendant quatre jours il fit des démarches et des efforts aussi nombreux qu'inutiles pour se procurer cinq louis, et il mangea le second de Clotilde.

Elle trouva moyen, – bien qu'il lui eût dit, d'un air furieux : «Tu sais, ne recommence pas la plaisanterie des autres soirs, parce que je me fâcherais» – de glisser encore vingt francs dans la poche de son pantalon, la première fois qu'ils se rencontrèrent.

Quand il les découvrit, il jura : «Nom de Dieu!» et il les transporta dans son gilet pour les avoir sous la main, car il se trouvait sans un centime.

Il apaisait sa conscience par ce raisonnement : «Je lui rendrai le tout en bloc. Ce n'est en somme que de l'argent prêté.»

Enfin le caissier du journal, sur ses prières désespérées, consentit à lui donner cent sous par jour. C'était tout juste assez pour manger, mais pas assez pour restituer soixante francs.

Or, comme Clotilde fut reprise de sa rage pour les excursions nocturnes dans tous les lieux suspects de Paris, il finit par ne plus s'irriter outre mesure de trouver un jaunet[1] dans une de ses poches, un jour même dans sa bottine, et un autre jour dans la boîte de sa montre, après leurs promenades aventureuses.

Puisqu'elle avait des envies qu'il ne pouvait satisfaire dans le moment, n'était-il pas naturel qu'elle les payât plutôt que de s'en priver ?

Il tenait compte d'ailleurs de tout ce qu'il recevait ainsi, pour le lui restituer un jour.

Un soir elle lui dit : « Croirais-tu que je n'ai jamais été aux Folies-Bergère ? Veux-tu m'y mener ? » Il hésita, dans la crainte de rencontrer Rachel. Puis il pensa : « Bah ! je ne suis pas marié après tout. Si l'autre me voit, elle comprendra la situation et ne me parlera pas. D'ailleurs, nous prendrons une loge. »

Une raison aussi le décida. Il était bien aise de cette occasion d'offrir à Mme de Marelle une loge au théâtre sans rien payer. C'était là une sorte de compensation.

Il laissa d'abord Clotilde dans la voiture pour aller chercher le coupon afin qu'elle ne vît pas qu'on le lui offrait, puis il la vint prendre et ils entrèrent, salués par les contrôleurs.

Une foule énorme encombrait le promenoir. Ils eurent grand-peine à passer à travers la cohue des hommes et des rôdeuses. Ils atteignirent enfin leur case et s'installèrent, enfermés entre l'orchestre immobile et le remous de la galerie.

Mais Mme de Marelle ne regardait guère la scène, uniquement préoccupée des filles qui circulaient derrière son dos ; et elle se retournait sans cesse pour les voir, avec une envie de les toucher, de palper leur corsage, leurs joues, leurs cheveux, pour savoir comment c'était fait, ces êtres-là.

Elle dit soudain : « Il y en a une grosse brune qui nous regarde tout le temps. J'ai cru tout à l'heure qu'elle allait nous parler. L'as-tu vue ? »

Note

1. jaunet : terme de l'argot du faubourg pour désigner la pièce d'or de vingt francs.

Il répondit : «Non, Tu dois te tromper. » Mais il l'avait aperçue depuis longtemps déjà. C'était Rachel qui rôdait autour d'eux avec une colère dans les yeux et des mots violents sur les lèvres.

Duroy l'avait frôlée tout à l'heure en traversant la foule, et elle lui avait dit : «Bonjour» tout bas avec un clignement d'œil qui signifiait : «Je comprends. » Mais il n'avait point répondu à cette gentillesse dans la crainte d'être vu par sa maîtresse, et il avait passé froidement, le front haut, la lèvre dédaigneuse. La fille, qu'une jalousie inconsciente aiguillonnait déjà, revint sur ses pas, le frôla de nouveau et prononça d'une voix plus forte : «Bonjour, Georges. »

Il n'avait encore rien répondu. Alors elle s'était obstinée à être reconnue, saluée, et elle revenait sans cesse derrière la loge, attendant un moment favorable.

Dès qu'elle s'aperçut que Mme de Marelle la regardait, elle toucha du bout du doigt l'épaule de Duroy : «Bonjour. Tu vas bien ? »

Mais il ne se retourna pas.

Elle reprit : «Eh bien ? es-tu devenu sourd depuis jeudi ? »

Il ne répondit point, affectant un air de mépris, qui l'empêchait de se compromettre, même par un mot, avec cette drôlesse.

Elle se mit à rire, d'un rire de rage et dit : «Te voilà donc muet ? Madame t'a peut-être mordu la langue ? »

Il fit un geste furieux, et d'une voix exaspérée :

«Qui est-ce qui vous permet de parler ? Filez ou je vous fais arrêter. »

Alors, le regard enflammé, la gorge gonflée, elle gueula : «Ah ! c'est comme ça ! Va donc, mufle ! Quand on couche avec une femme, on la salue au moins. C'est pas une raison parce que t'es avec une autre pour ne pas me reconnaître aujourd'hui. Si tu m'avais seulement fait un signe quand j'ai passé contre toi, tout à l'heure, je t'aurais laissé tranquille. Mais t'as voulu faire le fier, attends, va ! Je vas te servir[1], moi ! Ah ! tu ne me dis seulement pas bonjour quand je te rencontre… »

Elle aurait crié longtemps, mais Mme de Marelle avait ouvert la porte de la loge, et elle se sauvait, à travers la foule, cherchant éperdument la sortie.

---

1. **te servir** : te dénoncer, mettre fin à tes agissements (terme d'argot).

Duroy s'était élancé derrière elle et s'efforçait de la rejoindre.

Alors Rachel, les voyant fuir, hurla, triomphante :

1135 «Arrêtez-la ! arrêtez-la ! Elle m'a volé mon amant. »

Des rires coururent dans le public. Deux messieurs, pour plaisanter, saisirent par les épaules la fugitive et voulurent l'emmener en cherchant à l'embrasser. Mais Duroy l'ayant rattrapée la dégagea violemment et l'entraîna dans la rue.

1140 Elle s'élança dans un fiacre vide arrêté devant l'établissement. Il y sauta derrière elle, et comme le cocher demandait : «Où faut-il aller, bourgeois ? », il répondit : «Où vous voudrez. »

La voiture se mit en route lentement, secouée par les pavés. Clotilde, en proie à une sorte de crise nerveuse, les mains sur sa face,

1145 étouffait, suffoquait ; et Duroy ne savait que faire ni que dire.

À la fin, comme il l'entendait pleurer, il bégaya : «Écoute, Clo, ma petite Clo, laisse-moi t'expliquer ! Ce n'est pas ma faute... J'ai connu cette femme-là autrefois... dans les premiers temps... »

Elle dégagea brusquement son visage, et saisie par une rage de

1150 femme amoureuse et trahie, une rage furieuse qui lui rendit la parole, elle balbutia, par phrases rapides, hachées, en haletant : «Ah !... misérable... misérable... quel gueux tu fais !... Est-ce possible ?... Quelle honte... Oh ! mon Dieu !... Quelle honte !... »

Puis, s'emportant de plus en plus, à mesure que les idées s'éclair-

1155 cissaient en elle et que les arguments lui venaient : «C'est avec mon argent que tu la payais, n'est-ce pas ?... Et je lui donnais de l'argent... pour cette fille... Oh ! le misérable... »

Elle sembla chercher, pendant quelques secondes, un autre mot plus fort qui ne venait point, puis soudain elle expectora[1], avec le

1160 mouvement qu'on fait pour cracher : «Oh !... cochon... cochon... cochon... tu la payais avec mon argent... cochon... cochon !... »

Elle ne trouvait plus autre chose et répétait : «Cochon... cochon... »

Tout à coup, elle se pencha dehors, et, saisissant le cocher par sa

1165 manche : «Arrêtez ! » puis, ouvrant la portière, elle sauta dans la rue.

Note 1. expectora : cracha.

Georges voulut la suivre, mais elle cria : «Je te défends de descendre», d'une voix si forte que les passants se massèrent autour d'elle ; et Duroy ne bougea point par crainte d'un scandale.

Alors elle tira sa bourse de sa poche et chercha de la monnaie à la lueur de la lanterne, puis ayant pris deux francs cinquante elle les mit dans la main du cocher, en lui disant d'un ton vibrant : «Tenez… voilà votre heure… C'est moi qui paye… Et reconduisez-moi ce salop[1]-là rue Boursault, aux Batignolles. »

Une gaieté s'éleva dans le groupe qui l'entourait. Un monsieur dit : «Bravo, la petite ! » et un jeune voyou arrêté entre les roues du fiacre, enfonçant sa tête dans la portière ouverte, cria avec un accent suraigu : «Bonsoir, Bibi[2]. »

Puis la voiture se remit en marche, poursuivie par des rires.

VI

Georges Duroy eut le réveil triste, le lendemain.

Il s'habilla lentement, puis s'assit devant sa fenêtre et se mit à réfléchir. Il se sentait, dans tout le corps, une espèce de courbature, comme s'il avait reçu, la veille, une volée de coups de bâton.

Enfin, la nécessité de trouver de l'argent l'aiguillonna et il se rendit d'abord chez Forestier.

Son ami le reçut, les pieds au feu, dans son cabinet :

«Qu'est-ce qui t'a fait lever si tôt ?

– Une affaire très grave. J'ai une dette d'honneur.

– De jeu ? »

Il hésita, puis avoua : «De jeu.

– Grosse ?

– Cinq cents francs ! »

Il n'en devait que deux cent quatre-vingts.

Forestier, sceptique, demanda :

«À qui dois-tu ça ? »

Duroy ne put pas répondre tout de suite.

Notes

1. salop : variante de « salaud », personne méprisable, moralement répugnante (terme populaire et vulgaire).

2. Bibi : terme familier d'affection.

« … Mais à… à… à un Monsieur de Carleville… »

– Ah!… Et où demeure-t-il?

20 – Rue… rue… »

Forestier se mit à rire : « Rue du cherche-midi à quatorze heures, n'est-ce pas? Je connais ce monsieur-là, mon cher. Si tu veux vingt francs, j'ai encore ça à ta disposition, mais pas davantage. »

Duroy accepta la pièce d'or.

25 Puis il alla de porte en porte, chez toutes les personnes qu'il connaissait, et il finit par réunir, vers cinq heures, quatre-vingts francs.

Comme il lui en fallait trouver encore deux cents il prit son parti résolument, et, gardant ce qu'il avait recueilli, il murmura : « Zut, je 30 ne vais pas me faire de bile pour cette garce-là. Je la payerai quand je pourrai. »

Pendant quinze jours il vécut d'une vie économe, réglée et chaste, l'esprit plein de résolutions énergiques. Puis il fut pris d'un grand désir d'amour. Il lui semblait que plusieurs années s'étaient écoulées 35 depuis qu'il n'avait tenu une femme dans ses bras, et, comme le matelot qui s'affole en revoyant la terre, toutes les jupes rencontrées le faisaient frissonner.

Alors il retourna, un soir, aux Folies-Bergère, avec l'espoir d'y trouver Rachel. Il l'aperçut en effet, dès l'entrée, car elle ne quittait 40 guère cet établissement.

Il alla vers elle souriant, la main tendue. Mais elle le toisa de la tête aux pieds : « Qu'est-ce que vous me voulez? »

Il essaya de rire : « Allons, ne fais pas ta poire[1]. »

Elle lui tourna les talons en déclarant : « Je ne fréquente pas les 45 dos verts[2]. »

Elle avait cherché la plus grossière injure. Il sentit le sang lui empourprer la face, et il rentra seul.

Forestier, malade, affaibli, toussant toujours, lui faisait, au journal, une existence pénible, semblait se creuser l'esprit pour lui trouver 50 des corvées ennuyeuses. Un jour même, dans un moment d'irritation nerveuse, et après une longue quinte d'étouffement, comme

---

Notes

1. **ne fais pas ta poire** : ne fais pas l'imbécile.

2. **dos verts** : souteneurs, maquereaux (allusion à la couleur du poisson).

Duroy ne lui apportait pas un renseignement demandé, il grogna : «Cristi, tu es plus bête que je n'aurais cru.»

L'autre faillit le gifler, mais il se contint et s'en alla en murmurant : «Toi, je te rattraperai.» Une pensée rapide lui traversa l'esprit, et il ajouta : «Je te vas faire cocu, mon vieux.» Et il s'en alla en se frottant les mains, réjoui par ce projet.

Il voulut, dès le jour suivant, en commencer l'exécution. Il fit à Mme Forestier une visite en éclaireur.

Il la trouva qui lisait un livre, étendue tout au long sur son canapé.

Elle lui tendit la main, sans bouger, tournant seulement la tête, et elle dit : «Bonjour Bel-Ami!» Il eut la sensation d'un soufflet[1] reçu : «Pourquoi m'appelez-vous ainsi?»

Elle répondit en souriant : «J'ai vu Mme de Marelle, l'autre semaine, et j'ai su comment on vous avait baptisé chez elle.»

Il se rassura devant l'air aimable de la jeune femme. Comment aurait-il pu craindre, d'ailleurs?

Elle reprit : «Vous la gâtez! Quant à moi, on me vient voir quand on y pense, les trente-six du mois, ou peu s'en faut?»

Il s'était assis près d'elle et il la regardait avec une curiosité nouvelle, une curiosité d'amateur qui bibelote[2]. Elle était charmante, blonde d'un blond tendre et chaud, faite pour les caresses ; et il pensa : «Elle est mieux que l'autre, certainement.» Il ne doutait point du succès, il n'aurait qu'à allonger la main, lui semblait-il, et à la prendre, comme on cueille un fruit.

Il dit résolument : «Je ne venais point vous voir parce que cela valait mieux.»

Elle demanda, sans comprendre : «Comment? Pourquoi?

— Pourquoi? Vous ne devinez pas?

— Non, pas du tout.

— Parce que je suis amoureux de vous... oh! un peu, rien qu'un peu... et que je ne veux pas le devenir tout à fait...»

Elle ne parut ni étonnée, ni choquée, ni flattée ; elle continuait à sourire du même sourire indifférent, et elle répondit avec tranquillité :

1. soufflet : gifle (langage soutenu).   **2. bibelote :** recherche, collectionne les bibelots.

«Oh! vous pouvez venir tout de même. On n'est jamais amoureux de moi longtemps.»

Il fut surpris du ton plus encore que des paroles, et il demanda : «Pourquoi?

90 — Parce que c'est inutile et que je le fais comprendre tout de suite. Si vous m'aviez raconté plus tôt votre crainte je vous aurais rassuré et engagé au contraire à venir le plus possible.»

Il s'écria, d'un ton pathétique : «Avec ça qu'on peut commander aux sentiments.»

95 Elle se tourna vers lui : «Mon cher ami, pour moi un homme amoureux est rayé du nombre des vivants. Il devient idiot, pas seulement idiot, mais dangereux. Je cesse, avec les gens qui m'aiment d'amour, ou qui le prétendent, toute relation intime, parce qu'ils m'ennuient d'abord, et puis parce qu'ils me sont suspects comme un 100 chien enragé qui peut avoir une crise. Je les mets donc en quarantaine morale jusqu'à ce que leur maladie soit passée. Ne l'oubliez point. Je sais bien que chez vous l'amour n'est autre chose qu'une espèce d'appétit, tandis que chez moi ce serait, au contraire, une espèce de... de... de communion des âmes qui n'entre pas dans la 105 religion des hommes! Vous en comprenez la lettre, et moi l'esprit. Mais... regardez-moi bien en face...»

Elle ne souriait plus. Elle avait un visage calme et froid, et elle dit en appuyant sur chaque mot : «Je ne serai jamais, jamais votre maîtresse, entendez-vous. Il est donc absolument inutile, il serait 110 même mauvais pour vous de persister dans ce désir... Et maintenant que... l'opération est faite... voulez-vous que nous soyons amis, bons amis, mais là, de vrais amis, sans arrière-pensée?...»

Il avait compris que toute tentative resterait stérile devant cette sentence sans appel. Il en prit son parti tout de suite, franchement, 115 et, ravi de pouvoir se faire cette alliée dans l'existence, il lui tendit les deux mains :

«Je suis à vous, madame, comme il vous plaira.»

Elle sentit la sincérité de la pensée dans la voix, et elle donna ses mains.

120 Il les baisa, l'une après l'autre, puis il dit simplement en relevant la tête : «Cristi, si j'avais trouvé une femme comme vous, avec quel bonheur je l'aurais épousée.»

Elle fut touchée, cette fois, caressée par cette phrase comme les femmes le sont par les compliments qui trouvent leur cœur, et elle lui jeta un de ces regards rapides et reconnaissants qui nous font leurs esclaves.

Puis, comme il ne trouvait pas de transition pour reprendre la conversation, elle prononça, d'une voix douce, en posant un doigt sur son bras :

«Et je vais commencer tout de suite mon métier d'amie. Vous êtes maladroit, mon cher...»

Elle hésita, et demanda : «Puis-je parler librement?

— Oui.

— Tout à fait?

— Tout à fait.

— Eh bien! allez donc voir madame Walter, qui vous apprécie beaucoup, et plaisez-lui. Vous trouverez à placer par là vos compliments, bien qu'elle soit honnête, entendez-moi bien, tout à fait honnête. Oh! pas d'espoir de... de maraudage non plus de ce côté. Vous y pourrez trouver mieux, en vous faisant bien voir. Je sais que vous occupez encore dans le journal une place inférieure. Mais ne craignez rien, ils reçoivent tous leurs rédacteurs avec la même bienveillance. Allez-y, croyez-moi.»

Il dit, en souriant : «Merci, vous êtes un ange... un ange gardien.» Puis ils parlèrent de choses et d'autres.

Il resta longtemps, voulant prouver qu'il avait plaisir à se trouver près d'elle; et, en la quittant, il demanda encore :

«C'est entendu, nous sommes des amis?

— C'est entendu.»

Comme il avait senti l'effet de son compliment, tout à l'heure, il l'appuya, ajoutant :

«Et si vous deveniez jamais veuve. Je m'inscris.»

Puis il se sauva bien vite pour ne point lui laisser le loisir de se fâcher.

Une visite à Mme Walter gênait un peu Duroy, car il n'avait point été autorisé à se présenter chez elle, et il ne voulait pas commettre de maladresse. Le patron lui témoignait de la bienveillance, appréciait ses services, l'employait de préférence aux besognes difficiles;

pourquoi ne profiterait-il pas de cette faveur pour pénétrer dans la
160 maison ?

Un jour donc, s'étant levé de bonne humeur, il se rendit aux halles
au moment des ventes, et il se procura, moyennant une dizaine de
francs, une vingtaine d'admirables poires. Les ayant ficelées avec
soin dans une bourriche pour faire croire qu'elles venaient de loin,
165 il les porta chez le concierge de la patronne avec sa carte où il avait
écrit :

Georges Duroy
Prie humblement Mme Walter d'accepter ces quelques fruits qu'il a reçus
ce matin de Normandie.

170 Il trouva le lendemain dans sa boîte aux lettres, au journal, une
enveloppe contenant, en retour, la carte de Mme Walter *« qui re-*
merciait bien vivement M. Georges Duroy, et restait chez elle tous les
samedis ».

Le samedi suivant, il se présenta.
175 Mme Walter habitait, boulevard Malesherbes[1], une maison
double lui appartenant, et dont une partie était louée, procédé économique de gens pratiques. Un seul concierge, gîté entre les deux
portes cochères, tirait le cordon pour le propriétaire et pour le locataire, et donnait à chacune des entrées un grand air d'hôtel riche et
180 comme il faut par sa belle tenue de suisse[2] d'église, ses gros mollets
emmaillotés en des bas blancs, et son vêtement de représentation à
boutons d'or et à revers écarlates.

Les salons de réception étaient au premier étage, précédés d'une
antichambre tendue de tapisseries et enfermée par des portières.
185 Deux valets sommeillaient sur des sièges. Un d'eux prit le pardessus
de Duroy, et l'autre s'empara de sa canne, ouvrit une porte, devança
de quelques pas le visiteur, puis, s'effaçant, le laissa passer, en criant
son nom dans un appartement vide.

Notes

1. Le boulevard Malesherbes a été percé
en 1840.

2. **suisse** : employé laïc chargé de la
garde d'une église, de l'ordonnance des
processions et des cérémonies ; bedeau.

Le jeune homme, embarrassé, regardait de tous les côtés, quand il
190 aperçut dans une glace des gens assis et qui semblaient fort loin. Il
se trompa d'abord de direction, le miroir ayant égaré son œil, puis
il traversa encore deux salons vides pour arriver dans une sorte de
petit boudoir[1] tendu de soie bleue à boutons d'or où quatre dames
causaient à mi-voix autour d'une table ronde qui portait des tasses
195 de thé.

Malgré l'assurance qu'il avait gagnée dans son existence parisienne
et surtout dans son métier de reporter qui le mettait incessamment
en contact avec des personnages marquants, Duroy se sentait un
peu intimidé par la mise en scène de l'entrée et par la traversée des
200 salons déserts.

Il balbutia : « Madame, je me suis permis… », en cherchant de l'œil
la maîtresse de la maison.

Elle lui tendit la main qu'il prit en s'inclinant, et lui ayant dit :
« Vous êtes fort aimable, monsieur, de venir me voir », elle lui mon-
205 tra un siège où, voulant s'asseoir, il se laissa tomber, l'ayant cru
beaucoup plus haut.

On s'était tu. Une des femmes se remit à parler. Il s'agissait du
froid qui devenait violent, pas assez cependant pour arrêter l'épidémie de fièvre typhoïde[2] ni pour permettre de patiner. Et chacune
210 donna son avis sur cette entrée en scène de la gelée à Paris ; puis
elles exprimèrent leurs préférences dans les saisons, avec toutes les
raisons banales qui traînent dans les esprits comme la poussière dans
les appartements.

Un bruit léger de porte fit retourner la tête de Duroy, et il aper-
215 çut, à travers deux glaces sans tain, une grosse dame qui s'en venait.
Dès qu'elle apparut dans le boudoir, une des visiteuses se leva, serra
les mains, puis partit ; et le jeune homme suivit du regard, par les
autres salons, son dos noir où brillaient des perles de jais[3].

Notes

1. **boudoir** : salon intime en général
réservé à la maîtresse de maison.
2. **fièvre typhoïde** : maladie infectieuse,
dont la contamination se fait par
l'ingestion d'eau souillée ou d'aliments
pollués et qui sévit jusqu'au début du
xxe siècle.
3. **jais** : pierre noire.

Quand l'agitation de ce changement de personnes se fut calmée, on parla spontanément, sans transition, de la question du Maroc[1] et de la guerre en Orient, et aussi des embarras de l'Angleterre à l'extrémité de l'Afrique.

Ces dames discutaient ces choses de mémoire, comme si elles eussent récité une comédie mondaine et convenable, répétée bien souvent.

Une nouvelle entrée eut lieu, celle d'une petite blonde frisée qui détermina la sortie d'une grande personne sèche entre deux âges.

Et on parla des chances qu'avait M. Linet pour entrer à l'Académie. La nouvelle venue pensait fermement qu'il serait battu par M. Cabanon-Lebas, l'auteur de la belle adaptation en vers français de *Don Quichotte* pour le théâtre.

«Vous savez que ce sera joué à l'Odéon l'hiver prochain?

– Ah! vraiment. J'irai certainement voir cette tentative très littéraire.»

Mme Walter répondait gracieusement, avec calme et indifférence, sans hésiter jamais sur ce qu'elle devait dire, son opinion étant toujours prête d'avance.

Mais elle s'aperçut que la nuit venait et elle sonna pour les lampes, tout en écoutant la causerie qui coulait comme un ruisseau de guimauve, et en pensant qu'elle avait oublié de passer chez le graveur pour les cartes d'invitation du prochain dîner.

Elle était un peu trop grasse, belle encore, à l'âge dangereux où la débâcle est proche. Elle se maintenait à force de soins, de précautions, d'hygiène et de pâtes pour la peau. Elle semblait sage en tout, modérée et raisonnable, une de ces femmes dont l'esprit est aligné comme un jardin français. On y circule sans surprise, tout en y trouvant un certain charme. Elle avait de la raison, une raison fine, discrète et sûre qui lui tenait lieu de fantaisie, de la bonté, du dévouement, et une bienveillance tranquille, large pour tout le monde et pour tout.

Elle remarqua que Duroy n'avait rien dit, qu'on ne lui avait point parlé, et qu'il semblait un peu contraint; et comme ces dames n'étaient point sorties de l'Académie, ce sujet préféré les retenant

Note 1. L'affaire du Maroc est en réalité celle de la Tunisie (*cf.* p. 353).

toujours longtemps, elle demanda : «Et vous qui devez être renseigné mieux que personne, monsieur Duroy, pour qui sont vos préférences.»

Il répondit sans hésiter : «Dans cette question, madame, je n'envisagerais jamais le mérite, toujours contestable, des candidats, mais leur âge et leur santé. Je ne demanderais point leurs titres, mais leur mal. Je ne rechercherais point s'ils ont fait une traduction rimée de Lope de Vega[1], mais j'aurais soin de m'informer de l'état de leur foie, de leur cœur, de leurs reins et de leur moelle épinière. Pour moi, une bonne hypertrophie[2], une bonne albuminurie[3], et surtout un bon commencement d'ataxie[4] locomotrice vaudraient cent fois mieux que quarante volumes de digressions sur l'idée de patrie dans la poésie barbaresque[5].»

Un silence étonné suivit cette opinion.

Mme Walter, souriant, reprit : «Pourquoi donc?» Il répondit : «Parce que je ne cherche jamais que le plaisir qu'une chose peut causer aux femmes. Or, madame, l'Académie n'a vraiment d'intérêt pour vous que lorsqu'un académicien meurt. Plus il en meurt, plus vous devez être heureuses. Mais pour qu'ils meurent vite, il faut les nommer vieux et malades.»

Comme on demeurait un peu surpris, il ajouta : «Je suis comme vous d'ailleurs et j'aime beaucoup lire dans les échos de Paris le décès d'un académicien. Je me demande tout de suite : "Qui va le remplacer?" Et je fais ma liste. C'est un jeu, un petit jeu très gentil auquel on joue dans tous les salons parisiens à chaque trépas d'immortel : "Le jeu de la mort et des quarante vieillards."»

Ces dames, un peu déconcertées encore, commençaient cependant à sourire, tant était juste sa remarque.

Notes

1. Felix Lope de Vega Carpio (1562-1635), écrivain et poète dramatique espagnol, auteur de 1 800 comédies et 400 drames religieux.
2. hypertrophie : excès de développement d'un organe.
3. albuminurie : présence d'albumine dans les urines.
4. ataxie : incoordination des mouvements volontaires causée par une affection des centres nerveux.
5. barbaresque : relatif aux pays désignés autrefois sous le nom de Barbarie (Afrique du Nord); *cf.* le nom *berbère*.

Il conclut, en se levant : «C'est vous qui les nommez, mesdames, et vous ne les nommez que pour les voir mourir. Choisissez-les donc vieux, très vieux, le plus vieux possible, et ne vous occupez jamais du reste.»

Puis il s'en alla, avec beaucoup de grâce.

Dès qu'il fut parti, une des femmes déclara : «Il est drôle, ce garçon. Qui est-ce?» Mme Walter répondit : «Un de nos rédacteurs, qui ne fait encore que la menue besogne du journal, mais je ne doute pas qu'il n'arrive vite.»

Duroy descendait le boulevard Malesherbes gaiement, à grands pas dansants, content de sa sortie, et murmurant : «Bon départ.»

Il se réconcilia avec Rachel, ce soir-là.

La semaine suivante lui apporta deux événements. Il fut nommé chef des Échos et invité à dîner chez Mme Walter. Il vit tout de suite un lien entre les deux nouvelles.

La Vie française était avant tout un journal d'argent, le patron étant un homme d'argent à qui la presse et la députation[1] avaient servi de leviers. Se faisant de la bonhomie une arme, il avait toujours manœuvré sous un masque souriant de brave homme, mais il n'employait à ses besognes, quelles qu'elles fussent, que des gens qu'il avait tâtés, éprouvés, flairés, qu'il sentait retors, audacieux et souples. Duroy, nommé chef des Échos, lui semblait un garçon précieux.

Cette fonction avait été remplie jusque-là par le secrétaire de la rédaction, M. Boisrenard, un vieux journaliste correct, ponctuel et méticuleux comme un employé. Depuis trente ans il avait été secrétaire de la rédaction de onze journaux différents, sans modifier en rien sa manière de faire ou de voir. Il passait d'une rédaction dans une autre comme on change de restaurant, s'apercevant à peine que la cuisine n'avait pas tout à fait le même goût. Les opinions politiques et religieuses lui demeuraient étrangères. Il était dévoué au journal quel qu'il fût, entendu dans la besogne, et précieux par son expérience. Il travaillait comme un aveugle qui ne voit rien, comme un sourd qui n'entend rien, et comme un muet

Note 1. députation : fonction de député.

Caricature publiée le 2 avril 1859 dans le journal *L'Illustration*.

qui ne parle jamais de rien. Il avait cependant une grande loyauté professionnelle, et il ne se fût point prêté à une chose qu'il n'aurait pas jugée honnête, loyale et correcte, au point de vue spécial de son métier.

320 M. Walter, qui l'appréciait cependant, avait souvent désiré un autre homme pour lui confier les Échos, qui sont, disait-il, la moelle du journal. C'est par eux qu'on lance les nouvelles, qu'on fait courir les bruits, qu'on agit sur le public et sur la rente. Entre deux soirées mondaines, il faut savoir glisser, sans avoir l'air de rien, la chose

325 importante, plutôt insinuée que dite. Il faut, par des sous-entendus, laisser deviner ce qu'on veut, démentir de telle sorte que la rumeur s'affirme, ou affirmer de telle manière que personne ne croie au fait annoncé. Il faut que, dans les échos, chacun trouve, chaque jour, une ligne au moins qui l'intéresse, afin que tout le monde les lise.

330 Il faut penser à tout et à tous, à tous les mondes, à toutes les professions, à Paris et à la Province, à l'Armée et aux Peintres, au Clergé et à l'Université, aux Magistrats et aux Courtisanes.

L'homme qui les dirige et qui commande au bataillon des reporters doit être toujours en éveil, et toujours en garde, méfiant, pré-

335 voyant, rusé, alerte et souple, armé de toutes les astuces et doué d'un flair infaillible pour découvrir la nouvelle fausse du premier coup d'œil, pour juger ce qui est bon à dire et bon à celer, pour deviner ce qui portera sur le public ; et il doit savoir le présenter de telle façon que l'effet en soit multiplié.

340 M. Boisrenard, qui avait pour lui une bonne pratique, manquait de maîtrise et de chic ; il manquait surtout de la rouerie native qu'il fallait pour pressentir chaque jour les idées secrètes du patron.

Duroy devait faire l'affaire en perfection, et il complétait admirablement la rédaction de cette feuille «qui naviguait sur les fonds

345 de l'État et sur les bas-fonds de la politique», selon l'expression de Norbert de Varenne.

Les inspirateurs et véritables rédacteurs de *La Vie française* étaient une demi-douzaine de députés intéressés dans toutes les spéculations que lançait ou que soutenait le directeur. On les nommait à la

350 Chambre «la bande à Walter» et on les enviait parce qu'ils devaient gagner de l'argent avec lui et par lui.

Forestier, rédacteur politique, n'était que l'homme de paille[1] de ces hommes d'affaires, l'exécuteur des intentions suggérées par eux. Ils lui soufflaient ses articles de fond qu'il allait toujours écrire chez lui pour être tranquille, disait-il.

Mais, afin de donner au journal une allure littéraire et parisienne, on y avait attaché deux écrivains célèbres en des genres différents, Jacques Rival, chroniqueur d'actualité, et Norbert de Varenne, poète et chroniqueur fantaisiste, ou plutôt conteur, suivant la nouvelle école.

Puis on s'était procuré, à bas prix, des critiques d'art, de peinture, de musique, de théâtre, un rédacteur criminaliste et un rédacteur hippique, parmi la grande tribu mercenaire des écrivains à tout faire. Deux femmes du monde, « Domino rose » et « Patte Blanche », envoyaient des variétés mondaines, traitaient les questions de mode, de vie élégante, d'étiquette, de savoir-vivre, et commettaient des indiscrétions sur les grandes dames.

Et *La Vie française* « naviguait sur les fonds et bas-fonds », manœuvrée par toutes ces mains différentes.

Duroy était dans toute la joie de sa nomination aux fonctions de chef des Échos quand il reçut un petit carton gravé, où il lut : « M. et Mme Walter prient Monsieur Georges Duroy de leur faire le plaisir de venir dîner chez eux le jeudi 20 janvier. »

Cette nouvelle faveur, tombant sur l'autre, l'emplit d'une telle joie qu'il baisa l'invitation comme il eût fait d'une lettre d'amour. Puis il alla trouver le caissier pour traiter la grosse question des fonds.

Un chef des Échos a généralement son budget sur lequel il paye ses reporters et les nouvelles, bonnes ou médiocres, apportées par l'un ou par l'autre, comme les jardiniers apportent leurs fruits chez un marchand de primeurs.

Douze cents francs par mois, au début, étaient alloués à Duroy, qui se proposait bien d'en garder une forte partie.

Le caissier, sur ses représentations pressantes, avait fini par lui avancer quatre cents francs. Il eut, au premier moment, l'intention formelle de renvoyer à Mme de Marelle les deux cent quatre-vingts

Note

1. **homme de paille :** homme servant de prête-nom dans une affaire plus ou moins honnête.

Première partie, Chapitre VI | 123

francs qu'il lui devait, mais il réfléchit presque aussitôt qu'il ne lui resterait plus entre les mains que cent vingt francs, somme tout à fait insuffisante pour faire marcher, d'une façon convenable, son nouveau service, et il remit cette restitution à des temps plus éloignés.

390 Pendant deux jours, il s'occupa de son installation, car il héritait d'une table particulière et de casiers à lettres, dans la vaste pièce commune à toute la rédaction. Il occupait un bout de cette pièce, tandis que Boisrenard, dont les cheveux d'un noir d'ébène malgré son âge étaient toujours penchés sur une feuille de papier, tenait
395 l'autre bout.

La longue table du centre appartenait aux rédacteurs volants. Généralement elle servait de banc pour s'asseoir, soit les jambes pendantes le long des bords, soit à la turque sur le milieu. Ils étaient quelquefois cinq ou six accroupis sur cette table, et jouant au bilbo-
400 quet avec persévérance, dans une pose de magots[1] chinois.

Duroy avait fini par prendre goût à ce divertissement et il commençait à devenir fort, sous la direction et grâce aux conseils de Saint-Potin.

Forestier, de plus en plus souffrant, lui avait confié son beau bil-
405 boquet en bois des Îles, le dernier acheté, qu'il trouvait un peu lourd, et Duroy manœuvrait d'un bras vigoureux la grosse boule noire au bout de sa corde, en comptant tout bas : « Un – deux – trois – quatre – cinq – six. »

Il arriva justement, pour la première fois, à faire vingt points de
410 suite, le jour même où il devait dîner chez Mme Walter. « Bonne journée, pensa-t-il, j'ai tous les succès. » Car l'adresse au bilboquet conférait vraiment une sorte de supériorité, dans les bureaux de *La Vie française*.

Il quitta la rédaction de bonne heure pour avoir le temps de s'ha-
415 biller, et il remontait la rue de Londres, quand il vit trotter devant lui une petite femme qui avait la tournure de Mme de Marelle. Il sentit une chaleur lui monter au visage, et son cœur se mit à battre. Il traversa la rue pour la regarder de profil. Elle s'arrêta pour traverser aussi. Il s'était trompé ; il respira.

Note 1. **magots :** figurines trapues de l'Extrême-Orient, en porcelaine, pierre ou jade.

420 Il s'était souvent demandé comment il devrait se comporter en la
rencontrant face à face. La saluerait-il ou bien aurait-il l'air de ne la
point voir ?

« Je ne la verrais pas », pensa-t-il.

Il faisait froid, les ruisseaux gelés gardaient des empâtements de
425 glace. Les trottoirs étaient secs et gris sous la lueur du gaz.

Quand le jeune homme entra chez lui, il songea : « Il faut que je
change de logement. Cela ne me suffit plus maintenant[1]. » Il se sentait nerveux et gai, capable de courir sur les toits, et il répétait tout
haut, en allant de son lit à la fenêtre : « C'est la fortune qui arrive !
430 c'est la fortune ! Il faudra que j'écrive à papa. »

De temps en temps, il lui écrivait, à son père ; et la lettre apportait
toujours une joie vive dans le petit cabaret normand, au bord de la
route, au haut de la grande côte d'où l'on domine Rouen et la large
vallée de la Seine.

435 De temps en temps aussi il recevait une enveloppe bleue dont
l'adresse était tracée d'une grosse écriture tremblée, et il lisait infailliblement les mêmes lignes au début de la lettre paternelle :

« Mon cher fils, la présente est pour te dire que nous allons bien, ta
mère et moi. Pas grand-chose de nouveau dans le pays. Je t'appren-
440 drai cependant… »

Et il gardait au cœur un intérêt pour les choses du village, pour les
nouvelles des voisins et pour l'état des terres et des récoltes.

Il se répétait, en nouant sa cravate blanche devant sa petite glace :
« Il faut que j'écrive à papa dès demain. S'il me voyait, ce soir, dans
445 la maison où je vais, serait-il épaté, le vieux ! Sacristi, je ferai tout
à l'heure un dîner comme il n'en a jamais fait. » Et il revit brusquement la cuisine noire de là-bas, derrière la salle du café vide,
les casseroles jetant des lueurs jaunes le long des murs, le chat dans
la cheminée, le nez au feu, avec sa pose de Chimère[1] accroupie, la
450 table de bois graissée par le temps et par les liquides répandus, une
soupière fumant au milieu, et une chandelle allumée entre deux
assiettes. Et il les aperçut aussi, l'homme et la femme, le père et la
mère, les deux paysans aux gestes lents, mangeant la soupe à petites
gorgées. Il connaissait les moindres plis de leurs vieilles figures, les

---

1. **Chimère** : monstre fabuleux.

455 moindres mouvements de leurs bras et de leur tête. Il savait même ce qu'ils se disaient, chaque soir, en soupant face à face.

Il pensa encore : «Il faudra pourtant que je finisse par aller les voir.» Mais comme sa toilette était terminée, il souffla sa lumière et descendit.

460 Le long du boulevard extérieur des filles l'accostèrent. Il leur répondait en dégageant son bras : «Fichez-moi donc la paix!» avec un dédain violent, comme si elles l'eussent insulté, méconnu... Pour qui le prenaient-elles? Ces rouleuses[1]-là ne savaient donc point distinguer les hommes. La sensation de son habit noir endossé pour 465 aller dîner chez des gens très riches, très connus, très importants, lui donnait le sentiment d'une personnalité nouvelle, la conscience d'être devenu un autre homme, un homme du monde, du vrai monde.

Il entra avec assurance dans l'antichambre éclairée par les hautes 470 torchères de bronze et il remit, d'un geste naturel, sa canne et son pardessus aux deux valets qui s'étaient approchés de lui.

Tous les salons étaient illuminés. Mme Walter recevait dans le second, le plus grand. Elle l'accueillit avec un sourire charmant, et il serra la main des deux hommes arrivés avant lui, M. Firmin et 475 M. Laroche-Mathieu, députés, rédacteurs anonymes de *La Vie française*. M. Laroche-Mathieu avait dans le journal une autorité spéciale provenant d'une grande influence sur la Chambre. Personne ne doutait qu'il ne fût ministre un jour.

Puis arrivèrent les Forestier, la femme en rose, et ravissante. Duroy 480 fut stupéfait de la voir intime avec les deux représentants du pays. Elle causa tout bas, au coin de la cheminée, pendant plus de cinq minutes, avec M. Laroche-Mathieu. Charles paraissait exténué. Il avait maigri beaucoup depuis un mois, et il toussait sans cesse en répétant : «Je devrais me décider à aller finir l'hiver dans le Midi.»

485 Norbert de Varenne et Jacques Rival apparurent ensemble. Puis une porte s'étant ouverte au fond de l'appartement, M. Walter entra avec deux grandes jeunes filles de seize à dix-huit ans, une laide et l'autre jolie.

Note

1. **rouleuses** : filles de mœurs faciles.

Duroy savait pourtant que le patron était père de famille, mais
490 il fut saisi d'étonnement. Il n'avait jamais songé aux filles de son
directeur que comme on songe aux pays lointains qu'on ne verra
jamais. Et puis il se les était figurées toutes petites et il voyait des
femmes. Il en ressentait le léger trouble moral que produit un changement à vue.

495 Elles lui tendirent la main, l'une après l'autre, après la présentation, et elles allèrent s'asseoir à une petite table qui leur était sans
doute réservée, où elles se mirent à remuer un tas de bobines de soie
dans une bannette[1].

On attendait encore quelqu'un, et on demeurait silencieux, dans
500 cette sorte de gêne qui précède les dîners entre gens qui ne se
trouvent pas dans la même atmosphère d'esprit, après les occupations différentes de leur journée.

Duroy ayant levé par désœuvrement les yeux vers le mur, M. Walter lui dit, de loin, avec un désir visible de faire valoir son bien :
505 «Vous regardez *mes* tableaux?» – Le *mes* sonna. – «Je vais vous les
montrer.» Et il prit une lampe pour qu'on pût distinguer tous les
détails.

«Ici les paysages», dit-il.

Au centre du panneau on voyait une grande toile de Guillemet,
510 une plage de Normandie sous un ciel d'orage. Au-dessous, un bois
de Harpignies, puis une plaine d'Algérie, par Guillaumet, avec un
chameau à l'horizon, un grand chameau sur ses hautes jambes, pareil à un étrange monument.

M. Walter passa au mur voisin et annonça, avec un ton sérieux,
515 comme un maître des cérémonies : «La grande peinture.» C'étaient
quatre toiles : *Une visite d'hôpital*, par Gervex ; *Une moissonneuse*, par
Bastien-Lepage ; *Une veuve*, par Bouguereau ; et *Une exécution*, par
Jean-Paul Laurens[2]. Cette dernière œuvre représentait un prêtre

---

Notes

1. **bannette** : petit panier en osier.
2. Tous les peintres cités ont existé :
Antoine Guillemet (1841-1918), élève de
Corot comme Henri Joseph Harpignies
(1819-1916) ; Gustave Guillaumet (1840-
1882), inspiré par l'Algérie ; Henri Gervex
(1852-1929) ; Jules Bastien-Lepage (1848-
1884) ; William Bouguereau (1825-1905) ;
Jean-Paul Laurens (1838-1931), peintre
d'histoire.

vendéen fusillé contre le mur de son église par un détachement de
520 Bleus[1].

Un sourire passa sur la figure grave du patron en indiquant le
panneau suivant : «Ici les fantaisistes.» On apercevait d'abord une
petite toile de Jean Béraud[2], intitulée : *Le Haut et le Bas*. C'était une
jolie Parisienne montant l'escalier d'un tramway en marche. Sa tête
525 apparaissait au niveau de l'impériale[3], et les messieurs assis sur les
bancs découvraient, avec une satisfaction avide, le jeune visage qui
venait vers eux, tandis que les hommes debout sur la plate-forme du
bas considéraient les jambes de la jeune femme avec une expression
différente de dépit et de convoitise.

530 M. Walter tenait la lampe à bout de bras, et répétait en riant d'un
rire polisson : «Hein ? Est-ce drôle ? est-ce drôle ?»

Puis il éclaira : *Un sauvetage*, par Lambert[4].

Au milieu d'une table desservie, un jeune chat, assis sur son derrière, examinait avec étonnement et perplexité une mouche se
535 noyant dans un verre d'eau. Il avait une patte levée, prêt à cueillir
l'insecte d'un coup rapide. Mais il n'était point décidé. Il hésitait.
Que ferait-il ?

Puis le patron montra un Detaille[5] : *La Leçon*, qui représentait un
soldat dans une caserne, apprenant à un caniche à jouer du tambour,
540 et il déclara : «En voilà de l'esprit !»

Duroy riait d'un rire approbateur et s'extasiait : «Comme c'est
charmant, comme c'est charmant, char...» Il s'arrêta net, en entendant derrière lui la voix de Mme de Marelle qui venait d'entrer.

Le patron continuait à éclairer les toiles, en les expliquant.

545 Il montrait maintenant une aquarelle de Maurice Leloir[6] : *L'Obstacle*. C'était une chaise à porteurs arrêtée, la rue se trouvant bar-
rée par une bataille entre deux hommes du peuple, deux gaillards
luttant comme des hercules. Et on voyait sortir par la fenêtre de

---

Notes

1. **Bleus** : nom donné par les Vendéens
aux soldats de la République à cause de
la couleur de leur uniforme.
2. Jean Béraud (1849-1936), peintre de
la vie parisienne.
3. **impériale** : étage supérieur.

4. Eugène Lambert (1825-1900), peintre
animalier.
5. Édouard Detaille (1848-1912), peintre
de la guerre de 1870.
6. Maurice Leloir (1853-1940), peintre et
décorateur, bien connu de Maupassant.

la chaise un ravissant visage de femme qui regardait… qui regardait… sans impatience, sans peur, et avec une certaine admiration le combat de ces deux brutes.

M. Walter disait toujours : «J'en ai d'autres dans les pièces suivantes, mais ils sont de gens moins connus, moins classés. Ici c'est mon Salon Carré. J'achète des jeunes en ce moment, des tout jeunes, et je les mets en réserve dans les appartements intimes, en attendant le moment où les auteurs seront célèbres.» Puis il prononça, tout bas : «C'est l'instant d'acheter des tableaux. Les peintres crèvent de faim. Ils n'ont pas le sou, pas le sou…»

Mais Duroy ne voyait rien, entendait sans comprendre. Mme de Marelle était là, derrière lui. Que devait-il faire ? S'il la saluait, n'allait-elle point lui tourner le dos ou lui jeter quelque insolence ? S'il ne s'approchait pas d'elle, que penserait-on ?

Il se dit : «Je vais toujours gagner du temps.» Il était tellement ému qu'il eut l'idée un moment de simuler une indisposition subite qui lui permettrait de s'en aller.

La visite des murs était finie. Le patron alla reposer sa lampe et saluer la dernière venue, tandis que Duroy recommençait tout seul l'examen des toiles comme s'il ne se fût pas lassé de les admirer.

Il avait l'esprit bouleversé. Que devait-il faire ? Il entendait les voix, il distinguait la conversation. Mme Forestier l'appela : «Dites donc, monsieur Duroy.» Il courut vers elle. C'était pour lui recommander une amie qui donnait une fête et qui aurait bien voulu une citation dans les Échos de *La Vie française*.

Il balbutiait : «Mais certainement, madame, certainement…»

Mme de Marelle se trouvait maintenant tout près de lui. Il n'osait point se retourner pour s'en aller.

Tout à coup, il se crut devenu fou ; elle avait dit, à haute voix : «Bonjour, Bel-Ami. Vous ne me reconnaissez donc plus ?»

Il pivota sur ses talons avec rapidité. Elle se tenait debout devant lui, souriante, l'œil plein de gaîté et d'affection. Et elle lui tendit la main.

Il la prit en tremblant, craignant encore quelque ruse et quelque perfidie. Elle ajouta, avec sérénité : «Que devenez-vous ? On ne vous voit plus.»

585   Il bégayait, sans parvenir à reprendre son sang-froid : « Mais j'ai eu
beaucoup à faire, madame, beaucoup à faire. M. Walter m'a confié
un nouveau service qui me donne énormément d'occupation. »

Elle répondit, en le regardant toujours en face, sans qu'il pût découvrir dans son œil autre chose que de la bienveillance : « Je le sais.
590   Mais ce n'est pas une raison pour oublier vos amis. »

Ils furent séparés par une grosse dame qui entrait, une grosse
dame décolletée, aux bras rouges, aux joues rouges, vêtue et coiffée
avec prétention, et marchant si lourdement qu'on sentait, à la voir
aller, le poids et l'épaisseur de ses cuisses.

595   Comme on paraissait la traiter avec beaucoup d'égards, Duroy
demanda a Mme Forestier :

« Quelle est cette personne ?

– La vicomtesse de Percemur, celle qui signe : "Patte Blanche". »

Il fut stupéfait et saisi par une envie de rire : « Patte Blanche ! Patte
600   Blanche ! Moi qui voyais, en pensée, une jeune femme comme vous !
C'est ça, Patte Blanche ? Ah ! elle est bien bonne ! bien bonne ! »

Un domestique apparut dans la porte et annonça : « Madame est
servie. »

Le dîner fut banal et gai, un de ces dîners où l'on parle de tout sans
605   rien dire. Duroy se trouvait entre la fille aînée du patron, la laide,
Mlle Rose, et Mme de Marelle. Ce dernier voisinage le gênait un
peu, bien qu'elle eût l'air fort à l'aise et causât avec son esprit ordinaire. Il se troubla d'abord, contraint, hésitant, comme un musicien
qui a perdu le ton. Peu à peu, cependant, l'assurance lui revenait, et
610   leurs yeux, se rencontrant sans cesse, s'interrogeaient, mêlaient leurs
regards, d'une façon intime, presque sensuelle, comme autrefois.

Tout à coup, il crut sentir, sous la table, quelque chose effleurer
son pied. Il avança doucement la jambe et rencontra celle de sa
voisine qui ne recula point à ce contact. Ils ne parlaient pas, en ce
615   moment, tournés tous deux vers leurs autres voisins.

Duroy, le cœur battant, poussa un peu plus son genou. Une
pression légère lui répondit. Alors il comprit que leurs amours
recommençaient.

Que dirent-ils ensuite ? Pas grand-chose ; mais leurs lèvres frémis-
620   saient chaque fois qu'ils se regardaient.

Le jeune homme, cependant, voulant être aimable pour la fille de son patron, lui adressait une phrase de temps en temps. Elle y répondait, comme l'aurait fait sa mère, n'hésitant jamais sur ce qu'elle devait dire.

625 À la droite de M. Walter, la vicomtesse de Percemur prenait des allures de princesse ; et Duroy, s'égayant à la regarder, demanda tout bas à Mme de Marelle :

«Est-ce que vous connaissez l'autre, celle qui signe : "Domino rose" ?

630 – Oui, parfaitement : la baronne de Livar ?

– Est-elle du même cru ?

– Non. Mais aussi drôle. Une grande sèche, soixante ans, frisons faux, dents à l'anglaise, esprit de la Restauration, toilettes même époque.

635 – Où ont-ils déniché ces phénomènes de lettres ?

– Les épaves de la noblesse sont toujours recueillies par les bourgeois parvenus[1].

– Pas d'autre raison ?

– Aucune autre. »

640 Puis une discussion politique commença entre le patron, les deux députés, Norbert de Varenne et Jacques Rival ; et elle dura jusqu'au dessert.

Quand on fut retourné dans le salon, Duroy s'approcha de nouveau de Mme de Marelle, et, la regardant au fond des yeux :

645 « Voulez-vous que je vous reconduise, ce soir ?

– Non

– Pourquoi ?

– Parce que M. Laroche-Mathieu, qui est mon voisin, me laisse à ma porte chaque fois que je dîne ici.

650 – Quand vous verrai-je ?

– Venez déjeuner avec moi, demain. »

Et ils se séparèrent sans rien dire de plus.

Duroy ne resta pas tard, trouvant monotone la soirée. Comme il descendait l'escalier, il rattrapa Norbert de Varenne qui venait aussi

655 de partir. Le vieux poète lui prit le bras. N'ayant plus à redouter

---

Note

1. **parvenus** : qui ont atteint rapidement une importante situation sociale.

de rivalité dans le journal, leur collaboration étant essentiellement différente, il témoignait maintenant au jeune homme une bienveillance d'aïeul.

« Eh bien, vous allez me reconduire un bout de chemin ? » dit-il.

660 Duroy répondit : « Avec joie, cher maître. »

Et ils se mirent en route, en descendant le boulevard Malesherbes, à petits pas.

Paris était presque désert cette nuit-là, une nuit froide, une de ces nuits qu'on dirait plus vastes que les autres, où les étoiles sont

665 plus hautes, où l'air semble apporter dans ses souffles glacés quelque chose venu de plus loin que les astres.

Les deux hommes ne parlèrent point dans les premiers moments. Puis Duroy, pour dire quelque chose, prononça :

« Ce M. Laroche-Mathieu a l'air fort intelligent et fort instruit. »

670 Le vieux poète murmura : « Vous trouvez ? »

Le jeune homme, surpris, hésitait : « Mais oui ; il passe d'ailleurs pour un des hommes les plus capables de la Chambre.

– C'est possible. Dans le royaume des aveugles les borgnes sont rois. Tous ces gens-là, voyez-vous, sont des médiocres, parce qu'ils

675 ont l'esprit entre deux murs, – l'argent et la politique. – Ce sont des cuistres[1], mon cher, avec qui il est impossible de parler de rien, de rien de ce que nous aimons. Leur intelligence est à fond de vase, ou plutôt à fond de dépotoir, comme la Seine à Asnières.

« Ah ! c'est qu'il est difficile de trouver un homme qui ait de l'es-

680 pace dans la pensée, qui vous donne la sensation de ces grandes haleines du large qu'on respire sur les côtes de la mer. J'en ai connu quelques-uns, ils sont morts. »

Norbert de Varenne parlait d'une voix claire, mais retenue, qui aurait sonné dans le silence de la nuit s'il l'avait laissée s'échapper.

685 Il semblait surexcité et triste, d'une de ces tristesses qui tombent parfois sur les âmes et les rendent vibrantes comme la terre sous la gelée.

Il reprit : « Qu'importe, d'ailleurs, un peu plus ou un peu moins de génie, puisque tout doit finir ! »

---

1. **cuistres** : pédants vaniteux et ridicules.

690 Et il se tut. Duroy, qui se sentait le cœur gai, ce soir-là, dit, en souriant : «Vous avez du noir, aujourd'hui, cher maître.»

Le poète répondit : «J'en ai toujours, mon enfant, et vous en aurez autant que moi dans quelques années. La vie est une côte. Tant qu'on monte, on regarde le sommet, et on se sent heureux; mais,
695 lorsqu'on arrive en haut, on aperçoit tout d'un coup la descente, et la fin, qui est la mort. Ça va lentement quand on monte, mais ça va vite quand on descend. À votre âge, on est joyeux. On espère tant de choses, qui n'arrivent jamais, d'ailleurs. Au mien, on n'attend plus rien… que la mort.»

700 Duroy se mit à rire : «Bigre, vous me donnez froid dans le dos.»

Norbert de Varenne reprit : «Non, vous ne me comprenez pas aujourd'hui, mais vous vous rappellerez plus tard ce que je vous dis en ce moment.

Il arrive un jour, voyez-vous, et il arrive de bonne heure pour
705 beaucoup, où c'est fini de rire, comme on dit, parce que derrière tout ce qu'on regarde, c'est la mort qu'on aperçoit.

Oh! vous ne comprenez même pas ce mot-là, vous, la mort. À votre âge, ça ne signifie rien. Au mien, il est terrible.

Oui, on le comprend tout d'un coup, on ne sait pas pourquoi ni
710 à propos de quoi, et alors tout change d'aspect, dans la vie. Moi, depuis quinze ans, je la sens qui me travaille comme si je portais en moi une bête rongeuse. Je l'ai sentie peu à peu, mois par mois, heure par heure, me dégrader ainsi qu'une maison qui s'écroule. Elle m'a défiguré si complètement que je ne me reconnais pas. Je n'ai plus
715 rien de moi, de moi l'homme radieux, frais et fort, que j'étais à trente ans. Je l'ai vue teindre en blanc mes cheveux noirs, et avec quelle lenteur savante et méchante! Elle m'a pris ma peau ferme, mes muscles, mes dents, tout mon corps de jadis, ne me laissant qu'une âme désespérée qu'elle enlèvera bientôt aussi.

720 Oui, elle m'a émietté, la gueuse[1], elle a accompli doucement et terriblement la longue destruction de mon être, seconde par seconde. Et maintenant je me sens mourir en tout ce que je fais. Chaque pas m'approche d'elle, chaque mouvement, chaque souffle hâte son odieuse besogne. Respirer, dormir, boire, manger, travail-

725 ler, rêver, tout ce que nous faisons, c'est mourir. Vivre enfin, c'est mourir!

Oh! vous saurez cela! Si vous réfléchissiez seulement un quart d'heure, vous la verriez.

Qu'attendez-vous? de l'amour? Encore quelques baisers, et vous
730 serez impuissant.

Et puis, après? de l'argent? Pour quoi faire? Pour payer des femmes? Joli bonheur! Pour manger beaucoup, devenir obèse et crier des nuits entières sous les morsures de la goutte[1]?

Et puis encore? de la gloire? À quoi cela sert-il quand on ne peut
735 plus la cueillir sous forme d'amour?

Et puis, après? Toujours la mort pour finir.

Moi, maintenant, je la vois de si près que j'ai souvent envie d'étendre les bras pour la repousser. Elle couvre la terre et emplit l'espace. Je la découvre partout. Les petites bêtes écrasées sur les
740 routes, les feuilles qui tombent, le poil blanc aperçu dans la barbe d'un ami, me ravagent le cœur et me crient : "La voilà!"

Elle me gâte tout ce que je fais, tout ce que je vois, ce que je mange et ce que je bois, tout ce que j'aime, les clairs de lune, les levers de soleil, la grande mer, les belles rivières, et l'air des soirs
745 d'été, si doux à respirer!»

Il allait doucement, un peu essoufflé, rêvant tout haut, oubliant presque qu'on l'écoutait.

Il reprit : «Et jamais un être ne revient, jamais… On garde les moules des statues, les empreintes qui refont toujours des objets
750 pareils; mais mon corps, mon visage, mes pensées, mes désirs ne reparaîtront jamais. Et pourtant il naîtra des millions, des milliards d'êtres qui auront dans quelques centimètres carrés un nez, des yeux, un front, des joues et une bouche comme moi, et aussi une âme comme moi, sans que jamais je revienne, moi, sans que
755 jamais même quelque chose de moi reconnaissable reparaisse dans ces créatures innombrables et différentes, indéfiniment différentes, bien que pareilles à peu près.

Note

1. **goutte** : maladie qui se caractérise par des poussées inflammatoires autour des articulations.

À quoi se rattacher ? Vers qui jeter des cris de détresse ? À quoi pouvons-nous croire ?

760 Toutes les religions sont stupides, avec leur morale puérile et leurs promesses égoïstes, monstrueusement bêtes.

La mort seule est certaine. »

Il s'arrêta, prit Duroy par les deux extrémités du col de son pardessus, et, d'une voix lente :

765 « Pensez à tout cela, jeune homme, pensez-y pendant des jours, des mois et des années, et vous verrez l'existence d'une autre façon. Essayez donc de vous dégager de tout ce qui vous enferme, faites cet effort surhumain de sortir vivant de votre corps, de vos intérêts, de vos pensées et de l'humanité tout entière, pour regarder ailleurs, et

770 vous comprendrez combien ont peu d'importance les querelles des romantiques et des naturalistes[1], et la discussion du budget. »

Il se remit à marcher d'un pas plus rapide.

« Mais aussi vous sentirez l'effroyable détresse des désespérés. Vous vous débattrez, éperdu, noyé, dans les incertitudes. Vous crierez "à

775 l'aide" de tous les côtés, et personne ne vous répondra. Vous tendrez les bras, vous appellerez pour être secouru, aimé, consolé, sauvé ! Et personne ne viendra.

Pourquoi souffrons-nous ainsi ? C'est que nous étions nés sans doute pour vivre davantage selon la matière et moins selon l'esprit ;

780 mais, à force de penser, une disproportion s'est faite entre l'état de notre intelligence agrandie et les conditions immuables de notre vie.

Regardez les gens médiocres ; à moins de grands désastres tombant sur eux, ils se trouvent satisfaits, sans souffrir du malheur com-

785 mun. Les bêtes non plus ne le sentent pas. »

Il s'arrêta encore, réfléchit quelques secondes, puis d'un air las et résigné :

« Moi, je suis un être perdu. Je n'ai ni père, ni mère, ni frère, ni sœur, ni femme, ni enfants, ni Dieu. »

790 Il ajouta, après un silence :

« Je n'ai que la rime. »

Note

1. naturalistes : adeptes du naturalisme en littérature (*cf.* p. 357).

Puis, levant la tête vers le firmament, où luisait la face pâle de la pleine lune, il déclama :

795
*Et je cherche le mot de cet obscur problème
Dans le ciel noir et vide où flotte un astre blême.*

Ils arrivaient au pont de la Concorde, ils le traversèrent en silence, puis ils longèrent le Palais-Bourbon[1]. Norbert de Varenne se remit à parler : «Mariez-vous, mon ami, vous ne savez pas ce que c'est que de vivre seul, à mon âge. La solitude, aujourd'hui, m'emplit d'une
800 angoisse horrible : la solitude dans le logis, auprès du feu, le soir. Il me semble alors que je suis seul sur la terre, affreusement seul, mais entouré de dangers vagues, de choses inconnues et terribles ; et la cloison, qui me sépare de mon voisin que je ne connais pas, m'éloigne de lui autant que des étoiles aperçues par ma fenêtre.
805 Une sorte de fièvre m'envahit, une fièvre de douleur et de crainte et le silence des murs m'épouvante. Il est si profond et si triste, le silence de la chambre où l'on vit seul. Ce n'est pas seulement un silence autour du corps, mais un silence autour de l'âme, et, quand un meuble craque, on tressaille jusqu'au cœur, car aucun bruit n'est
810 attendu dans ce morne logis.»

Il se tut encore une fois, puis ajouta : «Quand on est vieux, ce serait bon, tout de même, des enfants !»

Ils étaient arrivés vers le milieu de la rue de Bourgogne. Le poète s'arrêta devant une haute maison, sonna, serra la main de Duroy,
815 et lui dit : «Oubliez tout ce rabâchage de vieux, jeune homme, et vivez selon votre âge ; adieu !»

Et il disparut dans le corridor noir.

Duroy se remit en route, le cœur serré. Il lui semblait qu'on venait de lui montrer quelque trou plein d'ossements, un trou inévitable
820 où il lui faudrait tomber un jour. Il murmura : «Bigre, ça ne doit pas être gai, chez lui. Je ne voudrais pas un fauteuil de balcon pour assister au défilé de ses idées, nom d'un chien !»

Note

1. **Palais-Bourbon** : aujourd'hui siège de l'Assemblée nationale.

Mais, s'étant arrêté pour laisser passer une femme parfumée qui descendait de voiture et rentrait chez elle, il aspira d'un grand souffle avide la senteur de verveine et d'iris envolée dans l'air. Ses poumons et son cœur palpitèrent brusquement d'espérance et de joie ; et le souvenir de Mme de Marelle qu'il reverrait le lendemain l'envahit des pieds à la tête.

Tout lui souriait, la vie l'accueillait avec tendresse. Comme c'était bon, la réalisation des espérances !

Il s'endormit dans l'ivresse et se leva de bonne heure pour faire un tour à pied, dans l'avenue du bois de Boulogne, avant d'aller à son rendez-vous.

Le vent ayant changé, le temps s'était adouci pendant la nuit, et il faisait une tiédeur et un soleil d'avril. Tous les habitués du Bois étaient sortis ce matin-là, cédant à l'appel du ciel clair et doux.

Duroy marchait lentement, buvant l'air léger, savoureux comme une friandise de printemps. Il passa l'arc de triomphe de l'Étoile et s'engagea dans la grande avenue, du côté opposé aux cavaliers. Il les regardait, trottant ou galopant, hommes et femmes, les riches du monde, et c'est à peine s'il les enviait maintenant. Il les connaissait presque tous de nom, savait le chiffre de leur fortune et l'histoire secrète de leur vie, ses fonctions ayant fait de lui une sorte d'almanach des célébrités et des scandales parisiens.

Les amazones passaient, minces et moulées dans le drap sombre de leur taille, avec ce quelque chose de hautain et d'inabordable qu'ont beaucoup de femmes à cheval ; et Duroy s'amusait à réciter à mi-voix, comme on récite des litanies dans une église, les noms, titres et qualités des amants qu'elles avaient eus ou qu'on leur prêtait ; et, quelquefois même au lieu de dire :

Baron de Tanquelet
Prince de la Tour-Enguerrand ;

il murmurait : Côté Lesbos

Louise Michot, du Vaudeville
Rose Marquetin, de l'Opéra.

Ce jeu l'amusait beaucoup, comme s'il eût constaté, sous les sévères apparences, l'éternelle et profonde infamie[1] de l'homme, et que cela l'eût réjoui, excité, consolé.

Puis il prononça tout haut : «Tas d'hypocrites!» et chercha de l'œil les cavaliers sur qui couraient les plus grosses histoires.

Il en vit beaucoup soupçonnés de tricher au jeu, pour qui les cercles, en tous cas, étaient la grande ressource, la seule ressource, ressource suspecte à coup sûr.

D'autres, fort célèbres, vivaient uniquement des rentes de leurs femmes, c'était connu ; d'autres, des rentes de leurs maîtresses, on l'affirmait. Beaucoup avaient payé leurs dettes (acte honorable), sans qu'on eût jamais deviné d'où leur était venu l'argent nécessaire (mystère bien louche). Il vit des hommes de finance dont l'immense fortune avait un vol pour origine, et qu'on recevait partout, dans les plus nobles maisons, puis des hommes si respectés que les petits-bourgeois se découvraient sur leur passage, mais dont les tripotages[2] effrontés, dans les grandes entreprises nationales, n'étaient un mystère pour aucun de ceux qui savaient les dessous du monde.

Tous avaient l'air hautain, la lèvre fière, l'œil insolent, ceux à favoris et ceux à moustaches.

Duroy riait toujours, répétant : «C'est du propre, tas de crapules, tas d'escarpes[3] !»

Mais une voiture passa, découverte, basse et charmante, traînée au grand trot par deux minces chevaux blancs dont la crinière et la queue voltigeaient, et conduite par une petite jeune femme blonde, une courtisane connue qui avait deux grooms[4] assis derrière elle. Duroy s'arrêta, avec une envie de saluer et d'applaudir cette parvenue de l'amour qui étalait avec audace dans cette promenade et à cette heure des hypocrites aristocrates, le luxe crâne gagné sur ses draps. Il sentait peut-être vaguement qu'il y avait quelque chose de commun entre eux, un lien de nature, qu'ils étaient de même race, de même âme, et que son succès aurait des procédés audacieux de même ordre.

Notes

1. **infamie** : honte, déshonneur.
2. **tripotages** : opérations plus ou moins honnêtes.

3. **escarpes** : voyous qui attaquent pour voler.
4. **grooms** : jeunes domestiques en livrée.

Il revint plus doucement, le cœur chaud de satisfaction, et il arri-
890 va, un peu avant l'heure, à la porte de son ancienne maîtresse.

Elle le reçut, les lèvres tendues, comme si aucune rupture n'avait
eu lieu, et elle oublia même, pendant quelques instants, la sage prudence qu'elle opposait, chez elle, à leurs caresses. Puis elle lui dit,
en baisant les bouts frisés de ses moustaches : «Tu ne sais pas l'ennui
895 qui m'arrive, mon chéri? J'espérais une bonne lune de miel, et voilà
mon mari qui me tombe sur le dos pour six semaines ; il a pris un
congé. Mais je ne veux pas rester six semaines sans te voir, surtout
après notre petite brouille, et voilà comment j'ai arrangé les choses.
Tu viendras me demander à dîner lundi, je lui ai déjà parlé de toi.
900 Je te présenterai.»

Duroy hésitait, un peu perplexe, ne s'étant jamais trouvé encore
en face d'un homme dont il possédait la femme. Il craignait que
quelque chose le trahît, un peu de gêne, un regard, n'importe quoi.
Il balbutiait : «Non, j'aime mieux ne pas faire la connaissance de
905 ton mari.» Elle insista, fort étonnée, debout devant lui et ouvrant
des yeux naïfs : «Mais pourquoi? quelle drôle de chose? Ça arrive
tous les jours, ça! Je ne t'aurais pas cru si nigaud, par exemple.»

Il fut blessé : «Eh bien, soit, je viendrai dîner lundi.»

Elle ajouta : «Pour que ce soit bien naturel, j'aurai les Forestier. Ça
910 ne m'amuse pourtant pas, de recevoir du monde chez moi.»

Jusqu'au lundi, Duroy ne pensa plus guère à cette entrevue ; mais,
voilà qu'en montant l'escalier de Mme de Marelle, il se sentit étrangement troublé, non pas qu'il lui répugnât de prendre la main de ce
mari, de boire son vin et de manger son pain, mais il avait peur de
915 quelque chose, sans savoir de quoi.

On le fit entrer dans le salon, et il attendit, comme toujours. Puis
la porte de la chambre s'ouvrit, et il aperçut un grand homme à
barbe blanche, décoré, grave et correct, qui vint à lui avec une politesse minutieuse : «Ma femme m'a souvent parlé de vous, monsieur,
920 et je suis charmé de faire votre connaissance.»

Duroy s'avança en tâchant de donner à sa physionomie un air de
cordialité expressive, et il serra avec une énergie exagérée la main
tendue de son hôte. Puis, s'étant assis, il ne trouva rien à lui dire.

M. de Marelle remit un morceau de bois au feu, et demanda :
925 «Voici longtemps que vous vous occupez de journalisme?»

Duroy répondit : «Depuis quelques mois seulement.

– Ah ! vous avez marché vite.

– Oui, assez vite» ; et il se mit à parler au hasard, sans trop songer à ce qu'il disait, débitant toutes les banalités en usage entre gens qui ne se connaissent point. Il se rassurait maintenant et commençait à trouver la situation fort amusante. Il regardait la figure sérieuse et respectable de M. de Marelle, avec une envie de rire sur les lèvres, en pensant : «Toi, je te fais cocu, mon vieux, je te fais cocu.» Et une satisfaction intime, vicieuse, le pénétrait, une joie de voleur qui a réussi et qu'on ne soupçonne pas, une joie fourbe, délicieuse. Il avait envie, tout à coup, d'être l'ami de cet homme, de gagner sa confiance, de lui faire raconter les choses secrètes de sa vie.

Mme de Marelle entra brusquement, et les ayant couverts d'un coup d'œil souriant et impénétrable, elle alla vers Duroy qui n'osa point, devant le mari, lui baiser la main, ainsi qu'il le faisait toujours.

Elle était tranquille et gaie comme une personne habituée à tout, qui trouvait cette rencontre naturelle et simple, en sa rouerie native et franche. Laurine apparut, et vint, plus sagement que de coutume, tendre son front à Georges, la présence de son père l'intimidant. Sa mère lui dit : «Eh bien, tu ne l'appelles plus Bel-Ami, aujourd'hui.» Et l'enfant rougit, comme si on venait de commettre une grosse indiscrétion, de révéler une chose qu'on ne devait pas dire, de dévoiler un secret intime et un peu coupable de son cœur.

Quand les Forestier arrivèrent, on fut effrayé de l'état de Charles. Il avait maigri et pâli affreusement en une semaine et il toussait sans cesse. Il annonça d'ailleurs qu'ils partaient pour Cannes le jeudi suivant, sur l'ordre formel du médecin.

Ils se retirèrent de bonne heure, et Duroy dit en hochant la tête : «Je crois qu'il file un bien mauvais coton. Il ne fera pas de vieux os.» Mme de Marelle affirma avec sérénité : «Oh ! il est perdu ! En voilà un qui avait eu de la chance de trouver une femme comme la sienne.»

Duroy demanda : «Elle l'aide beaucoup ?

– C'est-à-dire qu'elle fait tout. Elle est au courant de tout, elle connaît tout le monde sans avoir l'air de voir personne ; elle obtient ce qu'elle veut, comme elle veut, et quand elle veut. Oh ! elle est fine, adroite et intrigante comme aucune, celle-là. En voilà un trésor, pour un homme qui veut parvenir.»

965 Georges reprit : «Elle se remariera bien vite, sans doute?»

Mme de Marelle répondit : «Oui. Je ne serais même pas étonnée qu'elle eût en vue quelqu'un… un député… à moins que… qu'il ne veuille pas… car… car… il y aurait peut-être de gros obstacles… moraux… Enfin, voilà. Je ne sais rien.»

970 M. de Marelle grommela avec une lente impatience : «Tu laisses toujours soupçonner un tas de choses que je n'aime pas. Ne nous mêlons jamais des affaires des autres. Notre conscience nous suffit à gouverner. Ce devrait être une règle pour tout le monde.»

Duroy se retira, le cœur troublé et l'esprit plein de vagues com-
975 binaisons.

Il alla le lendemain faire une visite aux Forestier et il les trouva terminant leurs bagages. Charles, étendu sur un canapé, exagérait la fatigue de sa respiration et répétait : «Il y a un mois que je devrais être parti», puis il fit à Duroy une série de recommandations pour le
980 journal, bien que tout fût réglé et convenu avec M. Walter.

Quand Georges s'en alla, il serra énergiquement les mains de son camarade : «Eh bien, mon vieux, à bientôt!» Mais, comme Mme Forestier le reconduisait jusqu'à la porte, il lui dit vivement : «Vous n'avez pas oublié notre pacte? Nous sommes des amis et des
985 alliés, n'est-ce pas? Donc, si vous avez besoin de moi, en quoi que ce soit, n'hésitez point. Une dépêche ou une lettre et j'obéirai.»

Elle murmura : «Merci, je n'oublierai pas.» Et son œil aussi lui dit : «Merci», d'une façon plus profonde et plus douce.

Comme Duroy descendait l'escalier, il rencontra, montant à pas
990 lents, M. de Vaudrec, qu'une fois déjà il avait vu chez elle. Le comte semblait triste – de ce départ, peut-être?

Voulant se montrer homme du monde, le journaliste le salua avec empressement.

L'autre rendit avec courtoisie, mais d'une manière un peu fière.
995 Le ménage Forestier partit le jeudi soir.

Au cœur de *La Vie française*

Lecture analytique de l'extrait (p. 122, l. 320, à p. 123, l. 369)

UN JOURNAL HÉTÉROCLITE

1 Relevez précisément, dans cet extrait, les collaborateurs du journal et la fonction de chacun. Quel est le but de cette diversité ?

2 À quels types de publics s'adresse *La Vie française* ? Dans le premier et l'avant-dernier paragraphe de l'extrait, quelles figures de style expriment le caractère hétéroclite du journal ?

3 *La Vie française* apparaît-elle comme un journal de qualité du point de vue littéraire ? Appuyez-vous précisément sur le texte pour justifier votre réponse.

UN JOURNAL D'INFLUENCE

4 Dans le premier paragraphe, relevez les verbes d'action et leurs sujets. Quelle fonction M. Walter attribue-t-il à la rubrique des « Échos » ?

5 Dans les deux premiers paragraphes, relevez les champs lexicaux de la vérité et de la dissimulation ou du mensonge. Qu'en déduisez-vous sur le traitement de l'information par *La Vie française* ?

But et conséquence

• Les subordonnées circonstancielles de but expliquent les intentions ou les objectifs de l'action ou de l'état exprimés dans la principale. Elles sont introduites par les locutions conjonctives *pour que*, *afin que*, *dans l'espoir que* (+ subjonctif)…

• Les subordonnées circonstancielles de conséquence expliquent le résultat de l'action ou de l'état exprimé dans la principale. Elles sont introduites par les locutions conjonctives *de sorte que*, *si bien que*, *au point que*, *de façon que*, *de manière que*…

---

6 Relevez les subordonnées de but et de conséquence. Comment confirment-elles les véritables intentions du journal ?

7 En quoi le héros est-il particulièrement adapté à son poste de chef des « Échos » ?

Un journal d'argent et de politiciens

8 Des lignes 347 à 355, qui sont les véritables maîtres du journal ? En vous appuyant sur les verbes qui les concernent et les termes qui les désignent, montrez comment ils agissent sur le journal.

9 D'après la réponse à la question précédente, dans quel but le journal *La Vie française* a-t-il été fondé ?

10 Relevez la métaphore* qualifiant le journal, qui apparaît deux fois dans cet extrait. En vous attachant particulièrement à ses connotations*, expliquez quelle image elle donne du journal. Quel jugement permet-elle de porter sur le fonctionnement de *La Vie française* ?

* Métaphore : comparaison sans outil de comparaison.

* Connotation : ensemble des valeurs symboliques que l'on attache à un mot (ex. : la Lune a comme connotations le mystère, le féminin, la sorcellerie...).

11 La caricature de la page 121 et le tableau de Béraud (p. 182) vous semblent-ils illustrer le rôle de la presse tel qu'il apparaît dans cet extrait ?

12 En vous appuyant sur vos réponses à ce questionnaire, rédigez un commentaire organisé montrant en quoi cet extrait propose une vision critique de *La Vie française*.

Cf. pp. 121 et 182.

VII

¹   La disparition de Charles donna à Duroy une importance plus grande dans la rédaction de *La Vie française*. Il signa quelques articles de fond, tout en signant aussi ses échos, car le patron voulait que chacun gardât la responsabilité de sa copie. Il eut quelques polé-
⁵ miques dont il se tira avec esprit ; et ses relations constantes avec les hommes d'État le préparaient peu à peu à devenir à son tour un rédacteur politique adroit et perspicace.

    Il ne voyait qu'une tache dans tout son horizon. Elle venait d'un petit journal frondeur¹ qui l'attaquait constamment, ou plutôt qui
¹⁰ attaquait en lui le chef des échos de *La Vie française*, le chef des échos à surprises de M. Walter, disait le rédacteur anonyme de cette feuille appelée : *« La Plume »*. C'étaient, chaque jour, des perfidies, des traits mordants, des insinuations de toute nature.

    Jacques Rival dit un jour à Duroy : « Vous êtes patient. »
¹⁵   L'autre balbutia : « Que voulez-vous, il n'y a pas d'attaque directe. »

    Or, un après-midi, comme il entrait dans la salle de rédaction, Boisrenard lui tendit le numéro de *La Plume* : « Tenez, il y a encore une note désagréable pour vous.

    — Ah ! à propos de quoi ?
²⁰   — À propos de rien, de l'arrestation d'une dame Aubert par un agent des mœurs. »

    Georges prit le journal qu'on lui tendait, et lut, sous ce titre : *Duroy s'amuse²* :

    « L'illustre reporter de *La Vie française* nous apprend aujourd'hui
²⁵ que la dame Aubert, dont nous avons annoncé l'arrestation par un agent de l'odieuse brigade des mœurs, n'existe que dans notre imagination. Or, la personne en question demeure 18, rue de l'Écureuil³, à Montmartre. Nous comprenons trop, d'ailleurs, quel intérêt ou quels intérêts peuvent avoir les agents de la banque Walter à soutenir
³⁰ ceux du préfet de police qui tolère leur commerce. Quant au reporter dont il s'agit, il ferait mieux de nous donner quelqu'une de ces

---

Notes

1. frondeur : moqueur, critique.
2. Le premier nom de Duroy était Leroy et faisait jeu de mots avec *Le roi s'amuse*, drame de Victor Hugo.

3. Cette rue n'existe pas.

bonnes nouvelles à sensation dont il a le secret : nouvelles de morts démenties le lendemain, nouvelles de batailles qui n'ont pas eu lieu, annonce de paroles graves prononcées par des souverains qui n'ont
35 rien dit, toutes les informations enfin qui constituent les "Profits Walter", ou même quelqu'une des petites indiscrétions sur des soirées de femmes *à succès*, ou sur l'excellence de certains produits qui sont d'une grande *ressource* à quelques-uns de nos confrères. »

Le jeune homme demeurait interdit, plus qu'irrité, comprenant
40 seulement qu'il y avait là-dedans quelque chose de fort désagréable pour lui.

Boisrenard reprit : « Qui vous a donné cet écho ? »

Duroy cherchait, ne se rappelant plus. Puis, tout à coup, le souvenir lui revint :
45 « Ah ! oui, c'est Saint-Potin. » Puis il relut l'alinéa de *La Plume*, et il rougit brusquement, révolté par l'accusation de vénalité[1].

Il s'écria : « Comment, on prétend que je suis payé pour… »

Boisrenard l'interrompit : « Dame, oui. C'est embêtant pour vous. Le patron est fort sur l'œil à ce sujet. Ça pourrait arriver si souvent
50 dans les échos… »

Saint-Potin, justement, entrait. Duroy courut à lui : « Vous avez lu la note de *La Plume* ?

– Oui, et je viens de chez la dame Aubert. Elle existe parfaitement, mais elle n'a pas été arrêtée. Ce bruit n'a aucun fondement. »
55 Alors Duroy s'élança chez le patron qu'il trouva un peu froid, avec un œil soupçonneux. Après avoir écouté le cas, M. Walter répondit : « Allez vous-même chez cette dame et démentez de façon qu'on n'écrive plus de pareilles choses sur vous. Je parle de ce qui suit. C'est fort ennuyeux pour le journal, pour moi et pour vous. Pas plus que la
60 femme de César, un journaliste ne doit être soupçonné. »

Duroy monta en fiacre avec Saint-Potin pour guide, et il cria au cocher : « 18, rue de l'Écureuil, à Montmartre. »

C'était dans une immense maison dont il fallut escalader les six étages. Une vieille femme en caraco[2] de laine vint leur ouvrir :

Notes

1. **vénalité** : caractère de ce qui est prêt à se vendre.

2. **caraco** : blouse droite flottant par-dessus la ceinture de la jupe boutonnée devant ; corsage féminin.

65 «Qu'est-ce que vous me r'voulez?» dit-elle en apercevant Saint-Potin.

Il répondit : «Je vous amène monsieur, qui est inspecteur de police et qui voudrait bien savoir votre affaire.»

Alors elle les fit entrer, en racontant : «Il en est encore r'venu
70 deux d'puis vous pour un journal, je n'sais point l'quel.» Puis, se tournant vers Duroy : «Donc, c'est monsieur qui désire savoir?

— Oui. Est-ce que vous avez été arrêtée par un agent des mœurs?»

Elle leva les bras : «Jamais d'la vie, mon bon monsieur, jamais d'la vie. Voilà la chose. J'ai un boucher qui sert bien, mais qui pèse mal.
75 Je m'en ai aperçu souvent sans rien dire, mais l'autre jour, comme je lui demandais deux livres de côtelettes, vu que j'aurais ma fille et mon gendre, je m'aperçois qu'il me pèse des os de déchet, des os de côtelettes, c'est vrai, mai pas des miennes. J'aurais pu en faire du ragoût, c'est encore vrai, mais quand je demande des côtelettes, c'est
80 pas pour avoir le déchet des autres. Je refuse donc, alors y me traite de vieux rat, je lui réplique vieux fripon; bref, de fil en aiguille, nous nous sommes tant chamaillés qu'il y avait plus de cent personnes devant la boutique et qui riaient, qui riaient! Tant qu'enfin un agent fut attiré et nous invita à nous expliquer chez le commis-
85 saire. Nous y fûmes, et on nous renvoya dos à dos. Moi, depuis, je m'sers ailleurs, et je n'passe même pu devant la porte, pour éviter des esclandres¹.»

Elle se tut. Duroy demanda : «C'est tout?

— C'est toute la vérité, mon cher monsieur», et, lui ayant offert
90 un verre de cassis qu'il refusa de boire, la vieille insista pour qu'on parlât dans le rapport des fausses pesées du boucher.

De retour au journal, Duroy rédigea sa réponse :

«Un écrivaillon anonyme de *La Plume*, s'en étant arraché une, me cherche noise² au sujet d'une vieille femme qu'il prétend avoir été
95 arrêtée par un agent des mœurs, ce que je nie. J'ai vu moi-même la dame Aubert, âgée de soixante ans au moins, et elle m'a raconté par le menu sa querelle avec un boucher, au sujet d'une pesée de

---

1. **esclandres** : tumultes qui font scandale, qui causent du désordre.

2. **me cherche noise** : me cherche querelle.

côtelettes, ce qui nécessita une explication devant le commissaire de police.

100 Voilà toute la vérité.

Quant aux autres insinuations du rédacteur de *La Plume*, je les méprise. On ne répond pas, d'ailleurs, à de pareilles choses, quand elles sont écrites sous le masque.

GEORGES DUROY. »

105 M. Walter et Jacques Rival, qui venait d'arriver, trouvèrent cette note suffisante, et il fut décidé qu'elle passerait le jour même, à la suite des échos.

Duroy rentra tôt chez lui, un peu agité, un peu inquiet. Qu'allait répondre l'autre ? Qui était-il ? Pourquoi cette attaque brutale ?
110 Avec les mœurs brusques des journalistes, cette bêtise pouvait aller loin, très loin. Il dormit mal.

Quand il relut sa note dans le journal, le lendemain, il la trouva plus agressive imprimée que manuscrite. Il aurait pu, lui semblait-il, atténuer certains termes.

115 Il fut fiévreux tout le jour et il dormit mal encore la nuit suivante. Il se leva dès l'aurore pour chercher le numéro de *La Plume* qui devait répondre à sa réplique.

Le temps s'était remis au froid ; il gelait dur. Les ruisseaux, saisis comme ils coulaient encore, déroulaient le long des trottoirs deux
120 rubans de glace.

Les journaux n'étaient point arrivés chez les marchands, et Duroy se rappela le jour de son premier article : « *Les Souvenirs d'un Chasseur d'Afrique.* » Ses mains et ses pieds s'engourdissaient, devenaient douloureux, au bout des doigts surtout ; et il se mit à courir en rond
125 autour du kiosque vitré, où la vendeuse, accroupie sur sa chaufferette, ne laissait voir, par la petite fenêtre, qu'un nez et des joues rouges dans un capuchon de laine.

Enfin le distributeur de feuilles publiques passa le paquet attendu par l'ouverture du carreau, et la bonne femme tendit à Duroy *La*
130 *Plume* grande ouverte.

Il chercha son nom d'un coup d'œil et ne vit rien d'abord. Il respirait déjà quand il aperçut la chose enfermée entre deux tirets.

« Le sieur Duroy, de *La Vie française*, nous donne un démenti ; et,
en nous démentant, il ment. Il avoue cependant qu'il existe une
135 femme Aubert, et qu'un agent l'a conduite à la police. Il ne reste
donc qu'à ajouter deux mots : "des mœurs" après le mot "agent" et
c'est dit.

Mais la conscience de certains journalistes est au niveau de leur
talent.

140   Et je signe : LOUIS LANGREMONT. »

Alors le cœur de Georges se mit à battre violemment, et il rentra
chez lui pour s'habiller, sans trop savoir ce qu'il faisait. Donc, on
l'avait insulté, et d'une telle façon, qu'aucune hésitation n'était possible. Pourquoi ? Pour rien. À propos d'une vieille femme qui s'était
145 querellée avec son boucher.

Il s'habilla bien vite et se rendit chez M. Walter, quoiqu'il fût à
peine huit heures du matin.

M. Walter, déjà levé, lisait *La Plume*. « Eh bien, dit-il avec un
visage grave, en apercevant Duroy, vous ne pouvez pas reculer ? »
150 Le jeune homme ne répondit rien. Le directeur reprit : « Allez
tout de suite trouver Rival qui se chargera de vos intérêts. »

Duroy balbutia quelques mots vagues et sortit pour se rendre chez
le chroniqueur, qui dormait encore. Il sauta du lit, au coup de sonnette, puis ayant lu l'écho :
155 « Bigre, il faut y aller. Qui voyez-vous comme autre témoin ?

— Mais, je ne sais pas, moi.

— Boisrenard ? — Qu'en pensez-vous ?

— Oui. Boisrenard.

— Êtes-vous fort aux armes ?
160 — Pas du tout.

— Ah ! Diable ! Et au pistolet ?

— Je tire un peu.

— Bon. Vous allez vous exercer pendant que je m'occuperai de
tout. Attendez-moi une minute. »
165 Il passa dans son cabinet de toilette et reparut bientôt, lavé, rasé,
correct.

« Venez avec moi », dit-il.

Il habitait au rez-de-chaussée d'un petit hôtel, et il fit descendre Duroy dans la cave, une cave énorme, convertie en salle d'armes et en tir, toutes les ouvertures sur la rue étant bouchées.

Après avoir allumé une ligne de becs de gaz conduisant jusqu'au fond d'un second caveau, où se dressait un homme de fer peint en rouge et en bleu, il posa sur une table deux paires de pistolets d'un système nouveau se chargeant par la culasse, et il commença les commandements d'une voix brève comme si on eût été sur le terrain.

«Prêt?

«Feu! – un, deux, trois.»

Duroy, anéanti, obéissait, levait le bras, visait, tirait, et comme il atteignait souvent le mannequin en plein ventre, car il s'était beaucoup servi dans sa première jeunesse d'un vieux pistolet d'arçon de son père pour tuer des oiseaux dans la cour, Jacques Rival satisfait déclarait : «Bien – très bien – très bien – vous irez – vous irez.»

Puis il le quitta. «Tirez comme ça jusqu'à midi. Voilà des munitions, n'ayez pas peur de les brûler. Je viendrai vous prendre pour déjeuner et vous donner des nouvelles.» Et il sortit.

Resté seul, Duroy tira encore quelques coups, puis il s'assit et se mit à réfléchir.

Comme c'était bête, tout de même, ces choses-là? Qu'est-ce que ça prouvait? Un filou était-il moins un filou après s'être battu? Que gagnait un honnête homme insulté à risquer sa vie contre une crapule? Et son esprit, vagabondant dans le noir, se rappela les choses dites par Norbert de Varenne sur la pauvreté d'esprit des hommes, la médiocrité de leurs idées et de leurs préoccupations, la niaiserie de leur morale!

Et il déclara tout haut : «Comme il a raison, sacristi!»

Puis il sentit qu'il avait soif, et ayant entendu un bruit de gouttes d'eau derrière lui, il aperçut un appareil à douches et il alla boire au bout de la lance. Puis il se remit à songer. Il faisait triste dans cette cave, triste comme dans un tombeau. Le roulement lointain et sourd des voitures semblait un tremblement d'orage éloigné. Quelle heure pouvait-il être? Les heures passaient là-dedans comme elles doivent passer au fond des prisons, sans que rien les indique et que

rien les marque, sauf les retours du geôlier portant les plats. Il attendit, longtemps, longtemps.

Puis tout d'un coup il entendit des pas, des voix, et Jacques Rival
reparut, accompagné de Boisrenard. Il cria dès qu'il aperçut Duroy : «C'est arrangé!»

L'autre crut l'affaire terminée par quelque lettre d'excuses; son
cœur bondit, et il balbutia : «Ah!... merci.» Le chroniqueur reprit :
«Ce Langremont est très carré, il a accepté toutes nos conditions.
Vingt-cinq pas, une balle au commandement en levant le pistolet.
On a le bras beaucoup plus sûr ainsi qu'en l'abaissant. Tenez, Bois-
renard, voyez ce que je vous disais.»

Et prenant des armes, il se mit à tirer en démontrant comment on
conservait bien mieux la ligne en levant le bras.

Puis il dit : «Maintenant, allons déjeuner, il est midi passé.»

Et ils se rendirent dans un restaurant voisin. Duroy ne parlait plus
guère. Il mangea pour n'avoir pas l'air d'avoir peur, puis dans le jour
il accompagna Boisrenard au journal et il fit sa besogne d'une façon
distraite et machinale. On le trouva crâne.

Jacques Rival vint lui serrer la main vers le milieu de l'après-
midi; et il fut convenu que ses témoins le prendraient chez lui en
landau[1], le lendemain à sept heures du matin, pour se rendre au bois
du Vésinet[2] où la rencontre aurait lieu.

Tout cela s'était fait si inopinément, sans qu'il y prît part, sans
qu'il dît un mot, sans qu'il donnât son avis, sans qu'il acceptât ou
refusât, et avec tant de rapidité qu'il demeurait étourdi, effaré, sans
trop comprendre ce qui se passait.

Il se retrouva chez lui vers neuf heures du soir après avoir dîné
avec Boisrenard, qui ne l'avait point quitté de tout le jour par dévouement.

Dès qu'il fut seul, il marcha pendant quelques minutes, à grands
pas vifs, à travers sa chambre. Il était trop troublé pour réfléchir à
rien. Une seule idée emplissait son esprit : «Un duel demain», sans
que cette idée éveillât en lui autre chose qu'une émotion confuse et
puissante. Il avait été soldat, il avait tiré sur des Arabes, sans grand

---

Notes

1. landau : voiture à deux roues, à capote   **2. Vésinet** : à l'ouest de Paris.
fermée de deux soufflets pliants.

danger pour lui, d'ailleurs, un peu comme on tire sur un sanglier, à la chasse.

240 En somme, il avait fait ce qu'il devait faire. Il s'était montré ce qu'il devait être. On en parlerait, on l'approuverait, on le féliciterait. Puis il prononça à haute voix, comme on parle dans les grandes secousses de pensée : «Quelle brute que cet homme!»

Il s'assit et se mit à réfléchir. Il avait jeté sur sa petite table une 245 carte de son adversaire remise par Rival, afin de garder son adresse. Il la relut, comme il l'avait déjà lue vingt fois dans la journée. *Louis Langremont, 176, rue Montmartre.* Rien de plus.

Il examinait ces lettres assemblées qui lui paraissaient mysté- rieuses, pleines de sens inquiétants. «Louis Langremont», qui était 250 cet homme? De quel âge? De quelle taille? De quelle figure? N'était-ce pas révoltant qu'un étranger, un inconnu, vînt ainsi troubler votre vie, tout d'un coup, sans raison, par pur caprice, à propos d'une vieille femme qui s'était querellée avec son boucher.

Il répéta encore une fois, à haute voix : «Quelle brute!»

255 Et il demeura immobile, songeant, le regard toujours planté sur la carte. Une colère s'éveillait en lui contre ce morceau de papier, une colère haineuse où se mêlait un étrange sentiment de malaise. C'était stupide cette histoire-là! Il prit une paire de ciseaux à ongles qui traînaient et il les piqua au milieu du nom imprimé comme s'il 260 eût poignardé quelqu'un.

Donc il allait se battre, et se battre au pistolet? Pourquoi n'avait- il pas choisi l'épée? Il en aurait été quitte pour une piqûre au bras ou à la main, tandis qu'avec le pistolet on ne savait jamais les suites possibles.

265 Il dit : «Allons, il faut être crâne.»

Le son de sa voix le fit tressaillir, et il regarda autour de lui. Il commençait à se sentir fort nerveux. Il but un verre d'eau, puis se coucha.

Dès qu'il fut au lit, il souffla sa lumière et ferma les yeux.

270 Il avait très chaud dans ses draps, bien qu'il fît très froid dans sa chambre, mais il ne pouvait parvenir à s'assoupir. Il se tournait et se retournait, demeurait cinq minutes sur le dos, puis se plaçait sur le côté gauche, puis se roulait sur le côté droit.

Il avait encore soif. Il se releva pour boire, puis une inquiétude le
275   saisit : «Est-ce que j'aurais peur?»

Pourquoi son cœur se mettait-il à battre follement à chaque bruit
connu de sa chambre? Quand son coucou allait sonner, le petit
grincement du ressort lui faisait faire un sursaut; et il lui fallait
ouvrir la bouche pour respirer pendant quelques secondes, tant il
280   demeurait oppressé.

Il se mit à raisonner en philosophe sur la possibilité de cette
chose : «Aurais-je peur?»

Non certes il n'aurait pas peur puisqu'il était résolu à aller jusqu'au
bout, puisqu'il avait cette volonté bien arrêtée de se battre, de ne
285   pas trembler. Mais il se sentait si profondément ému qu'il se demanda : «Peut-on avoir peur malgré soi?» Et ce doute l'envahit,
cette inquiétude, cette épouvante! Si une force plus puissante que sa
volonté, dominatrice, irrésistible le domptait, qu'arriverait-il? Oui,
que pouvait-il arriver?

290   Certes il irait sur le terrain puisqu'il voulait y aller. Mais s'il tremblait? Mais s'il perdait connaissance? Et il songea à sa situation, à sa
réputation, à son avenir.

Et un singulier besoin le prit tout à coup de se relever pour se
regarder dans sa glace. Il ralluma sa bougie. Quand il aperçut son
295   visage reflété dans le verre poli, il se reconnut à peine, et il lui sembla qu'il ne s'était jamais vu. Ses yeux lui parurent énormes; et il
était pâle, certes, il était pâle, très pâle.

Tout d'un coup, cette pensée entra en lui à la façon d'une balle :
«Demain, à cette heure-ci, je serai peut-être mort.» – Et son cœur
300   se remit à battre furieusement.

Il se retourna vers sa couche et il se vit distinctement étendu sur
le dos dans ces mêmes draps qu'il venait de quitter. Il avait ce visage
creux qu'ont les morts et cette blancheur des mains qui ne remue-
ront plus.

305   Alors il eut peur de son lit, et afin de ne plus le voir il ouvrit la
fenêtre pour regarder dehors.

Un froid glacial lui mordit la chair de la tête aux pieds, et il se
recula, haletant.

La pensée lui vint de faire du feu. Il l'attisa lentement, sans se re-
310   tourner. Ses mains tremblaient un peu d'un frémissement nerveux

quand elles touchaient les objets. Sa tête s'égarait ; ses pensées tournoyantes, hachées, devenaient fuyantes, douloureuses ; une ivresse envahissait son esprit comme s'il eût bu.

Et sans cesse il se demandait : « Que vais-je faire ? que vais-je devenir ? »

Il se remit à marcher, répétant, d'une façon continue, machinale : « Il faut que je sois énergique, très énergique. »

Puis il se dit : « Je vais écrire à mes parents, en cas d'accident. »

Il s'assit de nouveau, prit un cahier de papier à lettres, traça : « Mon cher papa, ma chère maman… »

Puis il jugea ces termes trop familiers dans une circonstance aussi tragique. Il déchira la première feuille et recommença : « Mon cher père ; ma chère mère ; je vais me battre au point du jour, et comme il peut arriver que… »

Il n'osa pas écrire le reste et se releva d'une secousse.

Cette pensée l'écrasait maintenant. « Il allait se battre en duel. Il ne pouvait plus éviter cela. Que se passait-il donc en lui ? Il voulait se battre ; il avait cette intention et cette résolution fermement arrêtées ; et il lui semblait, malgré tout l'effort de sa volonté, qu'il ne pourrait même pas conserver la force nécessaire pour aller jusqu'au lieu de la rencontre. »

De temps en temps ses dents s'entrechoquaient dans sa bouche avec un petit bruit sec ; et il se demandait : « Mon adversaire s'est-il déjà battu ? a-t-il fréquenté les tirs ? est-il connu ? est-il classé ? » Il n'avait jamais entendu prononcer ce nom. Et cependant si cet homme n'était pas un tireur au pistolet remarquable, il n'aurait point accepté ainsi, sans hésitation, sans discussion, cette arme dangereuse.

Alors Duroy se figurait leur rencontre, son attitude à lui et la tenue de son ennemi. Il se fatiguait la pensée à imaginer les moindres détails du combat ; et tout à coup il voyait en face de lui ce petit trou noir et profond du canon dont allait sortir une balle.

Et il fut pris brusquement d'une crise de désespoir épouvantable. Tout son corps vibrait, parcouru de tressaillements saccadés. Il serrait les dents pour ne pas crier, avec un besoin fou de se rouler par terre, de déchirer quelque chose, de mordre. Mais il aperçut un verre sur sa cheminée et il se rappela qu'il possédait dans son armoire un litre d'eau-de-vie presque plein ; car il avait conservé l'habitude militaire de *tuer le ver* chaque matin.

350 Il saisit la bouteille et but, à même le goulot, à longues gorgées, avec avidité. Et il la reposa seulement lorsque le souffle lui manqua. Elle était vidée d'un tiers.

Une chaleur pareille à une flamme lui brûla bientôt l'estomac, se répandit dans ses membres, raffermit son âme en l'étourdissant.

355 Il se dit : «Je tiens le moyen.» Et comme il se sentait maintenant la peau brûlante il rouvrit la fenêtre.

Le jour naissait, calme et glacial. Là-haut, les étoiles semblaient mourir au fond du firmament éclairci, et dans la tranchée profonde du chemin de fer les signaux verts, rouges et blancs pâlissaient.

360 Les premières locomotives sortaient du garage et s'en venaient en sifflant chercher les premiers trains. D'autres, dans le lointain, jetaient des appels aigus et répétés, leurs cris de réveil, comme font les coqs dans les champs.

Duroy pensait : «Je ne verrai peut-être plus tout ça.» Mais comme 365 il sentit qu'il allait de nouveau s'attendrir sur lui-même, il réagit violemment : «Allons, il ne faut songer à rien jusqu'au moment de la rencontre, c'est le seul moyen d'être crâne.»

Et il se mit à sa toilette. Il eut encore, en se rasant, une seconde de défaillance en songeant que c'était peut-être la dernière fois qu'il 370 regardait son visage.

Mais il but une nouvelle gorgée d'eau-de-vie, et acheva de s'habiller.

L'heure qui suivit fut difficile à passer. Il marchait de long en large en s'efforçant en effet d'immobiliser son âme. Lorsqu'il enten-375 dit frapper à sa porte, il faillit s'abattre sur le dos, tant la commotion fut violente. C'étaient ses témoins. «Déjà!»

Ils étaient enveloppés de fourrures. Rival déclara, après avoir serré la main de son client :

«Il fait un froid de Sibérie.» Puis il demanda : «Ça va bien ?
380 — Oui, très bien.
— On est calme ?
— Très calme.
— Allons, ça ira. Avez-vous bu et mangé quelque chose ?
— Oui, je n'ai besoin de rien.»

385 Boisrenard, pour la circonstance, portait une décoration étrangère, verte et jaune, que Duroy ne lui avait jamais vue.

Ils descendirent. Un monsieur les attendait dans le landau. Rival
nomma : «Le docteur Le Brument.» Duroy lui serra la main en
balbutiant : «Je vous remercie», puis il voulut prendre place sur
390 la banquette du devant et il s'assit sur quelque chose de dur qui le
fit relever comme si un ressort l'eût redressé. C'était la boîte aux
pistolets.

Rival répétait : «Non! Au fond le combattant et le médecin, au
fond!» Duroy finit par comprendre et il s'affaissa à côté du docteur.
395 Les deux témoins montèrent à leur tour et le cocher partit. Il
savait où on devait aller.

Mais la boîte aux pistolets gênait tout le monde, surtout Duroy,
qui eût préféré ne pas la voir. On essaya de la placer derrière les dos ;
elle cassait les reins ; puis on la mit debout entre Rival et Boisre-
400 nard ; elle tombait tout le temps. On finit par la glisser sous les pieds.

La conversation languissait, bien que le médecin racontât des
anecdotes. Rival seul lui répondait. Duroy eût voulu prouver de la
présence d'esprit, mais il avait peur de perdre le fil de ses idées, de
montrer le trouble de son âme ; et il était hanté par la crainte tortu-
405 rante de se mettre à trembler.

La voiture fut bientôt en pleine campagne. Il était neuf heures environ. C'était une de ces rudes matinées d'hiver où toute la nature
est luisante, cassante et dure comme du cristal. Les arbres, vêtus de
givre, semblent avoir sué de la glace ; la terre sonne sous les pas ; l'air
410 sec porte au loin les moindres bruits ; le ciel bleu paraît brillant à la
façon des miroirs, et le soleil passe dans l'espace, éclatant et froid
lui-même, jetant sur la création gelée des rayons qui n'échauffent
rien.

Rival disait à Duroy : «J'ai pris les pistolets chez Gastine Renette[1].
415 Il les a chargés lui-même. La boîte est cachetée. On les tirera au sort,
d'ailleurs, avec ceux de notre adversaire.»

Duroy répondit machinalement : «Je vous remercie.»

Alors Rival lui fit des recommandations minutieuses, car il tenait
à ce que son client ne commît aucune erreur. Il insistait sur chaque

Note 1. Gastine et Renette : célèbres armuriers.

420 point plusieurs fois : «Quand on demandera : "Êtes-vous prêts, messieurs!" vous répondrez d'une voix forte : "Oui!"

«Quand on commandera "Feu!" vous élèverez vivement le bras, et vous tirerez avant qu'on ait prononcé trois.»

Et Duroy se répétait mentalement : «Quand on commandera feu,
425 j'élèverai le bras, – quand on commandera feu, j'élèverai le bras, – quand on commandera feu, j'élèverai le bras.»

Il apprenait cela comme les enfants apprennent leurs leçons en le murmurant à satiété pour se le bien graver dans la tête. «Quand on commandera feu, j'élèverai le bras.»

430 Le landau entra sous un bois, tourna à droite dans une avenue, puis encore à droite. Rival, brusquement, ouvrit la portière pour crier au cocher : «Là, par ce petit chemin.» Et la voiture s'engagea dans une route à ornières entre deux taillis où tremblotaient des feuilles mortes bordées d'un liseré de glace.

435 Duroy marmottait[1] toujours : «Quand on commandera feu, j'élèverai le bras.» Et il pensa qu'un accident de voiture arrangerait tout. Oh! si on pouvait verser, quelle chance! s'il pouvait se casser une jambe!…

Mais il aperçut au bout d'une clairière une autre voiture arrêtée
440 et quatre messieurs qui piétinaient pour s'échauffer les pieds; et il fut obligé d'ouvrir la bouche, tant sa respiration devenait pénible.

Les témoins descendirent d'abord, puis le médecin et le combattant. Rival avait pris la boîte aux pistolets et il s'en alla avec Boisrenard, vers deux des étrangers qui venaient à eux. Duroy les
445 vit se saluer avec cérémonie, puis marcher ensemble dans la clairière en regardant tantôt par terre et tantôt dans les arbres, comme s'ils avaient cherché quelque chose qui aurait pu tomber ou s'envoler. Puis ils comptèrent des pas et enfoncèrent avec grand-peine deux cannes dans le sol gelé. Ils se réunirent ensuite en groupe et ils
450 firent les mouvements du jeu de pile ou face, comme des enfants qui s'amusent.

Le docteur Le Brument demandait à Duroy :

«Vous vous sentez bien? Vous n'avez besoin de rien?

– Non, de rien, merci.»

Note

1. marmottait : bredouillait, marmonnait.

455 Il lui semblait qu'il était fou, qu'il dormait, qu'il rêvait, que quelque chose de surnaturel était survenu qui l'enveloppait.

Avait-il peur? Peut-être? Mais il ne savait pas. Tout était changé autour de lui.

Jacques Rival revint et lui annonça tout bas avec satisfaction :
460 «Tout est prêt. La chance nous a favorisés pour les pistolets.»

Voilà une chose qui était indifférente à Duroy.

On lui ôta son pardessus. Il se laissa faire. On tâta les poches de sa redingote pour s'assurer qu'il ne portait point de papiers ni de portefeuille protecteur.

465 Il répétait en lui-même, comme une prière : «Quand on commandera feu, j'élèverai le bras.»

Puis on l'amena jusqu'à une des cannes piquées en terre et on lui remit son pistolet. Alors il aperçut un homme debout, en face de lui, tout près, un petit homme ventru, chauve, qui portait des lunettes.
470 C'était son adversaire.

Il le vit très bien, mais il ne pensait à rien qu'à ceci : «Quand on commandera feu, j'élèverai le bras et je tirerai.» Une voix résonna dans le grand silence de l'espace, une voix qui semblait venir de très loin, et elle demanda : «Êtes-vous prêts, messieurs?»

475 Georges cria : «Oui!»

Alors la même voix ordonna : «Feu…»

Il n'écouta rien de plus, il ne s'aperçut de rien, il ne se rendit compte de rien, il sentit seulement qu'il levait le bras en appuyant de toute sa force sur la gâchette.

480 Et il n'entendit rien.

Mais il vit aussitôt un peu de fumée au bout du canon de son pistolet; et comme l'homme en face de lui demeurait toujours debout, dans la même posture également, il aperçut aussi un autre petit nuage blanc qui s'envolait au-dessus de la tête de son adversaire.

485 Ils avaient tiré tous les deux. C'était fini.

Ses témoins et le médecin le touchaient, le palpaient, déboutonnaient ses vêtements en demandant avec anxiété : «Vous n'êtes pas blessé?» Il répondit au hasard : «Non, je ne crois pas.»

Langremont d'ailleurs demeurait aussi intact que son ennemi, et
490 Jacques Rival murmura d'un ton mécontent : «Avec ce sacré pis-

tolet, c'est toujours comme ça, on se rate ou on se tue. Quel sale instrument!»

Duroy ne bougeait point, paralysé de surprise et de joie : «C'était fini!» Il fallut lui enlever son arme qu'il tenait toujours serrée dans sa main. Il lui semblait maintenant qu'il se serait battu contre l'univers entier. C'était fini. Quel bonheur! il se sentait brave tout à coup à provoquer n'importe qui.

Tous les témoins causèrent quelques minutes, prenant rendez-vous dans le jour pour la rédaction du procès-verbal, puis on remonta dans la voiture; et le cocher qui riait sur son siège repartit en faisant claquer son fouet.

Ils déjeunèrent tous les quatre sur le boulevard, en causant de l'événement. Duroy disait ses impressions :

«Ça ne m'a rien fait, absolument rien. Vous avez dû le voir du reste?»

Rival répondit : «Oui, vous vous êtes bien tenu.»

Quand le procès-verbal fut rédigé on le présenta à Duroy qui devait l'insérer dans les échos. Il s'étonna de voir qu'il avait échangé deux balles avec M. Louis Langremont, et, un peu inquiet, il interrogea Rival : «Mais nous n'avons tiré qu'une balle.»

L'autre sourit : «Oui, une balle… une balle chacun… ça fait deux balles.»

Et Duroy, trouvant l'explication satisfaisante, n'insista pas. Le père Walter l'embrassa : «Bravo, bravo, vous avez défendu le drapeau de *La Vie française*, bravo!»

Georges se montra, le soir, dans les principaux grands journaux et dans les principaux grands cafés du boulevard. Il rencontra deux fois son adversaire qui se montrait également.

Ils ne se saluèrent pas. Si l'un des deux avait été blessé, ils se seraient serré les mains. Chacun jurait d'ailleurs avec conviction avoir entendu siffler la balle de l'autre.

Le lendemain, vers onze heures du matin, Duroy reçut un petit bleu :

Mon Dieu, que j'ai eu peur! Viens donc tantôt rue de Constantinople, que je t'embrasse, mon amour. Comme tu es brave – je t'adore.

CLO.

Il alla au rendez-vous et elle s'élança dans ses bras, le couvrant de baisers :

«Oh! mon chéri, si tu savais mon émotion quand j'ai lu les jour-
530 naux ce matin. Oh! raconte-moi. Dis-moi tout. Je veux savoir.»

Il dut raconter les détails avec minutie. Elle demandait : «Comme tu as dû avoir une mauvaise nuit avant le duel!

— Mais non. J'ai bien dormi.

— Moi je n'aurais pas fermé l'œil. Et sur le terrain, dis-moi com-
535 ment ça s'est passé.»

Il fit un récit dramatique : «Lorsque nous fûmes en face l'un de l'autre, à vingt pas, quatre fois seulement la longueur de cette chambre, Jacques, après avoir demandé si nous étions prêts, com-manda : «Feu.» J'ai élevé mon bras immédiatement, bien en ligne,
540 mais j'ai eu le tort de vouloir viser la tête. J'avais une arme fort dure et je suis accoutumé à des pistolets bien doux, de sorte que la résis-tance de la gâchette a relevé le coup. N'importe, ça n'a pas dû passer loin. Lui aussi il tire bien, le gredin[1]. Sa balle m'a effleuré la tempe. J'en ai senti le vent.»

545 Elle était assise sur ses genoux et le tenait dans ses bras comme pour prendre part à son danger. Elle balbutiait : «Oh! mon pauvre chéri, mon pauvre chéri…»

Puis quand il eut fini de conter elle lui dit : «Tu ne sais pas, je ne peux plus me passer de toi! Il faut que je te voie; et, avec mon mari
550 à Paris, ça n'est pas commode. Souvent j'aurais une heure le matin, avant que tu sois levé, et je pourrais aller t'embrasser, mais je ne veux pas rentrer dans ton affreuse maison. Comment faire?»

Il eut brusquement une inspiration et demanda :

«Combien payes-tu ici?

555 — Cent francs par mois.

— Eh bien, je prends l'appartement à mon compte et je vais l'habiter tout à fait. Le mien n'est plus suffisant dans ma nouvelle position.»

Elle réfléchit quelques instants, puis répondit :

560 «Non. Je ne veux pas.»

Il s'étonna : «Pourquoi ça?

Note 1. **gredin :** individu malhonnête, coupable de graves méfaits.

– Parce que…

– Ce n'est pas une raison. Ce logement me convient très bien. J'y suis. J'y reste. »

565 Il se mit à rire : «D'ailleurs il est à mon nom. »

Mais elle refusait toujours : «Non, non, je ne veux pas…

– Pourquoi ça, enfin ? »

Alors elle chuchota tout bas, tendrement : «Parce que tu y amènerais des femmes, et je ne veux pas. »

570 Il s'indigna : «Jamais de la vie, par exemple. Je te le promets.

– Non, tu en amènerais tout de même.

– Je te le jure.

– Bien vrai ?

– Bien vrai. Parole d'honneur. C'est notre maison, ça, rien qu'à

575 nous. »

Elle l'étreignit dans un élan d'amour : «Alors je veux bien, mon chéri. Mais tu sais, si tu me trompes une fois, rien qu'une fois, ce sera fini entre nous, fini pour toujours. »

Il jura encore avec des protestations ; et il fut convenu qu'il s'ins-
580 tallerait le jour même, afin qu'elle pût le voir quand elle passerait devant la porte.

Puis elle lui dit : «En tout cas, viens dîner dimanche. Mon mari te trouve charmant. »

Il fut flatté : «Ah ! vraiment ?…

585 – Oui, tu as fait sa conquête. Et puis écoute, tu m'as dit que tu avais été élevé dans un château à la campagne, n'est-ce pas ?

– Oui, pourquoi ?

– Alors tu dois connaître un peu la culture.

– Oui.

590 – Eh bien, parle-lui de jardinage et de récoltes, il aime beaucoup ça.

– Bon. Je n'oublierai pas. »

Elle le quitta, après l'avoir indéfiniment embrassé, ce duel ayant exaspéré sa tendresse.

595 Et Duroy pensait, en se rendant au journal : «Quel drôle d'être ça fait ! Quelle tête d'oiseau ! Sait-on ce qu'elle veut et ce qu'elle aime ? Et quel drôle de ménage ! Quel fantaisiste a bien pu préparer

l'accouplement de ce vieux et de cette écervelée ? Quel raisonnement a décidé cet inspecteur à épouser cette étudiante ? Mystère !
600 Qui sait ? L'amour, peut-être ? »

Puis il conclut. « Enfin, c'est une bien gentille maîtresse ; je serais
rudement bête de la lâcher. »

VIII

1   Son duel avait fait passé Duroy au nombre des chroniqueurs de
tête de *La Vie française* ; mais, comme il éprouvait une peine infinie
à découvrir des idées, il prit la spécialité des déclamations sur la dé-
cadence des mœurs, sur l'abaissement des caractères, l'affaissement
5   du patriotisme et l'anémie de l'honneur français. (Il avait trouvé le
mot « anémie » dont il était fier.)

Et quand Mme de Marelle, pleine de cet esprit gouailleur, sceptique et gobeur[1] qu'on appelle l'esprit de Paris, se moquait de ses
tirades qu'elle crevait d'une épigramme[2], il répondait en souriant :
10   « Bah ! ça me fait une bonne réputation pour plus tard. »

Il habitait maintenant rue de Constantinople, où il avait trans-
porté sa malle, sa brosse, son rasoir et son savon, ce qui constituait
son déménagement. Deux ou trois fois par semaine, la jeune femme
arrivait avant qu'il fût levé, se déshabillait en une minute et se glis-
15   sait dans le lit, toute frissonnante du froid du dehors.

Duroy, par contre, dînait tous les jeudis dans le ménage et faisait
la cour au mari en lui parlant agriculture ; et comme il aimait lui-
même les choses de la terre, ils s'intéressaient parfois tellement tous
deux à leur causerie qu'ils oubliaient tout à fait leur femme som-
20   meillant sur le canapé.

Laurine aussi s'endormait, tantôt sur les genoux de son père, tantôt sur les genoux de Bel-Ami.

Et quand le journaliste était parti, M. de Marelle ne manquait point
de déclarer, avec ce ton doctrinaire[3] dont il disait les moindres choses :
25   « Ce garçon est vraiment fort agréable. Il a l'esprit très cultivé. »

Notes

1. gobeur : se dit de quelqu'un qui croit
tout ce qu'on lui dit.

2. épigramme : petit poème satirique.
3. doctrinaire : dogmatique, péremptoire.

Février touchait à sa fin. On commençait à sentir la violette dans les rues en passant le matin auprès des voitures traînées par les marchandes de fleurs.

Duroy vivait sans un nuage dans son ciel.

30 Or, une nuit, comme il rentrait, il trouva une lettre glissée sous sa porte. Il regarda le timbre, et il vit «Cannes». L'ayant ouverte, il lut :

Cannes, villa Jolie.

Cher monsieur et ami, vous m'avez dit, n'est-ce pas, que je pouvais comp-
35 *ter sur vous en tout ? Eh bien, j'ai à vous demander un cruel service, c'est de venir m'assister, de ne pas me laisser seule aux derniers moments de Charles qui va mourir. Il ne passera peut-être pas la semaine, bien qu'il se lève encore, mais le médecin m'a prévenue.*

Je n'ai plus la force ni le courage de voir cette agonie jour et nuit. Et je
40 *songe avec terreur aux derniers moments qui approchent. Je ne puis demander une pareille chose qu'à vous, car mon mari n'a plus de famille. Vous étiez son camarade ; il vous a ouvert la porte du journal. Venez, je vous en supplie. Je n'ai personne à appeler.*

Croyez-moi votre camarade toute dévouée.

45 MADELEINE FORESTIER.

Un singulier sentiment entra comme un souffle d'air au cœur de Georges, un sentiment de délivrance, d'espace qui s'ouvrait devant lui, et il murmura : «Certes, j'irai. Ce pauvre Charles ! Ce que c'est que de nous tout de même !»

50 Le patron, à qui il communiqua la lettre de la jeune femme, donna en grognant son autorisation. Il répétait : «Mais revenez vite, vous nous êtes indispensable.»

Georges Duroy partit pour Cannes le lendemain par le rapide de sept heures, après avoir prévenu le ménage de Marelle par un
55 télégramme.

Il arriva, le jour suivant, vers quatre heures du soir.

Un commissionnaire le guida vers la villa Jolie, bâtie à mi-côte, dans cette forêt de sapins peuplée de maisons blanches, qui va du Cannet au golfe Juan.

60   La maison était petite, basse, de style italien, au bord de la route qui monte en zigzag à travers les arbres, montrant à chaque détour d'admirables points de vue.

Le domestique ouvrit la porte et s'écria :

« Oh ! monsieur, madame vous attend avec bien de l'impatience. »

65   Duroy demanda : « Comment va votre maître ?

– Oh ! pas bien, monsieur. Il n'en a pas pour longtemps. »

Le salon où le jeune homme entra était tendu de perse[1] rose à dessins bleus. La fenêtre, large et haute, donnait sur la ville et sur la mer.

70   Duroy murmurait : « Bigre, c'est chic ici comme maison de campagne. Où diable prennent-ils tout cet argent-là ? »

Un bruit de robe le fit se retourner.

Mme Forestier lui tendait les deux mains : « Comme vous êtes gentil, comme c'est gentil d'être venu ! » Et brusquement elle l'em-

75   brassa. Puis ils se regardèrent.

Elle était un peu pâlie, un peu maigrie, mais toujours fraîche, et peut-être plus jolie encore avec son air plus délicat. Elle murmura : « Il est terrible, voyez-vous, il se sait perdu et il me tyrannise atrocement. Je lui ai annoncé votre arrivée. Mais où est votre malle ? »

80   Duroy répondit : « Je l'ai laissée au chemin de fer, ne sachant pas dans quel hôtel vous me conseilleriez de descendre pour être près de vous. »

Elle hésita, puis reprit : « Vous descendrez ici, dans la villa. Votre chambre est prête, du reste. Il peut mourir d'un moment à l'autre,

85   et si cela arrivait la nuit, je serais seule. J'enverrai chercher votre bagage. »

Il s'inclina : « Comme vous voudrez. »

– Maintenant, montons », dit-elle.

Il la suivit. Elle ouvrit une porte au premier étage, et Duroy aper-

90   çut auprès d'une fenêtre, assis dans un fauteuil et enroulé dans des couvertures, livide sous la clarté rouge du soleil couchant, une espèce de cadavre qui le regardait. Il le reconnaissait à peine ; il devina plutôt que c'était son ami.

Note

1. **perse** : toile de coton imprimée.

On sentait dans cette chambre la fièvre, la tisane, l'éther, le
95 goudron, cette odeur innommable et lourde des appartements où
respire un poitrinaire[1].

Forestier souleva sa main d'un geste pénible et lent : « Te voilà,
dit-il, tu viens me voir mourir. Je te remercie. »

Duroy affecta de rire : « Te voir mourir ! ce ne serait pas un spec-
100 tacle amusant, et je ne choisirais point cette occasion-là pour visiter
Cannes. Je viens te dire bonjour et me reposer un peu. »

L'autre murmura : « Assieds-toi », et il baissa la tête comme enfoncé en des méditations désespérées.

Il respirait d'une façon rapide, essoufflée, et parfois poussait une
105 sorte de gémissement, comme s'il eût voulu rappeler aux autres
combien il était malade.

Voyant qu'il ne parlerait point, sa femme vint s'appuyer à la fenêtre
et elle dit en montrant l'horizon d'un coup de tête : « Regardez cela !
Est-ce beau ? »

110 En face d'eux, la côte semée de villas descendait jusqu'à la ville
qui était couchée le long du rivage en demi-cercle, avec sa tête à
droite vers la jetée que dominait la vieille cité surmontée d'un vieux
beffroi, et ses pieds à gauche à la pointe de la Croisette, en face des
Îles de Lérins. Elles avaient l'air, ces îles, de deux taches vertes, dans
115 l'eau toute bleue. On eût dit qu'elles flottaient comme deux feuilles
immenses, tant elles semblaient plates de là-haut.

Et tout au loin, fermant l'horizon de l'autre côté du golfe, au-dessus de la jetée et du beffroi, une longue suite de montagnes bleuâtres
dessinait sur un ciel éclatant une ligne bizarre et charmante de som-
120 mets tantôt arrondis, tantôt crochus, tantôt pointus, et qui finissait
par un grand mont en pyramide plongeant son pied dans la pleine
mer.

Mme Forestier l'indiqua : « C'est l'Esterel[2]. »

L'espace derrière les cimes sombres était rouge, d'un rouge san-
125 glant et doré que l'œil ne pouvait soutenir.

Duroy subissait malgré lui la majesté de cette fin du jour.

Notes

1. **poitrinaire** : phtisique, personne
atteinte de tuberculose pulmonaire.

2. **Esterel** : massif de la Provence
maritime, dominant la Méditerranée entre
Saint-Raphaël et Cannes.

Il murmura, ne trouvant point d'autre terme assez imagé pour exprimer son admiration :

«Oh! oui, c'est épatant, ça!»

130 Forestier releva la tête vers sa femme et demanda : «Donne-moi un peu d'air.»

Elle répondit : «Prends garde, il est tard, le soleil se couche, tu vas encore attraper froid, et tu sais que ça ne te vaut rien dans ton état de santé.»

135 Il fit de la main droite un geste fébrile et faible qui aurait voulu être un coup de poing et il murmura avec une grimace de colère, une grimace de mourant qui montrait la minceur des lèvres, la maigreur des joues et la saillie de tous les os : «Je te dis que j'étouffe. Qu'est-ce que ça te fait que je meure un jour plus tôt ou un jour plus 140 tard, puisque je suis foutu…»

Elle ouvrit toute grande la fenêtre.

Le souffle qui entra les surprit tous les trois comme une caresse. C'était une brise molle, tiède, paisible, une brise de printemps nourrie déjà par les parfums des arbustes et des fleurs capiteuses[1] 145 qui poussent sur cette côte. On y distinguait un goût puissant de résine et l'âcre saveur des eucalyptus.

Forestier la buvait d'une haleine courte et fiévreuse. Il crispa les ongles de ses mains sur les bras de son fauteuil, et dit d'une voix basse, sifflante, rageuse : «Ferme la fenêtre. Cela me fait mal. 150 J'aimerais mieux crever dans une cave.»

Et sa femme ferma la fenêtre lentement, puis elle regarda au loin, le front contre la vitre.

Duroy, mal à l'aise, aurait voulu causer avec le malade, le rassurer. Mais il n'imaginait rien de propre à le réconforter.

155 Il balbutia : «Alors ça ne va pas mieux depuis que tu es ici?»

L'autre haussa les épaules avec une impatience accablée : «Tu le vois bien.» Et il baissa de nouveau la tête.

Duroy reprit : «Sacristi, il fait rudement bon ici, comparativement à Paris. Là-bas on est encore en plein hiver. Il neige, il grêle, 160 il pleut, et il fait sombre à allumer les lampes dès trois heures de l'après-midi.»

Note 1. **capiteuses** : dont le parfum monte à la tête.

Forestier demanda : «Rien de nouveau au journal ?

— Rien de nouveau. On a pris pour te remplacer le petit Lacrin qui sort du *Voltaire* ; mais il n'est pas mûr. Il est temps que tu reviennes !»

165 Le malade balbutia : «Moi ? J'irai faire de la chronique à six pieds sous terre maintenant. »

L'idée fixe revenait comme un coup de cloche à propos de tout, reparaissait sans cesse dans chaque pensée, dans chaque phrase.

Il y eut un long silence, un silence douloureux et profond. L'ar-
170 deur du couchant se calmait lentement ; et les montagnes devenaient noires sur le ciel rouge qui s'assombrissait. Une ombre colorée, un commencement de nuit qui gardait des lueurs de brasier mourant entrait dans la chambre, semblait teindre les meubles, les murs, les tentures, les coins avec des tons mêlés d'encre et de pourpre. La
175 glace de la cheminée, reflétant l'horizon, avait l'air d'une plaque de sang.

Mme Forestier ne remuait point, toujours debout, le dos à l'appartement, le visage contre le carreau.

Et Forestier se mit à parler d'une voix saccadée, essoufflée, déchi-
180 rante à entendre : «Combien est-ce que j'en verrai encore, de couchers de soleil ?... huit... dix... quinze ou vingt... peut-être trente, pas plus... Vous avez du temps, vous autres... moi, c'est fini... Et ça continuera... après moi, comme si j'étais là... »

Il demeura muet quelques minutes, puis reprit : «Tout ce que je
185 vois me rappelle que je ne le verrai plus dans quelques jours... C'est horrible... je ne verrai plus rien... rien de ce qui existe... les plus petits objets qu'on manie... les verres... les assiettes... les lits où l'on se repose si bien... les voitures... C'est bon de se promener en voiture, le soir... Comme j'aimais tout ça !»

190 Il faisait avec les doigts de chaque main un mouvement nerveux et léger, comme s'il eût joué du piano sur les deux bras de son siège. Et chacun de ses silences était plus pénible que ses paroles, tant on sentait qu'il devait penser à d'épouvantables choses.

Et Duroy tout à coup se rappela ce que lui disait Norbert de
195 Varenne, quelques semaines auparavant : «Moi, maintenant, je vois la mort de si près que j'ai souvent envie d'étendre le bras pour la repousser... Je la découvre partout. Les petites bêtes écrasées sur les

routes, les feuilles qui tombent, le poil blanc aperçu dans la barbe d'un ami, me ravagent le cœur et me crient : La voilà!»

Il n'avait point compris, ce jour-là; maintenant il comprenait en regardant Forestier. Et une angoisse inconnue, atroce, entrait en lui, comme s'il eût senti tout près, sur ce fauteuil où haletait cet homme, la hideuse mort à portée de sa main. Il avait envie de se lever, de s'en aller, de se sauver, de retourner à Paris tout de suite! Oh! s'il avait su, il ne serait pas venu.

La nuit maintenant s'était répandue dans la chambre, comme un deuil hâtif qui serait tombé sur ce moribond[1]. Seule la fenêtre restait visible encore, dessinant, dans son carré plus clair, la silhouette immobile de la jeune femme.

Et Forestier demanda avec irritation : «Eh bien, on n'apporte pas la lampe aujourd'hui? Voilà ce qu'on appelle soigner un malade.»

L'ombre du corps qui se découpait sur les carreaux disparut, et on entendit tinter un timbre électrique dans la maison encore.

Un domestique entra bientôt qui posa une lampe sur la cheminée.

Mme Forestier dit à son mari : «Veux-tu te coucher, ou descendras-tu pour dîner?»

Il murmura : «Je descendrai.»

Et l'attente du repas les fit demeurer encore près d'une heure immobiles, tous les trois, prononçant seulement parfois un mot, un mot quelconque inutile, banal, comme s'il y eût eu du danger, un danger mystérieux, à laisser durer trop longtemps ce silence, à laisser se figer l'air muet de cette chambre, de cette chambre où rôdait la mort.

Enfin le dîner fut annoncé. Il sembla long à Duroy, interminable. Ils ne parlaient pas, ils mangeaient sans bruit, puis émiettaient du pain du bout des doigts. Et le domestique faisait le service, marchait, allait et venait sans qu'on entendît ses pieds, car le bruit des semelles irritant Charles, l'homme était chaussé de savates. Seul le tic-tac dur d'une horloge de bois troublait le calme des murs de son mouvement mécanique et régulier.

Dès qu'on eut fini de manger, Duroy, sous prétexte de fatigue, se retira dans sa chambre, et, accoudé à sa fenêtre, il regardait la

---

Note

1. **moribond** : se dit de quelqu'un près de mourir.

pleine lune au milieu du ciel, comme un globe de lampe énorme, jeter sur les murs blancs des villas sa clarté sèche et voilée, et semer sur la mer une sorte d'écaille de lumière mouvante et douce. Et il cherchait une raison pour s'en aller bien vite, inventant des ruses, des télégrammes qu'il allait recevoir, un rappel de M. Walter.

Mais ses résolutions de fuite lui parurent plus difficiles à réaliser, en s'éveillant le lendemain. Mme Forestier ne se laisserait point prendre à ses adresses, et il perdrait par sa couardise[1] tout le bénéfice de son dévouement. Il se dit : « Bah ! c'est embêtant, eh bien, tant pis, il y a des passes désagréables dans la vie ; et puis, ça ne sera peut-être pas long. »

Il faisait un temps bleu, de ce bleu du Midi qui vous emplit le cœur de joie ; et Duroy descendit jusqu'à la mer, trouvant qu'il serait assez tôt de voir Forestier dans la journée.

Quand il rentra pour déjeuner, le domestique lui dit : « Monsieur a déjà demandé monsieur deux ou trois fois. Si monsieur veut monter chez monsieur. »

Il monta. Forestier semblait dormir dans un fauteuil. Sa femme lisait, allongée sur le canapé.

Le malade releva la tête. Duroy demanda : « Eh bien, comment vas-tu ? Tu m'as l'air gaillard, ce matin. »

L'autre murmura : « Oui, ça va mieux, j'ai repris des forces. Déjeune bien vite avec Madeleine, parce que nous allons faire un tour en voiture. »

La jeune femme, dès qu'elle fut seule avec Duroy, lui dit : « Voilà ! aujourd'hui il se croit sauvé. Il fait des projets depuis le matin. Nous allons tout à l'heure au golfe Juan acheter des faïences pour notre appartement de Paris. Il veut sortir à toute force, mais j'ai horriblement peur d'un accident. Il ne pourra pas supporter les secousses de la route. »

Quand le landau fut arrivé, Forestier descendit l'escalier pas à pas, soutenu par son domestique. Mais dès qu'il aperçut la voiture, il voulut qu'on la découvrît.

Sa femme résistait : « Tu vas prendre froid. C'est de la folie. »

1. **couardise** : lâcheté.

Bel-Ami de Guy de Maupassant

Il s'obstina : «Non, je vais beaucoup mieux. Je le sens bien.»

On passa d'abord dans ces chemins ombreux qui vont toujours entre deux jardins et qui font de Cannes une sorte de parc anglais, puis on gagna la route d'Antibes, le long de la mer.

Forestier expliquait le pays. Il avait indiqué d'abord la villa du comte de Paris[1]. Il en nommait d'autres. Il était gai, d'une gaieté voulue, factice et débile de condamné. Il levait le doigt, n'ayant point la force de tendre le bras.

«Tiens, voici l'île Sainte-Marguerite et le château dont Bazaine[2] s'est évadé. Nous en a-t-on donné à garder avec cette affaire-là!»

Puis il eut des souvenirs de régiment ; il nomma des officiers qui leur rappelaient des histoires. Mais, tout à coup, la route ayant tourné, on découvrit le golfe Juan tout entier avec son village blanc dans le fond, et la pointe d'Antibes à l'autre bout.

Et Forestier, saisi soudain d'une joie enfantine, balbutia : «Ah ! l'escadre[3], tu vas voir l'escadre !»

Au milieu de la vaste baie, on apercevait, en effet, une demi-douzaine de gros navires qui ressemblaient à des rochers couverts de ramures. Ils étaient bizarres, difformes, énormes, avec des excroissances, des tours, des éperons s'enfonçant dans l'eau comme pour aller prendre racine sous la mer.

On ne comprenait pas que cela pût se déplacer, remuer, tant ils semblaient lourds et attachés au fond. Une batterie[4] flottante, ronde, haute, en forme d'observatoire, ressemblait à ces phares qu'on bâtit sur des écueils.

Et un grand trois-mâts passait auprès d'eux pour gagner le large, toutes ses voiles déployées blanches et joyeuses. Il était gracieux et joli auprès des monstres de guerre, des monstres de fer, des vilains monstres accroupis sur l'eau.

Notes

1. **comte de Paris** : héritier du trône, de la branche Orléans, dont l'ancêtre Philippe Égalité avait voté la mort de Louis XVI.
2. François Bazaine (1811-1888), maréchal de France condamné à mort en 1873 après la chute de Metz (1870), dont la peine fut commuée en vingt années de prison et qui s'évada en 1874.
3. **escadre** : groupe important de navires de guerre.
4. **batterie** : réunion de pièces d'artillerie et du matériel nécessaire à leur utilisation.

Forestier s'efforçait de les reconnaître. Il nommait : le *Colbert*, le *Suffren*, l'*Amiral Duperré*, le *Redoutable*, la *Dévastation*[1], puis il reprenait : «Non, je me trompe, c'est celui-là la *Dévastation*».

Ils arrivèrent devant une sorte de grand pavillon où on lisait :
300 «Faïences d'art du golfe Juan», et la voiture ayant tourné autour d'un gazon, s'arrêta devant la porte.

Forestier voulut acheter deux vases pour les poser sur sa bibliothèque. Comme il ne pouvait guère descendre de voiture, on lui apportait les modèles l'un après l'autre. Il fut longtemps à choisir,
305 consultant sa femme et Duroy : «Tu sais, c'est pour le meuble au fond de mon cabinet. De mon fauteuil, j'ai cela sous le yeux tout le temps. Je tiens à une forme ancienne, à une forme grecque.» Il examinait les échantillons, s'en faisait apporter d'autres, reprenait les premiers. Enfin, il se décida ; et ayant payé, il exigea que l'expé-
310 dition fût faite tout de suite. «Je retourne à Paris dans quelques jours», disait-il.

Ils revinrent, mais, le long du golfe, un courant d'air froid les frappa soudain, glissé dans le pli d'un vallon, et le malade se mit à tousser.

315 Ce ne fut rien d'abord, une petite crise ; mais elle grandit, devint une quinte ininterrompue, puis une sorte de hoquet, un râle.

Forestier suffoquait, et chaque fois qu'il voulait respirer la toux lui déchirait la gorge, sortie du fond de sa poitrine. Rien ne le calmait, rien ne l'apaisait. Il fallut le porter du landau dans sa chambre, et
320 Duroy, qui lui tenait les jambes, sentait les secousses de ses pieds, à chaque convulsion de ses poumons.

La chaleur du lit n'arrêta point l'accès, qui dura jusqu'à minuit ; puis les narcotiques[2], enfin, engourdirent les spasmes mortels de la toux. Et le malade demeura jusqu'au jour, assis dans son lit, les yeux
325 ouverts.

Les premières paroles qu'il prononça furent pour demander le barbier, car il tenait à être rasé chaque matin. Il se leva pour cette opération de toilette ; mais il fallut le recoucher aussitôt, et il se mit à respirer d'une façon si courte, si dure, si pénible, que Mme Fores-

---

Notes

1. Noms à la fois réels et fantaisistes.   2. **narcotiques** : produits qui provoquent une sorte d'anesthésie.

tier, épouvantée, fit réveiller Duroy, qui venait de se coucher, pour le prier d'aller chercher le médecin.

Il ramena presque immédiatement le docteur Gavaut qui prescrivit un breuvage et donna quelques conseils ; mais comme le journaliste le reconduisait pour lui demander son avis : « C'est l'agonie, dit-il. Il sera mort demain matin. Prévenez cette pauvre jeune femme et envoyez chercher un prêtre. Moi, je n'ai plus rien à faire. Je me tiens cependant entièrement à votre disposition. »

Duroy fit appeler Mme Forestier : « Il va mourir. Le docteur conseille d'envoyer chercher un prêtre. Que voulez-vous faire ? »

Elle hésita longtemps, puis, d'une voix lente, ayant tout calculé : « Oui, ça vaut mieux… sous bien des rapports… Je vais le préparer, lui dire que le curé désire le voir… Je ne sais quoi, enfin. Vous seriez bien gentil, vous, d'aller m'en chercher un, un curé, et de le choisir. Prenez-en un qui ne nous fasse pas trop de simagrées[1]. Tâchez qu'il se contente de la confession, et nous tienne quittes du reste. »

Le jeune homme ramena un vieil ecclésiastique complaisant qui se prêtait à la situation. Dès qu'il fut entré chez l'agonisant, Mme Forestier sortit, et s'assit, avec Duroy, dans la pièce voisine.

« Ça l'a bouleversé, dit-elle. Quand j'ai parlé d'un prêtre, sa figure a pris une expression épouvantable comme… comme s'il avait senti… senti… un souffle… vous savez… Il a compris que c'était fini, enfin, et qu'il fallait compter les heures… »

Elle était fort pâle. Elle reprit : « Je n'oublierai jamais l'expression de son visage. Certes, il a vu la mort à ce moment-là. Il l'a vue… »

Ils entendaient le prêtre, qui parlait un peu haut, étant un peu sourd, et qui disait :

« Mais non, mais non, vous n'êtes pas si bas que ça. Vous êtes malade, mais nullement en danger. Et la preuve c'est que je viens en ami, en voisin. »

Ils ne distinguèrent pas ce que répondit Forestier. Le vieillard reprit : « Non, je ne vous ferai pas communier. Nous causerons de ça quand vous irez bien. Si vous voulez profiter de ma visite pour vous confesser par exemple, je ne demande pas mieux. Je suis un pasteur, moi, je saisis toutes les occasions pour ramener mes brebis. »

365 Un long silence suivit. Forestier devait parler de sa voix haletante et sans timbre.

Puis tout d'un coup le prêtre prononça, d'un ton différent, d'un ton d'officiant à l'autel :

«La miséricorde de Dieu est infinie, récitez le *Confiteor*, mon en-
370 fant. Vous l'avez peut-être oublié, je vais vous aider. Répétez avec moi : *Confiteor Deo omnipotenti… Beatæ Mariæ semper virgini…*[1]»

Il s'arrêtait de temps en temps pour permettre au moribond de le rattraper. Puis il dit :

«Maintenant, confessez-vous…»

375 La jeune femme et Duroy ne remuaient plus, saisis par un trouble singulier, émus d'une attente anxieuse.

Le malade avait murmuré quelque chose. Le prêtre répéta : «Vous avez eu des complaisances coupables… de quelle nature, mon en-fant?»

380 La jeune femme se leva et dit simplement : «Descendons un peu au jardin. Il ne faut pas écouter ses secrets.»

Et ils allèrent s'asseoir sur un banc, devant la porte, au-dessous d'un rosier fleuri, et derrière une corbeille d'œillets qui répandait dans l'air son parfum puissant et doux.

385 Duroy, après quelques minutes de silence, demanda :

«Est-ce que vous tarderez beaucoup à rentrer à Paris?»

Elle répondit : «Oh! non. Dès que tout sera fini, je reviendrai.

– Dans une dizaine de jours?

– Oui, au plus.»

390 Il reprit : «Il n'a donc aucun parent?

– Aucun, sauf des cousins. Son père et sa mère sont morts comme il était tout jeune.»

Ils regardaient tous deux un papillon cueillant sa vie sur les œil-lets, allant de l'un à l'autre avec une rapide palpitation des ailes qui
395 continuaient à battre lentement quand il s'était posé sur la fleur. Et ils restèrent longtemps silencieux.

Le domestique vint les prévenir que «Monsieur le Curé avait fini». Et ils remontèrent ensemble.

Note

1. C'est le début de la prière du *Confiteor* : « Je confesse à Dieu tout-puissant… à la Vierge Marie… »

Forestier semblait avoir encore maigri depuis la veille.

400 Le prêtre lui tenait la main. «Au revoir, mon enfant, je reviendrai demain matin.»

Et il s'en alla.

Dès qu'il fut sorti, le moribond, qui haletait, essaya de soulever ses deux mains vers sa femme et il bégaya : «Sauve-moi... sauve-moi...
405 ma chérie... je ne veux pas mourir... je ne veux pas mourir... Oh! sauvez-moi... Dites ce qu'il faut faire, allez chercher le médecin... Je prendrai ce qu'on voudra... Je ne veux pas... Je ne veux pas...»

Il pleurait. De grosses larmes coulaient de ses yeux sur ses joues décharnées; et les coins maigres de sa bouche se plissaient comme
410 ceux des petits enfants qui ont du chagrin.

Alors ses mains retombées sur le lit commencèrent un mouvement continu, lent et régulier, comme pour recueillir quelque chose sur les draps.

Sa femme qui se mettait à pleurer aussi balbutiait : «Mais non, ce
415 n'est rien. C'est une crise, demain tu iras mieux, tu t'es fatigué hier avec cette promenade.»

L'haleine de Forestier était plus rapide que celle d'un chien qui vient de courir, si pressée qu'on ne la pouvait point compter, et si faible qu'on l'entendait à peine.

420 Il répétait toujours : «Je ne veux pas mourir!... Oh! mon Dieu... mon Dieu... mon Dieu... qu'est-ce qui va m'arriver? Je ne verrai plus rien... plus rien... jamais... Oh! mon Dieu!»

Il regardait devant lui quelque chose d'invisible pour les autres et de hideux, dont ses yeux fixes reflétaient l'épouvante. Ses deux
425 mains continuaient ensemble leur geste horrible et fatigant.

Soudain il tressaillit d'un frisson brusque qu'on vit courir d'un bout à l'autre de son corps et il balbutia : «Le cimetière... moi... mon Dieu!...»

Et il ne parla plus. Il restait immobile, hagard et haletant.

430 Le temps passait; midi sonna à l'horloge d'un couvent voisin. Duroy sortit de la chambre pour aller manger un peu. Il revint une heure plus tard. Mme Forestier refusa de rien prendre. Le malade n'avait point bougé. Il traînait toujours ses doigts maigres sur le drap comme pour le ramener vers sa face.

435 La jeune femme était assise dans un fauteuil, au pied du lit. Duroy en prit un autre à côté d'elle ; et ils attendirent en silence.

Une garde était venue, envoyée par le médecin ; elle sommeillait près de la fenêtre.

Duroy lui-même commençait à s'assoupir quand il eut la sensation
440 que quelque chose survenait. Il ouvrit les yeux juste à temps pour voir Forestier fermer les siens comme deux lumières qui s'éteignent. Un petit hoquet agita la gorge du mourant, et deux filets de sang apparurent aux coins de sa bouche, puis coulèrent sur sa chemise. Ses mains cessèrent leur hideuse promenade. Il avait fini de respirer.

445 Sa femme comprit, et poussant une sorte de cri, elle s'abattit sur les genoux en sanglotant dans le drap. Georges, surpris et effaré, fit machinalement le signe de la croix. La garde, s'étant réveillée, s'approcha du lit : «Ça y est», dit-elle. Et Duroy qui reprenait son sang-froid murmura, avec un soupir de délivrance : «Ça a été moins
450 long que je n'aurais cru. »

Lorsque fut dissipé le premier étonnement, après les premières larmes versées, on s'occupa de tous les soins et de toutes les démarches que réclame un mort. Duroy courut jusqu'à la nuit.

Il avait grand-faim en rentrant. Mme Forestier mangea quelque
455 peu ; puis ils s'installèrent tous deux dans la chambre funèbre pour veiller le corps.

Deux bougies brûlaient sur la table de nuit à côté d'une assiette où trempait une branche de mimosas dans un peu d'eau, car on n'avait point trouvé le rameau de buis nécessaire.

460 Ils étaient seuls, le jeune homme et la jeune femme, auprès de lui, qui n'était plus. Ils demeuraient sans parler, pensant, et le regardant.

Mais Georges, que l'ombre inquiétait auprès de ce cadavre, le contemplait obstinément. Son œil et son esprit attirés, fascinés, par ce visage décharné que la lumière vacillante faisait paraître encore
465 plus creux, restaient fixés sur lui. C'était là son ami, Charles Forestier, qui lui parlait hier encore ! Quelle chose étrange et épouvantable que cette fin complète d'un être ! Oh ! il se les rappelait maintenant les paroles de Norbert de Varenne hanté par la peur de la mort. «Jamais un être ne revient. » Il en naîtrait des millions et
470 des milliards, à peu près pareils, avec des yeux, un nez, une bouche,

un crâne, et dedans une pensée, sans que jamais celui-là reparût qui était couché dans ce lit.

Pendant quelques années il avait vécu, mangé, ri, aimé, espéré, comme tout le monde. Et c'était fini, pour lui, fini pour toujours. Une vie! quelques jours, et puis plus rien! On naît, on grandit, on est heureux, on attend, puis on meurt. Adieu! homme ou femme, tu ne reviendras point sur la terre! Et pourtant chacun porte en soi le désir fiévreux et irréalisable de l'éternité, chacun est une sorte d'univers dans l'univers, et chacun s'anéantit bientôt complètement dans le fumier des germes nouveaux. Les plantes, les bêtes, les hommes, les étoiles, les mondes, tout s'anime, puis meurt pour se transformer. Et jamais un être ne revient, insecte, homme ou planète!

Une terreur confuse, immense, écrasante, pesait sur l'âme de Duroy, la terreur de ce néant illimité, inévitable, détruisant indéfiniment toutes les existences si rapides et si misérables. Il courbait déjà le front sous sa menace. Il pensait aux mouches qui vivent quelques heures, aux bêtes qui vivent quelques jours, aux hommes qui vivent quelques ans, aux terres qui vivent quelques siècles. Quelle différence donc entre les uns et les autres? Quelques aurores de plus, voilà tout.

Il détourna les yeux pour ne plus regarder le cadavre.

Mme Forestier, la tête baissée, semblait songer aussi a des choses douloureuses. Ses cheveux blonds étaient si jolis sur sa figure triste, qu'une sensation douce comme le toucher d'une espérance passa dans le cœur du jeune homme. Pourquoi se désoler quand il avait encore tant d'années devant lui?

Et il se mit à la contempler. Elle ne le voyait point, perdue dans sa méditation. Il se disait : « Voilà pourtant la seule bonne chose de la vie : l'amour! tenir dans ses bras une femme aimée! Là est la limite du bonheur humain. »

Quelle chance il avait eue, ce mort, de rencontrer cette compagne intelligente et charmante. Comment s'étaient-ils connus? Comment avait-elle consenti, elle, à épouser ce garçon médiocre et pauvre? Comment avait-elle fini par en faire quelqu'un?

Alors il songea à tous les mystères cachés dans les existences. Il se rappela ce qu'on chuchotait du comte de Vaudrec qui l'avait dotée et mariée, disait-on.

Qu'allait-elle faire maintenant? Qui épouserait-elle? Un député, comme le pensait Mme de Marelle, ou quelque gaillard d'avenir, un Forestier supérieur? Avait-elle des projets, des plans, des idées arrêtées? Comme il eût désiré savoir cela! Mais pourquoi ce souci de ce qu'elle ferait? Il se le demanda, et s'aperçut que son inquiétude venait d'une de ces arrière-pensées confuses, secrètes, qu'on se cache à soi-même et qu'on ne découvre qu'en allant fouiller tout au fond de soi.

Oui, pourquoi n'essayerait-il pas lui-même cette conquête? Comme il serait fort, avec elle, et redoutable! Comme il pourrait aller vite et loin, et sûrement.

Et pourquoi ne réussirait-il pas? Il sentait bien qu'il lui plaisait, qu'elle avait pour lui plus que de la sympathie, une de ces affections qui naissent entre deux natures semblables et qui tiennent autant d'une séduction réciproque que d'une sorte de complicité muette. Elle le savait intelligent, résolu, tenace; elle pouvait avoir confiance en lui.

Ne l'avait-elle pas fait venir en cette circonstance si grave? Et pourquoi l'avait-elle appelé? Ne devait-il pas voir là une sorte de choix, une sorte d'aveu, une sorte de désignation? Si elle avait pensé à lui, juste à ce moment où elle allait devenir veuve, c'est que, peut-être, elle avait songé à celui qui deviendrait de nouveau son compagnon, son allié?

Et une envie impatiente le saisit de savoir, de l'interroger, de connaître ses intentions. Il devait repartir le surlendemain, ne pouvant demeurer seul avec cette jeune femme, dans cette maison. Donc il fallait se hâter, il fallait, avant de retourner à Paris, surprendre avec adresse, avec délicatesse, ses projets, et ne pas la laisser revenir, céder aux sollicitations d'un autre peut-être, et s'engager sans retour.

Le silence de la chambre était profond; on n'entendait que le balancier de la pendule qui battait sur la cheminée son tic-tac métallique et régulier.

Il murmura: «Vous devez être bien fatiguée?»

Elle répondit : «Oui, mais je suis surtout accablée.»

Le bruit de leur voix les étonna, sonnant étrangement dans cet appartement sinistre. Et ils regardèrent soudain le visage du mort, comme s'ils se fussent attendus à le voir remuer, à l'entendre leur parler, ainsi qu'il faisait, quelques heures plus tôt.

Duroy reprit : «Oh ! c'est un gros coup pour vous, et un changement si complet dans votre vie, un vrai bouleversement du cœur et de l'existence entière.»

Elle soupira longuement sans répondre.

Il continua : «C'est si triste pour une jeune femme de se trouver seule comme vous allez l'être.»

Puis il se tut. Elle ne dit rien. Il balbutia : «Dans tous les cas, vous savez le pacte conclu entre nous. Vous pouvez disposer de moi comme vous voudrez. Je vous appartiens.»

Elle lui tendit la main en jetant sur lui un de ces regards mélancoliques et doux qui remuent en nous jusqu'aux moelles des os : «Merci, vous êtes bon, excellent. Si j'osais et si je pouvais quelque chose pour vous, je dirais aussi : Comptez sur moi.»

Il avait pris la main offerte et il la gardait, la serrant, avec une envie ardente de la baiser. Il s'y décida enfin, et l'approchant lentement de sa bouche, il tint longtemps la peau fine, un peu chaude, fiévreuse et parfumée contre ses lèvres.

Puis quand il sentit que cette caresse d'ami allait devenir trop prolongée, il sut laisser retomber la petite main. Elle s'en revint mollement sur le genou de la jeune femme qui prononça gravement : «Oui, je vais être bien seule, mais je m'efforcerai d'être courageuse.»

Il ne savait comment lui laisser comprendre qu'il serait heureux, bien heureux, de l'avoir pour femme à son tour. Certes il ne pouvait pas le lui dire, à cette heure, en ce lieu, devant ce corps, cependant il pouvait, lui semblait-il, trouver une de ces phrases ambiguës, convenables et compliquées, qui ont des sens cachés sous les mots, et qui expriment tout ce qu'on veut par leurs réticences calculées.

Mais le cadavre le gênait, le cadavre rigide, étendu devant eux, et qu'il sentait entre eux. Depuis quelque temps d'ailleurs il croyait saisir dans l'air enfermé de la pièce une odeur suspecte, une haleine pourrie, venue de cette poitrine décomposée, le premier souffle de charogne que les pauvres morts couchés en leur lit jettent aux parents qui les veillent, souffle horrible dont ils emplissent bientôt la boîte creuse de leur cercueil.

Duroy demanda : «Ne pourrait-on ouvrir un peu la fenêtre? Il me semble que l'air est corrompu.»

Elle répondit : «Mais oui. Je venais aussi de m'en apercevoir.»

Il alla vers la fenêtre et l'ouvrit. Toute la fraîcheur parfumée de la nuit entra, troublant la flamme des deux bougies allumées auprès du lit. La lune répandait, comme l'autre soir, sa lumière abondante et calme sur les murs blancs des villas et sur la grande nappe luisante de la mer. Duroy, respirant à pleins poumons, se sentit brusquement assailli d'espérances, comme soulevé par l'approche frémissante du bonheur.

Il se retourna : «Venez donc prendre un peu le frais, dit-il, il fait un temps admirable.»

Elle s'en vint tranquillement et s'accouda près de lui.

Alors il murmura à voix basse : «Écoutez-moi, et comprenez bien ce que je veux dire. Ne vous indignez pas, surtout, de ce que je vous parle d'une pareille chose en un semblable moment, mais je vous quitterai après-demain, et quand vous reviendrez à Paris il serait peut-être trop tard. Voilà... Je ne suis qu'un pauvre diable, sans fortune et dont la position est à faire, vous le savez. Mais j'ai de la volonté, quelque intelligence à ce que je crois, et je suis en route, en bonne route. Avec un homme arrivé on sait ce qu'on prend; avec un homme qui commence on ne sait pas où il ira. Tant pis, ou tant mieux. Enfin je vous ai dit un jour, chez vous, que mon rêve le plus cher aurait été d'épouser une femme comme vous. Je vous répète aujourd'hui ce désir. Ne me répondez pas. Laissez-moi continuer. Ce n'est point une demande que je vous adresse. Le lieu et l'instant la rendraient odieuse. Je tiens seulement à ne point vous laisser ignorer que vous pouvez me rendre heureux d'un mot, que vous pouvez faire de moi soit un ami fraternel, soit même un mari, à votre gré, que mon cœur et ma personne sont à vous. Je ne veux pas que vous me répondiez maintenant; je ne veux plus que nous parlions de cela, ici. Quand nous nous reverrons, à Paris, vous me ferez comprendre ce que vous aurez résolu. Jusque-là plus un mot, n'est-ce pas?»

Il avait débité cela sans la regarder, comme s'il eût semé ses paroles dans la nuit devant lui. Et elle semblait n'avoir point entendu, tant elle était demeurée immobile, regardant aussi devant elle, d'un œil fixe et vague, le grand paysage pâle éclairé par la lune.

Ils demeurèrent longtemps côte à côte, coude à coude, silencieux et méditant.

Puis elle murmura : «Il fait un peu froid» et, s'étant retournée, elle revint vers le lit. Il la suivit.

Lorsqu'il s'approcha, il reconnut que vraiment Forestier commençait à sentir; et il éloigna son fauteuil, car il n'aurait pu supporter longtemps cette odeur de pourriture. Il dit : «Il faudra le mettre en bière dès le matin.»

Elle répondit : «Oui, oui, c'est entendu; le menuisier viendra vers huit heures.»

Et Duroy ayant soupiré : «Pauvre garçon!» elle poussa à son tour un long soupir de résignation navrée.

Ils le regardaient moins souvent, accoutumés déjà à l'idée de cette mort, commençant à consentir mentalement à cette disparition qui, tout à l'heure encore, les révoltait et les indignait, eux qui étaient mortels aussi.

Ils ne parlaient plus, continuant à veiller d'une façon convenable, sans dormir. Mais, vers minuit, Duroy s'assoupit le premier. Quand il se réveilla, il vit que Mme Forestier sommeillait également, et ayant pris une posture plus commode, il ferma de nouveau les yeux en grommelant : «Sacristi! on est mieux dans ses draps, tout de même.»

Un bruit soudain le fit tressauter. La garde entrait. Il faisait grand jour. La jeune femme, sur le fauteuil en face, semblait aussi surprise que lui. Elle était un peu pâle, mais toujours jolie, fraîche, gentille, malgré cette nuit passée sur un siège.

Alors, ayant regardé le cadavre, Duroy tressaillit et s'écria : «Oh! sa barbe!» Elle avait poussé, cette barbe, en quelques heures, sur cette chair qui se décomposait, comme elle poussait en quelques jours sur la face d'un vivant. Et ils demeuraient effarés par cette vie qui continuait sur ce mort, comme devant un prodige affreux, devant une menace surnaturelle de résurrection, devant une de ces choses anormales, effrayantes qui bouleversent et confondent l'intelligence.

655 Ils allèrent ensuite tous les deux se reposer jusqu'à onze heures. Puis ils mirent Charles au cercueil, et ils se sentirent aussitôt allégés, rassérénés. Ils s'assirent en face l'un de l'autre pour déjeuner avec une envie éveillée de parler de choses consolantes, plus gaies, de rentrer dans la vie, puisqu'ils en avaient fini avec la mort.

660 Par la fenêtre, grande ouverte, la douce chaleur du printemps entrait, apportant le souffle parfumé de la corbeille d'œillets fleurie devant la porte.

Mme Forestier proposa à Duroy de faire un tour dans le jardin, et ils se mirent à marcher doucement autour du petit gazon en
665 respirant avec délices l'air tiède plein de l'odeur des sapins et des eucalyptus.

Et, tout à coup, elle lui parla, sans tourner la tête vers lui, comme il avait fait pendant la nuit, là-haut. Elle prononçait les mots lentement, d'une voix basse et sérieuse :

670 «Écoutez, mon cher ami, j'ai bien réfléchi... déjà... à ce que vous m'avez proposé, et je ne veux pas vous laisser partir sans vous répondre un mot. Je ne vous dirai, d'ailleurs, ni oui ni non. Nous attendrons, nous verrons, nous nous connaîtrons mieux. Réfléchissez beaucoup de votre côté. N'obéissez pas à un entraînement trop
675 facile. Mais, si je vous parle de cela, avant même que ce pauvre Charles soit descendu dans sa tombe, c'est qu'il importe, après ce que vous m'avez dit, que vous sachiez bien qui je suis, afin de ne pas nourrir plus longtemps la pensée que vous m'avez exprimée, si vous n'êtes pas d'un... d'un... caractère à me comprendre et à me
680 supporter.

«Comprenez-moi bien. Le mariage pour moi n'est pas une chaîne, mais une association. J'entends être libre, tout à fait libre de mes actes, de mes démarches, de mes sorties, toujours. Je ne pourrais tolérer ni contrôle, ni jalousie, ni discussion sur ma conduite.
685 Je m'engagerais, bien entendu, à ne jamais compromettre le nom de l'homme que j'aurais épousé, à ne jamais le rendre odieux ou ridicule. Mais il faudrait aussi que cet homme s'engageât à voir en moi une égale, une alliée, et non pas une inférieure ni une épouse

obéissante et soumise. Mes idées, je le sais, ne sont pas celles de tout
le monde, mais je n'en changerai point. Voilà.

«J'ajoute aussi : Ne me répondez pas, ce serait inutile et incon-
venant. Nous nous reverrons et nous reparlerons peut-être de tout
cela, plus tard.

«Maintenant, allez faire un tour. Moi, je retourne près de lui. À
ce soir.»

Il lui baisa longuement la main et s'en alla sans prononcer un mot.

Le soir, ils ne se virent qu'à l'heure du dîner. Puis ils montèrent à
leurs chambres, étant tous deux brisés de fatigue.

Charles Forestier fut enterré le lendemain, sans aucune pompe[1],
dans le cimetière de Cannes. Et Georges Duroy voulut prendre le
rapide de Paris qui passe à une heure et demie.

Mme Forestier l'avait conduit à la gare. Ils se promenaient tranquillement sur le quai, en attendant l'heure du départ, et parlaient
de choses indifférentes.

Le train arriva, très court, un vrai rapide, n'ayant que cinq
wagons.

Le journaliste choisit sa place, puis redescendit pour causer encore
quelques instants avec elle, saisi soudain d'une tristesse, d'un chagrin, d'un regret violent de la quitter, comme s'il allait la perdre
pour toujours.

Un employé criait : «Marseille, Lyon, Paris, en voiture!» Duroy
monta, puis s'accouda à la portière pour lui dire encore quelques
mots. La locomotive siffla et le convoi doucement se mit en marche.

Le jeune homme, penché hors du wagon, regardait la jeune
femme immobile sur le quai et dont le regard le suivait. Et soudain,
comme il allait la perdre de vue, il prit avec ses deux mains un
baiser sur sa bouche pour le jeter vers elle.

Elle le lui renvoya d'un geste plus discret, hésitant, ébauché
seulement.

Note

1. pompe : faste.

Jean Béraud, *La salle de rédaction du Journal des débats* (1889).

Deuxième partie

I

1   Georges Duroy avait retrouvé toutes ses habitudes anciennes.

    Installé maintenant dans le petit rez-de-chaussée de la rue de
Constantinople, il vivait sagement, en homme qui prépare une
existence nouvelle. Ses relations avec Mme de Marelle avaient
5 même pris une allure conjugale, comme s'il se fût exercé d'avance
à l'événement prochain ; et sa maîtresse, s'étonnant souvent de la
tranquillité réglée de leur union, répétait en riant : « Tu es encore
plus popote[1] que mon mari ; ça n'était pas la peine de changer. »

    Mme Forestier n'était pas revenue. Elle s'attardait à Cannes. Il re-
10 çut une lettre d'elle, annonçant son retour seulement pour le milieu
d'avril, sans un mot d'allusion à leurs adieux. Il attendit. Il était bien
résolu maintenant à prendre tous les moyens pour l'épouser, si elle
semblait hésiter. Mais il avait confiance en sa fortune, confiance en
cette force de séduction qu'il sentait en lui, force vague et irrésis-
15 tible que subissaient toutes les femmes.

    Un court billet le prévint que l'heure décisive allait sonner.

Je suis à Paris. Venez me voir.

MADELEINE FORESTIER.

Note

1. popote : se dit d'une personne qui s'occupe avec excès des soins du ménage (terme
familier).

Rien de plus. Il l'avait reçu par le courrier de neuf heures. Il entrait chez elle à trois heures, le même jour. Elle lui tendit les deux mains, en souriant de son joli sourire aimable ; et ils se regardèrent pendant quelques secondes, au fond des yeux.

Puis elle murmura : « Comme vous avez été bon de venir là-bas dans ces circonstances terribles ! »

Il répondit : « J'aurais fait tout ce que vous m'auriez ordonné. »

Et ils s'assirent. Elle s'informa des nouvelles, des Walter, de tous les confrères et du journal. Elle y pensait souvent, au journal.

« Ça me manque beaucoup, disait-elle, mais beaucoup. J'étais devenue journaliste dans l'âme. Que voulez-vous, j'aime ce métier-là. »

Puis elle se tut. Il crut comprendre, il crut trouver dans son sourire, dans le ton de sa voix, dans ses paroles elles-mêmes, une sorte d'invitation ; et bien qu'il se fût promis de ne pas brusquer les choses, il balbutia :

« Eh bien… pourquoi… pourquoi ne le reprendriez-vous pas… ce métier… sous… sous le nom de Duroy ? »

Elle redevint brusquement sérieuse, et posant la main sur son bras elle murmura : « Ne parlons pas encore de ça. »

Mais il devina qu'elle acceptait, et tombant à ses genoux il se mit à lui baiser passionnément les mains en répétant, en bégayant : « Merci, merci, comme je vous aime ! »

Elle se leva. Il fit comme elle et il s'aperçut qu'elle était fort pâle. Alors il comprit qu'il lui avait plu, depuis longtemps peut-être ; et comme ils se trouvaient face à face, il l'étreignit, puis il l'embrassa sur le front, d'un long baiser tendre et sérieux.

Quand elle se fut dégagée, en glissant sur sa poitrine, elle reprit d'un ton grave.

« Écoutez, mon ami, je ne suis encore décidée à rien. Cependant il se pourrait que ce fût "oui". Mais vous allez me promettre le secret absolu jusqu'à ce que je vous en délie. »

Il jura et partit, le cœur débordant de joie.

Il mit désormais beaucoup de discrétion dans les visites qu'il lui fit et il ne sollicita pas de consentement plus précis, car elle avait une manière de parler de l'avenir, de dire « plus tard », de faire des

55 projets où leurs deux existences se trouvaient mêlées, qui répondait sans cesse, mieux et plus délicatement, qu'une formelle acceptation.

Duroy travaillait dur, dépensait peu, tâchait d'économiser quelque argent pour n'être point sans le sou au moment de son mariage, et il devenait aussi avare qu'il avait été prodigue.

60 L'été se passa, puis l'automne, sans qu'aucun soupçon vînt à personne, car ils se voyaient peu, et le plus naturellement du monde.

Un soir Madeleine lui dit, en le regardant au fond des yeux : «Vous n'avez pas encore annoncé notre projet à Mme de Marelle ?

— Non, mon amie. Vous ayant promis le secret je n'en ai ouvert la
65 bouche à âme qui vive.

— Eh bien, il serait temps de la prévenir. Moi, je me charge des Walter. Ce sera fait cette semaine, n'est-ce pas ? »

Il avait rougi. «Oui, dès demain. »

Elle détourna doucement les yeux, comme pour ne point remar-
70 quer son trouble, et reprit : «Si vous le voulez, nous pourrons nous marier au commencement de mai. Ce serait très convenable.

— J'obéis en tout, avec joie.

— Le dix mai, qui est un samedi, me plairait beaucoup, parce que c'est mon jour de naissance.

75 — Soit, le dix mai.

— Vos parents habitent près de Rouen, n'est-ce pas ? Vous me l'avez dit du moins.

— Oui, près de Rouen, à Canteleu.

— Qu'est-ce qu'ils font ?

80 — Ils sont… ils sont petits rentiers.

— Ah ! J'ai un grand désir de les connaître. »

Il hésita, fort perplexe. «Mais… c'est que, ils sont… »

Puis il prit son parti en homme vraiment fort :

«Ma chère amie, ce sont des paysans, des cabaretiers qui se sont
85 saignés aux quatre membres pour me faire faire des études. Moi, je ne rougis pas d'eux, mais leur… simplicité… leur rusticité pourrait peut-être vous gêner. »

Elle souriait délicieusement, le visage illuminé d'une bonté douce.

«Non. Je les aimerai beaucoup. Nous irons les voir. Je le veux. Je
90 vous reparlerai de ça. Moi aussi je suis fille de petites gens… mais

je les ai perdus, moi, mes parents. Je n'ai plus personne au monde…
– Elle lui tendit la main et ajouta… – que vous.»

Et il se sentit attendri, remué, conquis comme il ne l'avait encore
été par aucune femme.

⁹⁵ «J'ai pensé à quelque chose, dit-elle, mais c'est assez difficile à
expliquer.»

Il demanda : «Quoi donc?

– Eh bien voilà, mon cher, je suis comme toutes les femmes, j'ai
mes… mes faiblesses, mes petitesses, j'aime ce qui brille, ce qui
¹⁰⁰ sonne. J'aurais adoré porter un nom noble. Est-ce que vous ne
pourriez pas, à l'occasion de notre mariage, vous… vous anoblir
un peu?»

Elle avait rougi, à son tour, comme si elle lui eût proposé une
indélicatesse.

¹⁰⁵ Il répondit simplement. «J'y ai bien souvent songé, mais cela ne
me paraît pas facile.

– Pourquoi donc?»

Il se mit à rire : «Parce que j'ai peur de me rendre ridicule.»

Elle haussa les épaules : «Mais pas du tout, pas du tout. Tout le
¹¹⁰ monde le fait et personne n'en rit. Séparez votre nom en deux : "Du
Roy." Ça va très bien.»

Il répondit aussitôt, en homme qui connaît la question :

«Non, ça ne va pas. C'est un procédé trop simple, trop commun, trop connu. Moi j'avais pensé à prendre le nom de mon pays,
¹¹⁵ comme pseudonyme littéraire d'abord, puis de l'ajouter peu à peu
au mien, puis même, plus tard, de couper en deux mon nom comme
vous me le proposiez.

Elle demanda : «Votre pays, c'est Canteleu?

– Oui.»

¹²⁰ Mais elle hésitait : «Non. Je n'en aime pas la terminaison. Voyons,
est-ce que nous ne pourrions pas modifier un peu ce mot… Canteleu?»

Elle avait pris une plume sur la table et elle griffonnait des noms
en étudiant leur physionomie. Soudain elle s'écria : «Tenez, tenez,
¹²⁵ voici.»

Et elle lui tendit un papier où il lut : «Madame Duroy de Cantel.»

Il réfléchit quelques secondes, puis il déclara avec gravité :

« Oui, c'est très bon. »

Elle était enchantée et répétait :

130 « Duroy de Cantel, Duroy de Cantel, Madame Duroy de Cantel. C'est excellent, excellent ! »

Elle ajouta, d'un air convaincu : « Et vous verrez comme c'est facile à faire accepter par tout le monde. Mais il faut saisir l'occasion. Car il serait trop tard ensuite. Vous allez, dès demain, signer vos 135 chroniques D. de Cantel, et vos échos tout simplement Duroy. Ça se fait tous les jours dans la presse et personne ne s'étonnera de vous voir prendre un nom de guerre. Au moment de notre mariage, nous pourrons encore modifier un peu cela en disant aux amis que vous aviez renoncé à votre *du* par modestie, étant donné votre position, 140 ou même sans rien dire du tout. Quel est le petit nom de votre père ?

– Alexandre. »

Elle murmura deux ou trois fois de suite : « Alexandre, Alexandre », en écoutant la sonorité des syllabes, puis elle écrivit sur une feuille toute blanche.

145 « Monsieur et Madame Alexandre du Roy de Cantel ont l'honneur de vous faire part du mariage de Monsieur Georges du Roy de Cantel, leur fils, avec Madame Madeleine Forestier. »

Elle regardait son écriture d'un peu loin, ravie de l'effet, et elle déclara : « Avec un rien de méthode, on arrive à réussir tout ce qu'on 150 veut. »

Quand il se retrouva dans la rue, bien déterminé à s'appeler désormais du Roy, et même du Roy de Cantel, il lui sembla qu'il venait de prendre une importance nouvelle. Il marchait plus crânement, le front plus haut, la moustache plus fière, comme doit marcher un 155 gentilhomme. Il sentait en lui une sorte d'envie joyeuse de raconter aux passants :

« Je m'appelle du Roy de Cantel. »

Mais à peine rentré chez lui, la pensée de Mme de Marelle l'inquiéta et il lui écrivit aussitôt, afin de lui demander un rendez-vous 160 pour le lendemain.

« Ça sera dur, pensait-il. Je vais recevoir une bourrasque de premier ordre. »

Puis il en prit son parti avec l'insouciance naturelle qui lui faisait négliger les choses désagréables de la vie, et il se mit à faire un

165 article fantaisiste sur les impôts nouveaux à établir afin de rassurer l'équilibre du budget. Il y fit figurer la particule nobiliaire pour cent francs par an, et les titres, depuis baron jusqu'à prince, pour cinq cents jusqu'à cinq mille francs.

Et il signa, D. de Cantel.

170 Il reçut le lendemain un petit bleu de sa maîtresse annonçant qu'elle arriverait à une heure.

Il l'attendit avec un peu de fièvre, résolu d'ailleurs à brusquer les choses, à tout dire dès le début, puis, après la première émotion, à argumenter avec sagesse pour lui démontrer qu'il ne pouvait pas

175 rester indéfiniment, et que M. de Marelle s'obstinant à vivre, il avait dû songer à une autre qu'elle pour en faire sa compagne légitime.

Il se sentait ému cependant. Quand il entendit le coup de sonnette, son cœur se mit à battre.

Elle se jeta dans ses bras : « Bonjour, Bel-Ami. » Puis, trouvant

180 froide son étreinte elle le considéra, et demanda.

« Qu'est-ce que tu as ?

– Assieds-toi, dit-il. Nous allons causer sérieusement. »

Elle s'assit sans ôter son chapeau, relevant seulement sa voilette jusqu'au-dessus du front, et elle attendit.

185 Il avait baissé les yeux ; il préparait son début. Il commença d'une voix lente :

« Ma chère amie, tu me vois fort troublé, fort triste et fort embarrassé de ce que j'ai à t'avouer. Je t'aime beaucoup, je t'aime vraiment du fond du cœur, aussi la crainte de te faire de la peine m'afflige-t-

190 elle plus encore que la nouvelle que je vais t'apprendre. »

Elle pâlissait, se sentant trembler, et elle balbutia : « Qu'est-ce qu'il y a ? Dis vite ! »

Il prononça d'un ton triste mais résolu, avec cet accablement feint dont on use pour annoncer les malheurs heureux : « Il y a que je me

195 marie. »

Elle poussa un soupir de femme qui va perdre connaissance, un soupir douloureux venu du fond de la poitrine, puis elle se mit à suffoquer, sans pouvoir parler, tant elle haletait.

Voyant qu'elle ne disait rien, il reprit : « Tu ne te figures pas com-

200 bien j'ai souffert avant d'arriver à cette résolution. Mais je n'ai ni situation ni argent. Je suis seul, perdu dans Paris. Il me fallait auprès

de moi, quelqu'un qui fût surtout un conseil, une consolation et un soutien. C'est une associée, une alliée que j'ai cherchée et que j'ai trouvée !»

205 Il se tut, espérant qu'elle répondrait, s'attendant à une colère furieuse, à des violences, à des injures.

Elle avait appuyé une main sur son cœur comme pour le contenir et elle respirait toujours par secousses pénibles qui lui soulevaient les seins et lui remuaient la tête.

210 Il prit la main restée sur le bras du fauteuil ; mais elle la retira brusquement. Puis elle murmura comme tombée dans une sorte d'hébétude : «Oh !… mon Dieu… »

Il s'agenouilla devant elle, sans oser la toucher cependant, et il balbutia, plus ému par ce silence qu'il ne l'eût été par des empor-
215 tements : «Clo, ma petite Clo, comprends bien ma situation, comprends bien ce que je suis. Oh ! si j'avais pu t'épouser, toi, quel bonheur ! Mais tu es mariée. Que pouvais-je faire ? Réfléchis, voyons, réfléchis ! Il faut que je me pose dans le monde, et je ne le puis pas faire tant que je n'aurai pas d'intérieur. Si tu savais !… Il y
220 a des jours où j'avais envie de tuer ton mari… »

Il parlait de sa voix douce, voilée, séduisante, une voix qui entrait comme une musique dans l'oreille.

Il vit deux larmes grossir lentement dans les yeux fixes de sa maîtresse, puis couler sur ses joues, tandis que deux autres se formaient
225 déjà au bord des paupières.

Il murmura : «Oh ! ne pleure pas, Clo, ne pleure pas, je t'en supplie. Tu me fends le cœur. »

Alors elle fit un effort, un grand effort pour être digne et fière ; et elle demanda avec ce ton chevrotant des femmes qui vont
230 sangloter :

«Qui est-ce ?»

Il hésita une seconde, puis, comprenant qu'il le fallait :

«Madeleine Forestier. »

Mme de Marelle tressaillit de tout son corps, puis elle demeura
235 muette, songeant avec une telle attention qu'elle paraissait avoir oublié qu'il était à ses pieds.

Et deux gouttes transparentes se formaient sans cesse dans ses yeux, tombaient, se reformaient encore.

Elle se leva. Duroy devina qu'elle allait partir sans lui dire un mot, sans reproches et sans pardon; et il en fut blessé, humilié au fond de l'âme. Voulant la retenir il saisit à pleins bras sa robe, enlaçant à travers l'étoffe ses jambes rondes qu'il sentit se roidir pour résister.

Il suppliait : «Je t'en conjure, ne t'en va pas comme ça.»

Alors elle le regarda, de haut en bas, elle le regarda avec cet œil mouillé, désespéré, si charmant et si triste qui montre toute la douleur d'un cœur de femme, et elle balbutia : «Je n'ai… je n'ai rien à dire… je n'ai… rien à faire… Tu… tu as raison… tu… tu… as bien choisi ce qu'il te fallait…»

Et s'étant dégagée d'un mouvement en arrière, elle s'en alla, sans qu'il tentât de la retenir plus longtemps.

Demeuré seul, il se releva, étourdi comme s'il avait reçu un horion[1] sur la tête; puis prenant son parti, il murmura : «Ma foi, tant pis ou tant mieux. Ça y est… sans scène. J'aime autant ça.» Et, soulagé d'un poids énorme, se sentant tout à coup libre, délivré, à l'aise pour sa vie nouvelle, il se mit à boxer contre le mur en lançant de grands coups de poing, dans une sorte d'ivresse de succès et de force, comme s'il se fût battu contre la Destinée.

Quand Mme Forestier lui demanda : «Vous avez prévenu Mme de Marelle?»

Il répondit avec tranquillité : «Mais oui…»

Elle le fouillait de son œil clair.

«Et ça ne l'a pas émue?

– Mais non; pas du tout. Elle a trouvé ça très bien au contraire.»

La nouvelle fut bientôt connue. Les uns s'étonnèrent, d'autres prétendirent l'avoir prévu, d'autres encore sourirent en laissant entendre que ça ne les surprenait point.

Le jeune homme qui signait maintenant D. de Cantel ses chroniques, Duroy ses échos, et du Roy les articles politiques qu'il commençait à donner de temps en temps, passait la moitié des jours chez sa fiancée qui le traitait avec une familiarité fraternelle où entrait cependant une tendresse vraie, mais cachée, une sorte de désir dissimulé comme une faiblesse. Elle avait décidé que le mariage

Note

1. **horion** : coup violent.

se ferait en grand secret, en présence des seuls témoins, et qu'on partirait le soir même pour Rouen. On irait le lendemain embrasser les vieux parents du journaliste, et on demeurerait quelques jours auprès d'eux.

Duroy s'était efforcé de la faire renoncer à ce projet, mais n'ayant pu y parvenir, il s'était soumis à la fin.

Donc, le 10 mai étant venu, les nouveaux époux, ayant jugé inutiles les cérémonies religieuses, puisqu'ils n'avaient invité personne, rentrèrent pour fermer leurs malles après un court passage à la mairie, et ils prirent à la gare Saint-Lazare le train de six heures du soir qui les emporta vers la Normandie.

Ils n'avaient guère échangé vingt paroles jusqu'au moment où ils se trouvèrent seuls dans le wagon. Dès qu'ils se sentirent en route, ils se regardèrent et se mirent à rire, pour cacher une certaine gêne, qu'ils ne voulaient point laisser voir.

Le train traversait doucement la longue gare des Batignolles, puis il franchit la plaine galeuse qui va des fortifications à la Seine.

Duroy et sa femme, de temps en temps, prononçaient quelques mots inutiles, puis se tournaient de nouveau vers la portière.

Quand ils passèrent le pont d'Asnières une gaieté les saisit à la vue de la rivière couverte de bateaux, de pêcheurs et de canotiers. Le soleil, un puissant soleil de mai, répandait sa lumière oblique sur les embarcations et sur le fleuve calme qui semblait immobile, sans courants et sans remous, figé sous la chaleur et la clarté du jour finissant. Une barque à voile, au milieu de la rivière, ayant tendu sur ses deux bords deux grands triangles de toile blanche pour cueillir les moindres souffles de brise, avait l'air d'un énorme oiseau prêt à s'envoler.

Duroy murmura : «J'adore les environs de Paris, j'ai des souvenirs de fritures qui sont les meilleurs de mon existence.»

Elle répondit : «Et les canots! Comme c'est gentil de glisser sur l'eau au coucher du soleil.»

Puis ils se turent comme s'ils n'avaient point osé continuer ces épanchements sur leur vie passée, et ils demeurèrent muets, savourant peut-être déjà la poésie des regrets.

Duroy, assis en face de sa femme, prit sa main et la baisa lentement.

310 « Quand nous serons revenus, dit-il, nous irons quelquefois dîner à Chatou. »

Elle murmura : « Nous aurons tant de choses à faire ! » sur un ton qui semblait signifier : « Il faudra sacrifier l'agréable à l'utile. »

Il tenait toujours sa main, se demandant avec inquiétude par
315 quelle transition il arriverait aux caresses. Il n'eût point été troublé de même devant l'ignorance d'une jeune fille ; mais l'intelligence alerte et rusée qu'il sentait en Madeleine rendait embarrassée son attitude. Il avait peur de lui sembler niais, trop timide ou trop brutal, trop lent ou trop prompt.

320 Il serrait cette main par petites pressions, sans qu'elle répondît à son appel. Il dit :

« Ça me semble très drôle que vous soyez ma femme. »

Elle parut surprise : « Pourquoi ça ?

– Je ne sais pas. Ça me semble drôle. J'ai envie de vous embrasser,
325 et je m'étonne d'en avoir le droit. »

Elle lui tendit tranquillement sa joue, qu'il baisa comme il eût baisé celle d'une sœur.

Il reprit : « La première fois que je vous ai vue (vous savez bien, à ce dîner où m'avait invité Forestier), j'ai pensé : "Sacristi, si je pou-
330 vais découvrir une femme comme ça." Eh bien ! c'est fait. Je l'ai. »

Elle murmura : « C'est gentil. » Et elle le regardait tout droit, finement, de son œil toujours souriant.

Il songeait : « Je suis trop froid. Je suis stupide. Je devrais aller plus vite que ça. » Et il demanda : « Comment aviez-vous donc fait la
335 connaissance de Forestier ? »

Elle répondit, avec une malice provocante :

« Est-ce que nous allons à Rouen pour parler de lui ? »

Il rougit : « Je suis bête. Vous m'intimidez beaucoup. »

Elle fut ravie : « Moi ! Pas possible ? D'où vient ça ? »

340 Il s'était assis à côté d'elle, tout près. Elle cria :

« Oh ! un cerf ! »

Le train traversait la forêt de Saint-Germain ; et elle avait vu un chevreuil effrayé franchir d'un bond une allée.

Duroy s'étant penché pendant qu'elle regardait par la portière
345 ouverte posa un long baiser, un baiser d'amant dans les cheveux de son cou.

Elle demeura quelques moments immobile ; puis, relevant la tête :
« Vous me chatouillez, finissez. »

Mais il ne s'en allait point, promenant doucement, en une caresse
énervante et prolongée, sa moustache frisée sur la chair blanche.

Elle se secoua : « Finissez donc. »

Il avait saisi la tête de sa main droite glissée derrière elle, et il la
tournait vers lui. Puis il se jeta sur sa bouche comme un épervier
sur une proie.

Elle se débattait, le repoussait, tâchait de se dégager. Elle y parvint
enfin, et répéta :

« Mais finissez donc. »

Il ne l'écoutait plus, l'étreignant, la baisant d'une lèvre avide et
frémissante, essayant de la renverser sur les coussins du wagon.

Elle se dégagea d'un grand effort, et, se levant avec vivacité :

« Oh ! voyons, Georges, finissez. Nous ne sommes pourtant plus
des enfants, nous pouvons bien attendre Rouen. »

Il demeurait assis, très rouge, et glacé par ces mots raisonnables ;
puis, ayant repris quelque sang-froid : « Soit, j'attendrai, dit-il avec
gaieté, mais je ne suis plus fichu de prononcer vingt paroles jusqu'à
l'arrivée. Et songez que nous traversons Poissy.

– C'est moi qui parlerai », dit-elle.

Elle se rassit doucement auprès de lui.

Et elle parla, avec précision, de ce qu'ils feraient à leur retour.
Ils devaient conserver l'appartement qu'elle habitait avec son pre-
mier mari, et Duroy héritait aussi des fonctions et du traitement de
Forestier à *La Vie française*.

Avant leur union, du reste, elle avait réglé, avec une sûreté
d'homme d'affaires, tous les détails financiers du ménage.

Ils s'étaient associés sous le régime de la séparation de biens, et
tous les cas étaient prévus qui pouvaient survenir : mort, divorce,
naissance d'un ou de plusieurs enfants. Le jeune homme apportait quatre mille francs, disait-il, mais, sur cette somme, il en avait
emprunté quinze cents. Le reste provenait d'économies faites dans
l'année, en prévision de l'événement. La jeune femme apportait
quarante mille francs que lui avait laissés Forestier, disait-elle.

Elle revint à lui, citant son exemple : «C'était un garçon très économe, très rangé, très travailleur. Il aurait fait fortune en peu de temps.»

385 Duroy n'écoutait plus, tout occupé d'autres pensées.

Elle s'arrêtait parfois pour suivre une idée intime, puis reprenait : «D'ici à trois ou quatre ans, vous pouvez fort bien gagner de trente à quarante mille francs par an. C'est ce qu'aurait eu Charles, s'il avait vécu.»

390 Georges, qui commençait à trouver longue la leçon, répondit : «Il me semblait que nous n'allions pas à Rouen pour parler de lui.»

Elle lui donna une petite tape sur la joue : «C'est vrai, j'ai tort.» Elle riait.

Il affectait de tenir ses mains sur ses genoux, comme les petits 395 garçons bien sages.

«Vous avez l'air niais, comme ça», dit-elle.

Il répliqua : «C'est mon rôle, auquel vous m'avez d'ailleurs rappelé tout à l'heure, et je n'en sortirai plus.»

Elle demanda : «Pourquoi?

400 — Parce que c'est vous qui prenez la direction de la maison, et même celle de ma personne. Cela vous regarde, en effet, comme veuve!»

Elle fut étonnée : «Que voulez-vous dire au juste?

— Que vous avez une expérience qui doit dissiper mon ignorance, 405 et une pratique du mariage qui doit dégourdir mon innocence de célibataire, voilà, na!»

Elle s'écria : «C'est trop fort!»

Il répondit : «C'est comme ça. Je ne connais pas les femmes, moi, — na, — et vous connaissez les hommes, vous, puisque vous êtes 410 veuve, — na, — c'est vous qui allez faire mon éducation… ce soir — na — et vous pouvez même commencer tout de suite, si vous voulez, — na.»

Elle s'écria, très égayée :

«Oh! par exemple, si vous comptez sur moi pour ça!…»

415 Il prononça, avec une voix de collégien qui bredouille sa leçon : «Mais oui, — na, — j'y compte. Je compte même que vous me donnerez une instruction solide… en vingt leçons… dix pour les

éléments… la lecture et la grammaire… dix pour les perfectionnements et la rhétorique… Je ne sais rien, moi, – na.»

420 Elle s'écria, s'amusant beaucoup : «T'es bête.»

Il reprit : «Puisque tu commences par me tutoyer, j'imiterai aussitôt cet exemple, et je te dirai, mon amour, que je t'adore de plus en plus, de seconde en seconde, et que je trouve Rouen bien loin!»

Il parlait maintenant avec des intonations d'acteur, avec un jeu
425 plaisant de figure qui divertissaient la jeune femme habituée aux manières et aux joyeusetés de la grande bohème des hommes de lettres.

Elle le regardait de côté, le trouvant vraiment charmant, éprouvant l'envie qu'on a de croquer un fruit sur l'arbre, et l'hésitation
430 du raisonnement qui conseille d'attendre le dîner pour le manger à son heure.

Alors elle dit, devenant un peu rouge aux pensées qui l'assaillaient :

«Mon petit élève, croyez mon expérience, ma grande expérience.
435 Les baisers en wagon ne valent rien. Ils tournent sur l'estomac.»

Puis elle rougit davantage encore, en murmurant : «Il ne faut jamais couper son blé en herbe[1].»

Il ricanait, excité par les sous-entendus qu'il sentait glisser dans cette jolie bouche; et il fit le signe de la croix avec un marmotte-
440 ment des lèvres, comme s'il eût murmuré une prière, puis il déclara : «Je viens de me mettre sous la protection de saint Antoine, patron des Tentations. Maintenant, je suis de bronze.»

La nuit venait doucement, enveloppant d'ombre transparente, comme, d'un crêpe léger, la grande campagne qui s'étendait à
445 droite. Le train longeait la Seine; et les jeunes gens se mirent à regarder dans le fleuve, déroulé comme un large ruban de métal poli à côté de la voie, des reflets rouges, des taches tombées du ciel que le soleil en s'en allant avait frotté de pourpre et de feu. Ces lueurs s'éteignaient peu à peu, devenaient foncées, s'assombrissant triste-
450 ment. Et la campagne se noyait dans le noir, avec ce frisson sinistre, ce frisson de mort que chaque crépuscule fait passer sur la terre.

Note

1. **couper son blé en herbe** : dépenser son revenu par avance sans savoir attendre.

Cette mélancolie du soir entrant par la portière ouverte, pénétrait les âmes, si gaies tout à l'heure, des deux époux devenus silencieux.

Ils s'étaient rapprochés l'un de l'autre pour regarder cette agonie
455 du jour, de ce beau jour clair de mai.

À Mantes, on avait allumé le petit quinquet[1] à l'huile qui répandait sur le drap gris des capitons sa clarté jaune et tremblotante.

Duroy enlaça la taille de sa femme et la serra contre lui. Son désir aigu de tout à l'heure devenait de la tendresse, une tendresse
460 alanguie, une envie molle de menues caresses consolantes, de ces caresses dont on berce les enfants.

Il murmura, tout bas : «Je t'aimerai bien, ma petite Made.»

La douceur de cette voix émut la jeune femme, lui fit passer sur la chair un frémissement rapide, et elle offrit sa bouche, en se pen-
465 chant sur lui, car il avait posé sa joue sur le tiède appui des seins.

Ce fut un très long baiser, muet et profond, puis un sursaut, une brusque et folle étreinte, une courte lutte essoufflée, un accouplement violent et maladroit. Puis ils restèrent aux bras l'un de l'autre, un peu déçus tous deux, las et tendres encore, jusqu'à ce que le
470 sifflet du train annonçât une gare prochaine.

Elle déclara, en tapotant du bout des doigts les cheveux ébouriffés de ses tempes :

«C'est très bête. Nous sommes des gamins.»

Mais il lui baisait les mains, allant de l'une à l'autre avec une rapi-
475 dité fiévreuse, et il répondit : «Je t'adore, ma petite Made.»

Jusqu'à Rouen ils demeurèrent presque immobiles, la joue contre la joue, les yeux dans la nuit de la portière où l'on voyait passer parfois les lumières des maisons ; et ils rêvassaient, contents de se sentir si proches et dans l'attente grandissante d'une étreinte plus intime
480 et plus libre.

Ils descendirent dans un hôtel dont les fenêtres donnaient sur le quai, et ils se mirent au lit après avoir un peu soupé, très peu.

La femme de chambre les réveilla, le lendemain, lorsque huit heures venaient de sonner.

Note

1. **quinquet :** lampe à double courant d'air avec un réservoir d'huile supérieur à celui de la mèche.

485   Quand ils eurent bu la tasse de thé posée sur la table de nuit,
Duroy regarda sa femme, puis brusquement, avec l'élan joyeux d'un
homme heureux qui vient de trouver un trésor, il la saisit dans ses
bras, en balbutiant : «Ma petite Made, je sens que je t'aime beaucoup… beaucoup… beaucoup…»

490   Elle souriait de son sourire confiant et satisfait et elle murmura,
en lui rendant ses baisers : «Et moi aussi… peut-être.»

Mais il demeurait inquiet de cette visite à ses parents. Il avait déjà
souvent prévenu sa femme ; il l'avait préparée, sermonnée. Il crut
bon de recommencer.

495   «Tu sais, ce sont des paysans, des paysans de campagne, et non pas
d'opéra-comique.»

Elle riait : «Mais je le sais, tu me l'as assez dit. Voyons, lève-toi et
laisse-moi me lever aussi.»

Il sauta du lit, et mettant ses chaussettes :

500   «Nous serons très mal à la maison, très mal. Il n'y a qu'un vieux
lit à paillasse dans ma chambre. On ne connaît pas les sommiers à
Canteleu.»

Elle semblait enchantée : «Tant mieux. Ce sera charmant de mal
dormir… auprès de… auprès de toi… et d'être réveillée par le chant
505   des coqs.»

Elle avait passé son peignoir, un grand peignoir de flanelle blanche,
que Duroy reconnut aussitôt. Cette vue lui fut désagréable. Pourquoi ? Sa femme possédait, il le savait bien, une douzaine entière de
ces vêtements de matinée. Elle ne pouvait pourtant point détruire
510   son trousseau pour en acheter un neuf ? N'importe, il eût voulu que
son linge de chambre, son linge de nuit, son linge d'amour ne fût
plus le même qu'avec l'autre. Il lui semblait que l'étoffe moelleuse
et tiède devait avoir gardé quelque chose du contact de Forestier.

Et il alla vers la fenêtre en allumant une cigarette.

515   La vue du port, du large fleuve plein de navires aux mâts légers,
de vapeurs trapus, que des machines tournantes vidaient à grand
bruit sur les quais, le remua, bien qu'il connût cela depuis longtemps. Et il s'écria :

«Bigre, que c'est beau !»

520   Madeleine accourut et posant ses deux mains sur une épaule de
son mari, penchée vers lui dans un geste abandonné, elle demeura

ravie, émue. Elle répétait : «Oh! que c'est joli! que c'est joli! Je ne savais pas qu'il y eût tant de bateaux que ça!»

Ils partirent une heure plus tard, car ils devaient déjeuner chez les vieux, prévenus depuis quelques jours. Un fiacre découvert et rouillé les emporta avec un bruit de chaudronnerie secouée. Ils suivirent un long boulevard assez laid, puis traversèrent des prairies où coulait une rivière, puis ils commencèrent à gravir la côte.

Madeleine, fatiguée, s'était assoupie sous la caresse pénétrante du soleil qui la chauffait délicieusement au fond de la vieille voiture, comme si elle eût été couchée dans un bain tiède de lumière et d'air champêtre.

Son mari la réveilla : «Regarde», dit-il.

Ils venaient de s'arrêter aux deux tiers de la montée, à un endroit renommé pour la vue, où l'on conduit tous les voyageurs.

On dominait l'immense vallée, longue et large que le fleuve clair parcourait d'un bout à l'autre, avec de grandes ondulations. On le voyait venir de là-bas, taché par des îles nombreuses et décrivant une courbe avant de traverser Rouen. Puis la ville apparaissait sur la rive droite, un peu noyée dans la brume matinale, avec des éclats de soleil sur ses toits, et ses mille clochers légers, pointus ou trapus, frêles et travaillés comme des bijoux géants, ses tours carrées ou rondes coiffées de couronnes héraldiques, ses beffrois, ses clochetons, tout le peuple gothique des sommets d'églises que dominait la flèche aiguë de la cathédrale, surprenante aiguille de bronze, laide, étrange et démesurée, la plus haute qui soit au monde.

Mais en face, de l'autre côté du fleuve, s'élevaient, rondes et renflées à leur faîte, les minces cheminées d'usines du vaste faubourg de Saint-Sever.

Plus nombreuses que leurs frères les clochers, elles dressaient jusque dans la campagne lointaine leurs longues colonnes de briques et soufflaient dans le ciel bleu leur haleine noire de charbon.

Et la plus élevée de toutes, aussi haute que la pyramide de Chéops, le second des sommets dus au travail humain, presque l'égale de sa fière commère la flèche de la cathédrale, la grande pompe à feu de *La Foudre* semblait la reine du peuple travailleur et fumant des usines, comme sa voisine était la reine de la foule pointue des monuments sacrés.

Là-bas, derrière la ville ouvrière, s'étendait une forêt de sapins ;
et la Seine, ayant passé entre les deux cités, continuait sa route,
longeait une grande côte onduleuse boisée en haut et montrant par
places ses os de pierre blanche, puis elle disparaissait à l'horizon
après avoir encore décrit une longue courbe arrondie. On voyait
des navires montant et descendant le fleuve, traînés par des barques
à vapeur grosses comme des mouches, et qui crachaient une fumée
épaisse. Des îles, étalées sur l'eau, s'alignaient toujours l'une au bout
de l'autre, ou bien laissant entre elles de grands intervalles, comme
les grains inégaux d'un chapelet verdoyant.

Le cocher du fiacre attendait que les voyageurs eussent fini de
s'extasier. Il connaissait par expérience la durée de l'admiration de
toutes les races de promeneurs.

Mais quand il se remit en marche, Duroy aperçut soudain, à
quelques centaines de mètres, deux vieilles gens qui s'en venaient,
et il sauta de la voiture, en criant : «Les voilà. Je les reconnais.»

C'étaient deux paysans, l'homme et la femme, qui marchaient
d'un pas irrégulier, en se balançant et se heurtant parfois de l'épaule.
L'homme était petit, trapu, rouge et un peu ventru, vigoureux malgré son âge ; la femme, grande, sèche, voûtée, triste, la vraie femme
de peine des champs qui a travaillé dès l'enfance et qui n'a jamais ri,
tandis que le mari blaguait en buvant avec les pratiques[1].

Madeleine aussi était descendue de voiture et elle regardait venir
ces deux pauvres êtres avec un serrement de cœur, une tristesse
qu'elle n'avait point prévue. Ils ne reconnaissaient point leur fils, ce
beau monsieur, et ils n'auraient jamais deviné leur bru dans cette
belle dame en robe claire.

Ils allaient, sans parler, et vite, au-devant de l'enfant attendu, sans
regarder ces personnes de la ville que suivait une voiture.

Ils passaient. Georges, qui riait, cria : «Bonjou, pé Duroy.»

Ils s'arrêtèrent net, tous les deux, stupéfaits d'abord, puis abrutis
de surprise. La vieille se remit la première et balbutia, sans faire un
pas : «C'est ti té, not' fieu ?»

Le jeune homme répondit : «Mais oui, c'est moi, la mé Duroy !»,
et, marchant à elle, il l'embrassa sur les deux joues, d'un gros baiser

---

Note | **1. pratiques :** clients.

de fils. Puis il frotta ses tempes contre les tempes du père, qui avait
ôté sa casquette, une casquette à la mode de Rouen, en soie noire,
très haute, pareille à celles des marchands de bœufs.

Puis Georges annonça : «Voilà ma femme.» Et les deux campagnards regardèrent Madeleine. Ils la regardèrent comme on regarde
un phénomène, avec une crainte inquiète, jointe à une sorte d'approbation satisfaite chez le père, à une inimitié jalouse chez la mère.

L'homme, qui était d'un naturel joyeux, tout imbibé par une
gaieté de cidre doux et d'alcool, s'enhardit et demanda, avec une
malice au coin de l'œil :

«J'pouvons-t-il l'embrasser tout d'même?»

Le fils répondit : «Parbleu.» Et Madeleine, mal à l'aise, tendit
ses deux joues aux bécots sonores du paysan qui s'essuya ensuite les
lèvres d'un revers de main.

La vieille, à son tour, baisa sa belle-fille avec une réserve hostile.
Non, ce n'était point la bru de ses rêves, la grosse et fraîche fermière,
rouge comme une pomme et ronde comme une jument poulinière.
Elle avait l'air d'une traînée, cette dame-là, avec ses falbalas[1] et son
musc[2]. Car tous les parfums, pour la vieille, étaient du musc.

Et on se remit en marche à la suite du fiacre qui portait la malle
des nouveaux époux.

Le vieux prit son fils par le bras, et, le retenant en arrière, il
demanda avec intérêt :

«Eh ben, ça va-t-il, les affaires?

– Mais oui, très bien.

– Allons, suffit, tant mieux! Dis-mé, ta femme, est-i aisée?»

Georges répondit : «Quarante mille francs.»

Le père poussa un léger sifflement d'admiration et ne put que
murmurer : «Bougre!» tant il fut ému par la somme. Puis il ajouta avec une conviction sérieuse : «Nom de nom, c'est une belle
femme.» Car il la trouvait de son goût, lui. Et il avait passé pour
connaisseur, dans le temps.

Notes

1. **falbalas** : ornements excessifs d'une toilette.

2. **musc** : parfum préparé à partir du musc (substance très odorante sécrétée par les glandes abdominales d'un cervidé mâle).

Madeleine et la mère marchaient côte à côte, sans dire un mot. Les deux hommes les rejoignirent.

On arrivait au village, un petit village en bordure de la route, formé de dix maisons de chaque côté, maisons de bourg et masures de fermes, les unes en briques, les autres en argile, celles-ci coiffées de chaume et celles-là d'ardoises. Le café du père Duroy : *À la belle vue*, une bicoque composée d'un rez-de-chaussée et d'un grenier, se trouvait à l'entrée du pays, à gauche. Une branche de pin, accrochée sur la porte, indiquait, à la mode ancienne, que les gens altérés[1] pouvaient entrer.

Le couvert était mis dans la salle du cabaret, sur deux tables rapprochées et cachées par deux serviettes. Une voisine, venue pour aider au service, salua d'une grande révérence et voyant apparaître une aussi belle dame, puis reconnaissant Georges, elle s'écria : «Seigneur Jésus, c'est-i té, petiot?»

Il répondit gaiement : «Oui, c'est moi, la mé Brulin!»

Et il l'embrassa aussitôt comme il avait embrassé père et mère.

Puis il se tourna vers sa femme : «Viens dans notre chambre, dit-il, tu te débarrasseras de ton chapeau.»

Il la fit entrer par la porte de droite dans une pièce froide carrelée, toute blanche, avec ses murs peints à la chaux et son lit aux rideaux de coton. Un crucifix au-dessus d'un bénitier, et deux images coloriées représentant Paul et Virginie sous un palmier bleu et Napoléon Ier sur un cheval jaune, ornaient seuls cet appartement propre et désolant.

Dès qu'ils furent seuls, il embrassa Madeleine : «Bonjour, Made. Je suis content de revoir les vieux. Quand on est à Paris, on n'y pense pas, et puis quand on se retrouve, ça fait plaisir tout de même.»

Mais le père criait en tapant du poing la cloison : «Allons, allons, la soupe est cuite.»

Et il fallut se mettre à table.

Ce fut un long déjeuner de paysans avec une suite de plats mal assortis, une andouille après un gigot, une omelette après l'andouille. Le père Duroy, mis en joie par le cidre et quelques verres de vin, lâchait le robinet de ses plaisanteries de choix, celles qu'il réservait

---

Note

1. altérés : assoiffés (antonyme : *désaltérés*).

pour les grandes fêtes, histoires grivoises[1] et malpropres arrivées à ses amis, affirmait-il. Georges, qui les connaissait toutes, riait cependant, grisé par l'air natal, ressaisi par l'amour inné du pays, des lieux familiers dans l'enfance, par toutes les sensations, tous les
665 souvenirs retrouvés, toutes les choses d'autrefois revues, des riens, une marque de couteau dans une porte, une chaise boiteuse rappelant un petit fait, des odeurs de sol, le grand souffle de résine et d'arbres venu de la forêt voisine, les senteurs du logis, du ruisseau, du fumier.

670 La mère Duroy ne parlait point, toujours triste et sévère, épiant de l'œil sa bru avec une haine éveillée dans le cœur, une haine de vieille travailleuse, de vieille rustique aux doigts usés, aux membres déformés par les dures besognes, contre cette femme de ville qui lui inspirait une répulsion de maudite, de réprouvée, d'être impur fait
675 pour la fainéantise et le péché. Elle se levait à tout moment pour aller chercher les plats, pour verser dans les verres la boisson jaune et aigre de la carafe ou le cidre roux mousseux et sucré des bouteilles dont le bouchon sautait comme celui de la limonade gazeuse.

Madeleine ne mangeait guère, ne parlait guère, demeurait triste
680 avec son sourire ordinaire figé sur les lèvres, mais un sourire morne, résigné. Elle était déçue, navrée. Pourquoi ? Elle avait voulu venir. Elle n'ignorait point qu'elle allait chez des paysans, chez de petits paysans. Comment les avait-elle donc rêvés, elle, qui ne rêvait pas d'ordinaire ?

685 Le savait-elle ? Est-ce que les femmes n'espèrent point toujours autre chose que ce qui est ! Les avait-elle vus de loin plus poétiques ? Non, mais plus littéraires peut-être, plus nobles, plus affectueux, plus décoratifs. Pourtant elle ne les désirait point distingués comme ceux des romans. D'où venait donc qu'ils la choquaient par mille
690 choses menues, invisibles, par mille grossièretés insaisissables, par leur nature même de rustres, par ce qu'ils disaient, par leurs gestes et leur gaieté ?

Elle se rappelait sa mère à elle, dont elle ne parlait jamais à personne, une institutrice séduite, élevée à Saint-Denis et morte de
695 misère et de chagrin quand Madeleine avait douze ans. Un inconnu

---

Note

1. **grivoises** : d'une gaieté licencieuse, un peu osées.

| *Bel-Ami* de Guy de Maupassant

avait fait élever la petite fille. Son père, sans doute? Qui était-il? Elle ne le sut point au juste, bien qu'elle eût de vagues soupçons.

Le déjeuner ne finissait pas. Des consommateurs entraient maintenant, serraient les mains du père Duroy, s'exclamaient en voyant le fils, et, regardant de côté la jeune femme, clignaient de l'œil avec malice; ce qui signifiait : «Sacré mâtin! elle n'est pas piquée des vers, l'épouse à Georges Duroy.»

D'autres, moins intimes, s'asseyaient devant les tables de bois, et criaient : «Un litre! – Une chope! – Deux fines[1]! – Un raspail[2]!» Et ils se mettaient à jouer aux dominos en tapant à grand bruit les petits carrés d'os blancs et noirs.

La mère Duroy ne cessait plus d'aller et de venir, servant les pratiques avec son air lamentable, recevant l'argent, essuyant les tables du coin de son tablier bleu.

La fumée des pipes de terre et des cigares d'un sou emplissait la salle. Madeleine se mit à tousser et demanda : «Si nous sortions? je n'en puis plus.»

On n'avait point encore fini. Le vieux Duroy fut mécontent. Alors elle se leva et alla s'asseoir sur une chaise, devant la porte, sur la route, en attendant que son beau-père et son mari eussent achevé leur café et leurs petits verres.

Georges la rejoignit bientôt. «Veux-tu dégringoler jusqu'à la Seine?» dit-il.

Elle accepta avec joie : «Oh! oui. Allons.»

Ils descendirent la montagne, louèrent un bateau à Croisset, et ils passèrent le reste de l'après-midi le long d'une île, sous les saules, somnolents tous deux, dans la chaleur douce du printemps, et bercés par les petites vagues du fleuve.

Puis ils remontèrent à la nuit tombante.

Le repas du soir, à la lueur d'une chandelle, fut plus pénible encore pour Madeleine que celui du matin. Le père Duroy, qui avait une demi-saoulerie, ne parlait plus. La mère gardait sa mine revêche.

Notes

1. **fines :** eaux-de-vie naturelles, de qualité supérieure.

2. **raspail :** liqueur baptisée du nom de son inventeur, à la vertu prétendue fortifiante.

La pauvre lumière jetait sur les murs gris les ombres des têtes avec des nez énormes et des gestes démesurés. On voyait parfois une main géante lever une fourchette pareille à une fourche vers une bouche qui s'ouvrait comme une gueule de monstre, quand quelqu'un, se tournant un peu, présentait son profil à la flamme jaune et tremblotante.

Dès que le dîner fut achevé, Madeleine entraîna son mari dehors pour ne point demeurer dans cette salle sombre où flottait toujours une odeur âcre de vieilles pipes et de boissons répandues.

Quand ils furent sortis :

« Tu t'ennuies déjà », dit-il.

Elle voulut protester. Il l'arrêta : « Non. Je l'ai bien vu. Si tu le désires, nous repartirons demain. »

Elle murmura :

« Oui, je veux bien. »

Ils allaient devant eux doucement. C'était une nuit tiède dont l'ombre caressante et profonde semblait pleine de bruits légers, de frôlements, de souffles. Ils étaient entrés dans une allée étroite, sous des arbres très hauts, entre deux taillis d'un noir impénétrable.

Elle demanda : « Où sommes-nous ? »

Il répondit : « Dans la forêt.

— Elle est grande ?

— Très grande, une des plus grandes de la France.[1] »

Une senteur de terre, d'arbres, de mousse, ce parfum frais et vieux des bois touffus, fait de la sève des bourgeons et de l'herbe morte et moisie des fourrés, semblait dormir dans cette allée. En levant la tête, Madeleine apercevait des étoiles entre les sommets des arbres, et bien qu'aucune brise ne remuât les branches elle sentait autour d'elle la vague palpitation de cet océan de feuilles.

Un frisson singulier lui passa dans l'âme et lui courut sur la peau ; une angoisse confuse lui serra le cœur. Pourquoi ? Elle ne comprenait pas. Mais il lui semblait qu'elle était perdue, noyée, entourée de périls, abandonnée de tous, seule, seule au monde, sous cette voûte vivante qui frémissait là-haut.

Elle murmura : « J'ai un peu peur. Je voudrais retourner.

Note

1. Forêt de Roumare, évoquée dans *Le Horla*.

– Eh bien, revenons.

– Et… nous repartirons pour Paris demain ?

765 – Oui, demain.

– Demain matin.

– Demain matin, si tu veux. »

Ils rentrèrent. Les vieux étaient couchés. Elle dormit mal, réveillée sans cesse par tous les bruits nouveaux pour elle de la campagne,
770 les cris des chouettes, le grognement d'un porc enfermé dans une
hutte contre le mur, et le chant d'un coq qui claironna dès minuit.

Elle fut levée et prête à partir aux premières lueurs de l'aurore.

Quand Georges annonça aux parents qu'il allait s'en retourner,
ils demeurèrent saisis tous les deux, puis ils comprirent d'où venait
775 cette volonté.

Le père demanda simplement : « J'te r'verrons-ti bientôt ? »

– Mais oui. Dans le courant de l'été.

– Allons, tant mieux. »

La vieille grogna : « J'te souhaite de n'point r'gretter c'que t'as fait. »
780 Il leur laissa deux cents francs en cadeau, pour calmer leur mé-
contentement, et le fiacre, qu'un gamin était allé chercher, ayant
paru vers dix heures, les nouveaux époux embrassèrent les vieux
paysans et repartirent.

Comme ils descendaient la côte, Duroy se mit à rire : « Voilà, dit-
785 il, je t'avais prévenue. Je n'aurais pas dû te faire connaître Monsieur
et Madame du Roy de Cantel, père et mère. »

Elle se mit à rire aussi, et répliqua : « Je suis enchantée maintenant.
Ce sont de braves gens que je commence à aimer beaucoup. Je leur
enverrai des gâteries de Paris. »
790 Puis elle murmura : « "Du Roy de Cantel"… Tu verras que personne ne s'étonnera de nos lettres de faire-part. Nous raconterons
que nous avons passé huit jours dans la propriété de tes parents. »

Et, se rapprochant de lui, elle effleura d'un baiser le bout de sa
moustache : « Bonjour, Geo ! »
795 Il répondit : « Bonjour, Made » en passant une main derrière sa taille.

On apercevait au loin, dans le fond de la vallée, le grand fleuve
déroulé comme un ruban d'argent sous le soleil du matin, et toutes
les cheminées des usines qui soufflaient dans le ciel leurs nuages de
charbon, et tous les clochers pointus dressés sur la vieille cité.

Édouard Manet, *Portrait de dame* (1879),
National Gallery of Art, Washington.

II

Les Du Roy étaient rentrés à Paris depuis deux jours et le journaliste avait repris son ancienne besogne, en attendant qu'il quittât le service des échos pour s'emparer définitivement des fonctions de Forestier et se consacrer tout à fait à la politique.

Il remontait chez lui, ce soir-là, au logis de son prédécesseur, le cœur joyeux, pour dîner, avec le désir éveillé d'embrasser tout à l'heure sa femme dont il subissait vivement le charme physique et l'insensible domination. En passant devant une fleuriste, au bas de la rue Notre-Dame-de-Lorette, il eut l'idée d'acheter un bouquet pour Madeleine et il prit une grosse botte de roses à peine ouvertes, un paquet de boutons parfumés.

À chaque étage de son nouvel escalier il se regardait complaisamment dans cette glace dont la vue lui rappelait sans cesse sa première entrée dans la maison.

Il sonna, ayant oublié sa clef, et le même domestique, qu'il avait gardé aussi sur le conseil de sa femme, vint ouvrir.

Georges demanda : «Madame est rentrée.

– Oui monsieur.»

Mais en traversant la salle à manger il demeura fort surpris d'apercevoir trois couverts ; et, la portière du salon étant soulevée, il vit Madeleine qui disposait dans un vase de la cheminée une botte de roses toute pareille à la sienne. Il fut contrarié, mécontent, comme si on lui eût volé son idée, son attention et tout le plaisir qu'il en attendait.

Il demanda en entrant : «Tu as donc invité quelqu'un?»

Elle répondit sans se retourner, en continuant à arranger ses fleurs : «Oui et non. C'est mon vieil ami le comte de Vaudrec qui a l'habitude de dîner ici tous les lundis, et qui vient comme autrefois.»

Georges murmura : «Ah! très bien.»

Il restait debout derrière elle, son bouquet à la main, avec une envie de le cacher, de le jeter. Il dit cependant : «Tiens, je t'ai apporté des roses!»

Elle se retourna brusquement, toute souriante, criant : «Ah! que tu es gentil d'avoir pensé à ça.»

Et elle lui tendit ses bras et ses lèvres avec un élan de plaisir si vrai qu'il se sentit consolé.

Elle prit les fleurs, les respira, et, avec une vivacité d'enfant ravie, les plaça dans le vase resté vide en face du premier. Puis elle murmura en regardant l'effet :

« Que je suis contente ! Voilà ma cheminée garnie maintenant. »

Elle ajouta presque aussitôt, d'un air convaincu :

« Tu sais, il est charmant, Vaudrec, tu seras tout de suite intime avec lui. »

Un coup de timbre annonça le comte. Il entra, tranquille, très à l'aise, comme chez lui. Après avoir baisé galamment les doigts de la jeune femme, il se tourna vers le mari et lui tendit la main avec cordialité en demandant : « Ça va bien, mon cher Du Roy ? »

Il n'avait plus son air roide, son air gourmé[1] de jadis, mais un air affable, révélant bien que la situation n'était plus la même. Le journaliste, surpris, tâcha de se montrer gentil pour répondre à ces avances. On eût cru, après cinq minutes, qu'ils se connaissaient et s'adoraient depuis dix ans.

Alors Madeleine, dont le visage était radieux, leur dit : « Je vous laisse ensemble. J'ai besoin de jeter un coup d'œil à ma cuisine. » Et elle se sauva, suivie par le regard des deux hommes.

Quand elle revint, elle les trouva causant théâtre, à propos d'une pièce nouvelle, et si complètement du même avis qu'une sorte d'amitié rapide s'éveillait dans leurs yeux à la découverte de cette absolue parité d'idées.

Le dîner fut charmant, tout intime et cordial ; et le comte demeura fort tard dans la soirée, tant il se sentait bien dans cette maison, dans ce joli nouveau ménage.

Dès qu'il fut parti, Madeleine dit à son mari :

« N'est-ce pas qu'il est parfait ? Il gagne du tout au tout à être connu. En voilà un bon ami, sûr, dévoué, fidèle. Ah ! sans lui… »

Elle n'acheva point sa pensée, et Georges répondit : « Oui, je le trouve fort agréable. Je crois que nous nous entendrons très bien. »

Mais elle reprit aussitôt : « Tu ne sais pas, nous avons à travailler, ce soir, avant de nous coucher. Je n'ai pas eu le temps de te parler de ça avant dîner, parce que Vaudrec est arrivé tout de suite. On m'a apporté des nouvelles graves, tantôt, des nouvelles du Maroc[1]. C'est Laroche-Mathieu le député, le futur ministre, qui me les a données. Il faut que nous fassions un grand article, un article à sensation. J'ai des faits et des chiffres. Nous allons nous mettre à la besogne immédiatement. Tiens, prends la lampe. »

Il la prit et ils passèrent dans le cabinet de travail.

Les mêmes livres s'alignaient dans la bibliothèque qui portait maintenant sur son faîte les trois vases achetés au golfe Juan, par Forestier, la veille de son dernier jour. Sous la table, la chancelière[2] du mort attendait les pieds de Du Roy qui s'empara, après s'être assis, du porte-plume d'ivoire, un peu mâché au bout, par la dent de l'autre.

Madeleine s'appuya à la cheminée, et ayant allumé une cigarette, elle raconta ses nouvelles, puis exposa ses idées, et le plan de l'article qu'elle rêvait.

Il l'écoutait avec attention, tout en griffonnant des notes ; et quand elle eut fini il souleva des objections, reprit la question, l'agrandit, développa à son tour non plus un plan d'article, mais un plan de campagne contre le ministère actuel. Cette attaque serait le début. Sa femme avait cessé de fumer, tant son intérêt s'éveillait, tant elle voyait large et loin en suivant la pensée de Georges.

Elle murmurait de temps en temps : «Oui… oui… C'est très bon… C'est excellent… C'est très fort… »

Et quand il eut achevé, à son tour, de parler :

«Maintenant écrivons», dit-elle.

Mais il avait toujours le début difficile et il cherchait ses mots avec peine. Alors elle vint doucement se pencher sur son épaule et elle se mit à lui souffler ses phrases tout bas, dans l'oreille.

De temps en temps elle hésitait et demandait :

«Est-ce bien ça que tu veux dire ?»

Notes

1. Maupassant transpose l'affaire tunisienne au Maroc. Les années 1880-1885 sont une époque d'expansion coloniale encouragée par Jules Ferry pour des raisons économiques.

2. chancelière : sac fermé pour tenir les pieds au chaud.

Il répondait : «Oui, parfaitement.»

Elle avait des traits piquants, des traits venimeux de femme pour blesser le chef du Conseil ; et elle mêlait des railleries sur son visage à celles sur sa politique, d'une façon drôle qui faisait rire et saisissait en même temps par la justesse de l'observation.

Du Roy, parfois, ajoutait quelques lignes qui rendaient plus profonde et plus puissante la portée d'une attaque. Il savait en outre l'art des sous-entendus perfides, qu'il avait appris en aiguisant des échos ; et quand un fait donné pour certain par Madeleine lui paraissait douteux ou compromettant, il excellait à le faire deviner et à l'imposer à l'esprit avec plus de force que s'il l'eût affirmé.

Quand leur article fut terminé, Georges le relut tout haut, en le déclamant. Ils le jugèrent admirable d'un commun accord et ils se souriaient, enchantés et surpris, comme s'ils venaient de se révéler l'un à l'autre. Ils se regardaient au fond des yeux, émus d'admiration et d'attendrissement ; et ils s'embrassèrent avec élan, avec une ardeur de leurs esprits à leurs corps.

Du Roy reprit la lampe : «Et maintenant, dodo», dit-il avec un regard allumé.

Elle répondit : «Passez, mon maître, puisque vous éclairez la route.»

Il passa, et elle le suivit dans leur chambre en lui chatouillant le cou du bout du doigt, entre le col et les cheveux, pour le faire aller plus vite, car il redoutait cette caresse.

L'article parut sous la signature de Georges du Roy de Cantel, et fit grand bruit. On s'en émut à la Chambre. Le père Walter en félicita l'auteur et le chargea de la rédaction politique de *La Vie française*. Les échos revinrent à Boisrenard.

Alors commença, dans le journal, une campagne habile et violente contre le ministère qui dirigeait les affaires. L'attaque, toujours adroite et nourrie de faits, tantôt ironique, tantôt sérieuse, parfois plaisante, parfois virulente, frappait avec une sûreté et une continuité dont tout le monde s'étonnait. Les autres feuilles citaient sans cesse *La Vie française*, y coupaient des passages entiers ; et les hommes du pouvoir s'informèrent si on ne pouvait pas bâillonner avec une préfecture cet ennemi inconnu et acharné.

Du Roy devenait célèbre dans les groupes politiques. Il sentait grandir son influence à la pression des poignées de main et à l'allure

des coups de chapeau. Sa femme d'ailleurs l'emplissait de stupeur et
d'admiration par l'ingéniosité de son esprit, l'habileté de ses informations et le nombre de ses connaissances.

À tout moment, il trouvait dans son salon, en rentrant chez lui, un
sénateur, un député, un magistrat, un général, qui traitaient Madeleine en vieille amie, avec une familiarité sérieuse. Où avait-elle
connu tous ces gens ? Dans le monde, disait-elle. Mais comment
avait-elle su capter leur confiance et leur affection ? Il ne le comprenait pas.

«Ça ferait une rude diplomate», pensait-il.

Elle rentrait souvent en retard aux heures des repas, essoufflée,
rouge, frémissante, et, avant même d'avoir ôté son voile, elle disait :
«J'en ai du nanan[1], aujourd'hui. Figure-toi que le ministre de la
Justice vient de nommer deux magistrats qui ont fait partie des
commissions mixtes. Nous allons lui flanquer un abatage[2] dont il
se souviendra.»

Et on flanquait un abatage au ministre, et on lui en reflanquait
un autre le lendemain et un troisième le jour suivant. Le député
Laroche-Mathieu qui dînait rue Fontaine tous les mardis, après le
comte de Vaudrec qui commençait la semaine, serrait vigoureusement les mains de la femme et du mari avec des démonstrations de
joie excessives. Il ne cessait de répéter : «Cristi, quelle campagne. Si
nous ne réussissons pas après ça ?»

Il espérait bien réussir en effet à décrocher le portefeuille des
Affaires étrangères qu'il visait depuis longtemps.

C'était un de ces hommes politiques à plusieurs faces, sans
convictions, sans grands moyens, sans audace et sans connaissances
sérieuses, avocat de province, joli homme de chef-lieu, gardant un
équilibre de finaud entre tous les partis extrêmes, sorte de jésuite
républicain et de champignon libéral de nature douteuse comme il
pousse par centaines sur le fumier populaire du suffrage universel.

Notes

1. **nanan** : chose délicieuse.

2. **abatage** : abattage, action d'abattre, de
faire tomber ; réprimande, de patron
à ouvrier (terme d'argot).

170 Son machiavélisme[1] de village le faisait passer pour fort parmi ses collègues, parmi tous les déclassés et les avortés dont on fait des députés. Il était assez soigné, assez correct, assez familier, assez aimable pour réussir. Il avait des succès dans le monde, dans la société mêlée, trouble et peu fine des hauts fonctionnaires du moment.

175 On disait partout de lui : «Laroche sera ministre», et il pensait aussi plus fermement que tous les autres que Laroche serait ministre.

Il était un des principaux actionnaires du journal du père Walter, son collègue et son associé en beaucoup d'affaires de finances.

Du Roy le soutenait avec confiance et avec des espérances
180 confuses pour plus tard. Il ne faisait que continuer d'ailleurs l'œuvre commencée par Forestier, à qui Laroche-Mathieu avait promis la croix, quand serait venu le jour du triomphe. La décoration irait sur la poitrine du nouveau mari de Madeleine, voilà tout. Rien n'était changé, en somme.

185 On sentait si bien que rien n'était changé que les confrères de Du Roy lui montaient une scie[2] dont il commençait à se fâcher.

On ne l'appelait plus que Forestier.

Aussitôt qu'il arrivait au journal, quelqu'un criait : «Dis donc, Forestier.»

190 Il feignit de ne pas entendre et cherchait les lettres dans son casier. La voix reprenait, avec plus de force : «Hé! Forestier.» Quelques rires étouffés couraient.

Comme Du Roy gagnait le bureau du directeur, celui qui l'avait appelé l'arrêtait : «Oh! pardon; c'est à toi que je veux parler. C'est
195 stupide, je te confonds toujours avec ce pauvre Charles. Cela tient à ce que tes articles ressemblent bigrement aux siens. Tout le monde s'y trompe.»

Du Roy ne répondait rien, mais il rageait; et une colère sourde naissait en lui contre le mort.

200 Le père Walter lui-même avait déclaré, alors qu'on s'étonnait de similitudes flagrantes de tournure et d'inspiration entre les chroniques du nouveau rédacteur politique et celles de l'ancien : «Oui, c'est du Forestier, mais du Forestier plus nourri, plus nerveux, plus viril.»

Notes

1. **machiavélisme** : ici, ruse.   2. **scie** : répétition fastidieuse, rengaine.

212 | *Bel-Ami* de Guy de Maupassant

205   Une autre fois, Du Roy en ouvrant par hasard l'armoire aux bilboquets avait trouvé ceux de son prédécesseur avec un crêpe[1] autour du manche, et le sien, celui dont il se servait quand il s'exerçait sous la direction de Saint-Potin, était orné d'une faveur[2] rose. Tous avaient été rangés sur la même planche, par rang de taille ; et

210 une pancarte, pareille à celle des musées, portait écrit : «Ancienne collection Forestier et Cie, Forestier-Du Roy, successeur, breveté S.G.D.G.[3] Articles inusables pouvant servir en toutes circonstances, même en voyage.»

    Il referma l'armoire avec calme, en prononçant, assez haut pour

215 être entendu :

    «Il y a des imbéciles et des envieux partout.»

    Mais il était blessé dans son orgueil, blessé dans sa vanité, cette vanité et cet orgueil ombrageux d'écrivain, qui produisent cette susceptibilité nerveuse toujours en éveil, égale chez le reporter et

220 chez le poète génial.

    Ce mot : *«Forestier»* déchirait son oreille ; il avait peur de l'entendre, et se sentait rougir en l'entendant.

    Il était pour lui, ce nom, une raillerie mordante, plus qu'une raillerie, presque une insulte. Il lui criait : «C'est ta femme qui fait ta

225 besogne comme elle faisait celle de l'autre. Tu ne serais rien sans elle.»

    Il admettait parfaitement que Forestier n'eût rien été sans Madeleine ; mais quant à lui, allons donc !

    Puis, rentré chez lui, l'obsession continuait. C'était la maison tout

230 entière maintenant qui lui rappelait le mort, tout le mobilier, tous les bibelots, tout ce qu'il touchait. Il ne pensait guère à cela dans les premiers temps ; mais la scie montée par ses confrères avait fait en son esprit une sorte de plaie qu'un tas de riens inaperçus jusqu'ici envenimaient à présent.

235   Il ne pouvait plus prendre un objet sans qu'il crût voir aussitôt la main de Charles posée dessus. Il ne regardait et ne maniait que des choses lui ayant servi autrefois, des choses qu'il avait achetées,

---

Notes

1. crêpe : morceau de tissu noir léger (soie ou laine très fine) que l'on porte en signe de deuil.

2. faveur : ruban.

3. breveté S.G.D.G. : qui a obtenu un certificat sans garantie du gouvernement.

aimées et possédées. Et Georges commençait à s'irriter même à la pensée des relations anciennes de son ami et de sa femme.

240 Il s'étonnait parfois de cette révolte de son cœur, qu'il ne comprenait point, et se demandait : « Comment diable cela se fait-il ? Je ne suis pas jaloux des amis de Madeleine. Je ne m'inquiète jamais de ce qu'elle fait. Elle rentre et sort à son gré, et le souvenir de cette brute de Charles me met en rage ! »

245 Il ajoutait, mentalement : « Au fond, ce n'était qu'un crétin ; c'est sans doute ça qui me blesse. Je me fâche que Madeleine ait pu épouser un pareil sot. »

Et sans cesse il répétait : « Comment se fait-il que cette femme-là ait gobé un seul instant un semblable animal ? »

250 Et sa rancune s'augmentait chaque jour par mille détails insignifiants qui le piquaient comme des coups d'aiguille, par le rappel incessant de l'autre, venu d'un mot de Madeleine, d'un mot du domestique ou d'un mot de la femme de chambre.

Un soir Du Roy, qui aimait les plats sucrés, demanda : « Pourquoi 255 n'avons-nous pas d'entremets ? Tu n'en fais jamais servir. »

La jeune femme répondit gaiement : « C'est vrai, je n'y pense pas. Cela tient à ce que Charles les avait en horreur… »

Il lui coupa la parole dans un mouvement d'impatience dont il ne fut pas maître.

260 « Ah ! tu sais, Charles commence à m'embêter. C'est toujours Charles par-ci, Charles par-là, Charles aimait ci, Charles aimait ça. Puisque Charles est crevé, qu'on le laisse tranquille. »

Madeleine regardait son mari avec stupeur, sans rien comprendre à cette colère subite. Puis, comme elle était fine, elle devina un peu 265 ce qui se passait en lui, ce travail lent de jalousie posthume grandissant à chaque seconde par tout ce qui rappelait l'autre.

Elle jugea cela puéril, peut-être, mais elle fut flattée, et ne répondit rien.

Il s'en voulut, lui, de cette irritation qu'il n'avait pu cacher. Or, 270 comme ils faisaient, ce soir-là, après dîner, un article pour le lendemain, il s'embarrassa dans la chancelière. Ne parvenant point à la retourner, il la rejeta d'un coup de pied, et demanda en riant :

« Charles avait donc toujours froid aux pattes ? »

Elle répondit, riant aussi : «Oh! il vivait dans la terreur des
275 rhumes; il n'avait pas la poitrine solide.»

Du Roy reprit, avec férocité : «Il l'a bien prouvé, d'ailleurs.» Puis
il ajouta, avec galanterie : «Heureusement pour moi.» Et il baisa la
main de sa femme.

Mais en se couchant, toujours hanté par la même pensée, il de-
280 manda encore : «Est-ce que Charles portait des bonnets de coton
pour éviter les courants d'air dans les oreilles?»

Elle se prêta à la plaisanterie et répondit : «Non, un madras[1] noué
sur le front.»

Georges haussa les épaules et prononça avec un mépris d'homme
285 supérieur :

«Quel serin!»

Dès lors, Charles devint pour lui un sujet d'entretien continuel.
Il parlait de lui à tout propos, ne l'appelant plus que : «ce pauvre
Charles», d'un air de pitié infinie.

290 Et quand il revenait du journal, où il s'était entendu deux ou trois
fois interpeller sous le nom de Forestier, il se vengeait en pour-
suivant le mort de railleries haineuses au fond de son tombeau.
Il rappelait ses défauts, ses ridicules, ses petitesses, les énumérait
avec complaisance, les développant et les grossissant comme s'il eût
295 voulu combattre, dans le cœur de sa femme, l'influence d'un rival
redouté.

Il répétait : «Dis donc, Made, te rappelles-tu le jour où ce cor-
nichon de Forestier a prétendu nous prouver que les gros hommes
étaient plus vigoureux que les maigres?»

300 Puis il voulut savoir sur le défunt un tas de détails intimes et
secrets que la jeune femme, mal à l'aise, refusait de dire. Mais il
insistait, s'obstinait.

«Allons, voyons, raconte-moi ça. Il devait être bien drôle dans ce
moment-là?»

305 Elle murmurait du bout des lèvres :

«Voyons, laisse-le tranquille, à la fin.»

Note

1. madras : coiffure formée par une étoffe de soie et de coton provenant de la ville de
Madras en Inde.

Il reprenait : «Non, dis-moi! c'est vrai qu'il devait être godiche[1] au lit, cet animal!»

Et il finissait toujours par conclure : «Quelle brute c'était!»

310 Un soir, vers la fin de juin, comme il fumait une cigarette à sa fenêtre, la grande chaleur de la soirée lui donna l'envie de faire une promenade.

Il demanda : «Ma petite Made, veux-tu venir jusqu'au Bois?

– Mais oui, certainement.»

315 Ils prirent un fiacre découvert, gagnèrent les Champs-Élysées, puis l'avenue du bois de Boulogne. C'était une nuit sans vent, une de ces nuits d'étuve où l'air de Paris surchauffé entre dans la poitrine comme une vapeur de four. Une armée de fiacres menait sous les arbres tout un peuple d'amoureux. Ils allaient, ces fiacres, l'un 320 derrière l'autre, sans cesse.

Georges et Madeleine s'amusaient à regarder tous ces couples enlacés, passant dans ces voitures, la femme en robe claire et l'homme sombre. C'était un immense fleuve d'amants qui coulait vers le Bois sous le ciel étoilé et brûlant. On n'entendait aucun bruit que 325 le sourd roulement des roues sur la terre. Ils passaient, passaient, les deux êtres de chaque fiacre, allongés sur les coussins, muets, serrés l'un contre l'autre, perdus dans l'hallucination du désir, frémissant dans l'attente de l'étreinte prochaine. L'ombre chaude semblait pleine de baisers. Une sensation de tendresse flottante, d'amour 330 bestial épandu, alourdissait l'air, le rendait plus étouffant. Tous ces gens accouplés, grisés de la même pensée, de la même ardeur, faisaient courir une fièvre autour d'eux. Toutes ces voitures chargées d'amour, sur qui semblaient voltiger des caresses, jetaient sur leur passage une sorte de souffle sensuel, subtil et troublant.

335 Georges et Madeleine se sentirent eux-mêmes gagnés par la contagion de la tendresse. Ils se prirent doucement la main, sans dire un mot, un peu oppressés par la pesanteur de l'atmosphère et par l'émotion qui les envahissait.

Comme ils arrivaient au tournant qui suit les fortifications, ils 340 s'embrassèrent, et elle balbutia un peu confuse : «Nous sommes aussi gamins qu'en allant à Rouen.»

Note | 1. **godiche** : niais, maladroit.

Le grand courant des voitures s'était séparé à l'entrée des taillis. Dans le chemin des Lacs que suivaient les jeunes gens, les fiacres s'espaçaient un peu, mais la nuit épaisse des arbres, l'air vivifié par les feuilles et par l'humidité des ruisselets qu'on entendait couler sous les branches, une sorte de fraîcheur du large espace nocturne tout paré d'astres, donnaient aux baisers des couples roulants un charme plus pénétrant et une ombre plus mystérieuse.

Georges murmura : «Oh! ma petite Made», en la serrant contre lui.

Elle lui dit : «Te rappelles-tu la forêt de chez toi, comme c'était sinistre. Il me semblait qu'elle était pleine de bêtes affreuses et qu'elle n'avait pas de bout. Tandis qu'ici, c'est charmant. On sent des caresses dans le vent, et je sais bien que Sèvres est de l'autre côté du bois.»

Il répondit : «Oh! dans la forêt de chez moi, il n'y avait pas autre chose que des cerfs, des renards, des chevreuils et des sangliers, et, par-ci, par-là, une maison de forestier.»

Ce mot, ce nom du mort sorti de sa bouche, le surprit comme si quelqu'un le lui eût crié du fond d'un fourré, et il se tut brusquement, ressaisi par ce malaise étrange et persistant, par cette irritation jalouse, rongeuse, invincible qui lui gâtait la vie depuis quelque temps.

Au bout d'une minute, il demanda : «Es-tu venue quelquefois ici comme ça, le soir, avec Charles?»

Elle répondit : «Mais oui, souvent.»

Et, tout à coup, il eut envie de retourner chez eux, une envie nerveuse qui lui serrait le cœur. Mais l'image de Forestier était rentrée en son esprit, le possédait, l'étreignait. Il ne pouvait plus penser qu'à lui, parler que de lui.

Il demanda, avec un accent méchant :

«Dis donc, Made?

— Quoi, mon ami?

— L'as-tu fait cocu, ce pauvre Charles?»

Elle murmura dédaigneuse :

«Que tu deviens bête avec ta rengaine.»

Mais il ne lâchait pas son idée.

« Voyons, ma petite Made, sois bien franche, avoue-le ? Tu l'as fait cocu, dis ? Avoue que tu l'as fait cocu ? »

380 Elle se taisait, choquée comme toutes les femmes le sont par ce mot.

Il reprit obstiné : « Sacristi, si quelqu'un en avait la tête, c'est bien lui, par exemple. Oh ! oui, oh ! oui. C'est ça qui m'amuserait de savoir que Forestier était cocu. Hein ! quelle bonne binette[1] de jobard[2] ? »

385 Il sentit qu'elle souriait à quelque souvenir peut-être, et il insista : « Voyons, dis-le. Qu'est-ce que ça fait ? Ce serait bien drôle, au contraire, de m'avouer que tu l'as trompé, de m'avouer ça à moi. »

Il frémissait, en effet, de l'espoir et de l'envie que Charles, l'odieux Charles, le mort détesté, le mort exécré, eût porté ce ridicule hon-
390 teux. Et pourtant… pourtant une autre émotion, plus confuse, aiguillonnait son désir de savoir.

Il répétait : « Made, ma petite Made, je t'en prie, dis-le. En voilà un qui ne l'aurait pas volé. Tu aurais eu joliment tort de ne pas lui faire porter ça. Voyons, Made, avoue. »

395 Elle trouvait plaisante, maintenant, sans doute, cette insistance, car elle riait, par petits rires brefs, saccadés.

Il avait mis ses lèvres tout près de l'oreille de sa femme : « Voyons… voyons… avoue-le… ? »

Elle s'éloigna d'un mouvement sec, et déclara brusquement :
400 « Mais tu es stupide. Est-ce qu'on répond à des questions pareilles ? »

Elle avait dit cela d'un ton si singulier qu'un frisson de froid courut dans les veines de son mari et il demeura interdit, effaré, un peu essoufflé comme s'il avait reçu une commotion morale.

Le fiacre maintenant longeait le lac, où le ciel semblait avoir égre-
405 né ses étoiles. Deux cygnes vagues nageaient très lentement, à peine visibles dans l'ombre.

Georges cria au cocher : « Retournons. » Et la voiture s'en revint, croisant les autres, qui allaient au pas, et dont les grosses lanternes brillaient comme des yeux dans la nuit du Bois.

410 Comme elle avait dit cela d'une étrange façon ! Du Roy se demandait : « Est-ce un aveu ? » Et cette presque certitude qu'elle avait

---

Notes

1. binette : tête, physionomie ridicule (terme populaire).

2. jobard : personnage naïf, crédule.

trompé son premier mari, l'affolait de colère, à présent. Il avait envie de la battre, de l'étrangler, de lui arracher les cheveux!

Oh! si elle lui eût répondu : «Mais, mon chéri, si j'avais dû le tromper, c'est avec toi que je l'aurais fait.» Comme il l'aurait embrassée, étreinte, adorée!

Il demeurait immobile, les bras croisés, les yeux au ciel, l'esprit trop agité pour réfléchir encore. Il sentait seulement en lui fermenter cette rancune et grossir cette colère qui couvent au cœur de tous les mâles devant les caprices du désir féminin. Il sentait pour la première fois cette angoisse confuse de l'époux qui soupçonne! Il était jaloux enfin, jaloux pour le mort, jaloux pour le compte de Forestier! jaloux d'une étrange et poignante façon, où entrait subitement de la haine contre Madeleine. Puisqu'elle avait trompé l'autre, comment pourrait-il avoir confiance en elle, lui?

Puis, peu à peu, une espèce de calme se fit en son esprit, et se roidissant contre sa souffrance, il pensa : «Toutes les femmes sont des filles, il faut s'en servir et ne leur rien donner de soi.»

L'amertume de son cœur lui montait aux lèvres en paroles de mépris et de dégoût. Il ne les laissa point s'épandre cependant. Il se répétait : «Le monde est aux forts. Il faut être fort. Il faut être au-dessus de tout.»

La voiture allait plus vite. Elle repassa les fortifications. Du Roy regardait devant lui une clarté rougeâtre dans le ciel, pareille à une lueur de forge démesurée; et il entendait une rumeur confuse, immense, continue, faite de bruits innombrables et différents, une rumeur sourde, proche, lointaine, une vague et énorme palpitation de vie, le souffle de Paris respirant, dans cette nuit d'été, comme un colosse épuisé de fatigue.

Georges songeait : «Je serais bien bête de me faire de la bile. Chacun pour soi. La victoire est aux audacieux. Tout n'est que de l'égoïsme. L'égoïsme pour l'ambition et la fortune vaut mieux que l'égoïsme pour la femme et pour l'amour.»

L'arc de triomphe de l'Étoile apparaissait debout à l'entrée de la ville sur ses deux jambes monstrueuses, sorte de géant informe qui semblait prêt à se mettre en marche pour descendre la large avenue ouverte devant lui.

Georges et Madeleine se retrouvaient là dans le défilé des voitures ramenant au logis, au lit désiré, l'éternel couple, silencieux et enlacé. Il semblait que l'humanité tout entière glissait à côté d'eux, grise de joie, de plaisir, de bonheur.

La jeune femme, qui avait bien pressenti quelque chose de ce qui se passait en son mari, demanda de sa voix douce :

« À quoi songes-tu, mon ami ? Depuis une demi-heure tu n'as point prononcé une parole. »

Il répondit en ricanant : « Je songe à tous ces imbéciles qui s'embrassent ; et je me dis que, vraiment, on a autre chose à faire dans l'existence. »

Elle murmura : « Oui... mais c'est bon quelquefois.

– C'est bon... c'est bon... quand on n'a rien de mieux ! »

La pensée de Georges allait toujours, dévêtant la vie de sa robe de poésie, dans une sorte de rage méchante : « Je serais bien bête de me gêner, de me priver de quoi que ce soit, de me troubler, de me tracasser, de me ronger l'âme comme je le fais depuis quelque temps. » L'image de Forestier lui traversa l'esprit sans y faire naître aucune irritation. Il lui sembla qu'ils venaient de se réconcilier, qu'ils redevenaient amis. Il avait envie de lui crier : « Bonsoir, vieux. »

Madeleine, que ce silence gênait, demanda : « Si nous allions prendre une glace chez Tortoni[1], avant de rentrer. »

Il la regarda de coin. Son fin profil blond lui apparut sous l'éclat vif d'une guirlande de gaz qui annonçait un café-chantant.

Il pensa : « Elle est jolie. Eh ! tant mieux. À bon chat bon rat, ma camarade. Mais si on me reprend à me tourmenter pour toi, il fera chaud au pôle Nord. »

Puis il répondit : « Mais certainement, ma chérie. »

Et, pour qu'elle ne devinât rien, il l'embrassa.

Il sembla à la jeune femme que les lèvres de son mari étaient glacées.

Il souriait cependant de son sourire ordinaire en lui donnant la main pour descendre devant les marches du café.

1. Tortoni : café célèbre situé au coin du boulevard des Italiens et de la rue Taitbout.

« *Un article à sensation* »

Lecture analytique de l'extrait (p. 208, l. 69, à p. 210, l. 118)

MADELEINE : UNE FEMME DE TÊTE

1 En vous appuyant sur les verbes dont elle est le sujet ainsi que sur les modes employés, montrez en quoi Madeleine a l'initiative dans le début du texte (l. 69 à 99).

2 Observez la répartition du discours direct entre les deux personnages. Que montre ce choix sur la répartition des rôles entre Madeleine et Georges ?

3 Dans quels domaines et par quels éléments Madeleine est-elle supérieure à son mari ?

4 Observez ses gestes, ses attitudes, ses actions : en quoi Madeleine se comporte-t-elle, par moments, comme un homme ?

5 La femme peinte par Édouard Manet vous semble-t-elle correspondre au personnage de Madeleine tel qu'il apparaît dans le roman de Maupassant ?

Cf. p. 206.

UNE SCÈNE DE COUPLE

6 En vous appuyant sur le plan du texte, montrez l'évolution de la coopération entre Georges et Madeleine.

7 Relevez les deux passages où s'instaure une véritable collaboration entre les époux. Quelles sont les qualités propres à chacun ? En quoi sont-ils complémentaires ?

8 Dans le dernier paragraphe, dans quels domaines s'exprime l'entente entre les deux personnages ? Quels procédés grammaticaux et littéraires (type de verbes, personne, vocabulaire...) mettent en valeur cette entente ?

9 Quelles failles dans le couple semble suggérer cependant le narrateur ?

UNE CERTAINE CONCEPTION DU JOURNALISME

10 Quel est le but de l'article écrit par les époux ?

11 Quels sont les moyens employés ?

12 En vous appuyant sur vos réponses à ce questionnaire, rédigez un commentaire organisé montrant le regard porté par Maupassant sur le couple Duroy.

III

En entrant au journal, le lendemain, Du Roy alla trouver Bois-renard.

«Mon cher ami, dit-il, j'ai un service à te demander. On trouve drôle depuis quelque temps de m'appeler Forestier. Moi, je commence à trouver ça bête. Veux-tu avoir la complaisance de prévenir doucement les camarades que je giflerai le premier qui se permettra de nouveau cette plaisanterie. Ce sera à eux de réfléchir si cette blague-là vaut un coup d'épée. Je m'adresse à toi parce que tu es un homme calme qui peut empêcher des extrémités fâcheuses, et aussi parce que tu m'as servi de témoin dans mon affaire.»

Boisrenard se chargea de la commission.

Du Roy sortit pour faire des courses, puis revint une heure plus tard. Personne ne l'appela Forestier.

Comme il rentrait chez lui, il entendit des voix de femmes dans le salon. Il demanda : «Qui est là?»

Le domestique répondit : «Mme Walter et Mme de Marelle.»

Un petit battement lui secoua le cœur, puis il se dit : «Tiens, voyons», et il ouvrit la porte.

Clotilde était au coin de la cheminée, dans un rayon de jour venu de la fenêtre. Il sembla à Georges qu'elle pâlissait un peu en l'apercevant. Ayant d'abord salué Mme Walter et ses deux filles, assises comme deux sentinelles aux côtés de leur mère, il se tourna vers son ancienne maîtresse. Elle lui tendait la main; il la prit et la serra avec intention, comme pour dire : «Je vous aime toujours.» Elle répondit à cette pression.

Il demanda : «Vous vous êtes bien portée pendant le siècle écoulé depuis notre dernière rencontre?»

Elle répondit avec aisance : «Mais oui, et vous, Bel-Ami?»

Puis, se tournant vers Madeleine, elle ajouta : «Tu permets que je l'appelle toujours Bel-Ami?

– Certainement, ma chère, je permets tout ce que tu voudras.»

Une nuance d'ironie semblait cachée dans cette parole.

Mme Walter parlait d'une fête qu'allait donner Jacques Rival dans son logis de garçon, un grand assaut d'armes où assisteraient des femmes du monde; elle disait : «Ce sera très intéressant. Mais je suis désolée, nous n'avons personne pour nous y conduire, mon mari devant s'absenter à ce moment-là. »

Du Roy s'offrit aussitôt. Elle accepta. « Nous vous en serons très reconnaissantes, mes filles et moi. »

40 Il regardait la plus jeune des demoiselles Walter, et pensait : « Elle n'est pas mal du tout, cette petite Suzanne, mais pas du tout. » Elle avait l'air d'une frêle poupée blonde, trop petite, mais fine, avec la taille mince, des hanches et de la poitrine, une figure de miniature, des yeux d'émail d'un bleu gris dessinés au pinceau, qui semblaient

45 nuancés par un peintre minutieux et fantaisiste, de la chair trop blanche, trop lisse, polie, unie, sans grain, sans teinte, et des cheveux ébouriffés, frisés, une broussaille savante, légère, un nuage charmant, tout pareil en effet à la chevelure des jolies poupées de luxe qu'on voit passer dans les bras de gamines beaucoup moins

50 hautes que leur joujou.

La sœur aînée, Rose, était laide, plate, insignifiante, une de ces filles qu'on ne voit pas, à qui on ne parle pas, et dont on ne dit rien.

La mère se leva, et se tournant vers Georges : « Ainsi, je compte sur vous jeudi prochain, à deux heures. »

55 Il répondit : « Comptez sur moi, madame. »

Dès qu'elle fut partie, Mme de Marelle se leva à son tour.

« Au revoir, Bel-Ami. »

Ce fut elle alors qui lui serra la main, très fort, très longtemps ; et il se sentit remué par cet aveu silencieux, repris d'un brusque

60 béguin[1] pour cette petite bourgeoise bohème et bon enfant, qui l'aimait vraiment, peut-être.

« J'irai la voir demain », pensa-t-il.

Dès qu'il fut seul en face de sa femme, Madeleine se mit à rire, d'un rire franc et gai, et le regardant bien en face :

65 « Tu sais que tu as inspiré une passion à Mme Walter. »

Il répondit incrédule : « Allons donc ?

— Mais oui, je te l'affirme, elle m'a parlé de toi avec un enthousiasme fou. C'est si singulier de sa part ! Elle voudrait trouver deux maris comme toi pour ses filles !… Heureusement qu'avec elle ces

70 choses-là sont sans importance. »

Note | 1. **béguin** : sentiment.

Il ne comprenait pas ce qu'elle voulait dire : «Comment, sans importance ?»

Elle répondit, avec une conviction de femme sûre de son jugement : «Oh! Mme Walter est une de celles dont on n'a jamais rien murmuré, mais tu sais, là, jamais, jamais. Elle est inattaquable sous tous les rapports. Son mari, tu le connais comme moi. Mais elle, c'est autre chose. Elle a d'ailleurs assez souffert d'avoir épousé un juif, mais elle lui est restée fidèle. C'est une honnête femme.»

Du Roy fut surpris : «Je la croyais juive aussi.

– Elle ? pas du tout. Elle est dame patronnesse[1] de toutes les bonnes œuvres de la Madeleine. Elle est même mariée religieusement. Je ne sais plus s'il y a eu un simulacre de baptême du patron, ou bien si l'Église a fermé les yeux.»

Georges murmura : «Ah!… alors… elle… me gobe[2] ?…

– Positivement, et complètement. Si tu n'étais pas engagé, je te conseillerais de demander la main de… de Suzanne, n'est-ce pas, plutôt que celle de Rose ?»

Il répondit, en frisant sa moustache : «Eh! la mère n'est pas encore piquée des vers[3].»

Mais Madeleine s'impatienta :

«Tu sais, mon petit, la mère, je te la souhaite. Mais je n'ai pas peur. Ce n'est point à son âge qu'on commet sa première faute. Il faut s'y prendre plus tôt.»

Georges songeait : «Si c'était vrai pourtant, que j'eusse pu épouser Suzanne ?…»

Puis il haussa les épaules : «Bah… c'est fou!… Est-ce que le père m'aurait jamais accepté ?»

Il se promit toutefois d'observer désormais avec plus de soin les manières de Mme Walter à son égard, sans se demander d'ailleurs s'il en pourrait jamais tirer quelque avantage.

Tout le soir, il fut hanté par des souvenirs de son amour avec Clotilde, des souvenirs tendres et sensuels en même temps. Il se rappelait ses drôleries, ses gentillesses, leurs escapades. Il se répétait

---

Notes

1. **dame patronnesse** : femme qui se consacre à des œuvres de bienfaisance.
2. **me gobe** : a de la sympathie pour moi.

3. **n'est pas encore piquée des vers** : est encore bien conservée.

à lui-même : «Elle est vraiment bien gentille. Oui, j'irai la voir
105 demain.»

Dès qu'il eut déjeuné, le lendemain, il se rendit en effet rue de
Verneuil. La même bonne lui ouvrit la porte, et, familière à la façon
des domestiques de petits-bourgeois, elle demanda : «Ça va bien,
monsieur?»

110 Il répondit : «Mais oui, mon enfant.»

Et il entra dans le salon, où une main maladroite faisait des
gammes sur le piano. C'était Laurine. Il crut qu'elle allait lui sauter
au cou. Elle se leva gravement, salua avec cérémonie, ainsi qu'aurait
fait une grande personne, et se retira d'une façon digne.

115 Elle avait une telle allure de femme outragée, qu'il demeura surpris. Sa mère entra. Il lui prit et lui baisa les mains.

«Combien j'ai pensé à vous, dit-il.

— Et moi», dit-elle.

Ils s'assirent. Ils se souriaient, les yeux dans les yeux, avec une
120 envie de s'embrasser sur les lèvres.

«Ma chère petite Clo, je vous aime.

— Et moi aussi.

— Alors… alors… tu ne m'en as pas trop voulu?

— Oui et non… Ça m'a fait de la peine, et puis j'ai compris ta
125 raison, et je me suis dit : "Bah! il me reviendra un jour ou l'autre."

— Je n'osais pas revenir : je me demandais comment je serais reçu.
Je n'osais pas, mais j'en avais rudement envie. À propos, dis-moi
donc ce qu'a Laurine. Elle m'a à peine dit bonjour et elle est partie
d'un air furieux.

130 — Je ne sais pas. Mais on ne peut plus lui parler de toi depuis ton
mariage. Je crois vraiment qu'elle est jalouse.

— Allons donc.

— Mais oui, mon cher. Elle ne t'appelle plus Bel-Ami, elle te
nomme M. Forestier.»

135 Du Roy rougit, puis, s'approchant de la jeune femme :
«Donne ta bouche.»
Elle la donna.

«Où pourrons-nous nous revoir? dit-il.

— Mais… rue de Constantinople.

140 — Ah!… L'appartement n'est donc pas loué?

– Non… Je l'ai gardé !

– Tu l'as gardé ?

– Oui, j'ai pensé que tu y reviendrais. »

Une bouffée de joie orgueilleuse lui gonfla la poitrine. Elle l'aimait donc, celle-là, d'un amour vrai, constant, profond.

Il murmura : «Je t'adore. » Puis il demanda : «Ton mari va bien ?

– Oui, très bien. Il vient de passer un mois ici ; il est parti d'avanthier. »

Du Roy ne put s'empêcher de rire :

«Comme ça tombe !»

Elle répondit naïvement : «Oh oui, ça tombe bien. Mais il n'est pas gênant quand il est ici, tout de même. Tu le sais ?

– Ça, c'est vrai. C'est d'ailleurs un charmant homme.

– Et toi, dit-elle, comment prends-tu ta nouvelle vie ?

– Ni bien ni mal. Ma femme est une camarade, une associée.

– Rien de plus ?

– Rien de plus… Quant au cœur…

– Je comprends bien. Elle est gentille, pourtant.

– Oui, mais elle ne me trouble pas. »

Il se rapprocha de Clotilde, et murmura : «Quand nous reverrons-nous ?

– Mais… demain… si tu veux ?

– Oui. Demain, deux heures ?

– Deux heures. »

Il se leva pour partir, puis il balbutia, un peu gêné : «Tu sais, j'entends reprendre, seul, l'appartement de la rue de Constantinople. Je le veux. Il ne manquerait plus qu'il fût payé par toi. »

Ce fut elle qui baisa ses mains avec un mouvement d'adoration, en murmurant : «Tu feras comme tu voudras. Il me suffit de l'avoir gardé pour nous y revoir. »

Et Du Roy s'en alla, l'âme pleine de satisfaction.

Comme il passait devant la vitrine d'un photographe, le portrait d'une grande femme aux larges yeux lui rappela Mme Walter : «C'est égal, se dit-il, elle ne doit pas être mal encore. Comment se fait-il que je ne l'aie jamais remarquée. J'ai envie de voir quelle tête elle me fera jeudi. »

Il se frottait les mains, tout en marchant avec une joie intime, la joie du succès sous toutes ses formes, la joie égoïste de l'homme adroit qui réussit, la joie subtile, faite de vanité flattée et de sensua-
180 lité contente, que donne la tendresse des femmes.

Le jeudi venu, il dit à Madeleine : « Tu ne viens pas à cet assaut chez Rival ?

– Oh ! non. Cela ne m'amuse guère, moi ; j'irai à la Chambre des députés. »

185 Et il alla chercher Mme Walter, en landau découvert, car il faisait un admirable temps.

Il eut une surprise en la voyant, tant il la trouva belle et jeune. Elle était en toilette claire dont le corsage un peu fendu laissait deviner, sous une dentelle blonde, le soulèvement gras des seins.
190 Jamais elle ne lui avait paru si fraîche. Il la jugea vraiment désirable. Elle avait son air calme et comme il faut, une certaine allure de maman tranquille qui la faisait passer presque inaperçue aux yeux galants des hommes. Elle ne parlait guère d'ailleurs que pour dire des choses connues, convenues et modérées, ses idées étant sages,
195 méthodiques, bien ordonnées, à l'abri de tous les excès.

Sa fille Suzanne, tout en rose, semblait un Watteau[1] frais verni ; et sa sœur aînée paraissait être l'institutrice chargée de tenir compagnie à ce joli bibelot de fillette.

Devant la porte de Rival, une file de voitures était rangée.
200 Du Roy offrit son bras à Mme Walter, et ils entrèrent.

L'assaut était donné au profit des orphelins du sixième arrondissement de Paris, sous le patronage de toutes les femmes des sénateurs et députés qui avaient des relations avec *La Vie française*.

Mme Walter avait promis de venir avec ses filles, en refusant le
205 titre de dame patronnesse, parce qu'elle n'aidait de son nom que les œuvres entreprises par le clergé, non pas qu'elle fût très dévote[2], mais son mariage avec un israélite la forçait, croyait-elle, à une certaine tenue religieuse ; et la fête organisée par le journaliste prenait

---

Notes

1. Antoine Watteau (1684-1721), peintre qui a reçu de l'Académie le titre de « peintre des fêtes galantes ».

2. **dévote** : pieuse, pratiquante.

une sorte de signification républicaine qui pouvait sembler anticlé-
210 ricale.

On avait lu dans les journaux de toutes les nuances, depuis trois
semaines :

« Notre éminent confrère Jacques Rival vient d'avoir l'idée aussi
ingénieuse que généreuse d'organiser, au profit des orphelins du
215 sixième arrondissement de Paris, un grand assaut dans sa jolie salle
d'armes attenant à son appartement de garçon[1].

Les invitations sont faites par Mmes Laloigne, Remontel, Rissolin, femmes des sénateurs de ce nom, et par Mmes Laroche-
Mathieu, Percerol, Firmin, femmes des députés bien connus. Une
220 simple quête aura lieu pendant l'entracte de l'assaut, et le montant
sera versé immédiatement entre les mains du maire du sixième
arrondissement ou de son représentant. »

C'était une réclame monstre que le journaliste adroit avait imaginée à son profit.

225 Jacques Rival recevait les arrivants à l'entrée de son logis où un
buffet avait été installé, les frais devant être prélevés sur la recette.

Puis il indiquait, d'un geste aimable, le petit escalier par où on
descendait dans la cave, où il avait installé la salle d'armes et le tir ;
et il disait : « Au-dessous, mesdames, au-dessous. L'assaut a lieu en
230 des appartements souterrains. »

Il se précipita au-devant de la femme de son directeur ; puis,
serrant la main de Du Roy : « Bonjour, Bel-Ami. »

L'autre fut surpris : « Qui vous a dit que… »

Rival lui coupa la parole : « Mme Walter, ici présente, qui trouve
235 ce surnom très gentil. »

Mme Walter rougit : « Oui, j'avoue que si je vous connaissais davantage, je ferais comme la petite Laurine, je vous appellerais aussi
Bel-Ami. Ça vous va très bien. »

Du Roy riait : « Mais, je vous en prie, madame, faites-le. »

240 Elle avait baissé les yeux. « Non. Nous ne sommes pas assez liés. »

Note 1. **appartement de garçon** : appartement de célibataire.

Il murmura : «Voulez-vous me laisser espérer que nous le deviendrons davantage ?

— Eh bien, nous verrons alors», dit-elle.

Il s'effaça à l'entrée de la descente étroite qu'éclairait un bec de
245 gaz ; et la brusque transition de la lumière du jour à cette clarté jaune
avait quelque chose de lugubre. Une odeur de souterrain montait
par cette échelle tournante, une senteur d'humidité chauffée, de
murs moisis essuyés pour la circonstance, et aussi des souffles de
benjoin[1] qui rappelaient les offices sacrés, et des émanations fémi-
250 nines de lubin de verveine, d'iris, de violette.

On entendait dans ce trou un grand bruit de voix, un frémissement de foule agitée.

Toute la cave était illuminée avec des guirlandes de gaz et des lanternes vénitiennes[2] cachées en des feuillages qui voilaient les murs
255 de pierre salpêtrés. On ne voyait rien que des branchages. Le plafond était garni de fougères, le sol couvert de feuilles et de fleurs.

On trouvait cela charmant, d'une imagination délicieuse. Dans
le petit caveau du fond s'élevait une estrade pour les tireurs, entre
deux rangs de chaises pour les juges.

260 Et dans toute la cave, les banquettes, alignées par dix, autant à
droite qu'à gauche, pouvaient porter près de deux cents personnes.
On en avait invité quatre cents.

Devant l'estrade, des jeunes gens en costume d'assaut, minces,
avec des membres longs, la taille cambrée, la moustache en croc
265 posaient déjà devant les spectateurs. On se les nommait, on désignait les maîtres et les amateurs, toutes les notabilités de l'escrime.
Autour d'eux causaient des messieurs en redingote jeunes et vieux,
qui avaient un air de famille avec les tireurs en tenue de combat.
Ils cherchaient aussi à être vus, reconnus et nommés, c'étaient des
270 princes de l'épée en civils, les experts en coups de bouton.

Presque toutes les banquettes étaient couvertes des femmes, qui
faisaient un grand froissement d'étoffes remuées et un grand murmure de voix. Elles s'éventaient comme au théâtre, car il faisait déjà

Notes

1. benjoin : substance aromatique et
résineuse utilisée en médecine.

2. lanternes vénitiennes : lanternes
en papier de couleur, souvent plissé en
accordéon, servant aux illuminations.

une chaleur d'étuve dans cette grotte feuillue. Un farceur criait de
temps en temps : «Orgeat[1]! Limonade! Bière!»

Mme Walter et ses filles gagnèrent leurs places réservées au premier rang. Du Roy les ayant installées allait partir, il murmura :

«Je suis obligé de vous quitter, les hommes ne peuvent accaparer
les banquettes.»

Mais Mme Walter répondit en hésitant :

«J'ai bien envie de vous garder tout de même. Vous me nommerez
les tireurs. Tenez, si vous restiez debout au coin de ce banc, vous ne
gêneriez personne.»

Elle le regardait de ses grands yeux doux. Elle insista : «Voyons ;
restez avec nous… monsieur… monsieur Bel-Ami. Nous avons
besoin de vous.»

Il répondit : «J'obéirai… avec plaisir, madame.»

On entendait répéter de tous les côtés : «C'est très drôle, cette
cave, c'est très gentil.»

Georges la connaissait bien, cette salle voûtée! Il se rappelait le
matin qu'il y avait passé, la veille de son duel, tout seul, en face d'un
petit carton blanc qui le regardait du fond du second caveau comme
un œil énorme et redoutable.

La voix de Jacques Rival résonna, venue de l'escalier : «On va
commencer, mesdames.»

Et six messieurs, très serrés en leurs vêtements, pour faire sail-
lir davantage le thorax, montèrent sur l'estrade et s'assirent sur les
chaises destinées au jury.

Leurs noms coururent : le général de Raynaldi, président, un
petit homme à grandes moustaches ; le peintre Joséphin Roudet,
un grand homme chauve à longue barbe ; Matthéo de Ujar, Simon
Ramoncel, Pierre de Carvin, trois jeunes hommes élégants, et Gas-
pard Merleron, un maître.

Deux pancartes furent accrochées aux deux côtés du caveau. Celle
de droite portait : M. Crèvecœur, et celle de gauche : M. Plumeau.

C'étaient deux maîtres, deux bons maîtres de second ordre. Ils
apparurent, secs tous deux, avec un air militaire, des gestes un peu

---

Note

1. **Orgeat :** sirop préparé autrefois avec une décoction d'orgeat et, de nos jours, avec
une émulsion d'amandes douces et amères.

raides. Ayant fait le salut d'armes avec des mouvements d'automates, ils commencèrent à s'attaquer, pareils, dans leur costume de toile et de peau blanches, à deux pierrots-soldats qui se seraient battus pour rire.

De temps en temps, on entendait ce mot : «Touché!» Et les six messieurs du jury inclinaient la tête en avant d'un air connaisseur. Le public ne voyait rien que deux marionnettes vivantes qui s'agitaient en tendant le bras ; il ne comprenait rien, mais il était content. Ces deux bonshommes lui semblaient cependant peu gracieux et vaguement ridicules. On songeait aux lutteurs de bois qu'on vend, au Jour de l'An, sur les boulevards.

Les deux premiers tireurs furent remplacés par MM. Planton et Carapin, un maître civil et un maître militaire. M. Planton était tout petit et M. Carapin très gros. On eût dit que le premier coup de fleuret dégonflerait ce ballon comme un éléphant de baudruche. On riait. M. Planton sautait comme un singe. M. Carapin ne remuait que son bras, le reste du corps se trouvant immobilisé par l'embonpoint, et il se fendait toutes les cinq minutes avec une telle pesanteur et un tel effort en avant qu'il semblait prendre la résolution la plus énergique de sa vie. Il avait ensuite beaucoup de mal à se relever.

Les connaisseurs déclarèrent son jeu très ferme et très serré. Et le public, confiant, l'apprécia.

Puis vinrent MM. Porion et Lapalme, un maître et un amateur qui se livrèrent à une gymnastique effrénée, courant l'un sur l'autre avec furie, forçant les juges à fuir en emportant leurs chaises, traversant et retraversant l'estrade d'un bout à l'autre, l'un avançant et l'autre reculant par bonds vigoureux et comiques. Ils avaient de petits sauts en arrière qui faisaient rire les dames, et de grands élans en avant qui émotionnaient un peu cependant. Cet assaut au pas de gymnastique fut caractérisé par un titi[1] inconnu qui cria : «Vous éreintez pas, c'est à l'heure!» L'assistance, froissée par ce manque de goût, fit : «Chut!» Le jugement des experts circula. Les tireurs avaient montré beaucoup de vigueur et manqué parfois d'à-propos.

___

Note 1. **titi** : gamin déluré et malicieux (terme populaire).

La première partie fut clôturée par une fort belle passe d'armes entre Jacques Rival et le fameux professeur belge Lebègue. Rival fut fort goûté des femmes. Il était vraiment beau garçon, bien fait, souple, agile, et plus gracieux que tous ceux qui l'avaient précédé. Il apportait dans sa façon de se tenir en garde et de se fendre une certaine élégance mondaine qui plaisait et faisait contraste avec la manière énergique, mais commune de son adversaire. «On sent l'homme bien élevé», disait-on.

Il eut la belle. On l'applaudit.

Mais depuis quelques minutes, un bruit singulier, à l'étage au-dessus, inquiétait les spectateurs. C'était un grand piétinement accompagné de rires bruyants. Les deux cents invités qui n'avaient pu descendre dans la cave s'amusaient, sans doute, à leur façon. Dans le petit escalier tournant une cinquantaine d'hommes étaient tassés. La chaleur devenait terrible en bas. On criait : «De l'air! – À boire!» Le même farceur glapissait sur un ton aigu qui dominait le murmure des conversations : «Orgeat! Limonade! Bière!»

Rival apparut très rouge, ayant gardé son costume d'assaut. «Je vais faire apporter des rafraîchissements», dit-il. Et il courut vers l'escalier. Mais toute communication était coupée avec le rez-de-chaussée. Il eût été aussi facile de percer le plafond que de traverser la muraille humaine entassée sur les marches.

Rival criait : «Faites passer des glaces pour les dames!»

Cinquante voix répétaient : «Des glaces!» Un plateau apparut enfin. Mais il ne portait que des verres vides, les rafraîchissements ayant été cueillis en route.

Une forte voix hurla : «On étouffe là-dedans, finissons vite et allons-nous-en.»

Une autre voix lança : «La quête!» Et tout le public, haletant mais gai tout de même, répéta : «La quête... la quête... la quête...»

Alors six dames se mirent à circuler entre les banquettes et on entendit un petit bruit d'argent tombant dans les bourses.

Du Roy nommait les hommes célèbres à Mme Walter. C'étaient des mondains, des journalistes, ceux des grands journaux, des vieux journaux, qui regardaient de haut *La Vie française* avec une certaine réserve née de leur expérience. Ils en avaient tant vu mourir de ces feuilles politico-financières, filles d'une combinaison louche,

et écrasées par la chute d'un ministère. On apercevait aussi là des
380 peintres et des sculpteurs, qui sont en général hommes de sport,
un poète académicien qu'on montrait, deux musiciens et beaucoup
de nobles étrangers dont Du Roy faisait suivre le nom de la syl-
labe Rast. (ce qui signifiait Rastaquouère), pour imiter, disait-il, les
Anglais qui mettent Esq.[1] sur leurs cartes.

385 Quelqu'un lui cria : «Bonjour, cher ami.» C'était le comte de
Vaudrec. S'étant excusé auprès des dames, Du Roy alla lui serrer
la main.

Il déclara, en revenant : «Il est charmant, Vaudrec. Comme on
sent la race, chez lui.»

390 Mme Walter ne répondit rien. Elle était un peu fatiguée, et sa
poitrine se soulevait avec effort à chaque souffle de ses poumons,
ce qui attirait l'œil de Du Roy. Et de temps en temps, il rencontrait le regard de «la Patronne», un regard trouble, hésitant, qui se
posait sur lui et fuyait tout de suite. Et il se disait : «Tiens… tiens…
395 tiens… Est-ce que je l'aurais levée[2] aussi, celle-là?»

Les quêteuses passèrent. Les bourses étaient pleines d'argent et
d'or. Et une nouvelle pancarte fut accrochée sur l'estrade annonçant : «Grrrrande surprise.» Les membres du jury remontèrent à
leurs places. On attendit.

400 Deux femmes parurent, un fleuret à la main, en costume de salle,
vêtues d'un maillot sombre, d'un très court jupon tombant à la moitié des cuisses, et d'un plastron si gonflé sur la poitrine qu'il forçait
à porter haut la tête. Elles étaient jolies et jeunes. Elles souriaient en
saluant l'assistance. On les acclama longtemps.

405 Et elles se mirent en garde au milieu d'une rumeur galante et de
plaisanteries chuchotées.

Un sourire aimable s'était fixé sur les lèvres des juges, qui approu-
vaient les coups par un petit bravo.

Le public appréciait beaucoup cet assaut et le témoignait aux deux
410 combattantes qui allumaient des désirs chez les hommes et réveil-

---

Notes

1. **Esq.** : terme honorifique dont on a
l'habitude, en Angleterre, de faire suivre
tout nom d'homme non accompagné de
titre nobiliaire.

2. **levée** : au sens de «lever une femme,
une fille ; en faire une conquête rapide»
(terme populaire).

laient chez les femmes le goût naturel du public parisien pour les gentillesses un peu polissonnes, pour les élégances du genre canaille, pour le faux-joli et le faux-gracieux, les chanteuses de café-concert et les couplets d'opérette.

415 Chaque fois qu'une des tireuses se fendait[1], un frisson de joie courait dans le public. Celle qui tournait le dos à la salle, un dos bien replet, faisait s'ouvrir les bouches et s'arrondir les yeux; et ce n'était pas le jeu de son poignet qu'on regardait le plus.

On les applaudit avec frénésie.

420 Un assaut de sabre suivit, mais personne ne le regarda, car toute l'attention fut captivée par ce qui se passait au-dessus. Pendant quelques minutes on avait écouté un grand bruit de meubles remués, traînés sur le parquet comme si on déménageait l'appartement. Puis, tout à coup, le son d'un piano traversa le plafond; et on entendit dis-

425 tinctement un bruit rythmé de pieds sautant en cadence. Les gens d'en haut s'offraient un bal, pour se dédommager de ne rien voir.

Un grand rire s'éleva d'abord dans le public de la salle d'armes, puis le désir de danser s'éveillant chez les femmes, elles cessèrent de s'occuper de ce qui se passait sur l'estrade et se mirent à parler tout

430 haut.

On trouvait drôle cette idée de bal organisé par les retardataires. Ils ne devaient pas s'embêter, ceux-là. On aurait bien voulu être au-dessus.

Mais deux nouveaux combattants s'étaient salués, et ils tombèrent

435 en garde avec tant d'autorité que tous les regards suivaient leurs mouvements.

Ils se fendaient et se relevaient avec une grâce élastique, avec une vigueur mesurée, avec une telle sûreté de force, une telle sobriété de gestes, une telle correction d'allure, une telle mesure dans le jeu

440 que la foule ignorante fut surprise et charmée.

Leur promptitude calme, leur sage souplesse, leurs mouvements rapides, si calculés qu'ils semblaient lents, attiraient et captivaient l'œil par la seule puissance de la perfection. Le public sentit qu'il voyait là une chose belle et rare, que deux grands artistes dans leur

---

Note

1. **se fendait** : portait une jambe loin en avant pour toucher l'adversaire (terme d'escrime).

métier lui montraient ce qu'on pouvait voir de mieux, tout ce qu'il était possible à deux maîtres de déployer d'habileté, de ruse, de science raisonnée et d'adresse physique.

Personne ne parlait plus, tant on les regardait. Puis, quand ils se furent serré la main, après le dernier coup de bouton, des cris éclatèrent, des hurras. On trépignait, on hurlait. Tout le monde connaissait leurs noms : c'étaient Sergent et Ravignac.

Les esprits exaltés devenaient querelleurs. Les hommes regardaient leurs voisins avec des envies de dispute. On se serait provoqué pour un sourire. Ceux qui n'avaient jamais tenu un fleuret en leur main esquissaient avec leurs cannes des attaques et des parades.

Mais peu à peu la foule remontait par le petit escalier. On allait boire, enfin. Ce fut une indignation quand on constata que les gens du bal avaient dévalisé le buffet, puis s'en étaient allés en déclarant qu'il était malhonnête de déranger deux cents personnes pour ne leur rien montrer.

Il ne restait pas un gâteau, pas une goutte de champagne, de sirop ou de bière, pas un bonbon, pas un fruit, rien, rien de rien. Ils avaient saccagé, ravagé, nettoyé tout.

On se faisait raconter les détails par les servants qui prenaient des visages tristes en cachant leur envie de rire. «Les dames étaient plus enragées que les hommes, affirmaient-ils, et avaient mangé et bu à s'en rendre malades.» On aurait cru entendre le récit des survivants après le pillage et le sac d'une ville pendant l'Invasion.

Il fallut donc s'en aller. Des messieurs regrettaient les vingt francs donnés à la quête; ils s'indignaient que ceux d'en haut eussent ripaillé[1] sans rien payer.

Les dames patronnesses avaient recueilli plus de trois mille francs. Il resta, tous frais payés, deux cent vingt francs pour les orphelins du sixième arrondissement.

Du Roy, escortant la famille Walter, attendait son landau.

En reconduisant la Patronne, comme il se trouvait assis en face d'elle, il rencontra encore une fois son œil caressant et fuyant, qui semblait troublé. Il pensait : «Bigre, je crois qu'elle mord»; et il souriait en reconnaissant qu'il avait vraiment de la chance auprès des

---

Note

1. ripaillé : fait bonne chère, un bon repas (terme familier).

femmes, car Mme de Marelle, depuis le recommencement de leur
tendresse, paraissait l'aimer avec frénésie.

Il rentra chez lui d'un pied joyeux.

Madeleine l'attendait dans le salon.

«J'ai des nouvelles, dit-elle. L'affaire du Maroc se complique. La
France pourrait bien y envoyer une expédition d'ici quelques mois.
Dans tous les cas on va se servir de ça pour renverser le ministère,
et Laroche profitera de l'occasion pour attraper les Affaires étrangères.»

Du Roy, pour taquiner sa femme, feignit de n'en rien croire. On
ne serait pas assez fou pour recommencer la bêtise de Tunis.

Mais elle haussait les épaules avec impatience : «Je te dis que si!
Je te dis que si! Tu ne comprends donc pas que c'est une grosse
question d'argent pour eux. Aujourd'hui, mon cher, dans les combinaisons politiques il ne faut pas dire : "Cherchez la femme", mais :
"Cherchez l'affaire". »

Il murmura : «Bah!» avec un air de mépris, pour l'exciter.

Elle s'irritait : «Tiens, tu es aussi naïf que Forestier. »

Elle voulait le blesser et s'attendait à une colère. Mais il sourit, et
répondit : «Que ce cocu de Forestier? »

Elle demeura saisie, et murmura :

«Oh! Georges! »

Il avait l'air insolent et railleur, et il reprit : «Eh bien, quoi? Me
l'as-tu pas avoué, l'autre soir, que Forestier était cocu? »

Et il ajouta : «Pauvre diable! » sur un ton de pitié profonde.

Madeleine lui tourna le dos, dédaignant de répondre ; puis après
une minute de silence, elle reprit : «Nous aurons du monde mardi :
Mme Laroche-Mathieu viendra dîner avec la vicomtesse de Percemur. Veux-tu inviter Rival et Norbert de Varenne? J'irai demain chez Mmes Walter et de Marelle. Peut-être aussi aurons-nous
Mme Rissolin. »

Depuis quelque temps, elle se faisait des relations, usant de l'influence politique de son mari, pour attirer chez elle, de gré ou de
force, les femmes des sénateurs et des députés qui avaient besoin de
l'appui de *La Vie française*.

Du Roy répondit : «Très bien. Je me charge de Rival et de
Norbert. »

Il était content, et il se frottait les mains, car il avait trouvé une bonne scie pour embêter sa femme et satisfaire l'obscure rancune, la confuse et mordante jalousie née en lui depuis leur promenade au
520 Bois. Il ne parlerait plus de Forestier sans le qualifier de cocu. Il sentait bien que cela finirait par rendre Madeleine enragée. Et dix fois pendant la soirée il trouva moyen de prononcer avec une bonhomie ironique, le nom de ce «cocu de Forestier».

Il n'en voulait plus au mort; il le vengeait.

525 Sa femme feignait de ne pas entendre et demeurait, en face de lui, souriante et indifférente.

Le lendemain, comme elle devait aller adresser son invitation à Mme Walter, il voulut la devancer, pour trouver seule la Patronne et voir si vraiment elle en tenait pour lui. Cela l'amusait et le flattait.
530 Et puis… pourquoi pas… si c'était possible.

Il se présenta boulevard Malesherbes dès deux heures. On le fit entrer dans le salon. Il attendit.

Mme Walter parut, la main tendue avec un empressement heureux.

«Quel bon vent vous amène?

535 – Aucun bon vent, mais un désir de vous voir. Une force m'a poussé chez vous, je ne sais pourquoi, je n'ai rien à vous dire. Je suis venu, me voilà! me pardonnez-vous cette visite matinale et la franchise de l'explication?»

Il disait cela d'un ton galant et badin[1], avec un sourire sur les
540 lèvres et un accent sérieux dans la voix.

Elle restait étonnée, un peu rouge, balbutiant :

«Mais… vraiment… je ne comprends pas… vous me surprenez…»

Il ajouta : «C'est une déclaration sur un air gai, pour ne pas vous
545 effrayer.»

Ils s'étaient assis l'un près de l'autre. Elle prit la chose de façon plaisante.

«Alors c'est une déclaration… sérieuse?

– Mais oui! Voici longtemps que je voulais vous la faire, très
550 longtemps, même. Et puis je n'osais pas. On vous dit si sévère, si rigide…»

Note

1. badin : enjoué.

Elle avait retrouvé son assurance. Elle répondit :

«Pourquoi avez-vous choisi aujourd'hui ?

– Je ne sais pas. » Puis il baissa la voix : «Ou plutôt, c'est parce que je ne pense qu'à vous, depuis hier. »

Elle balbutia, pâlie tout à coup : «Voyons, assez d'enfantillages, et parlons d'autre chose. »

Mais il était tombé à ses genoux si brusquement qu'elle eut peur. Elle voulut se lever ; il la tenait assise de force de ses deux bras enlacés à la taille, et il répétait d'une voix passionnée : «Oui, c'est vrai que je vous aime, follement, depuis longtemps. Ne me répondez pas. Que voulez-vous, je suis fou ! Je vous aime… Oh ! si vous saviez comme je vous aime ! »

Elle suffoquait, haletait, essayait de parler et ne pouvait prononcer un mot. Elle le repoussait de ses deux mains, l'ayant saisi aux cheveux pour empêcher l'approche de cette bouche qu'elle sentait venir vers la sienne. Et elle tournait la tête de droite à gauche et de gauche à droite, d'un mouvement rapide, en fermant les yeux pour ne plus le voir.

Il la touchait à travers sa robe, la maniait, la palpait ; et elle défaillait sous cette caresse brutale et forte. Il se releva brusquement et voulut l'étreindre, mais, libre une seconde, elle s'était échappée en se rejetant en arrière, et elle fuyait maintenant de fauteuil en fauteuil.

Il jugea ridicule cette poursuite, et il se laissa tomber sur une chaise, la figure dans ses mains, en feignant des sanglots convulsifs.

Puis il se redressa, cria : «Adieu, adieu ! » et il s'enfuit.

Il reprit tranquillement sa canne dans le vestibule et gagna la rue en se disant : «Cristi, je crois que ça y est. » Et il passa au télégraphe pour envoyer un petit bleu à Clotilde, lui donnant rendez-vous le lendemain.

En rentrant chez lui, à l'heure ordinaire, il dit à sa femme :

«Eh bien, as-tu tout ton monde pour ton dîner ? »

Elle répondit : «Oui ; il n'y a que Mme Walter qui n'est pas sûre d'être libre. Elle hésite ; elle m'a parlé de je ne sais quoi, d'engagement, de conscience. Enfin elle m'a eu l'air très drôle. N'importe, j'espère qu'elle viendra tout de même. »

Il haussa les épaules : «Eh, parbleu oui, elle viendra. »

Il n'en était pas certain, cependant, et il demeura inquiet jusqu'au jour du dîner.

Le matin même, Madeleine reçut un petit mot de la Patronne : «Je me suis rendue libre à grand-peine et je serai des vôtres. Mais mon mari ne pourra pas m'accompagner.»

Du Roy pensa : «J'ai rudement bien fait de n'y pas retourner. La voilà calmée. Attention.»

Il attendit cependant son entrée avec un peu d'inquiétude. Elle parut, très calme, un peu froide, un peu hautaine. Il se fit très humble, très discret et soumis.

Mmes Laroche-Mathieu et Rissolin accompagnaient leurs maris. La vicomtesse de Percemur parla du grand monde. Mme de Marelle était ravissante dans une toilette d'une fantaisie singulière, jaune et noire, un costume espagnol qui moulait bien sa jolie taille, sa poitrine et ses bras potelés, et rendait énergique sa petite tête d'oiseau.

Du Roy avait pris à sa droite Mme Walter, et il ne lui parla, durant le dîner, que de choses sérieuses, avec un respect exagéré. De temps en temps il regardait Clotilde. «Elle est vraiment plus jolie et plus fraîche», pensait-il. Puis ses yeux revenaient vers sa femme qu'il ne trouvait pas mal non plus, bien qu'il eût gardé contre elle une colère rentrée, tenace et méchante.

Mais la Patronne l'excitait par la difficulté de la conquête, et par cette nouveauté toujours désirée des hommes.

Elle voulut rentrer de bonne heure. «Je vous accompagnerai», dit-il.

Elle refusa. Il insistait : «Pourquoi ne voulez-vous pas ? Vous allez me blesser vivement. Ne me laissez pas croire que vous ne m'avez point pardonné. Vous voyez comme je suis calme.»

Elle répondit : «Vous ne pouvez pas abandonner ainsi vos invités.»

Il sourit : «Bah ! je serai vingt minutes absent. On ne s'en apercevra même pas. Si vous me refusez, vous me froisserez jusqu'au cœur.»

Elle murmura : «Eh bien, j'accepte.»

Mais dès qu'ils furent dans la voiture, il lui saisit la main, et la baisant avec passion : «Je vous aime, je vous aime. Laissez-moi vous le dire. Je ne vous toucherai pas. Je veux seulement vous répéter que je vous aime.»

Elle balbutiait : «Oh… après ce que vous m'avez promis… C'est mal… c'est mal.»

Il parut faire un grand effort, puis il reprit d'une voix contenue : «Tenez, vous voyez comme je me maîtrise. Et pourtant… Mais
630 laissez-moi vous dire seulement ceci… Je vous aime… et vous le répéter tous les jours… oui, laissez-moi aller chez vous m'agenouiller cinq minutes à vos pieds pour prononcer ces trois mots, en regardant votre visage adoré.»

Elle lui avait abandonné sa main, et elle répondit en haletant :
635 «Non, je ne peux pas, je ne veux pas. Songez à ce qu'on dirait, à mes domestiques, à mes filles. Non, non, c'est impossible…»

Il reprit : «Je ne peux plus vivre sans vous voir. Que ce soit chez vous ou ailleurs, il faut que je vous voie, ne fût-ce qu'une minute tous les jours, que je touche votre main, que je respire l'air soulevé
640 par votre robe, que je contemple la ligne de votre corps, et vos beaux grands yeux qui m'affolent.»

Elle écoutait, frémissante, cette banale musique d'amour et elle bégayait : «Non… non… c'est impossible. Taisez-vous!»

Il lui parlait tout bas, dans l'oreille, comprenant qu'il fallait la
645 prendre peu à peu, celle-là, cette femme simple, qu'il fallait la décider à lui donner des rendez-vous, où elle voudrait d'abord, où il voudrait ensuite : «Écoutez… Il le faut… je vous verrai… je vous attendrai devant votre porte… comme un pauvre… Si vous ne descendez pas, je monterai chez vous… mais je vous verrai… je vous
650 verrai… demain.»

Elle répétait : «Non, non, ne venez pas. Je ne vous recevrai point. Songez à mes filles.

— Alors dites-moi où je vous rencontrerai… dans la rue… n'importe où… à l'heure que vous voudrez… pourvu que je vous voie…
655 Je vous saluerai… Je vous dirai : "Je vous aime", et je m'en irai.»

Elle hésitait, éperdue. Et comme le coupé passait la porte de son hôtel, elle murmura très vite : «Eh bien, j'entrerai à la Trinité[1], demain, à trois heures et demie.»

Puis, étant descendue, elle cria à son cocher :
660 «Reconduisez M. Du Roy chez lui.»

Note

1. **Trinité** : église située dans le IXe arrondissement de Paris.

Comme il rentrait, sa femme lui demanda : «Où étais-tu donc passé ?»

Il répondit, à voix basse : «J'ai été jusqu'au télégraphe pour une dépêche pressée.»

665 Mme de Marelle s'approchait : «Vous me reconduisez, Bel-Ami, vous savez que je ne viens dîner si loin qu'à cette condition ?»

Puis se tournant vers Madeleine : «Tu n'es pas jalouse ?»

Mme Du Roy répondit lentement : «Non, pas trop.»

Les convives s'en allaient. Mme Laroche-Mathieu avait l'air d'une
670 petite bonne de province. C'était la fille d'un notaire, épousée par Laroche qui n'était alors que médiocre avocat. Mme Rissolin, vieille et prétentieuse, donnait l'idée d'une ancienne sage-femme dont l'éducation se serait faite dans les cabinets de lecture[1]. La vicomtesse de Percemur les regardait de haut. Sa «patte blanche»
675 touchait avec répugnance ces mains communes.

Clotilde, enveloppée de dentelles, dit à Madeleine en franchissant la porte de l'escalier : «C'était parfait, ton dîner. Tu auras dans quelque temps le premier salon politique de Paris.»

Dès qu'elle fut seule avec Georges, elle le serra dans ses bras :
680 «Oh ! mon chéri Bel-Ami, je t'aime tous les jours davantage.»

Le fiacre qui les portait roulait comme un navire.

«Ça ne vaut point notre chambre», dit-elle.

Il répondit : «Oh ! non.» Mais il pensait à Mme Walter.

IV

1 La place de la Trinité était presque déserte, sous un éclatant soleil de juillet. Une chaleur pesante écrasait Paris, comme si l'air de là-haut, alourdi, brûlé, était retombé sur la ville, de l'air épais et cuisant qui faisait mal dans la poitrine.
5 Les chutes d'eau, devant l'église, tombaient mollement. Elles semblaient fatiguées de couler, lasses et molles aussi, et le liquide du bassin où flottaient des feuilles et des bouts de papier avait l'air un peu verdâtre, épais et glauque.

Note 1. **cabinets de lecture** : bibliothèques où l'on peut consulter ou emprunter des livres.

Un chien, ayant sauté par-dessus le rebord de pierre, se baignait
dans cette onde douteuse. Quelques personnes assises sur les bancs
du petit jardin rond qui contourne le portail, regardaient cette bête
avec envie.

Du Roy tira sa montre. Il n'était encore que trois heures. Il avait
trente minutes d'avance.

Il riait en pensant à ce rendez-vous. «Les églises lui sont bonnes à
tous les usages, se disait-il. Elles la consolent d'avoir épousé un juif,
lui donnent une attitude de protestation dans le monde politique,
une allure comme il faut dans le monde distingué, et un abri pour
ses rencontres galantes. Ce que c'est que l'habitude de se servir de la
religion comme on se sert d'un en-tout-cas¹. S'il fait beau, c'est une
canne, s'il fait du soleil, c'est une ombrelle, s'il pleut, c'est un parapluie, et, si on ne sort pas, on le laisse dans l'antichambre. Et elles
sont des centaines comme ça, qui se fichent du bon Dieu comme
d'une guigne², mais qui ne veulent pas qu'on en dise du mal et qui
le prennent à l'occasion pour entremetteur³. Si on leur proposait
d'entrer dans un hôtel meublé, elles trouveraient cela une infamie,
et il leur semble tout simple de filer l'amour au pied des autels.»

Il marchait lentement le long du bassin ; puis il regarda l'heure de
nouveau à l'horloge du clocher, qui avançait de deux minutes sur sa
montre. Elle indiquait trois heures cinq.

Il jugea qu'il serait encore mieux dedans ; et il entra.

Une fraîcheur de cave le saisit ; il l'aspira avec bonheur, puis il fit
le tour de la nef⁴ pour bien connaître l'endroit.

Une autre marche régulière, interrompue parfois, puis recom-
mençant, répondait, au fond du vaste monument, au bruit de ses
pieds qui montait sonore sous la haute voûte. La curiosité lui vint
de connaître ce promeneur. Il le chercha. C'était un gros monsieur
chauve, qui allait le nez en l'air, le chapeau derrière le dos.

De place en place, une vieille femme agenouillée priait, la figure
40 dans ses mains.

Une sensation de solitude, de désert, de repos, saisissait l'esprit. La
lumière, nuancée par les vitraux, était douce aux yeux.

Du Roy trouva qu'il faisait «rudement bon» là-dedans.

Il revint près de la porte et regarda de nouveau sa montre. Il
45 n'était encore que trois heures quinze. Il s'assit à l'entrée de l'allée
principale, en regrettant qu'on ne pût pas fumer une cigarette. On
entendait toujours, au bout de l'église[1], près du chœur, la promenade lente du gros monsieur.

Quelqu'un entra. Georges se retourna brusquement. C'était une
50 femme du peuple, en jupe de laine, une pauvre femme, qui tomba
à genoux près de la première chaise, et resta immobile, les doigts
croisés, le regard au ciel, l'âme envolée dans la prière.

Du Roy la regardait avec intérêt, se demandant quel chagrin,
quelle douleur, quel désespoir pouvaient broyer ce cœur infime.
55 Elle crevait de misère; c'était visible. Elle avait peut-être encore un
mari qui la tuait de coups, ou bien un enfant mourant.

Il murmurait, mentalement : «Les pauvres êtres. Y en a-t-il qui
souffrent pourtant.» Et une colère lui vint contre l'impitoyable
nature. Puis il réfléchit que ces gueux croyaient au moins qu'on
60 s'occupait d'eux là-haut et que leur état civil se trouvait inscrit sur
les registres du ciel avec la balance de la dette et de l'avoir. «Là-haut.
– Où donc?»

Et Du Roy, que le silence de l'église poussait aux vastes rêves,
jugeant d'une pensée la création, prononça, du bout des lèvres :
65 «Comme c'est bête tout ça.»

Un bruit de robe le fit tressaillir. C'était elle.

Il se leva, s'avança vivement. Elle ne lui tendit pas la main, et
murmura, à voix basse : «Je n'ai que peu d'instants. Il faut que je
rentre, mettez-vous à genoux, près de moi, pour qu'on ne nous
70 remarque pas.»

Note

1. L'idée d'un rendez-vous galant dans une église vient sans doute de Flaubert dont les
héros Rodolphe et Emma dans *Madame Bovary* se rencontrent dans la cathédrale de
Rouen.

Et elle s'avança dans la grande nef, cherchant un endroit convenable et sûr, en femme qui connaît bien la maison. Sa figure était cachée par un voile épais, et elle marchait à pas sourds qu'on entendait à peine.

75 Quand elle fut arrivée près du chœur, elle se retourna et marmotta, de ce ton toujours mystérieux qu'on garde dans les églises : «Les bas-côtés[1] vaudront mieux. On est trop en vue par ici.»

Elle salua le Tabernacle[2] du maître-autel d'une grande inclinaison de tête, renforcée d'une légère révérence, et elle tourna à droite, re-
80 vint un peu vers l'entrée, puis, prenant une résolution, elle s'empara d'un prie-Dieu[3] et s'agenouilla.

Georges prit possession du prie-Dieu voisin, et, dès qu'ils furent immobiles, dans l'attitude de l'oraison[4] : «Merci, merci, dit-il. Je vous adore. Je voudrais vous le dire toujours, vous raconter com-
85 ment j'ai commencé à vous aimer, comment j'ai été séduit la première fois que je vous ai vue… Me permettrez-vous, un jour, de vider mon cœur, de vous exprimer tout cela?»

Elle l'écoutait dans une attitude de méditation profonde, comme si elle n'eût rien entendu. Elle répondit entre ses doigts : «Je suis
90 folle de vous laisser me parler ainsi, folle d'être venue, folle de faire ce que je fais, de vous laisser croire que cette… cette… cette aventure peut avoir une suite. Oubliez cela, il le faut, et ne m'en reparlez jamais.»

Elle attendit. Il cherchait une réponse, des mots décisifs, passion-
95 nés, mais, ne pouvant joindre le geste aux paroles, son action se trouvait paralysée.

Il reprit : «Je n'attends rien… je n'espère rien. Je vous aime. Quoi que vous fassiez, je vous le répéterai si souvent, avec tant de force et d'ardeur, que vous finirez bien par le comprendre. Je veux faire
100 pénétrer en vous ma tendresse, vous la verser dans l'âme, mot par mot, heure par heure, jour par jour, de sorte qu'enfin elle vous

---

Notes

1. bas-côtés : nefs latérales d'une église dont la hauteur est moins élevée que celle de la nef principale.
2. Tabernacle : petite armoire fermée à clé placée au milieu de l'autel principal,
le maître-autel, et contenant le ciboire où sont conservées des hosties consacrées.
3. prie-Dieu : siège bas sur lequel on s'agenouille pour prier.
4. oraison : prière.

imprègne comme une liqueur tombée goutte à goutte, qu'elle vous adoucisse, vous amollisse et vous force, plus tard, à me répondre : "Moi aussi, je vous aime." »

105 Il sentait trembler son épaule contre lui et sa gorge palpiter ; et elle balbutia, très vite : «Moi aussi, je vous aime. »

Il eut un sursaut, comme si un grand coup lui fût tombé sur la tête, et il soupira : «Oh! mon Dieu!…»

Elle reprit, d'une voix haletante : «Est-ce que je devrais vous
110 dire cela? Je me sens coupable et méprisable… moi… qui ai deux filles… mais je ne peux pas… je ne peux pas… Je n'aurais pas cru… je n'aurais jamais pensé… c'est plus fort… plus fort que moi. Écoutez… écoutez… je n'ai jamais aimé… que vous… je vous le jure. Et je vous aime, depuis un an, en secret, dans le secret de mon cœur.
115 Oh! j'ai souffert, allez, et lutté, je ne peux plus, je vous aime…»

Elle pleurait dans ses doigts croisés sur son visage, et tout son corps frémissait, secoué par la violence de son émotion.

Georges murmura : «Donnez-moi votre main, que je la touche, que je la presse…»

120 Elle ôta lentement sa main de sa figure. Il vit sa joue toute mouillée, et une goutte d'eau prête à tomber encore au bord des cils.

Il avait pris cette main, il la serrait : «Oh! comme je voudrais boire vos larmes. »

Elle dit d'une voix basse et brisée, qui ressemblait à un gémisse-
125 ment : «N'abusez pas de moi… je me suis perdue!»

Il eut envie de sourire. Comment aurait-il abusé d'elle en ce lieu? Il posa sur son cœur la main qu'il tenait, en demandant : «Le sentez-vous battre?» Car il était à bout de phrases passionnées.

Mais, depuis quelques instants, le pas régulier du promeneur se
130 rapprochait. Il avait fait le tour des autels, et il redescendait, pour la seconde fois au moins, par la petite nef de droite. Quand Mme Walter l'entendit tout près du pilier qui la cachait, elle arracha ses doigts de l'étreinte de Georges, et, de nouveau, se couvrit la figure.

Et ils restèrent tous deux immobiles, agenouillés comme s'ils
135 eussent adressé ensemble au ciel des supplications ardentes. Le gros monsieur passa près d'eux, leur jeta un regard indifférent, et s'éloigna vers le bas de l'église en tenant toujours son chapeau dans son dos.

Mais Du Roy, qui songeait à obtenir un rendez-vous ailleurs qu'à
140 La Trinité, murmura : «Où vous verrai-je demain?»

Elle ne répondit pas. Elle semblait inanimée, changée en statue
de la Prière.

Il reprit : «Demain, voulez-vous que je vous retrouve au parc
Monceau?»

145 Elle tourna vers lui sa face redécouverte, une face livide, crispée
par une souffrance affreuse, et, d'une voix saccadée : «Laissez-moi…
laissez-moi, maintenant… allez-vous-en… allez-vous-en… seulement cinq minutes… je souffre trop, près de vous… je veux prier…
je ne peux pas… allez-vous-en… laissez-moi prier… seule… cinq
150 minutes… je ne peux pas… laissez-moi implorer Dieu… qu'il me
pardonne… qu'il me sauve… laissez-moi… cinq minutes…»

Elle avait un visage tellement bouleversé, une figure si doulou-
reuse, qu'il se leva sans dire un mot, puis, après un peu d'hésitation,
il demanda : «Je reviendrai tout à l'heure?»

155 Elle fit un signe de tête, qui voulait dire : «Oui, tout à l'heure.»
Et il remonta vers le chœur.

Alors, elle tenta de prier. Elle fit un effort d'invocation surhumain pour appeler Dieu, et, le corps vibrant, l'âme éperdue[1], elle
cria : «Pitié!» vers le ciel.

160 Elle fermait ses yeux avec rage pour ne plus voir celui qui venait
de s'en aller! Elle le chassait de sa pensée, elle se débattait contre lui,
mais au lieu de l'apparition céleste attendue dans la détresse de son
cœur, elle apercevait toujours la moustache frisée du jeune homme.

Depuis un an, elle luttait ainsi tous les jours, tous les soirs, contre
165 cette obsession grandissante, contre cette image qui hantait ses
rêves, qui hantait sa chair et troublait ses nuits. Elle se sentait prise
comme une bête dans un filet, liée, jetée entre les bras de ce mâle
qui l'avait vaincue, conquise, rien que par le poil de sa lèvre et par
la couleur de ses yeux.

170 Et maintenant, dans cette église, tout près de Dieu, elle se sentait
plus faible, plus abandonnée, plus perdue encore que chez elle. Elle
ne pouvait plus prier, elle ne pouvait penser qu'à lui. Elle souffrait
déjà qu'il se fût éloigné. Elle luttait cependant en désespérée, elle

Note | 1. **éperdue** : profondément troublée.

se défendait, appelait du secours de toute la force de son âme. Elle
175 eût voulu mourir plutôt que de tomber ainsi, elle qui n'avait point
failli[1]. Elle murmurait des paroles éperdues de supplication ; mais
elle écoutait le pas de Georges s'affaiblir dans le lointain des voûtes.

Elle comprit que c'était fini, que la lutte était inutile ! Elle ne voulait pas céder pourtant ; et elle fut saisie par une de ces crises d'éner-
180 vement qui jettent les femmes, palpitantes, hurlantes et tordues sur
le sol. Elle tremblait de tous ses membres, sentant bien qu'elle allait
tomber, se rouler entre les chaises en poussant des cris aigus.

Quelqu'un s'approchait d'une marche rapide. Elle tourna la tête.
C'était un prêtre. Alors elle se leva, courut à lui, en tenant ses mains
185 jointes, et elle balbutia : «Oh ! sauvez-moi ! sauvez-moi ! »

Il s'arrêta, surpris : «Qu'est-ce que vous désirez, madame ?

— Je veux que vous me sauviez. Ayez pitié de moi. Si vous ne
venez pas à mon aide, je suis perdue. »

Il la regardait, se demandant si elle n'était pas folle. Il reprit :
190 «Que puis-je faire pour vous ? »

C'était un jeune homme, grand, un peu gras, aux joues pleines
et tombantes, teintées de noir par la barbe rasée avec soin, un beau
vicaire de ville, de quartier opulent, habitué aux riches pénitentes[2].

«Recevez ma confession, dit-elle, et conseillez-moi, soutenez-
195 moi, dites-moi ce qu'il faut faire ! »

Il répondit : «Je confesse tous les samedis, de trois heures à six
heures. »

Ayant saisi son bras, elle le serrait en répétant : «Non ! non ! non !
tout de suite ! tout de suite ! Il le faut ! Il est là ! dans cette église !
200 m'attend. »

Le prêtre demanda : «Qui est-ce qui vous attend ?

— Un homme… qui va me perdre… qui va me prendre, si vous ne
me sauvez pas… Je ne peux plus le fuir… Je suis trop faible… trop
faible… si faible… si faible !… »

205 Elle s'abattit à ses genoux, et sanglotant : «Oh ! ayez pitié de moi,
mon père ! Sauvez-moi, au nom de Dieu, sauvez-moi ! »

Elle le tenait par sa robe noire pour qu'il ne pût s'échapper ; et lui, inquiet, regardait de tous les côtés, si quelque œil malveillant ou dévot ne voyait point cette femme tombée à ses pieds.

210 Comprenant, enfin, qu'il ne lui échapperait pas : «Relevez-vous, dit-il, j'ai justement sur moi la clef du confessionnal.» Et fouillant dans sa poche, il en tira un anneau garni de clefs, puis il en choisit une, et il se dirigea, d'un pas rapide, vers les petites cabanes de bois, sorte de boîtes aux ordures de l'âme, où les croyants vident leurs 215 péchés.

Il entra par la porte du milieu qu'il referma sur lui, et Mme Walter, s'étant jetée dans l'étroite case d'à côté, balbutia avec ferveur, avec un élan passionné d'espérance : «Bénissez-moi, mon père, parce que j'ai péché…»[1]

....

220 Du Roy, ayant fait le tour du chœur, descendit la nef de gauche. Il arrivait au milieu quand il rencontra le gros monsieur chauve, allant toujours de son pas tranquille, et il se demanda : «Qu'est-ce que ce particulier-là peut bien faire ici ?»

Le promeneur aussi avait ralenti sa marche et regardait Georges 225 avec un désir visible de lui parler. Quand il fut tout près, il salua, et très poliment : «Je vous demande pardon, monsieur, de vous déranger, mais pourriez-vous me dire à quelle époque a été construit ce monument[2] ?»

Du Roy répondit : «Ma foi, je n'en sais trop rien, je pense qu'il 230 y a vingt ans, ou vingt-cinq ans. C'est, d'ailleurs, la première fois que j'y entre.

— Moi aussi. Je ne l'avais jamais vu.»

Alors, le journaliste, qu'un intérêt gagnait, reprit : «Il me semble que vous le visitez avec grand soin. Vous l'étudiez dans ses détails.»

235 L'autre, avec résignation : «Je ne le visite pas, monsieur, j'attends ma femme qui m'a donné rendez-vous ici, et qui est fort en retard.»

Puis il se tut, et après quelques secondes : «Il fait rudement chaud, dehors.»

Notes

1. Formule rituelle au début de la confession.

2. L'église de la Trinité fut construite de 1861 à 1867 par Ballu. Oudinot en réalisa les vitraux et Jobbé-Duval les peintures.

Du Roy le considérait, lui trouvant une bonne tête, et, tout à
240 coup, il s'imagina qu'il ressemblait à Forestier.

«Vous êtes de la province? dit-il.

– Oui. Je suis de Rennes. Et vous, monsieur, c'est par curiosité
que vous êtes entré dans cette église?

– Non. J'attends une femme, moi.» Et l'ayant salué, le journaliste
245 s'éloigna, le sourire aux lèvres.

En approchant de la grande porte, il revit la pauvresse, toujours
à genoux et priant toujours. Il pensa: «Cristi! elle a l'invocation
tenace.» Il n'était plus ému, il ne la plaignait plus.

Il passa, et, doucement, se mit à remonter la nef de droite pour
250 retrouver Mme Walter.

Il guettait de loin la place où il l'avait laissée, s'étonnant de ne
pas l'apercevoir. Il crut s'être trompé de pilier, alla jusqu'au dernier, et revint ensuite. Elle était donc partie! Il demeurait surpris
et furieux. Puis il s'imagina qu'elle le cherchait, et il refit le tour de
255 l'église. Ne l'ayant point trouvée, il retourna s'asseoir sur la chaise
qu'elle avait occupée, espérant qu'elle l'y rejoindrait. Et il attendit.

Bientôt un léger murmure de voix éveilla son attention. Il n'avait
vu personne dans ce coin de l'église. D'où venait donc ce chucho-
tement? Il se leva pour chercher, et il aperçut, dans la chapelle voi-
260 sine, les portes du confessionnal. Un bout de robe sortait de l'une
et traînait sur le pavé. Il s'approcha pour examiner la femme. Il la
reconnut. Elle se confessait!…

Il sentit un désir violent de la prendre par les épaules et de l'arracher de cette boîte. Puis il pensa: «Bah! C'est le tour du curé, ce
265 sera le mien demain.» Et il s'assit tranquillement en face des gui-
chets de la pénitence, attendant son heure, et ricanant, à présent, de
l'aventure.

Il attendit longtemps. Enfin, Mme Walter se releva, se retourna,
le vit et vint à lui. Elle avait un visage froid et sévère: «Mon-
270 sieur, dit-elle, je vous prie de ne pas m'accompagner, de ne pas me
suivre, et de ne plus venir, seul, chez moi. Vous ne seriez point reçu.
Adieu!»

Et elle s'en alla, d'une démarche digne.

Il la laissa s'éloigner, car il avait pour principe de ne jamais forcer
275 les événements. Puis comme le prêtre, un peu troublé, sortait à son

tour de son réduit, il marcha droit à lui, et le regardant au fond des yeux, il lui grogna dans le nez : «Si vous ne portiez point une jupe, vous, quelle paire de soufflets sur votre vilain museau!»

Puis il pivota sur ses talons et sortit de l'église en sifflotant.

280 Debout sous le portail, le gros monsieur, le chapeau sur la tête et les mains derrière le dos, las d'attendre, parcourait du regard la vaste place et toutes les rues qui s'y rejoignent.

Quand Du Roy passa près de lui, ils se saluèrent.

Le journaliste, se trouvant libre, descendit à *La Vie française*. Dès 285 l'entrée, il vit, à la mine affairée des garçons, qu'il se passait des choses anormales, et il entra brusquement dans le cabinet du directeur.

Le père Walter, debout, nerveux, dictait un article par phrases hachées, donnait, entre deux alinéas[1], des missions à ses reporters 290 qui l'entouraient, faisait des recommandations à Boisrenard, et décachetait des lettres.

Quand Du Roy entra, le patron poussa un cri de joie : «Ah! quelle chance, voilà Bel-Ami!»

Il s'arrêta net, un peu confus, et s'excusa : «Je vous demande 295 pardon de vous avoir appelé ainsi, je suis très troublé par les circonstances. Et puis, j'entends ma femme et mes filles vous nommer "Bel-Ami" du matin au soir, et je finis par en prendre moi-même l'habitude. Vous ne m'en voulez pas?»

Georges riait : «Pas du tout. Ce surnom n'a rien qui me déplaise.»

300 Le père Walter reprit : «Très bien, alors je vous baptise Bel-Ami, comme tout le monde. Eh bien! voilà, nous avons de gros événements. Le ministère tombé, sur un vote de trois cent dix voix contre cent deux. Nos vacances sont encore remises, remises aux calendes grecques[2], et nous voici au vingt-huit juillet. L'Espagne 305 se fâche pour le Maroc, c'est ce qui a jeté bas Durand de l'Aine et ses acolytes. Nous sommes dans le pétrin jusqu'au cou. Marrot est chargé de former un nouveau cabinet[3]. Il prend le général Bou-

---

Notes

1. alinéas : paragraphes.
2. remises aux calendes grecques : repoussées à un temps qui ne peut venir (les Grecs n'avaient pas de calendes, qui

étaient le premier jour de chaque mois chez les Romains).
3. cabinet : ensemble des ministres d'un gouvernement.

tin d'Acre à la guerre et notre ami Laroche-Mathieu aux Affaires étrangères. Il garde lui-même le portefeuille de l'Intérieur, avec la présidence du Conseil. Nous allons devenir une feuille officieuse. Je fais l'article de tête, une simple déclaration de principes, en traçant leur voie aux ministres. »

Le bonhomme sourit et reprit : « La voie qu'ils comptent suivre, bien entendu. Mais il me faudrait quelque chose d'intéressant sur la question du Maroc, une actualité, une chronique à effet, à sensation, je ne sais quoi ? Trouvez-moi ça, vous. »

Du Roy réfléchit une seconde, puis répondit : « J'ai votre affaire. Je vous donne une étude sur la situation politique de toute notre colonie africaine, avec la Tunisie à gauche, l'Algérie au milieu, et le Maroc à droite, l'histoire des races qui peuplent ce grand territoire, et le récit d'une excursion sur la frontière marocaine jusqu'à la grande oasis de Figuig où aucun Européen n'a pénétré et qui est la cause du conflit actuel. Ça vous va-t-il ? »

Le père Walter s'écria : « Admirable ! Et quel titre ?

— *De Tunis à Tanger*[1] !

— Superbe. »

Et Du Roy s'en alla fouiller dans la collection de *La Vie française* pour retrouver son premier article : « Les mémoires[2] d'un chasseur d'Afrique », qui, débaptisé, retapé et modifié, ferait admirablement l'affaire, d'un bout à l'autre, puisqu'il y était question de politique coloniale, de la population algérienne et d'une excursion dans la province d'Oran.

En trois quarts d'heure, la chose fut refaite, rafistolée, mise au point, avec une saveur d'actualité, et des louanges pour le nouveau cabinet.

Le directeur, ayant lu l'article, déclara : « C'est parfait… parfait.. parfait. Vous êtes un homme précieux. Tous mes compliments. »

Et Du Roy rentra dîner, enchanté de sa journée, malgré l'échec de la Trinité, car il sentait bien la partie gagnée.

Sa femme, fiévreuse, l'attendait. Elle s'écria en le voyant :

« Tu sais que Laroche est ministre des Affaires étrangères.

Notes

1. *Tanger* : ville et principal port du Maroc.

2. Erreur de Maupassant : il s'agit en fait de « *Souvenirs* ».

— Oui, je viens même de faire un article sur l'Algérie à ce sujet.

— Quoi donc ?

— Tu le connais, le premier que nous ayons écrit ensemble : *Les*
345 *Mémoires d'un Chasseur d'Afrique*, revu et corrigé pour la circonstance. »

Elle sourit. « Ah ! oui, mais ça va très bien. »

Puis après avoir songé quelques instants : « J'y pense, cette suite
que tu devais faire alors, et que tu as… laissée en route. Nous pou-
350 vons nous y mettre à présent. Ça nous donnera une jolie série bien
en situation. »

Il répondit en s'asseyant devant son potage : « Parfaitement.
Rien ne s'y oppose plus, maintenant que ce cocu de Forestier est
trépassé[1]. »

355 Elle répliqua vivement d'un ton sec, blessé : « Cette plaisanterie
est plus que déplacée, et je te prie d'y mettre un terme. Voilà trop
longtemps qu'elle dure. »

Il allait riposter avec ironie ; on lui apporta une dépêche contenant cette seule phrase, sans signature : « J'avais perdu la tête. Par-
360 donnez-moi et venez demain, quatre heures, au parc Monceau. »

Il comprit, et, le cœur tout à coup plein de joie, il dit à sa femme,
en glissant le papier bleu dans sa poche : « Je ne le ferai plus, ma
chérie. C'est bête. Je le reconnais. »

Et il commença à dîner.

365 Tout en mangeant il se répétait ces quelques mots : « J'avais perdu
la tête, pardonnez-moi, et venez demain, quatre heures, au parc
Monceau. » Donc elle cédait. Cela voulait dire : « Je me rends, je suis
à vous, où vous voudrez, quand vous voudrez. »

Il se mit à rire. Madeleine demanda :

370 « Qu'est-ce que tu as ?

— Pas grand-chose. Je pense à un curé que j'ai rencontré tantôt, et
qui avait une bonne binette. »

Du Roy arriva juste à l'heure au rendez-vous du lendemain. Sur
tous les bancs du parc étaient assis des bourgeois accablés par la

---

1. trépassé : mort.

375 chaleur, et des bonnes nonchalantes qui semblaient rêver pendant que les enfants se roulaient dans le sable des chemins.

Il trouva Mme Walter dans la petite ruine antique où coule une source. Elle faisait le tour du cirque étroit de colonnettes, d'un air inquiet et malheureux.

380 Aussitôt qu'il l'eut saluée : «Comme il y a du monde dans ce jardin!» dit-elle.

Il saisit l'occasion : «Oui, c'est vrai; voulez-vous venir autre part?

— Mais où?

— N'importe où, dans une voiture, par exemple. Vous baisserez le 385 store de votre côté, et vous serez bien à l'abri.

— Oui, j'aime mieux ça; ici je meurs de peur.

— Eh bien, vous allez me retrouver dans cinq minutes à la porte qui donne sur le boulevard extérieur. J'y arriverai avec un fiacre.»

Et il partit en courant.

390 Dès qu'elle l'eut rejoint et qu'elle eut bien voilé la vitre de son côté, elle demanda : «Où avez-vous dit au cocher de nous conduire?»

Georges répondit : «Ne vous occupez de rien, il est au courant.»

Il avait donné à l'homme l'adresse de son appartement de la rue de Constantinople.

395 Elle reprit : «Vous ne vous figurez pas comme je souffre à cause de vous, comme je suis tourmentée et torturée. Hier, j'ai été dure, dans l'église, mais je voulais vous fuir à tout prix. J'ai tellement peur de me trouver seule avec vous. M'avez-vous pardonnée?»

Il lui serrait les mains : «Oui, oui. Qu'est-ce que je ne vous par-400 donnerais pas, vous aimant comme je vous aime?»

Elle le regardait d'un air suppliant : «Écoutez, il faut me promettre de me respecter… de ne pas… de ne pas… autrement je ne pourrais plus vous revoir.»

Il ne répondit point d'abord; il avait sous la moustache ce sourire 405 fin qui troublait les femmes. Il finit par murmurer : «Je suis votre esclave.»

Alors elle se mit à lui raconter comment elle s'était aperçue qu'elle l'aimait en apprenant qu'il allait épouser Madeleine Forestier. Elle donnait des détails, de petits détails de dates et de choses intimes.

410 Soudain elle se tut. La voiture venait de s'arrêter. Du Roy ouvrit la portière.

«Où sommes-nous?» dit-elle.

Il répondit : «Descendez et entrez dans cette maison. Nous y serons plus tranquilles.

415 — Mais où sommes-nous?

— Chez moi. C'est mon appartement de garçon que j'ai repris... pour quelques jours... pour avoir un coin où nous puissions nous voir.»

Elle s'était cramponnée au capiton du fiacre, épouvantée à l'idée 420 de ce tête-à-tête, et elle balbutiait :

«Non, non, je veux pas! Je ne veux pas!»

Il prononça d'une voix énergique : «Je vous jure de vous respecter. Venez. Vous voyez bien qu'on nous regarde, qu'on va se rassembler autour de nous. Dépêchez-vous... dépêchez-vous... descendez.»

425 Et il répéta : «Je vous jure de vous respecter.»

Un marchand de vin sur sa porte les regardait d'un air curieux. Elle fut saisie de terreur et s'élança dans la maison.

Elle allait monter l'escalier. Il la retint par le bras : «C'est ici, au rez-de-chaussée.»

430 Et il la poussa dans son logis.

Dès qu'il eut refermé la porte, il la saisit comme une proie. Elle se débattait, luttait, bégayait : «Oh! mon Dieu!... oh! mon Dieu!...»

Il lui baisait le cou, les yeux, les lèvres avec emportement, sans qu'elle pût éviter ses caresses furieuses; et tout en le repoussant, tout 435 en fuyant sa bouche, elle lui rendait, malgré elle, ses baisers.

Tout d'un coup elle cessa de se débattre, et vaincue, résignée, se laissa dévêtir par lui. Il enlevait une à une, adroitement et vite toutes les parties de son costume, avec des doigts légers de femme de chambre.

440 Elle lui avait arraché des mains son corsage pour se cacher la fi-gure dedans, et elle demeurait debout, toute blanche, au milieu de ses robes abattues à ses pieds.

Il lui laissa ses bottines et l'emporta dans ses bras vers le lit. Alors, elle lui murmura à l'oreille, d'une voix brisée : «Je vous jure... je 445 vous jure... que je n'ai jamais eu d'amant.» Comme une jeune fille aurait dit : «Je vous jure que je suis vierge.»

Et il pensait : «Voilà ce qui m'est bien égal, par exemple.»

V

L'automne était venu. Les Du Roy avaient passé à Paris tout l'été, menant une campagne énergique dans *La Vie française* en faveur du nouveau cabinet pendant les courtes vacances des députés.

Quoiqu'on fût seulement dans les premiers jours d'octobre, les Chambres allaient reprendre leurs séances, car les affaires du Maroc devenaient menaçantes.

Personne, au fond, ne croyait à une expédition vers Tanger, bien que, le jour de la séparation du Parlement, un député de la droite, le comte de Lambert-Sarrazin, dans un discours plein d'esprit, applaudi même par les centres, eût offert de parier et de donner en gage sa moustache, comme avait fait jadis un célèbre vice-roi des Indes, contre les favoris du chef du Conseil que le nouveau cabinet ne se pourrait tenir d'imiter l'ancien et d'envoyer une armée à Tanger, en pendant à celle de Tunis, par amour de la symétrie, comme on met deux vases sur une cheminée.

Il avait ajouté : «La terre d'Afrique est en effet une cheminée pour la France, messieurs, une cheminée qui brûle notre meilleur bois, une cheminée à grand tirage qu'on allume avec le papier de la Banque.

«Vous vous êtes offert la fantaisie artiste d'orner l'angle de gauche d'un bibelot tunisien qui vous coûte cher, vous verrez que M. Marrot va vouloir imiter son prédécesseur et orner l'angle de droite avec un bibelot marocain.»

Ce discours, demeuré célèbre, avait servi de thème à Du Roy pour dix articles sur la colonie algérienne, pour toute sa série interrompue lors de ses débuts au journal, et il avait soutenu énergiquement l'idée d'une expédition militaire, bien qu'il fût convaincu qu'elle n'aurait pas lieu. Il avait fait vibrer la corde patriotique et bombardé l'Espagne avec tout l'arsenal d'arguments méprisants qu'on emploie contre les peuples dont les intérêts sont contraires aux vôtres.

La Vie française avait gagné une importance considérable à ses attaches connues avec le Pouvoir. Elle donnait, avant les feuilles les plus sérieuses, les nouvelles politiques, indiquait par des nuances les intentions des ministres ses amis ; et tous les journaux de Paris et de la province cherchaient chez elle leurs informations. On la citait, on la redoutait, on commençait à la respecter. Ce n'était plus l'organe suspect d'un groupe de tripoteurs politiques, mais l'organe avoué du cabinet. Laroche-Mathieu était l'âme du journal et Du Roy son porte-voix. Le père Walter, député muet et directeur cauteleux, sachant s'effacer, s'occupait dans l'ombre, disait-on, d'une grosse affaire de mines de cuivre, au Maroc.

Le salon de Madeleine était devenu un centre influent, où se réunissaient chaque semaine plusieurs membres du cabinet. Le président du Conseil avait même dîné deux fois chez elle ; et les femmes des hommes d'État, qui hésitaient autrefois à franchir sa porte se vantaient à présent d'être ses amies, lui faisant plus de visites qu'elles n'en recevaient d'elle.

Le ministre des Affaires étrangères régnait presque en maître dans la maison. Il y venait à toute heure, apportant des dépêches, des renseignements, des informations qu'il dictait soit au mari, soit à la femme, comme s'ils eussent été ses secrétaires.

Quand Du Roy, après le départ du ministre, demeurait seul en face de Madeleine, il s'emportait, avec des menaces dans la voix, et des insinuations perfides dans les paroles, contre les allures de ce médiocre parvenu.

Mais elle haussait les épaules avec mépris, répétant : « Fais-en autant que lui, toi. Deviens ministre ; et tu pourras faire ta tête. Jusque-là, tais-toi. »

Il frisait sa moustache en la regardant de côté. « On ne sait pas de quoi je suis capable, disait-il, on l'apprendra peut-être, un jour. »

Elle répondait avec philosophie : « Qui vivra, verra. »

Le matin de la rentrée des Chambres, la jeune femme, encore au lit, faisait mille recommandations à son mari qui s'habillait afin d'aller déjeuner chez M. Laroche-Mathieu et de recevoir ses instructions avant la séance, pour l'article politique du lendemain dans *La Vie française*, cet article devant être une sorte de déclaration officieuse des projets réels du cabinet.

Madeleine disait : « Surtout n'oublie pas de lui demander si le général Belloncle est envoyé à Oran, comme il en était question. Cela aurait une grande signification. »

Georges, nerveux, répondit : « Mais je sais aussi bien que toi ce que j'ai à faire. Fiche-moi la paix avec tes rabâchages. »

Elle reprit tranquillement : «Mon cher, tu oublies toujours la moitié des commissions dont je te charge pour le ministre.»

75 Il grogna : «Il m'embête, ton ministre, à la fin! C'est un serin.»

Elle dit avec calme : «Ce n'est pas plus mon ministre que le tien. Il t'est plus utile qu'à moi.»

Il s'était tourné un peu vers elle en ricanant : «Pardon, il ne me fait pas la cour, à moi.»

80 Elle déclara, lentement : «À moi non plus, d'ailleurs; mais il fait notre fortune.»

Il se tut, puis, après quelques instants : «Si j'avais à choisir parmi tes adorateurs, j'aimerais encore mieux cette vieille ganache[1] de Vaudrec. Qu'est-ce qu'il devient celui-là, je ne l'ai pas vu depuis 85 huit jours?»

Elle répliqua, sans s'émouvoir : «Il est souffrant, il m'a écrit qu'il gardait même le lit avec une attaque de goutte. Tu devrais passer prendre de ses nouvelles. Tu sais qu'il t'aime beaucoup, et cela lui ferait plaisir.»

90 Georges répondit : «Oui, certainement, j'irai tantôt.»

Il avait achevé sa toilette, et, son chapeau sur la tête, il cherchait s'il n'avait rien négligé. N'ayant rien trouvé, il s'approcha du lit, embrassa sa femme sur le front : «À tantôt, ma chérie, je ne serai pas rentré avant sept heures au plus tôt.»

95 Et il sortit.

M. Laroche-Mathieu l'attendait, car il déjeunait à dix heures ce jour-là, le Conseil devant se réunir à midi, avant la réouverture du Parlement.

Dès qu'ils furent à table, seuls avec le secrétaire particulier du mi- 100 nistre, Mme Laroche-Mathieu n'ayant pas voulu changer l'heure de son repas, Du Roy parla de son article, il en indiqua la ligne, consul- tant ses notes griffonnées sur des cartes de visite; puis quand il eut fini : «Voyez-vous quelque chose à modifier, mon cher ministre?

— Fort peu, mon cher ami. Vous êtes peut-être un peu trop affir- 105 matif dans l'affaire du Maroc. Parlez de l'expédition comme si elle devait avoir lieu, mais en laissant bien entendre qu'elle n'aura pas lieu et que vous n'y croyez pas le moins du monde. Faites que le

---

Note

1. ganache : personne incapable et stupide.

public lise bien entre les lignes que nous n'irons pas nous fourrer dans cette aventure.

110 – Parfaitement. J'ai compris, et je me ferai bien comprendre. Ma femme m'a chargé de vous demander à ce sujet si le général Belloncle serait envoyé à Oran. Après ce que vous venez de dire, je conclus que non. »

L'homme d'État répondit : « Non. »

115 Puis on causa de la session qui s'ouvrait. Laroche-Mathieu se mit à pérorer[1], préparant l'effet des phrases qu'il allait répandre sur ses collègues quelques heures plus tard. Il agitait sa main droite, levant en l'air tantôt sa fourchette, tantôt son couteau, tantôt une bouchée de pain, et sans regarder personne, s'adressant à l'Assemblée invi-

120 sible, il expectorait son éloquence liquoreuse[2] de beau garçon bien coiffé. Une très petite moustache roulée redressait sur sa lèvre deux pointes pareilles à des queues de scorpion, et ses cheveux huilés de brillantine, séparés au milieu du front, arrondissaient sur ses tempes deux bandeaux de bellâtre[3] provincial. Il était un peu trop gras, un

125 peu bouffi, bien que jeune ; le ventre tendait son gilet.

Le secrétaire particulier mangeait et buvait tranquillement, accoutumé sans doute à ces douches de faconde[4] ; mais Du Roy, que la jalousie du succès obtenu mordait au cœur, songeait : « Va donc, ganache ! Quels crétins que ces hommes politiques ! »

130 Et, comparant sa valeur à lui, à l'importance bavarde de ce ministre, il se disait : « Cristi, si j'avais seulement cent mille francs nets pour me présenter à la députation de mon beau pays de Rouen, pour rouler dans la pâte[5] de leur grosse malice mes braves Normands finauds et lourdauds, quel homme d'État je ferais, à côté de

135 ces polissons imprévoyants. »

Jusqu'au café, M. Laroche-Mathieu parla, puis, ayant vu qu'il était tard, il sonna pour qu'on fît avancer son coupé, et, tendant la main au journaliste :

« C'est bien compris, mon cher ami ?

Notes

1. **pérorer :** parler d'une manière prétentieuse, avec emphase.
2. **liquoreuse :** qui coule comme une liqueur, fluide.
3. **bellâtre :** homme physiquement beau mais prétentieux et niais.
4. **faconde :** élocution aisée.
5. **rouler dans la pâte :** tromper.

– Parfaitement, mon cher ministre, comptez sur moi. »

Et Du Roy s'en alla tout doucement vers le journal, pour commencer son article, car il n'avait rien à faire jusqu'à quatre heures. À quatre heures il devait retrouver, rue de Constantinople, Mme de Marelle qu'il y voyait toujours régulièrement deux fois par semaine, le lundi et le vendredi.

Mais en entrant à la rédaction, on lui remit une dépêche fermée ; elle était de Mme Walter et disait :

Il faut absolument que je te parle aujourd'hui. C'est très grave, très grave. Attends-moi à deux heures rue de Constantinople. Je peux te rendre un grand service.

Ton amie jusqu'à la mort,
VIRGINIE.

Il jura : «Nom de Dieu ! quel crampon[1]. » Et, saisi par un accès de mauvaise humeur, il ressortit aussitôt, trop irrité pour travailler.

Depuis six semaines il essayait de rompre avec elle sans parvenir à lasser son attachement acharné.

Elle avait eu, après sa chute, un accès de remords épouvantable, et, dans trois rendez-vous successifs, avait accablé son amant de reproches et de malédictions. Ennuyé de ces scènes, et déjà rassasié de cette femme mûre et dramatique, il s'était simplement éloigné, espérant que l'aventure serait finie de cette façon. Mais alors elle s'était accrochée à lui éperdument, se jetant dans cet amour comme on se jette dans une rivière avec une pierre au cou. Il s'était laissé reprendre, par faiblesse, par complaisance, par égards ; et elle l'avait emprisonné dans une passion effrénée et fatigante, elle l'avait persécuté de sa tendresse.

Elle voulait le voir tous les jours, l'appelait à tout moment par des télégrammes, pour des rencontres rapides au coin des rues, dans un magasin, dans un jardin public.

Elle lui répétait alors, en quelques phrases, toujours les mêmes, qu'elle l'adorait et l'idolâtrait, puis elle le quittait en lui jurant «qu'elle était bien heureuse de l'avoir vu».

Note

1. **crampon :** personne importune dont on n'arrive pas à se débarrasser.

Elle se montrait tout autre qu'il ne l'avait rêvée, essayant de le séduire avec des grâces puériles, des enfantillages d'amour ridicules à son âge. Étant demeurée jusque-là strictement honnête, vierge de cœur, fermée à tout sentiment, ignorante de toute sensualité, ça avait été tout d'un coup chez cette femme sage dont la quarantaine tranquille semblait un automne pâle après un été froid, ça avait été une sorte de printemps fané, plein de petites fleurs mal sorties et de bourgeons avortés, une étrange éclosion d'amour de fillette, d'amour tardif, ardent et naïf, fait d'élans imprévus, de petits cris de seize ans, de cajoleries embarrassantes, de grâces vieillies sans avoir été jeunes. Elle lui écrivait dix lettres en un jour, des lettres niaisement folles, d'un style bizarre, poétique et risible, orné comme celui des Indiens, plein de noms de bêtes et d'oiseaux.

Dès qu'ils étaient seuls elle l'embrassait avec des gentillesses lourdes de grosse gamine, des moues de lèvres un peu grotesques, des sauteries qui secouaient sa poitrine trop pesante sous l'étoffe du corsage.

Il était surtout écœuré de l'entendre dire « Mon rat », « Mon chien », « Mon chat », « Mon bijou », « Mon oiseau bleu », « Mon trésor », et de la voir s'offrir à lui chaque fois avec une petite comédie de pudeur enfantine, de petits mouvements de crainte qu'elle jugeait gentils, et de petits jeux de pensionnaire dépravée.

Elle demandait : « À qui cette bouche-là ? » Et quand il ne répondait pas tout de suite : « C'est à moi » ; elle insistait jusqu'à le faire pâlir d'énervement.

Elle aurait dû sentir, lui semblait-il, qu'il faut, en amour, un tact, une adresse, une prudence et une justesse extrêmes, que s'étant donnée à lui, elle, mûre, mère de famille, femme du monde, elle devait se livrer gravement, avec une sorte d'emportement contenu, sévère, avec des larmes peut-être, mais avec les larmes de Didon, non plus avec celles de Juliette[1].

Elle lui répétait sans cesse : « Comme je t'aime, mon petit ! M'aimes-tu autant, dis, mon bébé ? »

Note

1. Didon est la princesse de Tyr, éprise du prince troyen Énée dans L'Énéide de Virgile ; après le départ d'Énée, elle se poignarde sur un bûcher. Juliette, héroïne de la pièce de Shakespeare Roméo et Juliette, amoureuse de Roméo, absorbe un narcotique pour échapper à un mariage avec un homme qu'elle n'aime pas.

205 Il ne pouvait plus l'entendre prononcer «mon petit» ni «mon bébé» sans avoir envie de l'appeler «ma vieille».

Elle lui disait : «Quelle folie j'ai faite de te céder. Mais je ne le regrette pas. C'est si bon d'aimer!»

Tout cela semblait à Georges irritant dans cette bouche. Elle mur-
210 murait : «C'est si bon d'aimer» comme l'aurait fait une ingénue, au théâtre.

Et puis elle l'exaspérait par la maladresse de sa caresse. Devenue soudain sensuelle sous le baiser de ce beau garçon qui avait si fort allumé son sang, elle apportait dans son étreinte une ardeur inhabile
215 et une application sérieuse qui donnaient à rire à Du Roy et le fai-saient songer aux vieillards qui essayent d'apprendre à lire.

Et quand elle aurait dû le meurtrir dans ses bras, en le regardant ardemment de cet œil profond et terrible qu'ont certaines femmes défraîchies, superbes en leur dernier amour, quand elle aurait dû le
220 mordre de sa bouche muette et frissonnante en l'écrasant sous sa chair épaisse et chaude, fatiguée mais insatiable[1], elle se trémoussait comme une gamine et zézayait pour être gracieuse : «T'aime tant, mon petit. T'aime tant. Fais un beau m'amour à ta petite femme!»

Il avait alors une envie folle de jurer, de prendre son chapeau et de
225 partir en tapant la porte.

Ils s'étaient vus souvent, dans les premiers temps, rue de Constan-tinople, mais Du Roy, qui redoutait une rencontre avec Mme de Marelle, trouvait mille prétextes maintenant pour se refuser à ces rendez-vous.

230 Il avait dû alors venir presque tous les jours chez elle, tantôt dé-jeuner, tantôt dîner. Elle lui serrait la main sous la table, lui tendait sa bouche derrière les portes. Mais lui s'amusait surtout à jouer avec Suzanne qui l'égayait par ses drôleries. Dans son corps de poupée s'agitait un esprit agile et malin, imprévu et sournois, qui faisait tou-
235 jours la parade comme une marionnette de foire. Elle se moquait de tout et de tout le monde, avec un à-propos mordant. Georges exci-tait sa verve, la poussait à l'ironie, et ils s'entendaient à merveille.

Elle l'appelait à tout instant : «Écoutez, Bel-Ami. Venez ici, Bel-Ami. »

Note

1. **insatiable** : qui est difficile à rassasier.

240   Il quittait aussitôt la maman pour courir à la fillette qui lui murmurait quelque méchanceté dans l'oreille, et ils riaient de tout leur cœur.

    Cependant, dégoûté de l'amour de la mère, il en arrivait à une insurmontable répugnance ; il ne pouvait plus la voir, ni l'entendre, ni
245 penser à elle sans colère. Il cessa donc d'aller chez elle, de répondre à ses lettres et de céder à ses appels.

    Elle comprit enfin qu'il ne l'aimait plus, et souffrit horriblement. Mais elle s'acharna, elle l'épia, le suivit, l'attendit dans un fiacre aux stores baissés, à la porte du journal, à la porte de sa maison, dans les
250 rues où elle espérait qu'il passerait.

    Il avait envie de la maltraiter, de l'injurier, de la frapper, de lui dire nettement : « Zut, j'en ai assez, vous m'embêtez. » Mais il gardait toujours quelques ménagements, à cause de *La Vie française* ; et il tâchait, à force de froideur, de duretés enveloppées d'égards et
255 même de paroles rudes par moments, de lui faire comprendre qu'il fallait bien que cela finît.

    Elle s'entêtait surtout à chercher des ruses pour l'attirer rue de Constantinople, et il tremblait sans cesse que les deux femmes ne se trouvassent, un jour, nez à nez à la porte.

260   Son affection pour Mme de Marelle, au contraire, avait grandi pendant l'été. Il l'appelait son « gamin », et décidément elle lui plaisait. Leurs deux natures avaient des crochets pareils ; ils étaient bien, l'un et l'autre, de la race aventureuse des vagabonds de la vie, de ces vagabonds mondains qui ressemblent fort, sans s'en douter, aux
265 bohèmes des grandes routes.

    Ils avaient eu un été d'amour charmant, un été d'étudiants qui font la noce, s'échappant pour aller déjeuner ou dîner à Argenteuil, à Bougival, à Maisons[1], à Poissy, passant des heures dans un bateau à cueillir des fleurs le long des berges. Elle adorait les fritures de
270 Seine, les gibelottes[2] et les matelotes[3], les tonnelles des cabarets et

---

Notes

1. **Maisons** : le château de Maisons, devenu le château de Maisons-Laffitte (Yvelines), construit par Mansart, fut racheté par le banquier Jacques Laffitte en 1818.

2. **gibelottes** : plats préparés avec des petits oiseaux.
3. **matelotes** : mets composés surtout de poissons, préparés au vin rouge.

les cris des canotiers. Il aimait partir avec elle, par un jour clair, sur l'impériale d'un train de banlieue et traverser, en disant des bêtises gaies, la vilaine campagne de Paris où bourgeonnent d'affreux chalets bourgeois.

275 Et quand il lui fallait rentrer pour dîner chez Mme Walter, il haïssait la vieille maîtresse acharnée, en souvenir de la jeune qu'il venait de quitter, et qui avait défloré[1] ses désirs et moissonné son ardeur dans les herbes du bord de l'eau.

Il se croyait enfin à peu près délivré de la Patronne, à qui il
280 avait exprimé d'une façon claire, presque brutale, sa résolution de rompre, quand il reçut au journal le télégramme l'appelant, à deux heures, rue de Constantinople.

Il le relisait en marchant :

Il faut absolument que je te parle aujourd'hui. C'est très grave, très grave.
285 *Attends-moi à deux heures rue de Constantinople. Je peux te rendre un grand service. Ton amie jusqu'à la mort.*

VIRGINIE.

Il pensait : «Qu'est-ce qu'elle me veut encore, cette vieille chouette ? Je parie qu'elle n'a rien à me dire. Elle va me répéter
290 qu'elle m'adore. Pourtant il faut voir. Elle parle d'une chose très grave et d'un grand service, c'est peut-être vrai. Et Clotilde qui vient à quatre heures. Il faut que j'expédie la première à trois heures au plus tard. Sacristi ! pourvu qu'elles ne se rencontrent pas. Quelles rosses[2] que les femmes !»

295 Et il songea qu'en effet la sienne était la seule qui ne le tourmentait jamais. Elle vivait de son côté, et elle avait l'air de l'aimer beaucoup, aux heures destinées à l'amour, car elle n'admettait pas qu'on dérangeât l'ordre immuable des occupations ordinaires de la vie.

Il allait, à pas lents, vers son logis de rendez-vous, s'excitant men-
300 talement contre la Patronne :

Notes

1. **défloré** : gâté (sens figuré). 2. **rosses** : personnes méchantes, qui aiment tourmenter.

« Ah ! je vais la recevoir d'une jolie façon si elle n'a rien à me dire. Le français de Cambronne sera académique auprès du mien. Je lui déclare que je ne fiche plus les pieds chez elle, d'abord. »

Et il entra pour entendre Mme Walter.

305 Elle arriva presque aussitôt, et dès qu'elle l'eut aperçu : « Ah ! tu as reçu ma dépêche ! Quelle chance ! »

Il avait pris un visage méchant :

« Parbleu, je l'ai trouvée au journal, au moment où je partais pour la Chambre. Qu'est-ce que tu me veux encore ? »

310 Elle avait relevé sa voilette pour l'embrasser, et elle s'approchait avec un air craintif et soumis de chienne souvent battue.

« Comme tu es cruel pour moi… Comme tu me parles durement… Qu'est-ce que je t'ai fait ? Tu ne te figures pas comme je souffre par toi ! »

315 Il grogna : « Tu ne vas pas recommencer ? »

Elle était debout tout près de lui, attendant un sourire, un geste pour se jeter dans ses bras.

Elle murmura : « Il ne fallait pas me prendre pour me traiter ainsi, il fallait me laisser sage et heureuse, comme j'étais. Te rappelles-
320 tu ce que tu me disais dans l'église, et comme tu m'as fait entrer de force dans cette maison. Et voilà maintenant comment tu me parles ! comment tu me reçois ! Mon Dieu ! mon Dieu ! que tu me fais mal ! »

Il frappa du pied, et, violemment :

325 « Ah ! mais, zut ! En voilà assez. Je ne peux pas te voir une minute sans entendre cette chanson[1]-là. On dirait vraiment que je t'ai prise à douze ans et que tu étais ignorante comme un ange. Non, ma chère, rétablissons les faits, il n'y a pas eu détournement de mineure. Tu t'es donnée à moi, en plein âge de raison. Je t'en remercie, je
330 t'en suis infiniment reconnaissant, mais je ne suis pas tenu d'être attaché à ta jupe jusqu'à la mort. Tu as un mari et j'ai une femme. Nous ne sommes libres ni l'un ni l'autre. Nous nous sommes offert un caprice, ni vu ni connu, c'est fini. »

Note

1. chanson : propos rebattus, refrain.

Elle dit : «Oh! que tu es brutal! que tu es grossier, que tu es
335 infâme! Non, je n'étais plus une jeune fille, mais je n'avais jamais
aimé, jamais failli…»

Il lui coupa la parole : «Tu me l'as déjà répété vingt fois, je le sais.
Mais tu avais eu deux enfants… je ne t'ai donc pas déflorée[1]…»

Elle recula : «Oh! Georges, c'est indigne!…»

340 Et pourtant ses deux mains à sa poitrine, elle commença à suffoquer, avec des sanglots qui lui montaient à la gorge.

Quand il vit les larmes arriver, il prit son chapeau sur le coin de
la cheminée : «Ah! tu vas pleurer! Alors, bonsoir. C'est pour cette
représentation-là que tu m'avais fait venir?»

345 Elle fit un pas afin de lui barrer la route, et tirant vivement un
mouchoir de sa poche, s'essuya les yeux d'un geste brusque. Sa voix
s'affermit sous l'effort de sa volonté, et elle dit, interrompue par un
chevrotement de douleur :

«Non… je suis venue pour… pour te donner une nouvelle… une
350 nouvelle politique… pour te donner le moyen de gagner cinquante
mille francs… ou même plus… si tu veux.»

Il demanda, adouci tout à coup : «Comment ça? Qu'est-ce que
tu veux dire?

– J'ai surpris par hasard, hier soir, quelques mots de mon mari et
355 de Laroche. Ils ne se cachaient pas beaucoup devant moi, d'ailleurs.
Mais Walter recommandait au ministre de ne pas te mettre dans le
secret parce que tu dévoilerais tout.»

Du Roy avait reposé son chapeau sur une chaise. Il attendait, très
attentif.

360 «Alors, qu'est-ce qu'il y a?

– Ils vont s'emparer du Maroc!

– Allons donc. J'ai déjeuné avec Laroche qui m'a presque dicté les
intentions du cabinet.

– Non, mon chéri, ils t'ont joué[2] parce qu'ils ont peur qu'on
365 connaisse leur combinaison.

– Assieds-toi», dit Georges.

Et il s'assit lui-même sur un fauteuil. Alors elle attira par terre
un petit tabouret, et s'accroupit dessus, entre les jambes du jeune

Notes

1. **déflorée** : fait perdre ta virginité.   2. **joué** : trompé.

homme. Elle reprit, d'une voix câline : «Comme je pense toujours à toi, je fais attention maintenant à tout ce qu'on chuchote autour de moi.»

Et elle se mit, doucement, à lui expliquer comment elle avait deviné depuis quelque temps qu'on préparait quelque chose à son insu, qu'on se servait de lui en redoutant son concours.

Elle disait : «Tu sais, quand on aime, on devient rusée.»

Enfin, la veille, elle avait compris. C'était une grosse affaire, une très grosse affaire préparée dans l'ombre. Elle souriait maintenant, heureuse de son adresse; elle s'exaltait, parlant en femme de financier, habituée à voir machiner les coups de Bourse, les évolutions des valeurs, les accès de hausse et de baisse ruinant en deux heures de spéculation des milliers de petits bourgeois, de petits rentiers, qui ont placé leurs économies sur des fonds garantis par des noms d'hommes honorés, respectés, hommes politiques ou hommes de banque.

Elle répétait : «Oh! c'est très fort ce qu'ils ont fait. Très fort. C'est Walter qui a tout mené d'ailleurs, et il s'y entend. Vraiment, c'est de premier ordre.»

Il s'impatientait de ces préparations.

«Voyons, dis vite.

— Eh bien! voilà. L'expédition de Tanger était décidée entre eux dès le jour où Laroche a pris les Affaires étrangères; et, peu à peu, ils ont racheté tout l'emprunt du Maroc qui était tombé à soixante-quatre ou cinq francs. Ils l'ont racheté très habilement, par le moyen d'agents suspects, véreux, qui n'éveillaient aucune méfiance. Ils ont roulé même les Rothschild, qui s'étonnaient de voir toujours demander du marocain. On leur a répondu en nommant les intermédiaires, tous tarés, tous à la côte. Ça a tranquillisé la grande banque. Et puis maintenant on va faire l'expédition, et dès que nous serons là-bas, l'État français garantira la dette. Nos amis auront gagné cinquante ou soixante millions. Tu comprends l'affaire? Tu comprends aussi comme on a peur de tout le monde, peur de la moindre indiscrétion.»

Elle avait appuyé sa tête sur le gilet du jeune homme, et les bras posés sur ses jambes, elle se serrait, se collait contre lui, sentant bien qu'elle l'intéressait à présent, prête à tout faire, à tout commettre, pour une caresse, pour un sourire.

Il demanda : « Tu es bien sûre ? »

Elle répondit avec confiance : « Oh ! je crois bien ! »

Il déclara : « C'est très fort, en effet. Quant à ce salop de Laroche, en voilà un que je repincerai. Oh ! le gredin ! qu'il prenne garde à lui !… qu'il prenne garde à lui… Sa carcasse de ministre me restera entre les doigts ! »

Puis il se remit à réfléchir, et il murmura : « Il faudrait pourtant profiter de ça.

— Tu peux encore acheter de l'emprunt, dit-elle. Il n'est qu'à soixante-douze francs. »

Il reprit : « Oui, mais je n'ai pas d'argent disponible. »

Elle leva les yeux vers lui, des yeux pleins de supplication. « J'y ai pensé, mon chat, et si tu étais bien gentil, bien gentil, si tu m'aimais un peu, tu me laisserais t'en prêter. »

Il répondit brusquement, presque durement : « Quant à ça, non, par exemple. »

Elle murmura, d'une voix implorante : « Écoute, il y a une chose que tu peux faire sans emprunter de l'argent. Je voulais en acheter pour dix mille francs de cet emprunt, moi, pour me créer une petite cassette. Eh bien ! j'en prendrai pour vingt mille ! Tu te mets de moitié. Tu comprends bien que je ne vais pas rembourser ça à Walter. Il n'y a donc rien à payer pour le moment. Si ça réussit, tu gagnes soixante-dix mille francs. Si ça ne réussit pas, tu me devras dix mille francs que tu me payeras à ton gré. »

Il dit encore : « Non, je n'aime guère ces combinaisons-là. »

Alors elle raisonna pour le décider, elle lui prouva qu'il engageait en réalité dix mille francs sur parole, qu'il courait des risques, par conséquent, qu'elle ne lui avançait rien puisque les déboursés étaient faits par la Banque Walter.

Elle lui démontra, en outre, que c'était lui qui avait mené, dans *La Vie française*, toute la campagne politique qui rendait possible cette affaire. Qu'il serait bien naïf en n'en profitant pas.

Il hésitait encore. Elle ajouta : « Mais songe donc qu'en réalité c'est Walter qui te les avance, ces dix mille francs, et que tu lui as rendu des services qui valent plus que ça.

– Eh bien! soit, dit-il. Je me mets de moitié avec toi. Si nous perdons, je te rembourserai dix mille francs.»

Elle fut si contente qu'elle se releva, saisit à deux mains sa tête et se mit à l'embrasser avidement.

Il ne se défendit point d'abord, puis comme elle s'enhardissait, l'étreignant et le dévorant de caresses, il songea que l'autre allait venir tout à l'heure et que s'il faiblissait il perdrait du temps, et laisserait aux bras de la vieille une ardeur qu'il valait mieux garder pour la jeune.

Alors il la repoussa doucement : «Voyons, sois sage», dit-il.

Elle le regarda avec des yeux désolés : «Oh! Georges. Je ne peux même plus t'embrasser.»

Il répondit : «Non, pas aujourd'hui. J'ai un peu de migraine, et cela me fait mal.»

Alors elle se rassit, docile, entre ses jambes. Elle demanda : «Veux-tu venir dîner demain à la maison? Quel plaisir tu me ferais!»

Il hésita, puis n'osa point refuser.

«Mais oui, certainement.

– Merci, mon chéri.»

Elle frottait lentement sa joue sur la poitrine du jeune homme, d'un mouvement câlin et régulier, et un de ses longs cheveux noirs se prit dans le gilet. Elle s'en aperçut, et une idée folle lui traversa l'esprit, une de ces idées superstitieuses qui sont souvent toute la raison des femmes. Elle se mit à enrouler tout doucement ce cheveu autour du bouton. Puis elle en attacha un autre au bouton suivant, un autre encore à celui du dessus. À chaque bouton elle en nouait un.

Il allait les arracher tout à l'heure, en se levant. Il lui ferait mal, quel bonheur! Et il emporterait quelque chose d'elle, sans le savoir, il emporterait une petite mèche de sa chevelure, dont il n'avait jamais demandé. C'était un lien par lequel elle l'attachait, un lien secret, invisible! un talisman qu'elle laissait sur lui. Sans le vouloir, il penserait à elle, il rêverait d'elle, il l'aimerait un peu plus le lendemain.

Il dit tout à coup : «Il va falloir que je te quitte parce qu'on m'attend à la Chambre pour la fin de la séance. Je ne puis manquer aujourd'hui.»

Elle soupira : «Oh! déjà.» Puis résignée : «Va, mon chéri, mais tu viendras dîner demain.»

Et, brusquement, elle s'écarta. Ce fut sur sa tête une douleur courte et vive comme si on lui eût piqué la peau avec des aiguilles. Son cœur battait; elle était contente d'avoir souffert un peu par lui.

«Adieu!» dit-elle.

Il la prit dans ses bras avec un sourire compatissant et lui baisa les yeux froidement.

Mais elle, affolée par ce contact, murmura encore une fois : «Déjà!» Et son regard suppliant montrait la chambre dont la porte était ouverte.

Il l'éloigna de lui, et d'un ton pressé : «Il faut que je me sauve, je vais arriver en retard.»

Alors elle lui tendit ses lèvres, qu'il effleura à peine, et lui ayant donné son ombrelle qu'elle oubliait, il reprit : «Allons, allons, dépê-chons-nous, il est plus de trois heures.»

Elle sortit devant lui; elle répétait : «Demain, sept heures.»

Il répondit : «Demain, sept heures.»

Ils se séparèrent. Elle tourna à droite, et lui à gauche.

Du Roy remonta jusqu'au boulevard extérieur. Puis, il redescen-dit le boulevard Malesherbes, qu'il se mit à suivre, à pas lents. En passant devant un pâtissier, il aperçut des marrons glacés dans une coupe de cristal, et il pensa : «Je vais en rapporter une livre pour Clotilde.» Il acheta un sac de ces fruits sucrés qu'elle aimait à la folie.

À quatre heures, il était rentré pour attendre sa jeune maîtresse.

Elle vint un peu en retard parce que son mari était arrivé pour huit jours. Elle demanda : «Peux-tu venir dîner demain. Il serait enchanté de te voir.

– Non, je dîne chez le Patron. Nous avons un tas de combinaisons politiques et financières qui nous occupent.»

Elle avait enlevé son chapeau. Elle ôtait maintenant son corsage qui la serrait trop.

Il lui montra le sac sur la cheminée : «Je t'ai apporté des marrons glacés.»

Elle battit des mains : «Quelle chance! comme tu es mignon.»

515 Elle le prit, en goûta un, et déclara : «Ils sont délicieux. Je sens que je n'en laisserai pas un seul.»

Puis elle ajouta en regardant Georges avec une gaieté sensuelle : «Tu caresses donc tous mes vices?»

Elle mangeait lentement les marrons et jetait sans cesse un coup
520 d'œil au fond du sac comme pour voir s'il en restait toujours.

Elle dit : «Tiens, assieds-toi dans le fauteuil, je vais m'accroupir entre tes jambes pour grignoter mes bonbons. Je serai très bien.»

Il sourit, s'assit, et la prit entre ses cuisses ouvertes comme il tenait tout à l'heure Mme Walter.
525 Elle levait la tête vers lui pour lui parler, et disait, la bouche pleine : «Tu ne sais pas, mon chéri, j'ai rêvé de toi, j'ai rêvé que nous faisions un grand voyage, tous les deux, sur un chameau. Il avait deux bosses, nous étions à cheval chacun sur une bosse, et nous traversions le désert. Nous avions emporté des sandwichs dans un
530 papier et du vin dans une bouteille et nous faisions la dînette sur nos bosses. Mais ça m'ennuyait parce que nous ne pouvions pas faire autre chose; nous étions trop loin l'un de l'autre, et moi je voulais descendre.»

Il répondit :
535 «Moi aussi je veux descendre.»

Il riait, s'amusant de l'histoire, il la poussait à dire des bêtises, à bavarder, à raconter tous ces enfantillages, toutes ces niaiseries tendres que débitent les amoureux. Ces gamineries, qu'il trouvait gentilles dans la bouche de Mme de Marelle, l'auraient exaspéré
540 dans celle de Mme Walter.

Clotilde l'appelait aussi : «Mon chéri, mon petit, mon chat.» Ces mots lui semblaient doux et caressants. Dits par l'autre tout à l'heure ils l'irritaient et l'écœuraient. Car les paroles d'amour, qui sont toujours les mêmes, prennent le goût des lèvres dont elles sortent.
545 Mais il pensait, tout en s'égayant de ces folies, aux soixante-dix mille francs qu'il allait gagner, et, brusquement, il arrêta, avec deux petits coups de doigt sur la tête, le verbiage[1] de son amie : «Écoute, ma chatte. Je vais te charger d'une commission pour ton mari. Dis-lui de ma part, d'acheter, demain, pour dix mille francs

---

Note

1. **verbiage** : abondance de paroles, de mots vides de sens.

550 d'emprunt du Maroc qui est à soixante-douze ; et je lui promets
qu'il aura gagné de soixante à quatre-vingt mille francs avant trois
mois. Recommande-lui le silence absolu. Dis-lui, de ma part, que
l'expédition de Tanger est décidée et que l'État français va garantir
la dette marocaine. Mais ne te coupe pas avec d'autres. C'est un
555 secret d'État que je te confie là. »

Elle l'écoutait, sérieuse. Elle murmura : « Je te remercie. Je pré-
viendrai mon mari dès ce soir. Tu peu compter sur lui ; il ne parlera
pas. C'est un homme très sûr. Il n'y a aucun danger. »

Mais elle avait mangé tous les marrons. Elle écrasa le sac entre
560 ses mains et le jeta dans la cheminée. Puis elle dit : « Allons nous
coucher. » Et sans se lever elle commença à déboutonner le gilet de
Georges.

Tout à coup elle s'arrêta, et tirant entre deux doigts un long cheveu pris dans une boutonnière, elle se mit à rire : « Tiens, tu as
565 emporté un cheveu de Madeleine. En voilà un mari fidèle ! »

Puis, redevenue sérieuse, elle examina longuement sur sa main
l'imperceptible fil qu'elle avait trouvé et elle murmura : « Ce n'est
pas de Madeleine, il est brun. »

Il sourit : « Il vient probablement de la femme de chambre. »

570 Mais elle inspectait le gilet avec une attention de policier, et elle
cueillit un second cheveu enroulé autour d'un bouton ; puis elle
en aperçut un troisième ; et, pâlie, tremblant un peu, elle s'écria :
« Oh ! tu as couché avec une femme qui t'a mis des cheveux à tous
tes boutons. »

575 Il s'étonnait, il balbutiait : « Mais non. Tu es folle… »

Soudain il se rappela, comprit, se troubla d'abord, puis nia en
ricanant, pas fâché au fond qu'elle le soupçonnât d'avoir des bonnes
fortunes.

Elle cherchait toujours et toujours trouvait des cheveux qu'elle
580 déroulait d'un mouvement rapide et jetait ensuite sur le tapis.

Elle avait deviné, avec son instinct rusé de femme, et elle balbutiait, furieuse, rageant et prête à pleurer : « Elle t'aime, celle-là… et
elle a voulu te faire emporter quelque chose d'elle… Oh ! que tu es
traître… »

585 Mais elle poussa un cri, un cri strident de joie nerveuse : « Oh !…
oh !… c'est une vieille… voilà un cheveu blanc… Ah ! tu prends des

vieilles femmes maintenant… Est-ce qu'elles te payent… dis… est-ce qu'elles te payent… Ah ! tu en es aux vieilles femmes… Alors tu n'as plus besoin de moi… garde l'autre… »

590 Elle se leva, courut à son corsage jeté sur une chaise et le remit rapidement.

Il voulait la retenir, honteux et balbutiant : « Mais non… Clo… tu es stupide… je ne sais pas ce que c'est… écoute… reste…. voyons… reste… »

595 Elle répétait : « Garde ta vieille femme… garde-la… fais-toi faire une bague avec ses cheveux… avec ses cheveux blancs… Tu en as assez pour ça… »

Avec des gestes brusques et prompts elle s'était habillée, recoiffée et voilée ; et comme il voulait la saisir elle lui lança, à toute volée, un
600 soufflet par la figure. Pendant qu'il demeurait étourdi, elle ouvrit la porte et s'enfuit.

Dès qu'il fut seul, une rage furieuse la saisit contre cette vieille rosse de mère Walter. Ah ! il allait l'envoyer coucher, celle-là, et durement.

605 Il bassina avec de l'eau sa joue rouge. Puis il sortit à son tour, en méditant sa vengeance. Cette fois il ne pardonnerait point. Ah ! Mais non !

Il descendit jusqu'au boulevard, et, flânant, s'arrêta devant la boutique d'un bijoutier pour regarder un chronomètre dont il avait
610 envie depuis longtemps, et qui valait dix-huit cents francs.

Il pensa, tout à coup, avec une secousse de joie au cœur : « Si je gagne mes soixante-dix mille francs je pourrai me le payer. » Et il se mit à rêver à toutes les choses qu'il ferait avec ces soixante-dix mille francs.

615 D'abord il serait nommé député. Et puis il achèterait son chronomètre, et puis il jouerait à la Bourse, et puis encore… et puis encore…

Il ne voulait pas entrer au journal, préférant causer avec Madeleine avant de revoir Walter et d'écrire son article ; et il se mit en
620 route pour revenir chez lui.

Il atteignait la rue Drouot quand il s'arrêta net ; il avait oublié de prendre des nouvelles du comte de Vaudrec, qui demeurait Chaussée-d'Antin. Il revint donc, flânant toujours, pensant à mille

choses, dans une songerie heureuse, à des choses douces, à des choses
625 bonnes, à la fortune prochaine et aussi à cette crapule de Laroche et
à cette vieille teigne[1] de Patronne. Il ne s'inquiétait point, d'ailleurs,
de la colère de Clotilde, sachant bien qu'elle pardonnait vite.

Quand il demanda au concierge de la maison où demeurait le
comte de Vaudrec :

630 «Comment va M. de Vaudrec ? on m'a appris qu'il était souffrant,
ces jours derniers. »

L'homme répondit : «M. le comte est très mal, monsieur. On
croit qu'il ne passera pas la nuit, la goutte est remontée au cœur. »

Du Roy demeura tellement effaré qu'il ne savait plus ce qu'il
635 devait faire ! Vaudrec mourant ! Des idées confuses passaient en lui,
nombreuses, troublantes, qu'il n'osait point s'avouer à lui-même.

Il balbutia : «Merci... je reviendrai... » sans comprendre ce qu'il
disait.

Puis il sauta dans un fiacre et se fit conduire chez lui.

640 Sa femme était rentrée. Il pénétra dans sa chambre essoufflé et lui
annonça tout de suite :

«Tu ne sais pas ? Vaudrec est mourant ! »

Elle était assise et lisait une lettre. Elle leva les yeux, et trois fois
de suite répéta : «Hein ? Tu dis ?... tu dis ?... tu dis ?...

645 — Je te dis que Vaudrec est mourant d'une attaque de goutte remontée au cœur. » Puis il ajouta : «Qu'est-ce que tu comptes faire ? »

Elle s'était dressée, livide, les joues secouées d'un tremblement
nerveux, puis elle se mit à pleurer affreusement, en cachant sa
figure dans ses mains. Elle demeurait debout, secouée par des
650 sanglots, déchirée par le chagrin.

Mais soudain elle dompta sa douleur, et, s'essuyant les yeux :
«J'y... j'y vais... ne t'occupe pas de moi... Je ne sais pas à quelle
heure je reviendrai... ne m'attends point... »

Il répondit : «Très bien. Va. »

655 Ils se serrèrent la main, et elle partit si vite qu'elle oublia de
prendre ses gants.

Georges, ayant dîné seul, se mit à écrire son article. Il le fit
exactement selon les intentions du ministre, laissant entendre aux

---

Note
1. teigne : personne désagréable, méchante.

lecteurs que l'expédition du Maroc n'aurait pas lieu. Puis il le porta
au journal, causa quelques instants avec le Patron et repartit en fumant, le cœur léger sans qu'il comprît pourquoi.

Sa femme n'était pas rentrée. Il se coucha et s'endormit.

Madeleine revint vers minuit. Georges, réveillé brusquement,
s'était assis dans son lit.

Il demanda : «Eh bien?»

Il ne l'avait jamais vue si pâle et si émue. Elle murmura :

«Il est mort.

— Ah! Et... il ne t'a rien dit?

— Rien. Il avait perdu connaissance quand je suis arrivée.»

Georges songeait. Des questions lui venaient aux lèvres qu'il
n'osait point faire.

«Couche-toi», dit-il.

Elle se déshabilla rapidement, puis se glissa auprès de lui.

Il reprit : «Avait-il des parents à son lit de mort?

— Rien qu'un neveu.

— Ah! Le voyait-il souvent, ce neveu?

— Jamais. Ils ne s'étaient point rencontrés depuis dix ans.

— Avait-il d'autres parents?

— Non... Je ne crois pas.

— Alors... c'est ce neveu qui doit hériter?

— Je ne sais pas.

— Il était très riche, Vaudrec?

— Oui, très riche.

— Sais-tu ce qu'il avait à peu près?

— Non, pas au juste. Un ou deux millions, peut-être?»

Il ne dit plus rien. Elle souffla la bougie. Et ils demeurèrent éten-
dus côte à côte dans la nuit, silencieux, éveillés et songeant.

Il n'avait plus envie de dormir. Il trouvait maigres maintenant les
soixante-dix mille francs promis par Mme Walter. Soudain il crut
que Madeleine pleurait. Il demanda pour s'en assurer :

«Dors-tu?

— Non.»

Elle avait la voix mouillée et tremblante. Il reprit :

«J'ai oublié de te dire tantôt que ton ministre nous a fichus
dedans.

« – Comment ça ? »

Et il lui conta, tout au long, avec tous les détails, la combinaison préparée entre Laroche et Walter.

Quand il eut fini, elle demanda : « Comment sais-tu ça ? »

700 Il répondit : « Tu me permettras de ne point te le dire. Tu as tes procédés d'information que je ne pénètre point. J'ai les miens que je désire garder. Je réponds en tout cas de l'exactitude de mes renseignements. »

Alors elle murmura : « Oui, c'est possible… Je me doutais qu'ils
705 faisaient quelque chose sans nous. »

Mais Georges, que le sommeil ne gagnait pas, s'était rapproché de sa femme, et, doucement, il lui baisa l'oreille. Elle le repoussa avec vivacité : « Je t'en prie, laisse-moi tranquille, n'est-ce pas ? Je ne suis point d'humeur à batifoler. »

710 Il se retourna, résigné, vers le mur, et, ayant fermé les yeux, il finit par s'endormir.

VI

1 L'église était tendue de noir, et, sur le portail, un grand écusson[1] coiffé d'une couronne annonçait aux passants qu'on enterrait un gentilhomme.

La cérémonie venait de finir, les assistants s'en allaient lentement,
5 défilant devant le cercueil et devant le neveu du comte de Vaudrec, qui serrait les mains et rendait les saluts.

Quand Georges Du Roy et sa femme furent sortis, ils se mirent à marcher côte à côte, pour rentrer chez eux. Ils se taisaient, préoccupés.

10 Enfin, Georges prononça, comme se parlant à lui-même : « Vraiment, c'est bien étonnant ! »

Madeleine demanda : « Quoi donc, mon ami ?

– Que Vaudrec ne nous ait rien laissé ! »

Elle rougit brusquement, comme si un voile rose se fût étendu
15 tout à coup sur sa peau blanche, en montant de la gorge au visage, et

---

Note

1. **écusson** : plaque blasonnée sur laquelle figurent les armes de la famille.

elle dit : «Pourquoi nous aurait-il laissé quelque chose? Il n'y avait aucune raison pour ça?»

Puis, après quelques instants de silence, elle reprit :

«Il existe peut-être un testament chez un notaire. Nous ne saurions rien encore.»

Il réfléchit, puis murmura : «Oui, c'est probable, car, enfin, c'était notre meilleur ami, à tous les deux. Il dînait deux fois par semaine à la maison, il venait à tout moment. Il était chez lui, chez nous, tout à fait chez lui. Il t'aimait comme un père, et il n'avait pas de famille, pas d'enfants, pas de frères ni de sœurs, rien qu'un neveu, un neveu éloigné. Oui, il doit y avoir un testament. Je ne tiendrais pas à grand-chose, un souvenir, pour prouver qu'il a pensé à nous, qu'il nous aimait, qu'il reconnaissait l'affection que nous avions pour lui. Il nous devait bien une marque d'amitié.»

Elle dit, d'un air pensif et indifférent :

«C'est possible, en effet, qu'il y ait un testament.»

Comme ils restaient chez eux, le domestique présenta une lettre à Madeleine. Elle l'ouvrit, puis la tendit à son mari.

Étude[1] de Me Lamaneur
            Notaire
       17, rue des Vosges.

Madame,

J'ai l'honneur de vous prier de vouloir bien passer à mon étude, de deux heures à quatre heures, mardi, mercredi ou jeudi, pour affaire qui vous concerne.

Recevez, etc.

LAMANEUR.

Georges avait rougi, à son tour : «Ça doit être ça. C'est drôle que ce soit toi qu'il appelle, et non moi qui suis légalement le chef de famille.»

Elle ne répondit point d'abord, puis après une courte réflexion : «Veux-tu que nous y allions tout à l'heure?

Note

1. **Étude :** local où travaille un notaire.

– Oui, je veux bien. »

Ils se mirent en route dès qu'ils eurent déjeuné.

50 Lorsqu'ils entrèrent dans l'étude de Me Lamaneur, le premier clerc se leva avec un empressement marqué et les fit pénétrer chez son patron.

Le notaire était un petit homme tout rond, rond de partout. Sa tête avait l'air d'une boule clouée sur une autre boule que portaient 55 deux jambes si petites, si courtes qu'elles ressemblaient aussi presque à des boules.

Il salua, indiqua des sièges, et dit en se tournant vers Madeleine : «Madame, je vous ai appelée afin de vous donner connaissance du testament du comte de Vaudrec qui vous concerne. »

60 Georges ne put se tenir de murmurer : «Je m'en étais douté. »

Le notaire ajouta : «Je vais vous communiquer cette pièce, très courte d'ailleurs. »

Il atteignit un papier dans un carton devant lui, et lut :

«Je soussigné, Paul-Émile-Cyprien-Gontran, comte de Vaudrec, 65 sain de corps et d'esprit, exprime ici mes dernières volontés.

La mort pouvant nous emporter à tout moment, je veux prendre, en prévision de son atteinte, la précaution d'écrire mon testament qui sera déposé chez Me Lamaneur.

N'ayant pas d'héritiers directs, je lègue toute ma fortune, compo-70 sée de valeurs de Bourse pour six cent mille francs et de biens-fonds pour cinq cent mille francs environ, à Mme Claire-Madeleine Du Roy, sans aucune charge ou condition. Je la prie d'accepter ce don d'un ami mort, comme preuve d'une affection dévouée, profonde et respectueuse. »

75 Le notaire ajouta : «C'est tout. Cette pièce est datée du mois d'août dernier et a remplacé un document de même nature, fait il y a deux ans, au nom de Mme Claire-Madeleine Forestier. J'ai ce premier testament qui pourrait prouver, en cas de contestation de la part de la famille, que la volonté de M. le comte de Vaudrec n'a 80 point varié. »

Madeleine, très pâle, regardait ses pieds. Georges, nerveux, roulait entre ses doigts le bout de sa moustache. Le notaire reprit, après un moment de silence : «Il est bien entendu, monsieur, que madame ne peut accepter ce legs sans votre consentement. »

85   Du Roy se leva, et, d'un ton sec : «Je demande le temps de réfléchir. »

Le notaire, qui souriait, s'inclina, et d'une voix aimable : «Je comprends le scrupule qui vous fait hésiter, monsieur. Je dois ajouter que
le neveu de M. de Vaudrec, qui a pris connaissance, ce matin même,
90   des dernières intentions de son oncle, se déclare prêt à les respecter
si on lui abandonne une somme de cent mille francs. À mon avis, le
testament est inattaquable, mais un procès ferait du bruit qu'il vous
conviendra peut-être d'éviter. Le monde a souvent des jugements
malveillants. Dans tous les cas, pourrez-vous me faire connaître
95   votre réponse sur tous les points avant samedi ? »

Georges s'inclina : «Oui, monsieur. » Puis il salua avec cérémonie,
fit passer sa femme demeurée muette, et il sortit d'un air tellement
roide que le notaire ne souriait plus.

Dès qu'ils furent rentrés chez eux, Du Roy ferma brusquement la
100   porte, et jetant son chapeau sur le lit :

«Tu as été la maîtresse de Vaudrec ? »

Madeleine, qui enlevait son voile, se retourna d'une secousse :
«Moi ? Oh ! »

– Oui, toi. On ne laisse pas toute sa fortune à une femme, sans
105   que… »

Elle était devenue tremblante et ne parvenait point à ôter les
épingles qui retenaient le tissu transparent.

Après un moment de réflexion, elle balbutia, d'une voix agitée :
«Voyons… voyons… tu es fou… tu es… tu es… Est-ce que
110   toi-même… tout à l'heure… tu n'espérais pas… qu'il te laisserait
quelque chose ? »

Georges restait debout, près d'elle, suivant toutes ses émotions,
comme un magistrat qui cherche à surprendre les moindres défail-
lances d'un prévenu[1]. Il prononça, en insistant sur chaque mot :

115   «Oui… il pouvait me laisser quelque chose, à moi… à moi, ton
mari… à moi, son ami… entends–tu… mais pas à toi… à toi, son
amie… à toi, ma femme… La distinction est capitale, essentielle, au
point de vue des convenances… et de l'opinion publique. »

Note **1. prévenu** : personne qui comparaît devant un tribunal pour un délit.

Madeleine, à son tour, le regardait fixement, dans la transparence
des yeux, d'une façon profonde et singulière, comme pour y lire
quelque chose, comme pour y découvrir cet inconnu de l'être qu'on
ne pénètre jamais et qu'on peut à peine entrevoir en des secondes
rapides, en ces moments de non-garde, ou d'abandon, ou d'inatten-
tion, qui sont comme des portes laissées entrouvertes sur les mystérieux dedans de l'esprit. Et elle articula lentement :

« Il me semble pourtant que si... qu'on eût trouvé au moins aussi
étrange un legs de cette importance, de lui... à toi. »

Il demanda brusquement :

« Pourquoi ça ? »

Elle dit : « Parce que... » Elle hésita, puis reprit : « Parce que tu
es mon mari... que tu ne le connais en somme que depuis peu...
parce que je suis son amie depuis très longtemps... moi... parce que
son premier testament, fait du vivant de Forestier, était déjà en ma
faveur. »

Georges s'était mis à marcher à grands pas. Il déclara :

« Tu ne peux pas accepter ça. »

Elle répondit, avec indifférence :

« Parfaitement : alors, ce n'est pas la peine d'attendre à samedi ;
nous pouvons faire prévenir tout de suite Mᵉ Lamaneur. »

Il s'arrêta en face d'elle ; et ils demeurèrent de nouveau quelques
instants les yeux dans les yeux, s'efforçant d'aller jusqu'à l'impénétrable secret de leurs cœurs, de se sonder jusqu'au vif de la pensée.
Ils tâchaient de se voir à nu la conscience en une interrogation ardente et muette : lutte intime de deux êtres qui, vivant côte à côte,
s'ignorent toujours, se soupçonnent, se flairent, se guettent, mais ne
se connaissent pas jusqu'au fond vaseux de l'âme.

Et, brusquement, il lui murmura dans le visage, à voix basse :

« Allons, avoue que tu étais la maîtresse de Vaudrec. »

Elle haussa les épaules : « Tu es stupide... Vaudrec avait beaucoup
d'affection pour moi, beaucoup... mais rien de plus... jamais. »

Il frappa du pied : « Tu mens. Ce n'est pas possible. »

Elle répondit tranquillement : « C'est comme ça, pourtant. »

Il se remit à marcher, puis, s'arrêtant encore : « Explique-moi,
alors, pourquoi il te laisse toute sa fortune, à toi... »

155 Elle le fit avec un air nonchalant et désintéressé : «C'est tout simple. Comme tu le disais tantôt, il n'avait que nous d'amis, ou plutôt que moi ; car il m'a connue enfant. Ma mère était dame de compagnie chez des parents à lui. Il venait sans cesse ici, et, comme il n'avait pas d'héritiers naturels, il a pensé à moi. Qu'il ait eu un
160 peu d'amour pour moi, c'est possible. Mais quelle est la femme qui n'a jamais été aimée ainsi ? Que cette tendresse cachée, secrète, ait mis mon nom sous sa plume quand il a pensé à prendre des dispositions dernières, pourquoi pas ? Il m'apportait des fleurs, chaque lundi. Tu ne t'en étonnais nullement et il ne t'en donnait point, à
165 toi, n'est-ce pas ? Aujourd'hui, il me donne sa fortune par la même raison et parce qu'il n'a personne à qui l'offrir. Il serait, au contraire, extrêmement surprenant qu'il te l'eût laissée. Pourquoi ? Que lui es-tu ?»

Elle parlait avec tant de naturel et de tranquillité que Georges
170 hésitait.

Il reprit : «C'est égal, nous ne pouvons accepter cet héritage dans ces conditions. Ce serait d'un effet déplorable. Tout le monde croirait la chose, tout le monde en jaserait et rirait de moi. Les confrères sont déjà trop disposés à me jalouser et à m'attaquer. Je dois avoir
175 plus que personne le souci de mon honneur et le soin de ma réputation. Il m'est impossible d'admettre et de permettre que ma femme accepte un legs de cette nature d'un homme que la rumeur publique lui a déjà prêté pour amant. Forestier aurait peut-être toléré cela, lui, mais moi, non.»

180 Elle murmura, avec douceur : «Eh bien ! mon ami, n'acceptons pas, ce sera un million de moins dans notre poche, voilà tout.»

Il marchait toujours, et il se mit à penser tout haut, parlant pour sa femme sans s'adresser à elle.

«Eh bien oui… un million… tant pis… Il n'a pas compris en
185 testant[1] quelle faute de tact, quel oubli des convenances il commettait. Il n'a pas vu dans quelle position fausse, ridicule, il allait me mettre… Tout est affaire de nuances dans la vie… Il fallait qu'il m'en laissât la moitié, ça arrangeait tout.»

Note 1. **testant :** faisant son testament.

Il s'assit, croisa ses jambes et se mit à rouler le bout de ses mous
190 taches, comme il faisait aux heures d'ennui, d'inquiétude et de
réflexion difficile.

Madeleine prit une tapisserie à laquelle elle travaillait de temps en
temps, et elle dit en choisissant ses laines :

« Moi, je n'ai qu'à me taire. C'est à toi de réfléchir. »

195 Il fut longtemps sans répondre, puis il prononça, en hésitant : « Le
monde ne comprendra jamais et que Vaudrec ait fait de toi son
unique héritière et que j'aie admis cela, moi. Recevoir cette fortune de cette façon, ce serait avouer... avouer de ta part une liaison
coupable, et de la mienne une complaisance infâme... Comprends-
200 tu comment on interpréterait notre acceptation ? Il faudrait trouver un biais, un moyen adroit de pallier la chose. Il faudrait laisser
entendre, par exemple, qu'il a partagé entre nous cette fortune, en
donnant la moitié au mari, la moitié à la femme. »

Elle demanda : « Je ne vois pas comment cela pourrait se faire,
205 puisque le testament est formel. »

Il répondit : « Oh ! c'est bien simple. Tu pourrais me laisser la
moitié de l'héritage par donation entre vifs[1]. Nous n'avons pas d'enfants, c'est donc possible. De cette façon, on fermerait la bouche à
la malignité publique. »

210 Elle répliqua, un peu impatiente : « Je ne vois pas non plus comment on fermerait la bouche à la malignité publique, puisque l'acte
est là, signé par Vaudrec. »

Il reprit avec colère : « Avons-nous besoin de le montrer et de
l'afficher sur les murs ? Tu es stupide à la fin. Nous dirons que le
215 comte de Vaudrec nous a laissé sa fortune par moitié... Voilà... Or,
tu ne peux accepter ce legs sans mon autorisation. Je te la donne, à
la seule condition d'un partage qui m'empêchera de devenir la risée
du monde. »

Elle le regarda encore d'un regard perçant.

220 « Comme tu voudras. Je suis prête. »

Alors il se leva et se remit à marcher. Il paraissait hésiter de nouveau et il évitait maintenant l'œil pénétrant de sa femme. Il disait :
« Non... décidément non... peut-être vaut-il mieux y renoncer tout

---

Note 1. **vifs** : personnes vivantes.

à fait… c'est plus digne… plus correct… plus honorable… Pourtant,
225 de cette façon, on n'aurait rien à supposer, absolument rien. Les
gens les plus scrupuleux ne pourraient que s'incliner. »

Il s'arrêta devant Madeleine : «Eh bien, si tu veux, ma chérie, je
vais retourner tout seul chez Mᵉ Lamaneur pour le consulter et lui
expliquer la chose. Je lui dirai mon scrupule, et j'ajouterai que nous
230 nous sommes arrêtés à l'idée d'un partage, par convenance, pour
qu'on ne puisse pas jaboter¹. Du moment que j'accepte la moitié
de cet héritage, il est bien évident que personne n'a plus le droit
de sourire. C'est dire hautement : "Ma femme accepte parce que
j'accepte, moi, son mari, qui suis juge de ce qu'elle peut faire sans se
235 compromettre. Autrement ça aurait fait scandale." »

Madeleine murmura simplement : «Comme tu voudras. »

Il recommença à parler avec abondance :

«Oui, c'est clair comme le jour avec cet arrangement de la séparation par moitié. Nous héritons d'un ami qui n'a pas voulu établir
240 de différence entre nous, qui n'a pas voulu faire de distinction, qui
n'a pas voulu avoir l'air de dire : "Je préfère l'un ou l'autre après
ma mort comme je l'ai préféré pendant ma vie." Il aimait mieux la
femme, bien entendu, mais en laissant sa fortune à l'un comme à
l'autre il a voulu exprimer nettement que sa préférence était toute
245 platonique. Et sois certaine que, s'il y avait songé, c'est ce qu'il aurait
fait. Il n'a pas réfléchi, il n'a pas prévu les conséquences. Comme
tu le disais fort bien tout à l'heure, c'est à toi qu'il offrait des fleurs
chaque semaine, c'est à toi qu'il a voulu laisser son dernier souvenir,
sans se rendre compte… »

250 Elle l'arrêta avec une nuance d'irritation : «C'est entendu. J'ai
compris. Tu n'as pas besoin de tant d'explications. Va tout de suite
chez le notaire. »

Il balbutia, rougissant : «Tu as raison, j'y vais. »

Il prit son chapeau, puis, au moment de sortir :

255 «Je vais tâcher d'arranger la difficulté du neveu pour cinquante
mille francs, n'est-ce pas ?»

Elle répondit avec hauteur : «Non. Donne-lui les cent mille francs
qu'il demande. Et prends-les sur ma part, si tu veux. »

Note 1. **jaboter :** cancaner, dire des médisances (terme familier et vieilli).

Il murmura, honteux soudain : «Ah! mais non, nous partagerons. En laissant cinquante mille francs chacun il nous reste encore un million net.»

Puis il ajouta : «À tout à l'heure, ma petite Made.»

Et il alla expliquer au notaire la combinaison qu'il prétendit imaginée par sa femme.

Ils signèrent le lendemain une donation entre vifs de cinq cent mille francs que Madeleine Du Roy abandonnait à son mari.

Puis, en sortant de l'étude, comme il faisait beau, Georges proposa de descendre à pied jusqu'aux boulevards. Il se montrait gentil, plein de soins, d'égards, de tendresse. Il riait, heureux de tout, tandis qu'elle demeurait songeuse et un peu sévère.

C'était un jour d'automne assez froid. La foule semblait pressée et marchait à pas rapides. Du Roy conduisit sa femme devant la boutique où il avait regardé si souvent le chronomètre désiré.

«Veux-tu que je t'offre un bijou?» dit-il.

Elle murmura, avec indifférence : «Comme il te plaira.»

Ils entrèrent. Il demanda : «Que préfères-tu, un collier, un bracelet, ou des boucles d'oreilles?»

La vue des bibelots d'or et des pierres fines emportait sa froideur voulue, et elle parcourait d'un œil allumé et curieux les vitrines pleines de joyaux.

Et soudain, émue par un désir : «Voilà un bien joli bracelet.»

C'était une chaîne d'une forme bizarre, dont chaque anneau portait une pierre différente.

Georges demanda : «Combien ce bracelet?»

Le joaillier répondit : «Trois mille francs, monsieur.

– Si vous me le laissez à deux mille cinq, c'est une affaire entendue.»

L'homme hésita puis répondit : «Non, monsieur, c'est impossible.»

Du Roy reprit : «Tenez, vous ajouterez ce chronomètre pour quinze cents francs, cela fait quatre mille, que je payerai comptant. Est-ce dit? Si vous ne voulez pas, je vais ailleurs.»

Le bijoutier, perplexe, finit par accepter.

«Eh bien soit, monsieur.»

²⁹⁵ Et le journaliste, après avoir donné son adresse, ajouta : « Vous ferez graver sur le chronomètre mes initiales G. R. C., en lettres enlacées au-dessous d'une couronne de baron. »

Madeleine, surprise, se mit à sourire. Et quand ils sortirent, elle prit son bras avec une certaine tendresse. Elle le trouvait vraiment
³⁰⁰ adroit et fort. Maintenant qu'il avait des rentes il lui fallait un titre, c'était juste.

Le marchand les saluait : « Vous pouvez compter sur moi, ce sera prêt pour jeudi, monsieur le baron. »

Ils passèrent devant le Vaudeville. On y jouait une pièce nouvelle.
³⁰⁵ « Si tu veux, dit-il, nous irons ce soir au théâtre, tâchons d'avoir une loge. »

Ils trouvèrent une loge et la prirent. Il ajouta : « Si nous dînions au cabaret ?

– Oh ! oui, je veux bien. »
³¹⁰ Il était heureux comme un souverain et cherchait ce qu'ils pourraient bien faire encore.

« Si nous allions chercher Mme de Marelle pour passer la soirée avec nous ? Son mari est ici, m'a-t-on dit. Je serai enchanté de lui serrer la main. »
³¹⁵ Ils y allèrent. Georges, qui redoutait un peu la première rencontre avec sa maîtresse, n'était point fâché que sa femme fût présente pour éviter toute explication.

Mais Clotilde parut ne se souvenir de rien et força même son mari à accepter l'invitation.
³²⁰ Le dîner fut gai et la soirée charmante.

Georges et Madeleine rentrèrent tard. Le gaz était éteint. Pour éclairer les marches, le journaliste enflammait de temps en temps une allumette-bougie.

En arrivant sur le palier du premier étage, la flamme subite écla-
³²⁵ tant sous le frottement, fit surgir dans la glace leurs deux figures illuminées au milieu des ténèbres de l'escalier.

Ils avaient l'air de fantômes apparus et prêts à s'évanouir dans la nuit.

Du Roy leva la main pour bien éclairer leurs images, et il dit, avec
³³⁰ un rire de triomphe :

« Voilà des millionnaires qui passent. »

VII

Depuis deux mois la conquête du Maroc était accomplie. La France, maîtresse de Tanger, possédait toute la côte africaine de la Méditerranée jusqu'à la régence de Tripoli, et elle avait garanti la dette du nouveau pays annexé[1].

On disait que deux ministres gagnaient là une vingtaine de millions, et on citait, presque tout haut, Laroche-Mathieu.

Quant à Walter, personne dans Paris n'ignorait qu'il avait fait coup double et encaissé de trente à quarante millions sur l'emprunt, et de huit à dix millions sur des mines de cuivre et de fer, ainsi que sur d'immenses terrains achetés pour rien avant la conquête et revendus le lendemain de l'occupation française à des compagnies de colonisation.

Il était devenu, en quelques jours, un des maîtres du monde, un de ces financiers omnipotents[2], plus forts que des rois, qui font courber les têtes, balbutier les bouches et sortir tout ce qu'il y a de bassesse, de lâcheté et d'envie au fond du cœur humain.

Il n'était plus le juif Walter, patron d'une banque louche, directeur d'un journal suspect, député soupçonné de tripotages véreux. Il était Monsieur Walter, le riche israélite.

Il le voulut montrer.

Sachant la gêne du prince de Carlsbourg qui possédait un des plus beaux hôtels de la rue du Faubourg-Saint-Honoré, avec jardin sur les Champs-Élysées, il lui proposa d'acheter, en vingt-quatre heures, cet immeuble, avec ses meubles, sans changer de place un fauteuil. Il en offrait trois millions. Le prince, tenté par la somme, accepta.

Le lendemain, Walter s'installait dans son nouveau domicile.

Alors il eut une autre idée, une véritable idée de conquérant qui veut prendre Paris, une idée à la Bonaparte.

Toute la ville allait voir en ce moment un grand tableau du peintre hongrois Karl Marcowitch[3], exposé chez l'expert Jacques Lenoble, et représentant le Christ marchant sur les flots.

Notes

1. La France avait garanti les dettes du bey de Tunis. Ici Maupassant transpose la situation au Maroc.
2. **omnipotents** : tout-puissants.

3. Dans la réalité, il s'agit du peintre hongrois Mihaly Munkacsy (1844-1900) qui avait peint un *Christ devant Pilate*.

Les critiques d'art, enthousiasmés, déclaraient cette toile le plus magnifique chef-d'œuvre du siècle.

Walter l'acheta cinq cent mille francs et l'enleva, coupant ainsi
35 du jour au lendemain le courant établi de la curiosité publique, et forçant Paris entier à parler de lui pour l'envier, le blâmer ou l'approuver.

Puis, il fit annoncer par les journaux qu'il inviterait tous les gens connus dans la société parisienne à contempler, chez lui, un soir,
40 l'œuvre magistrale du maître étranger, afin qu'on ne pût pas dire qu'il avait séquestré une œuvre d'art.

Sa maison serait ouverte. Y viendrait qui voudrait. Il suffirait de montrer à la porte la lettre de convocation.

Elle était rédigée ainsi : « Monsieur et Madame Walter vous prient
45 de leur faire l'honneur de venir voir chez eux, le trente décembre, de neuf heures à minuit, la toile de Karl Marcowitch : *Jésus marchant sur les flots* éclairée à la lumière électrique[1]. »

Puis, en post-scriptum, en toutes petites lettres, on pouvait lire : « On dansera après minuit. »
50 Donc, ceux qui voudraient rester resteraient, et parmi ceux-là les Walter recruteraient leurs connaissances du lendemain.

Les autres regarderaient la toile, l'hôtel et les propriétaires, avec une curiosité mondaine, insolente ou indifférente puis s'en iraient comme ils étaient venus. Et le père Walter savait bien qu'ils revien-
55 draient, plus tard, comme ils étaient allés chez ses frères israélites devenus riches comme lui.

Il fallait d'abord qu'ils entrassent dans sa maison, tous les pannés[2] titrés qu'on cite dans les feuilles ; et ils y entreraient pour voir la figure d'un homme qui a gagné cinquante millions en six semaines ;
60 ils y entreraient aussi pour voir et compter ceux qui viendraient là ; ils y entreraient encore parce qu'il avait eu le bon goût et l'adresse de les appeler à admirer un tableau chrétien chez lui, fils d'Israël.

Notes

1. **lumière électrique** : tout nouveau type d'éclairage.
2. **pannés** : sans le sou, sans argent dans l'argot des filles. *Être dans la panne* est une expression issue de l'argot des ouvriers.

Il semblait leur dire : «Voyez, j'ai payé cinq cent mille francs le chef-d'œuvre religieux de Marcowitch : *Jésus marchant sur les flots.* Et ce chef-d'œuvre demeurera chez moi, sous mes yeux, toujours, dans la maison du juif Walter. »

Dans le monde, dans le monde des duchesses et du Jockey[1], on avait beaucoup discuté cette invitation qui n'engageait à rien, en somme. On irait là comme on allait voir des aquarelles chez M. Petit[2]. Les Walter possédaient un chef-d'œuvre ; ils ouvraient leurs portes un soir pour que tout le monde pût l'admirer. Rien de mieux.

La Vie française, depuis quinze jours, faisait chaque matin un écho sur cette soirée du trente décembre et s'efforçait d'allumer la curiosité publique.

Du Roy rageait du triomphe du Patron.

Il s'était cru riche avec les cinq cent mille francs extorqués à sa femme, et maintenant il se jugeait pauvre, affreusement pauvre, en comparant sa piètre fortune à la pluie de millions tombée autour de lui, sans qu'il eût su en rien ramasser.

Sa colère envieuse augmentait chaque jour. Il en voulait à tout le monde, aux Walter qu'il n'avait plus été voir chez eux, à sa femme qui, trompée par Laroche, lui avait déconseillé de prendre des fonds marocains, et il en voulait surtout au ministre qui l'avait joué, qui s'était servi de lui et qui dînait à sa table deux fois par semaine. Georges lui servait de secrétaire, d'agent, de porte-plume, et quand il écrivait sous sa dictée, il se sentait des envies folles d'étrangler ce bellâtre triomphant. Comme ministre, Laroche avait le succès modeste, et pour garder son portefeuille, il ne laissait point deviner qu'il était gonflé d'or. Mais Du Roy le sentait, cet or, dans la parole plus hautaine de l'avocat parvenu, dans son geste plus insolent, dans ses affirmations plus hardies, dans sa confiance en lui complète.

Laroche régnait, maintenant, dans la maison Du Roy, ayant pris la place et les jours du comte de Vaudrec, et parlant aux domestiques ainsi qu'aurait fait un second maître.

Notes

1. **Jockey** : club fondé en 1833, le plus cher et le plus fermé des clubs de Paris.

2. Georges Petit, galeriste et expert qui promut la peinture moderne de l'époque.

95   Georges le tolérait en frémissant, comme un chien qui veut mordre, et n'ose pas. Mais il était souvent dur et brutal pour Madeleine, qui haussait les épaules et le traitait en enfant maladroit. Elle s'étonnait d'ailleurs de sa constante mauvaise humeur, et répétait : «Je ne te comprends pas. Tu es toujours à te plaindre. Ta
100   position est pourtant superbe. »

Il tournait le dos et ne répondait rien.

Il avait déclaré d'abord qu'il n'irait point à la fête du patron, et qu'il ne voulait plus mettre les pieds chez ce sale juif.

Depuis deux mois, Mme Walter lui écrivait chaque jour pour le
105   supplier de venir, de lui donner un rendez-vous où il lui plairait, afin qu'elle lui remît, disait-elle, les soixante-dix mille francs qu'elle avait gagnés pour lui.

Il ne répondait pas et jetait au feu ces lettres désespérées. Non point qu'il eût renoncé à recevoir sa part de leur bénéfice, mais il
110   voulait l'affoler, la traiter par le mépris, la fouler aux pieds. Elle était trop riche ! Il voulait se montrer fier.

Le jour même de l'exposition du tableau, comme Madeleine lui représentait qu'il avait grand tort de n'y vouloir pas aller, il répondit :
115   «Fiche-moi la paix. Je reste chez moi. »

Puis, après le dîner, il déclara tout à coup :

«Il vaut tout de même mieux subir cette corvée. Prépare-toi vite. »

Elle s'y attendait.

«Je serai prête dans un quart d'heure», dit-elle.
120   Il s'habilla en grognant, et même dans le fiacre il continua à expectorer sa bile.

La cour d'honneur de l'hôtel de Carlsbourg était illuminée par quatre globes électriques qui avaient l'air de quatre petites lunes bleuâtres, aux quatre coins. Un magnifique tapis descendait les de-
125   grés du haut perron et, sur chacun, un homme en livrée restait roide comme une statue.

Du Roy murmura : «En voilà de l'épate. » Il levait les épaules, le cœur crispé de jalousie.

Sa femme lui dit : «Tais-toi donc et fais-en autant. »
130   Ils entrèrent et remirent leurs lourds vêtements de sortie aux valets de pied qui s'avancèrent.

Plusieurs femmes étaient là avec leurs maris, se débarrassaient aussi de leurs fourrures. On entendait murmurer : « C'est fort beau ! fort beau ! »

135 Le vestibule énorme était tendu de tapisseries qui représentaient l'aventure de Mars[1] et de Vénus[2]. À droite et à gauche partaient les deux bras d'un escalier monumental, qui se rejoignaient au premier étage. La rampe était une merveille de fer forgé, dont la vieille dorure éteinte faisait courir une lueur discrète le long des marches
140 de marbre rouge.

À l'entrée des salons, deux petites filles, habillées l'une en folie rose, et l'autre en folie bleue, offraient des bouquets aux dames. On trouvait cela charmant.

Il y avait déjà foule dans les salons.

145 La plupart des femmes étaient en toilette de ville pour bien indiquer qu'elles venaient là comme elles allaient à toutes les expositions particulières. Celles qui comptaient rester au bal avaient les bras et la gorge nus.

Mme Walter, entourée d'amies, se tenait dans la seconde pièce,
150 et répondait aux saluts des visiteurs. Beaucoup ne la connaissaient point et se promenaient comme dans un musée, sans s'occuper des maîtres du logis.

Quand elle aperçut Du Roy, elle devint livide et fit un mouvement pour aller à lui. Puis elle demeura immobile, l'attendant. Il la
155 salua avec cérémonie, tandis que Madeleine l'accablait de tendresses et de compliments. Alors Georges laissa sa femme auprès de la Patronne ; et il se perdit au milieu du public pour écouter les choses malveillantes qu'on devait dire, assurément.

Cinq salons se suivaient, tendus d'étoffes précieuses, de broderies
160 italiennes ou de tapis d'Orient de nuances et de styles différents, et portant sur leurs murailles des tableaux de maîtres anciens. On s'arrêtait surtout pour admirer une petite pièce Louis XVI, une sorte de boudoir tout capitonné en soie à bouquets roses sur un fond bleu

1. **Mars** : dieu de la Guerre et amant de Vénus dans la mythologie latine.

2. **Vénus** : déesse latine de l'Amour.

pâle. Les meubles bas, en bois doré, couverts d'étoffe pareille à celle
165 des murs, étaient d'une admirable finesse.

Georges reconnaissait des gens célèbres, la duchesse de Ferracine,
le comte et la comtesse de Ravenel, le général prince d'Andremont,
la toute belle marquise des Dunes puis toutes celles qu'on voit aux
premières représentations.

170 On le saisit par le bras et une voix jeune, une voix heureuse lui
murmura dans l'oreille : «Ah! vous voilà enfin, méchant Bel-Ami.
Pourquoi ne vous voit-on plus?»

C'était Suzanne Walter le regardant avec ses yeux d'émail fin,
sous le nuage frisé de ses cheveux blonds.

175 Il fut enchanté de la revoir et lui serra franchement la main. Puis
s'excusant : «Je n'ai pas pu. J'ai eu tant à faire, depuis deux mois, que
je ne suis pas sorti.»

Elle reprit d'un air sérieux : «C'est mal, très mal, très mal. Vous
nous faites beaucoup de peine, car nous vous adorons, maman et
180 moi. Quant à moi, je ne puis me passer de vous. Si vous n'êtes pas là
je m'ennuie à mourir. Vous voyez que je vous le dis carrément pour
que vous n'ayez plus le droit de disparaître comme ça. Donnez-moi
le bras, je vais vous montrer moi-même *Jésus marchant sur les flots*,
c'est au fond, derrière la serre. Papa l'a mis là-bas afin qu'on soit
185 obligé de passer partout. C'est étonnant comme il fait le paon, papa,
avec cet hôtel.»

Ils allaient doucement à travers la foule. On se retournait pour
regarder ce beau garçon et cette ravissante poupée.

Un peintre connu prononça : «Tiens! Voilà un joli couple. Il est
190 amusant comme tout.»

Georges pensait : «Si j'avais été vraiment fort, c'est celle-là que
j'aurais épousée. C'était possible, pourtant. Comment n'y ai-je pas
songé? Comment me suis-je laissé aller à prendre l'autre? Quelle
folie! On agit toujours trop vite, on ne réfléchit jamais assez.»

195 Et l'envie, l'envie amère, lui tombait dans l'âme goutte à goutte,
comme un fiel qui corrompait toutes ses joies, rendait odieuse son
existence.

Suzanne disait : «Oh! venez souvent, Bel-Ami, nous ferons
des folies maintenant que papa est si riche. Nous nous amuserons
200 comme des toqués.»

Il répondit, suivant toujours son idée : «Oh! vous allez vous marier maintenant. Vous épouserez quelque beau prince, un peu ruiné, et nous ne vous verrons plus guère.»

Elle s'écria avec franchise : «Oh! non, pas encore, je veux
205   quelqu'un qui me plaise, qui me plaise beaucoup, qui me plaise tout à fait. Je suis assez riche pour deux.»

Il souriait d'un sourire ironique et hautain et il se mit à lui nommer les gens qui passaient, des gens très nobles, qui avaient vendu leurs titres rouillés à des filles de financiers comme elle, et qui
210   vivaient maintenant près ou loin de leurs femmes, mais libres, impudents, connus et respectés.

Il conclut : «Je ne vous donne pas six mois pour vous laisser prendre à cet appât-là. Vous serez madame la Marquise, madame la Duchesse ou madame la Princesse, et vous me regarderez de très
215   haut, mam'zelle.»

Elle s'indignait, lui tapait sur le bras avec son éventail, jurait qu'elle ne se marierait que selon son cœur.

Il ricanait : «Nous verrons bien, vous êtes trop riche.»

Elle lui dit : «Mais vous aussi, vous avez eu un héritage.»
220   Il fit un «Oh!» de pitié : «Parlons-en. À peine vingt mille livres de rentes. Ce n'est pas lourd par le temps présent.

— Mais votre femme a hérité également.

— Oui. Un million à nous deux. Quarante mille de revenu. Nous ne pouvons même pas avoir une voiture à nous avec ça.»
225   Ils arrivaient au dernier salon, et, en face d'eux s'ouvrait la serre[1], un large jardin d'hiver plein de grands arbres des pays chauds abritant des massifs de fleurs rares. En entrant sous cette verdure sombre où la lumière glissait comme une ondée d'argent, on respirait la fraîcheur tiède de la terre humide et un souffle lourd de par-
230   fums. C'était une étrange sensation douce, malsaine et charmante, de nature factice, énervante et molle. On marchait sur des tapis tout pareils à de la mousse entre deux épais massifs d'arbustes. Soudain Du Roy aperçut à sa gauche, sous un large dôme de palmiers, un vaste bassin de marbre blanc où l'on aurait pu se baigner et sur les

1. *Cf.* le conte de Maupassant *La Serre*.

235 bords duquel quatre grands cygnes en faïence de Delft laissaient tomber l'eau de leurs becs entrouverts.

Le fond du bassin était sablé de poudre d'or et l'on voyait nager dedans quelques énormes poissons rouges, bizarres monstres chinois aux yeux saillants, aux écailles bordées de bleu, sortes de manda-
240 rins[1] des ondes qui rappelaient, errants et suspendus ainsi sur ce fond d'or, les étranges broderies de là-bas.

Le journaliste s'arrêta le cœur battant. Il se disait : «Voilà, voilà le luxe. Voilà les maisons où il faut vivre. D'autres y sont parve-nus. Pourquoi n'y arriverais-je point?» Il songeait aux moyens, n'en
245 trouvait pas sur-le-champ, et s'irritait de son impuissance.

Sa compagne ne parlait plus, un peu songeuse. Il la regarda de côté et il pensa encore une fois : «Il suffisait pourtant d'épouser cette petite marionnette de chair.»

Mais Suzanne tout d'un coup parut se réveiller : «Attention»,
250 dit-elle. Elle poussa Georges à travers un groupe qui barrait leur chemin, et le fit brusquement tourner à droite.

Au milieu d'un bosquet de plantes singulières qui tendaient en l'air leurs feuilles tremblantes, ouvertes comme des mains aux doigts minces, on apercevait un homme immobile, debout sur la mer.
255 L'effet était surprenant. Le tableau, dont les côtés se trouvaient cachés dans les verdures mobiles, semblait un trou noir sur un loin-tain fantastique et saisissant.

Il fallait bien regarder pour comprendre. Le cadre coupait le mi-lieu de la barque où se trouvaient les apôtres à peine éclairés par les
260 rayons obliques d'une lanterne, dont l'un d'eux, assis sur le bordage, projetait toute la lumière sur Jésus qui s'en venait.

Le Christ avançait le pied sur une vague qu'on voyait se creuser, soumise, aplanie, caressante sous le pas divin qui la foulait. Tout était sombre autour de l'Homme-Dieu. Seules les étoiles brillaient
265 au ciel.

Les figures des apôtres, dans la lueur vague du fanal[2] porté par ce-lui qui montrait le Seigneur, paraissaient convulsées par la surprise.

Notes

1. **mandarins** : sages chinois.　　2. **fanal** : grosse lanterne devant servir de signal.

C'était bien là l'œuvre puissante et inattendue d'un maître, une de ces œuvres qui bouleversent la pensée et vous laissent du rêve pour des années.

Les gens qui regardaient cela demeuraient d'abord silencieux, puis s'en allaient, songeurs, et ne parlaient qu'ensuite de la valeur de la peinture.

Du Roy, l'ayant contemplée quelque temps, déclara : «C'est chic de pouvoir se payer ces bibelots-là.»

Mais, comme on le heurtait, en le poussant pour voir, il repartit, gardant toujours sous son bras la petite main de Suzanne qu'il serrait un peu.

Elle lui demanda : «Voulez-vous boire un verre de champagne? Allons au buffet. Nous y trouverons papa.»

Et ils retraversèrent lentement tous les salons où la foule grossissait, houleuse, chez elle, une foule élégante de fête publique.

Georges soudain crut entendre une voix prononcer : «C'est Laroche et Mme Du Roy.» Ces paroles lui effleurèrent l'oreille comme ces bruits lointains qui courent dans le vent. D'où venaient-elles?

Il chercha de tous les côtés, et il aperçut en effet sa femme qui passait, au bras du ministre. Ils causaient tout bas d'une façon intime en souriant, et les yeux dans les yeux.

Il s'imagina remarquer qu'on chuchotait en les regardant, et il sentit en lui une envie brutale et stupide de sauter sur ces deux êtres et de les assommer à coups de poing.

Elle le rendait ridicule. Il pensa à Forestier. On disait peut-être : «Ce cocu de Du Roy.» Qui était-elle? Une petite parvenue assez adroite, mais sans grands moyens, en vérité. On venait chez lui parce qu'on le redoutait, parce qu'on le sentait fort, mais on devait parler sans gêne de ce petit ménage de journalistes. Jamais il n'irait loin avec cette femme qui faisait sa maison toujours suspecte, qui se compromettait toujours, dont l'allure dénonçait l'intrigante. Elle serait maintenant un boulet à son pied. Ah! s'il avait deviné, s'il avait su! Comme il aurait joué un jeu plus large, plus fort! Quelle belle partie il aurait pu gagner avec la petite Suzanne pour enjeu. Comment avait-il été assez aveugle pour ne pas comprendre ça?

Ils arrivaient à la salle à manger, une immense pièce à colonnes de marbre, aux murs tendus de vieux Gobelins[1].

Walter aperçut son chroniqueur et s'élança pour lui prendre les mains. Il était ivre de joie : «Avez-vous tout vu? Dis, Suzanne, lui as-tu tout montré? Que de monde, n'est-ce pas, Bel-Ami? Avez-vous vu le prince de Guerche? Il est venu boire un verre de punch, tout à l'heure.»

Puis il s'élança vers le sénateur Rissolin qui traînait sa femme étourdie et ornée comme une boutique foraine.

Un monsieur saluait Suzanne, un grand garçon mince, à favoris blonds, un peu chauve, avec cet air mondain qu'on reconnaît partout. Georges l'entendit nommer : le marquis de Cazolles, et il fut brusquement jaloux de cet homme. Depuis quand le connaissait-elle? Depuis sa fortune sans doute? Il devinait un prétendant.

On le prit par le bras. C'était Norbert de Varenne. Le vieux poète promenait ses cheveux gras et son habit fatigué d'un air indifférent et las.

«Voilà ce qu'on appelle s'amuser, dit-il. Tout à l'heure on dansera ; et puis on se couchera ; et les petites filles seront contentes. Prenez du champagne, il est excellent.»

Il se fit emplir un verre et, saluant Du Roy qui en avait pris un autre : «Je bois à la revanche de l'esprit sur les millions.»

Puis il ajouta, d'une voix douce : «Non pas qu'ils me gênent chez les autres ou que je leur en veuille. Mais je proteste par principe.»

Georges ne l'écoutait plus. Il cherchait Suzanne qui venait de disparaître avec le marquis de Cazolles, et quittant brusquement Norbert de Varenne, il se mit à la poursuite de la jeune fille.

Une cohue épaisse qui voulait boire l'arrêta. Comme il l'avait enfin franchie, il se trouva nez à nez avec le ménage de Marelle.

Il voyait toujours la femme ; mais il n'avait pas rencontré depuis longtemps le mari, qui lui saisit les deux mains : «Que je vous remercie, mon cher, du conseil que vous m'avez fait donner par Clotilde. J'ai gagné près de cent mille francs avec l'emprunt maro-

---

Note

1. **Gobelins** : tapisseries provenant de la manufacture réputée des Gobelins (fondée à Paris par Colbert en 1662).

cain. C'est à vous que je les dois. On peut dire que vous êtes un ami précieux. »

Des hommes se retournaient pour regarder cette brunette élégante et jolie. Du Roy répondit : « En échange de ce service, mon cher, je prends votre femme, ou plutôt je lui offre mon bras. Il faut toujours séparer les époux. »

M. de Marelle s'inclina : « C'est juste. Si je vous perds, nous nous retrouverons ici dans une heure.

— Parfaitement. »

Et les deux jeunes gens s'enfoncèrent dans la foule, suivis par le mari. Clotilde répétait : « Quels veinards que ces Walter. Ce que c'est tout de même que d'avoir l'intelligence des affaires. »

George répondit : « Bah ! les hommes forts arrivent toujours, soit par un moyen, soit par un autre. »

Elle reprit : « Voilà deux filles qui auront de vingt à trente millions chacune. Sans compter que Suzanne est jolie. »

Il ne dit rien. Sa propre pensée sortie d'une autre bouche l'irritait.

Elle n'avait pas encore vu *Jésus marchant sur les flots*. Il proposa de l'y conduire. Ils s'amusaient à dire du mal des gens, à se moquer des figures inconnues. Saint-Potin passa près d'eux, portant sur le revers de son habit des décorations nombreuses, ce qui les amusa beaucoup. Un ancien ambassadeur, venant derrière, montrait une brochette moins garnie.

Du Roy déclara : « Quelle salade de société ! »

Boisrenard, qui lui serra la main, avait aussi orné sa boutonnière du ruban vert et jaune sorti le jour du duel.

La vicomtesse de Percemur, énorme et parée, causait avec un duc dans le petit boudoir Louis XVI.

Georges murmura : « Un tête-à-tête galant. » Mais en traversant la serre, il revit sa femme assise près de Laroche-Mathieu, presque cachés tous deux derrière un bouquet de plantes. Ils semblaient dire : « Nous nous sommes donné un rendez-vous ici, un rendez-vous public. Car nous nous fichons de l'opinion. »

Mme de Marelle reconnut que ce Jésus de Karl Marcowitch était très étonnant ; et ils revinrent. Ils avaient perdu le mari.

Il demanda : « Et Laurine, est-ce qu'elle m'en veut toujours ?

– Oui, toujours autant. Elle refuse de te voir et s'en va quand on parle de toi. »

Il ne répondit rien. L'inimitié subite de cette fillette le chagrinait et lui pesait.

Suzanne les saisit au détour d'une porte, criant : « Ah ! vous voilà ! Eh bien, Bel-Ami, vous allez rester seul. J'enlève la belle Clotilde pour lui montrer ma chambre. »

Et les deux femmes s'en allèrent, d'un pas pressé, glissant à travers le monde, de ce mouvement onduleux, de ce mouvement de couleuvre qu'elles savent prendre dans les foules.

Presque aussitôt une voix murmura : « Georges. » C'était Mme Walter. Elle reprit très bas : « Oh ! Que vous êtes férocement cruel ! Que vous me faites souffrir inutilement. J'ai chargé Suzette d'emmener celle qui vous accompagnait afin de pouvoir vous dire un mot. Écoutez, il faut… il faut que je vous parle ce soir… ou bien… ou bien… vous ne savez pas ce que je ferai. Allez dans la serre. Vous y trouverez une porte à gauche et vous sortirez dans le jardin. Suivez l'allée qui est en face. Tout au bout vous verrez une tonnelle. Attendez-moi là dans dix minutes. Si vous ne voulez pas, je vous jure que je fais un scandale, ici, tout de suite ! »

Il répondit avec hauteur :

« Soit. Je serai dans dix minutes à l'endroit que vous m'indiquez. »

Et ils se séparèrent. Mais Jacques Rival faillit le mettre en retard. Il l'avait pris par le bras et lui racontait un tas de choses avec l'air très exalté. Il venait sans doute du buffet. Enfin Du Roy le laissa aux mains de M. de Marelle retrouvé entre deux portes, et il s'enfuit. Il lui fallut encore prendre garde de n'être pas vu par sa femme et par Laroche. Il y parvint, car ils semblaient fort animés, et il se trouva dans le jardin.

L'air froid le saisit comme un bain de glace. Il pensa : « Cristi, je vais attraper un rhume », et il mit son mouchoir à son cou en manière de cravate. Puis il suivit à pas lents l'allée, y voyant mal au sortir de la grande lumière des salons.

Il distinguait à sa droite et à sa gauche des arbustes sans feuilles dont les branches menues frémissaient. Des lueurs grises passaient dans ces ramures, des lueurs venues des fenêtres de l'hôtel. Il aperçut quelque chose de blanc, au milieu du chemin, devant

410 lui, et Mme Walter, les bras nus, la gorge nue, balbutia d'une voix frémissante :

« Ah ! te voilà ? tu veux donc me tuer ? »

Il répondit tranquillement : « Je t'en prie, pas de drame, n'est-ce pas, ou je fiche le camp tout de suite. »

415 Elle l'avait saisi par le cou, et, les lèvres tout près des lèvres, elle disait : « Mais qu'est-ce que je t'ai fait ? Tu te conduis avec moi comme un misérable ! Qu'est-ce que je t'ai fait ? »

Il essayait de la repousser : « Tu as entortillé tes cheveux à tous mes boutons la dernière fois que je t'ai vue, et ça a failli amener une
420 rupture entre ma femme et moi. »

Elle demeura surprise, puis faisant « non » de la tête : « Oh ! ta femme s'en moque bien. C'est quelqu'une de tes maîtresses qui t'aura fait une scène.

— Je n'ai pas de maîtresses.

425 — Tais-toi donc ! Mais pourquoi ne viens-tu plus même me voir ? Pourquoi refuses-tu de dîner, rien qu'un jour par semaine, avec moi ? C'est atroce ce que je souffre ; je t'aime à n'avoir plus une pensée qui ne soit pour toi, à ne pouvoir rien regarder sans te voir devant mes yeux, à ne plus oser prononcer un mot sans avoir peur
430 de dire ton nom ! Tu ne comprends pas ça, toi ! Il me semble que je suis prise dans des griffes, nouée dans un sac, je ne sais pas. Ton souvenir, toujours présent, me serre la gorge, me déchire quelque chose là, dans la poitrine, sous le sein, me casse les jambes à ne plus me laisser la force de marcher. Et je reste comme une bête, toute la
435 journée, sur une chaise, en pensant à toi. »

Il la regardait avec étonnement. Ce n'était plus la grosse gamine folâtre qu'il avait connue, mais une femme éperdue, désespérée, capable de tout.

Un projet vague, cependant, naissait dans son esprit. Il répondit :
440 « Ma chère, l'amour n'est pas éternel. On se prend et on se quitte. Mais quand ça dure comme entre nous ça devient un boulet horrible. Je n'en veux plus. Voilà la vérité. Cependant, si tu sais devenir raisonnable, me recevoir et me traiter ainsi qu'un ami, je reviendrai comme autrefois. Te sens-tu capable de ça ? »

445 Elle posa ses deux bras nus sur l'habit noir de Georges et murmura : « Je suis capable de tout pour te voir.

« – Alors c'est convenu, dit-il, nous sommes amis, rien de plus. »

Elle balbutia : «C'est convenu.» Puis tendant ses lèvres vers lui : «Encore un baiser... le dernier. »

450 Il refusa doucement. «Non. Il faut tenir nos conventions. »

Elle se détourna en essuyant deux larmes, puis tirant de son corsage un paquet de papiers noués avec un ruban de soie rose elle l'offrit à Du Roy : «Tiens. C'est ta part de bénéfice dans l'affaire du Maroc. J'étais si contente d'avoir gagné cela pour toi. Tiens, 455 prends-le donc...»

Il voulait refuser : «Non, je ne recevrai point cet argent! »

Alors elle se révolta : «Ah! Tu ne me feras pas ça, maintenant! Il est à toi, rien qu'à toi. Si tu ne le prends point, je le jetterai dans un égout. Tu ne me feras pas cela, Georges ?»

460 Il reçut le petit paquet et le glissa dans sa poche.

«Il faut rentrer, dit-il, tu vas attraper une fluxion de poitrine[1]. »

Elle murmura : «Tant mieux! si je pouvais mourir.» Elle lui prit une main, la baisa avec passion, avec rage, avec désespoir, et elle se sauva vers l'hôtel.

465 Il revint doucement, en réfléchissant. Puis il rentra dans la serre, le front hautain, la lèvre souriante.

Sa femme et Laroche n'étaient plus là. La foule diminuait. Il devenait évident qu'on ne resterait pas au bal. Il aperçut Suzanne qui tenait le bras de sa sœur. Elles vinrent vers lui toutes les deux 470 pour lui demander de danser le premier quadrille avec le comte de Latour-Yvelin.

Il s'étonna.

«Qu'est-ce encore que celui-là ?»

Suzanne répondit avec malice :

475 «C'est un nouvel ami de ma sœur. »

Rose rougit et murmura :

«Tu es méchante, Suzette, ce monsieur n'est pas plus mon ami que le tien. »

L'autre souriait : «Je m'entends. »

480 Rose, fâchée, leur tourna le dos et s'éloigna.

Note **1. fluxion de poitrine** : pneumonie.

Du Roy prit familièrement le coude de la jeune fille restée près de lui, et de sa voix caressante : «Écoutez, ma chère petite, me croyez-vous bien votre ami?

— Mais oui, Bel-Ami.

485 — Vous avez confiance en moi?

— Tout à fait.

— Vous vous rappelez ce que je vous disais tantôt?

— À propos de quoi?

— À propos de votre mariage, ou plutôt de l'homme que vous 490 épouserez.

— Oui.

— Eh bien! voulez-vous me promettre une chose?

— Oui, mais quoi?

— C'est de me consulter toutes les fois qu'on demandera votre 495 main, et de n'accepter personne sans avoir pris mon avis.

— Oui, je veux bien.

— Et c'est un secret entre nous deux. Pas un mot de ça à votre père ni à votre mère.

— Pas un mot.

500 — C'est juré?

— C'est juré.»

Rival arrivait, l'air affairé : «Mademoiselle, votre papa vous demande pour le bal.»

Elle dit : «Allons, Bel-Ami.»

505 Mais il refusa, décidé à partir tout de suite, voulant être seul pour penser. Trop de choses nouvelles venaient de pénétrer dans son esprit et il se mit à chercher sa femme. Au bout de quelque temps il l'aperçut qui buvait du chocolat, au buffet, avec deux messieurs inconnus. Elle leur présenta son mari, sans les nommer à lui.

510 Après quelques instants il demanda :

«Partons-nous?

— Quand tu voudras.»

Elle prit son bras et ils retraversèrent les salons où le public devenait rare.

515 Elle demanda : «Où est la Patronne? je voudrais lui dire adieu.

— C'est inutile. Elle essayerait de nous garder au bal et j'en ai assez.

— C'est vrai, tu as raison.»

Tout le long de la route ils furent silencieux. Mais, aussitôt rentrés en leur chambre, Madeleine souriante lui dit, sans même ôter son voile :

« Tu ne sais pas, j'ai une surprise pour toi. »

Il grogna avec mauvaise humeur :

« Quoi donc ?

— Devine.

— Je ne ferai pas cet effort.

— Eh bien ! c'est après-demain le premier janvier.

— Oui.

— C'est le moment des étrennes.

— Oui.

— Voici les tiennes, que Laroche m'a remises tout à l'heure. »

Elle lui présenta une petite boîte noire qui semblait un écrin à bijoux.

Il l'ouvrit avec indifférence et aperçut la croix de la Légion d'honneur.

Il devint un peu pâle, puis il sourit et déclara : « J'aurais préféré dix millions. Cela ne lui coûte pas cher. »

Elle s'attendait à un transport de joie, et elle fut irritée de cette froideur.

« Tu es vraiment incroyable. Rien ne te satisfait maintenant. »

Il répondit tranquillement : « Cet homme ne fait que payer sa dette. Et il me doit encore beaucoup. »

Elle fut étonnée de son accent, et reprit : « C'est pourtant beau, à ton âge. »

Il déclara : « Tout est relatif. Je pourrais avoir davantage, aujourd'hui. »

Il avait pris l'écrin, il le posa tout ouvert sur la cheminée, considéra quelques instants l'étoile brillante couchée dedans. Puis il le referma, et se mit au lit en haussant les épaules.

L'*Officiel* du 1er janvier annonça, en effet, la nomination de M. Prosper-Georges Du Roy, publiciste, au grade de chevalier de la Légion d'honneur, pour services exceptionnels.

Le nom était écrit en deux mots, ce qui fit à Georges plus de plaisir que la décoration même.

Une heure après avoir lu cette nouvelle devenue publique, il reçut un mot de la Patronne qui le suppliait de venir dîner chez elle, le soir même, avec sa femme, pour fêter cette distinction. Il hésita quelques minutes, puis jetant au feu ce billet écrit en termes ambigus, il dit à Madeleine :

« Nous dînerons ce soir chez les Walter. »

Elle fut étonnée. « Tiens ! mais je croyais que tu ne voulais plus y mettre les pieds ? »

Il murmura seulement : « J'ai changé d'avis. »

Quand ils arrivèrent, la Patronne était seule dans le petit boudoir Louis XVI adopté pour ses réceptions intimes. Vêtue de noir, elle avait poudré ses cheveux, ce qui la rendait charmante. Elle avait l'air, de loin, d'une vieille, de près, d'une jeune, et, quand on la regardait bien, d'un joli piège pour les yeux.

« Vous êtes en deuil ? » demanda Madeleine.

Elle répondit tristement : « Oui et non. Je n'ai perdu personne des miens. Mais je suis arrivée à l'âge où on fait le deuil de sa vie. Je le porte aujourd'hui, pour l'inaugurer. Désormais je le porterai dans mon cœur. »

Du Roy pensa : « Ça tiendra-t-il, cette résolution-là ? »

Le dîner fut un peu morne. Seule Suzanne bavardait sans cesse. Rose semblait préoccupée. On félicita beaucoup le journaliste.

Le soir on s'en alla, errant et causant, par les salons et par la serre. Comme Du Roy marchait derrière, avec la Patronne, elle le retint par le bras.

« Écoutez, dit-elle à voix basse… Je ne vous parlerai plus de rien, jamais. Mais venez me voir, Georges. Vous voyez que je ne vous tutoie plus. Il m'est impossible de vivre sans vous, impossible. C'est une torture inimaginable. Je vous sens, je vous garde dans mes yeux, dans mon cœur et dans ma chair tout le jour et toute la nuit. C'est comme si vous m'aviez fait boire un poison qui me rongerait en dedans. Je ne puis pas. Non. Je ne puis pas. Je veux bien n'être pour vous qu'une vieille femme. Je me suis mise en cheveux blancs pour vous le montrer, mais venez ici, venez de temps en temps, en ami. »

Elle lui avait pris la main et elle la serrait, la broyait, enfonçant ses ongles dans sa chair.

⁵⁹⁰ Il répondit avec calme : « C'est entendu. Il est inutile de reparler de ça. Vous voyez bien que je suis venu aujourd'hui, tout de suite, sur votre lettre. »

Walter, qui allait devant avec ses deux filles et Madeleine, attendit Du Roy auprès du *Jésus marchant sur les flots.* « Figurez-vous, dit-il ⁵⁹⁵ en riant, que j'ai trouvé hier ma femme à genoux devant ce tableau comme dans une chapelle. Elle faisait là ses dévotions. Ce que j'ai ri ! »

Mme Walter répliqua d'une voix ferme, d'une voix où vibrait une exaltation secrète : « C'est ce Christ-là qui sauvera mon âme. Il me ⁶⁰⁰ donne du courage et de la force toutes les fois que je le regarde. »

Et, s'arrêtant en face du Dieu debout sur la mer, elle murmura : « Comme il est beau ! Comme ils en ont peur et comme ils l'aiment, ces hommes ! Regardez donc sa tête, ses yeux, comme il est simple et surnaturel en même temps ! »

⁶⁰⁵ Suzanne s'écria : « Mais il vous ressemble, Bel-Ami. Je suis sûre qu'il vous ressemble. Si vous aviez des favoris, ou bien s'il était rasé, vous seriez tout pareils tous les deux. Oh ! mais c'est frappant ! »

Elle voulut qu'il se mît debout à côté du tableau ; et tout le monde reconnut en effet que les deux figures se ressemblaient !

⁶¹⁰ Chacun s'étonna. Walter trouva la chose bien singulière. Madeleine, en souriant, déclara que Jésus avait l'air plus viril.

Mme Walter demeurait immobile, contemplant d'un œil fixe le visage de son amant à côté du visage du Christ, et elle était devenue aussi blanche que ses cheveux blancs.

VIII

¹ Pendant le reste de l'hiver, les Du Roy allèrent souvent chez les Walter. Georges même y dînait seul à tout instant, Madeleine se disant fatiguée et préférant rester chez elle.

Il avait adopté le vendredi comme jour fixe, et la Patronne n'invi-⁵ tait jamais personne ce soir-là ; il appartenait à Bel-Ami, rien qu'à lui. Après dîner, on jouait aux cartes, on donnait à manger aux poissons chinois, on vivait et on s'amusait en famille. Plusieurs fois, derrière une porte, derrière un massif de la serre, dans un coin sombre, Mme Walter avait saisi brusquement dans ses bras le jeune

10   homme, et, le serrant de toute sa force sur sa poitrine, lui avait jeté
     dans l'oreille : «Je t'aime!... je t'aime!... je t'aime à en mourir!»
     Mais toujours il l'avait repoussée froidement, en répondant d'un ton
     sec : «Si vous recommencez, je ne viendrai plus ici.»
         Vers la fin de mars, on parla tout à coup du mariage des deux
15   sœurs. Rose devait épouser, disait-on, le comte de Latour-Yvelin,
     et Suzanne le marquis de Cazolles. Ces deux hommes étaient deve-
     nus des familiers de la maison, de ces familiers à qui on accorde des
     faveurs spéciales, des prérogatives sensibles.
         Georges et Suzanne vivaient dans une sorte d'intimité fraternelle
20   et libre, bavardaient pendant des heures, se moquaient de tout le
     monde et semblaient se plaire beaucoup ensemble.
         Jamais ils n'avaient reparlé du mariage possible de la jeune fille, ni
     des prétendants qui se présentaient.
         Comme le Patron avait emmené Du Roy pour déjeuner, un ma-
25   tin, Mme Walter, après le repas, fut appelée pour répondre à un
     fournisseur. Et Georges dit à Suzanne : «Allons donner du pain aux
     poissons rouges.»
         Ils prirent chacun sur la table un gros morceau de mie et s'en
     allèrent dans la serre.
30   Tout le long de la vasque de marbre on laissait par terre des cous-
     sins afin qu'on pût se mettre à genoux autour du bassin, pour être
     plus près des bêtes nageantes. Les jeunes gens en prirent chacun un,
     côte à côte, et, penchés vers l'eau, commencèrent à jeter dedans des
     boulettes qu'ils roulaient entre leurs doigts. Les poissons, dès qu'ils
35   les aperçurent, s'en vinrent, en remuant la queue, battant des na-
     geoires, roulant leurs gros yeux saillants, tournant sur eux-mêmes,
     plongeant pour attraper la proie ronde qui s'enfonçait, et remontant
     aussitôt pour en demander une autre.
         Ils avaient des mouvements drôles de la bouche, des élans brusques
40   et rapides, une allure étrange de petits monstres; et sur le sable
     d'or du fond ils se détachaient en rouge ardent, passant comme des
     flammes dans l'onde transparente, ou montrant, aussitôt qu'ils arrê-
     taient, le filet bleu qui bordait leurs écailles.
         Georges et Suzanne voyaient leurs propres figures renversées dans
45   l'eau, et ils souriaient à leurs images.

Tout à coup, il dit à voix basse : «Ce n'est pas bien de me faire des cachotteries, Suzanne.»

Elle demanda : «Quoi donc, Bel-Ami?

– Vous ne vous rappelez pas ce que vous m'avez promis, ici même, le soir de la fête?

– Mais non.

– De me consulter toutes les fois qu'on demanderait votre main.

– Eh bien?

– Eh bien, on l'a demandée.

– Qui ça?

– Vous le savez bien.

– Non. Je vous le jure.

– Si, vous le savez! Ce grand fat de marquis de Cazolles.

– Il n'est pas fat, d'abord.

– C'est possible; mais il est stupide, ruiné par le jeu et usé par la noce. C'est vraiment un joli parti pour vous, si jolie, si fraîche, et si intelligente.»

Elle demanda, en souriant : «Qu'est-ce que vous avez contre lui?

– Moi? Rien.

– Mais si… Il n'est pas tout ce que vous dites.

– Allons donc. C'est un sot et un intrigant.»

Elle se tourna un peu, cessant de regarder dans l'eau : «Voyons, qu'est-ce que vous avez?»

Il prononça, comme si on lui eût arraché un secret du fond du cœur :

«J'ai… j'ai… j'ai que je suis jaloux de lui.»

Elle s'étonna modérément : «Vous?

– Oui, moi

– Tiens. Pourquoi ça?

– Parce que je suis amoureux de vous, et vous le savez bien, méchante!»

Alors elle dit, d'un ton sévère : «Vous êtes fou, Bel-Ami!»

Il reprit : «Je le sais bien que je suis fou. Est-ce que je devrais vous avouer cela, moi, un homme marié, à vous, une jeune fille? Je suis plus que fou, je suis coupable, presque misérable. Je n'ai pas d'espoir possible, et je perds la raison à cette pensée. Et quand j'entends dire que vous allez vous marier, j'ai des accès de fureur à tuer quelqu'un. Il faut me pardonner ça, Suzanne!»

Il se tut. Tous les poissons à qui on ne jetait plus de pain demeuraient immobiles, rangés presque en ligne, pareils à des soldats anglais, et regardant les figures penchées de ces deux personnes qui ne s'occupaient plus d'eux.

La jeune fille murmura, moitié tristement, moitié gaiement : «C'est dommage que vous soyez marié. Que voulez-vous? On n'y peut rien. C'est fini!»

Il se retourna brusquement vers elle, et il lui dit, tout près, dans la figure :

«Si j'étais libre, moi, m'épouseriez-vous?»

Elle répondit, avec un accent sincère :

«Oui, Bel-Ami, je vous épouserais, car vous me plaisez beaucoup plus que tous les autres.»

Il se leva, et balbutiant : «Merci… merci… je vous en supplie, ne dites "oui" à personne! Attendez encore un peu. Je vous en supplie! Me le promettez-vous?»

Elle murmura, un peu troublée et sans comprendre ce qu'il voulait : «Je vous le promets.»

Du Roy jeta dans l'eau le gros morceau de pain qu'il tenait encore aux mains, et il s'enfuit, comme s'il eût perdu la tête, sans dire adieu.

Tous les poissons se jetèrent avidement sur ce paquet de mie qui flottait n'ayant point été pétri par les doigts, et ils le dépecèrent de leurs bouches voraces. Ils l'entraînaient à l'autre bout du bassin, s'agitaient au-dessous, formant maintenant une grappe mouvante, une espèce de fleur animée et tournoyante, une fleur vivante, tombée à l'eau la tête en bas.

Suzanne, surprise, inquiète, se redressa, et s'en revint tout doucement. Le journaliste était parti.

Il rentra chez lui, fort calme, et comme Madeleine écrivait des lettres, il lui demanda : «Dînes-tu vendredi chez les Walter? Moi, j'irai.»

Elle hésita : «Non. Je suis un peu souffrante. J'aime mieux rester ici.»

Il répondit : «Comme il te plaira. Personne ne te force.»

Puis il reprit son chapeau et ressortit aussitôt.

120 Depuis longtemps il l'épiait, la surveillait et la suivait, sachant toutes ses démarches. L'heure qu'il attendait était enfin venue. Il ne s'était point trompé au ton dont elle avait répondu : «J'aime mieux rester ici.»

Il fut aimable pour elle pendant les jours qui suivirent. Il parut
125 même gai, ce qui ne lui était plus ordinaire. Elle lui disait : «Voilà que tu redeviens gentil.»

Il s'habilla de bonne heure le vendredi pour faire quelques courses avant d'aller chez le Patron, affirmait-il. Puis il partit vers six heures, après avoir embrassé sa femme, et il alla chercher un fiacre place
130 Notre-Dame-de-Lorette.

Il dit au cocher :

«Vous vous arrêterez en face du numéro 17, rue Fontaine, et vous resterez là, jusqu'à ce que je vous donne l'ordre de vous en aller. Vous me conduirez ensuite au restaurant du Coq-Faisan, rue
135 Lafayette.»

La voiture se mit en route au trot lent du cheval, et Du Roy baissa les stores. Dès qu'il fut en face de sa porte, il ne la quitta plus des yeux. Après dix minutes d'attente, il vit sortir Madeleine, qui remonta vers les boulevards extérieurs.

140 Aussitôt qu'elle fut loin, il passa la tête à la portière, et il cria : «Allez.»

Le fiacre se remit en marche, et le déposa devant le Coq-Faisan, restaurant bourgeois connu dans le quartier. Georges entra dans la salle commune, et mangea doucement, en regardant l'heure à sa
145 montre de temps en temps. À sept heures et demie, comme il avait bu son café, pris deux verres de fine champagne[1], et fumé, avec lenteur, un bon cigare, il sortit, héla une autre voiture qui passait à vide, et se fit conduire rue La Rochefoucauld.

Il monta, sans rien demander au concierge, au troisième étage de
150 la maison qu'il avait indiquée, et quand une bonne lui eut ouvert : «M. Guilbert de Lorme est chez lui, n'est-ce pas?

– Oui, monsieur.»

Note 1. **fine champagne** : eau-de-vie de qualité supérieure, fabriquée dans les Charentes.

On le fit pénétrer dans le salon, où il attendit quelques instants. Puis un homme entra, grand, décoré, avec l'air militaire, et portant
155 des cheveux gris, bien qu'il fût jeune encore.

Du Roy le salua, puis il dit : «Comme je le prévoyais, Monsieur le commissaire de police, ma femme dîne avec son amant dans le logement garni qu'ils ont loué rue des Martyrs.»

Le magistrat s'inclina : «Je suis à votre disposition, monsieur.»

160 Georges reprit : «Vous avez jusqu'à neuf heures, n'est-ce pas? Cette limite passée, vous ne pouvez plus pénétrer dans un domicile particulier pour y constater un adultère.

— Non, monsieur, sept heures en hiver, neuf heures à partir du 31 mars. Nous sommes au cinq avril, nous avons donc jusqu'à neuf
165 heures.

— Eh bien, Monsieur le commissaire, j'ai une voiture en bas, nous pouvons prendre les agents qui vous accompagneront, puis nous attendrons un peu devant la porte. Plus nous arriverons tard, plus nous avons de chance de bien les surprendre en flagrant délit.

170 — Comme il vous plaira, monsieur.»

Le commissaire sortit, puis revint, vêtu d'un pardessus qui cachait sa ceinture tricolore. Il s'effaça, pour laisser passer Du Roy. Mais le journaliste, dont l'esprit était préoccupé, refusait de sortir le premier, et répétait : «Après vous… après vous.»

175 Le magistrat prononça : «Passez donc, monsieur, je suis chez moi.»

L'autre, aussitôt, franchit la porte en saluant.

Ils allèrent d'abord au commissariat chercher trois agents en bourgeois[1] qui attendaient, car Georges avait prévenu dans la journée que la surprise aurait lieu ce soir-là. Un des hommes monta sur le
180 siège, à côté du cocher. Les deux autres entrèrent dans le fiacre, qui gagna la rue des Martyrs.

Du Roy disait : «J'ai le plan de l'appartement. C'est au second. Nous trouverons d'abord un petit vestibule, puis une salle à manger, puis la chambre à coucher. Les trois pièces se commandent. Aucune
185 sortie ne peut faciliter la fuite. Il y a un serrurier un peu plus loin. Il se tiendra prêt à être réquisitionné par vous.»

Note
1. en bourgeois : habillés en civil.

Quand ils furent devant la maison indiquée, il n'était encore que huit heures un quart, et ils attendirent en silence pendant plus de vingt minutes. Mais lorsqu'il vit que les trois quarts allaient sonner, Georges dit : « Allons maintenant. » Et ils montèrent l'escalier sans s'occuper du portier, qui ne les remarqua point, d'ailleurs. Un des agents demeura dans la rue pour surveiller la sortie.

Les quatre hommes s'arrêtèrent au second étage, et Du Roy colla d'abord son oreille contre la porte, puis son œil au trou de la serrure. Il n'entendit rien et ne vit rien. Il sonna.

Le commissaire dit à ses agents : « Vous resterez ici, prêts à tout appel. »

Et ils attendirent. Au bout de deux ou trois minutes, Georges tira de nouveau le bouton du timbre plusieurs fois de suite. Ils perçurent un bruit au fond de l'appartement ; puis un pas léger s'approcha. Quelqu'un venait épier. Le journaliste alors frappa vivement avec son doigt plié contre le bois des panneaux.

Une voix, une voix de femme, qu'on cherchait à déguiser, demanda : « Qui est là ? »

L'officier municipal répondit : « Ouvrez, au nom de la loi. »

La voix répéta : « Qui êtes-vous ? »

— Je suis le commissaire de police. Ouvrez, ou je fais forcer la porte. »

La voix reprit : « Que voulez-vous ? »

Et Du Roy dit : « C'est moi. Il est inutile de chercher à nous échapper. »

Le pas léger, un pas de pieds nus, s'éloigna, puis revint au bout de quelques secondes.

Georges dit : « Si vous ne voulez pas ouvrir, nous enfonçons la porte. » Il serrait la poignée de cuivre, et d'une épaule il poussait lentement. Comme on ne répondait plus, il donna tout à coup une secousse si violente et si vigoureuse que la vieille serrure de cette maison meublée céda. Les vis arrachées sortirent du bois, et le jeune homme faillit tomber sur Madeleine qui se tenait debout dans l'antichambre, vêtue d'une chemise et d'un jupon, les cheveux défaits, les jambes dévêtues, une bougie à la main.

Il s'écria : «C'est elle, nous les tenons.» Et il se jeta dans l'appartement. Le commissaire ayant ôté son chapeau, le suivit. Et la jeune femme effarée s'en vint derrière eux en les éclairant.

225 Ils traversèrent une salle à manger dont la table non desservie montrait les restes du repas : des bouteilles à champagne vides, une terrine de foies gras ouverte, une carcasse de poulet et des morceaux de pain à moitié mangés. Deux assiettes posées sur le dressoir portaient des piles d'écailles d'huîtres.

230 La chambre semblait ravagée par une lutte. Une robe coiffait une chaise, une culotte d'homme restait à cheval sur le bras d'un fauteuil. Quatre bottines, deux grandes et deux petites, traînaient au pied du lit, tombées sur le flanc.

C'était une chambre de maison garnie, aux meubles communs,
235 où flottait cette odeur odieuse et fade des appartements d'hôtel, odeur émanée des rideaux, des matelas, des murs, des sièges, odeur de toutes les personnes qui avaient couché ou vécu, un jour ou six mois, dans ce logis public, et laissé là un peu de leur senteur, de cette senteur humaine qui, s'ajoutant à celle des devanciers, formait
240 à la longue une puanteur confuse, douce et intolérable, la même dans tous ces lieux.

Une assiette à gâteaux, une bouteille de chartreuse[1] et deux petits verres encore à moitié pleins encombraient la cheminée. Le sujet de la pendule de bronze était caché par un grand chapeau d'homme.

245 Le commissaire se retourna vivement, et regardant Madeleine dans les yeux :

«Vous êtes bien Mme Claire-Madeleine Du Roy, épouse légitime de M. Prosper-Georges Du Roy, publiciste, ici présent?»

Elle articula, d'une voix étranglée.

250 «Oui, monsieur.

– Que faites-vous ici?»

Elle ne répondit pas.

Le magistrat reprit : «Que faites-vous ici? Je vous trouve hors de chez vous, presque dévêtue, dans un appartement meublé. Qu'êtes-
255 vous venue y faire?»

Note **1. chartreuse** : liqueur aux herbes fabriquée par les chartreux.

Bel-Ami de Guy de Maupassant

Il attendit quelques instants. Puis, comme elle gardait toujours le silence : «Du moment que vous ne voulez pas l'avouer, madame, je vais être contraint de le constater.»

On voyait dans le lit la forme d'un corps caché sous le drap.

260 Le commissaire s'approcha et appela : «Monsieur?»

L'homme couché ne remua pas. Il paraissait tourner le dos, la tête enfoncée sous un oreiller.

L'officier toucha ce qui semblait être l'épaule, et répéta : «Monsieur, ne me forcez pas, je vous prie, à des actes.»

265 Mais le corps voilé demeurait aussi immobile que s'il eût été mort.

Du Roy, qui s'était avancé vivement, saisit la couverture, la tira, et, arrachant l'oreiller, découvrit la figure livide de M. Laroche-Mathieu. Il se pencha vers lui et, frémissant de l'envie de le saisir au cou pour l'étrangler, il lui dit, les dents serrées :

270 «Ayez donc au moins le courage de votre infamie.»

Le magistrat demanda encore : «Qui êtes-vous?»

L'amant, éperdu, ne répondant pas, il reprit : «Je suis commissaire de police et je vous somme de me dire votre nom!»

Georges, qu'une colère bestiale faisait trembler, cria : «Mais
275 répondez donc, lâche, ou je vais vous nommer, moi.»

Alors l'homme couché balbutia : «Monsieur le commissaire, vous ne devez pas me laisser insulter par cet individu. Est-ce à vous ou à lui que j'ai affaire? Est-ce à vous ou à lui que je dois répondre?»

Il paraissait n'avoir plus de salive dans la bouche.

280 L'officier répondit : «C'est à moi, monsieur, à moi seul. Je vous demande qui vous êtes?»

L'autre se tut. Il tenait le drap serré contre son cou et roulait des yeux effarés. Ses petites moustaches retroussées semblaient toutes noires sur sa figure blême.

285 Le commissaire reprit : «Vous ne voulez pas répondre? Alors je serai forcé de vous arrêter. Dans tous les cas, levez-vous. Je vous interrogerai lorsque vous serez vêtu.»

Le corps s'agita dans le lit, et la tête murmura : «Mais je ne peux pas, devant vous.»

290 Le magistrat demanda : «Pourquoi ça?»

L'autre balbutia : «C'est que je suis… je suis… je suis tout nu.»

Du Roy se mit à ricaner, et, ramassant une chemise tombée à terre, il la jeta sur la couche en criant : «Allons donc… levez-vous… Puisque vous vous êtes déshabillé devant ma femme, vous pouvez
295 bien vous habiller devant moi.»

Puis il tourna le dos et revint vers la cheminée.

Madeleine avait retrouvé son sang-froid, et, voyant tout perdu, elle était prête à tout oser. Une audace de bravade faisait briller son œil ; et, roulant un morceau de papier, elle alluma, comme pour une
300 réception, les dix bougies des vilains candélabres posés aux coins de la cheminée. Puis elle s'adossa au marbre et, tendant au feu mourant un de ses pieds nus, qui soulevait par-derrière son jupon à peine arrêté sur les hanches, elle prit une cigarette dans son étui de papier rose, l'enflamma et se mit à fumer.

305 Le commissaire était revenu vers elle, attendant que son complice fût debout.

Elle demanda avec insolence : «Vous faites souvent ce métier-là, monsieur?»

Il répondit gravement : «Le moins possible, madame.»

310 Elle lui souriait sous le nez : «Je vous en félicite, ça n'est pas propre.»

Elle affectait de ne pas regarder, de ne pas voir son mari.

Mais le monsieur du lit s'habillait. Il avait passé son pantalon, chaussé ses bottines et il se rapprocha, en endossant son gilet.

315 L'officier de police se tourna vers lui :

«Maintenant, monsieur, voulez-vous me dire qui vous êtes?»

L'autre ne répondit pas.

Le commissaire prononça : «Je me vois forcé de vous arrêter.»

Alors l'homme s'écria brusquement : «Ne me touchez pas. Je suis
320 inviolable[1]!»

Du Roy s'élança vers lui, comme pour le terrasser, et il lui grogna dans la figure : «Il y a flagrant délit… flagrant délit. Je peux vous faire arrêter, si je veux… oui, je le peux.»

Puis, d'un ton vibrant : «Cet homme s'appelle Laroche-Mathieu,
325 ministre des Affaires étrangères.»

Note

1. **inviolable** : personne à qui la loi ou la Constitution assure l'immunité. Laroche-Mathieu, qui est ministre, ne peut être arrêté.

Le commissaire de police recula stupéfait, et balbutiant : «En vérité, monsieur, voulez-vous me dire qui vous êtes, à la fin?»

L'homme se décida, et avec force : «Pour une fois, ce misérable-là n'a point menti. Je me nomme, en effet, Laroche-Mathieu, ministre.»

330 Puis, tendant le bras vers la poitrine de Georges, où apparaissait comme une lueur, un petit point rouge, il ajouta : «Et le gredin que voici porte sur son habit la croix d'honneur que je lui ai donnée.»

Du Roy était devenu livide. D'un geste rapide, il arracha de sa boutonnière la courte flamme de ruban, et, la jetant dans la che-
335 minée : «Voilà ce que vaut une décoration qui vient de salops de votre espèce.»

Ils étaient face à face, les dents près des dents, exaspérés, les poings serrés, l'un maigre et la moustache au vent, l'autre gras et la moustache en croc.

340 Le commissaire passa vivement entre les deux et, les écartant avec ses mains : «Messieurs, vous vous oubliez, vous manquez de dignité !»

Ils se turent et se tournèrent les talons. Madeleine, immobile, fumait toujours, en souriant.

L'officier de police reprit : «Monsieur le ministre, je vous ai sur-
345 pris, seul avec Mme Du Roy, que voici, vous couché, elle presque nue. Vos vêtements étant jetés pêle-mêle à travers l'appartement, cela constitue un flagrant délit d'adultère. Vous ne pouvez nier l'évidence. Qu'avez-vous à répondre ?»

Laroche-Mathieu murmura : «Je n'ai rien à dire, faites votre devoir.»

350 Le commissaire s'adressa à Madeleine : «Avouez-vous, madame, que monsieur soit votre amant ?»

Elle prononça crânement : «Je ne le nie pas, il est mon amant !
– Cela suffit.»

Puis le magistrat prit quelques notes sur l'état et la disposition
355 du logis. Comme il finissait d'écrire, le ministre qui avait achevé de s'habiller, et qui attendait, le paletot[1] sur le bras, le chapeau à la main, demanda :

«Avez-vous encore besoin de moi, monsieur? Que dois-je faire? Puis-je me retirer?»

Du Roy se retourna vers lui et souriant avec insolence : «Pourquoi donc? Nous avons fini. Vous pouvez vous recoucher, monsieur; nous allons vous laisser seuls.»

Et posant le doigt sur le bras de l'officier de police : «Retirons-nous, monsieur le commissaire, nous n'avons plus rien à faire en ce lieu.»

Un peu surpris, le magistrat le suivit; mais, sur le seuil de la chambre, Georges s'arrêta pour le laisser passer. L'autre s'y refusait par cérémonie.

Du Roy insistait : «Passez donc, monsieur.» Le commissaire dit : «Après vous.» Alors le journaliste salua, et sur le ton d'une politesse ironique : «C'est votre tour, monsieur le commissaire de police. Je suis presque chez moi, ici.»

Puis il referma la porte doucement, avec un air de discrétion.

Une heure plus tard, Georges Du Roy entrait dans les bureaux de *La Vie française*.

M. Walter était déjà là, car il continuait à diriger et à surveiller avec sollicitude son journal qui avait pris une extension énorme et qui favorisait beaucoup les opérations grandissantes de sa banque.

Le directeur leva la tête et demanda : «Tiens, vous voici? Vous semblez tout drôle! Pourquoi n'êtes-vous pas venu dîner à la maison? D'où sortez-vous donc?»

Le jeune homme, qui était sûr de son effet, déclara, en pesant sur chaque mot :

«Je viens de jeter bas le ministre des Affaires étrangères.»

L'autre crut qu'il plaisantait.

«De jeter bas... Comment?

– Je vais changer le cabinet. Voilà tout! Il n'est pas trop tôt de chasser cette charogne.»

Le vieux, stupéfait, crut que son chroniqueur était gris. Il murmura : «Voyons, vous déraisonnez.

– Pas du tout. Je viens de surprendre M. Laroche-Mathieu en flagrant délit d'adultère avec ma femme. Le commissaire de police a constaté la chose. Le ministre est foutu.»

Walter, interdit, releva tout à fait ses lunettes sur son front et demanda : «Vous ne vous moquez pas de moi?

– Pas du tout. Je vais même faire un écho là-dessus.

– Mais alors que voulez-vous?»

— Jeter bas ce fripon, ce misérable, ce malfaiteur public ! »

Georges posa son chapeau sur un fauteuil, puis ajouta : « Gare à ceux que je trouve sur mon chemin. Je ne pardonne jamais. »

Le directeur hésitait encore à comprendre. Il murmura : « Mais… votre femme ?

— Ma demande en divorce sera faite dès demain matin. Je la renvoie à feu Forestier.

— Vous voulez divorcer ?

— Parbleu. J'étais ridicule. Mais il me fallait faire la bête[1] pour les surprendre. Ça y est. Je suis maître de la situation. »

M. Walter n'en revenait pas ; et il regardait Du Roy avec des yeux effarés, pensant : « Bigre. C'est un gaillard bon à ménager. »

Georges reprit : « Me voici libre… J'ai une certaine fortune. Je me présenterai aux élections au renouvellement d'octobre, dans mon pays où je suis fort connu. Je ne pouvais pas me poser ni me faire respecter avec cette femme qui était suspecte à tout le monde. Elle m'avait pris comme un niais, elle m'avait enjôlé[2] et capturé. Mais depuis que je savais son jeu, je la surveillais, la gredine. »

Il se mit à rire et ajouta : « C'est ce pauvre Forestier qui était cocu… cocu sans s'en douter, confiant et tranquille. Me voici débarrassé de la teigne qu'il m'avait laissée. J'ai les mains déliées. Maintenant j'irai loin. »

Il s'était mis à califourchon sur une chaise. Il répéta, comme s'il eût songé : « J'irai loin. »

Et le père Walter le regardait toujours de ses yeux découverts, ses lunettes restant relevées sur le front, et il se disait : « Oui, il ira loin, le gredin. »

Georges se releva : « Je vais rédiger l'écho. Il faut le faire avec discrétion. Mais vous savez, il sera terrible pour le ministre. C'est un homme à la mer. On ne peut pas le repêcher. *La Vie française* n'a plus d'intérêt à le ménager. »

Le vieux hésita quelques instants, puis il en prit son parti : « Faites, dit-il, tant pis pour ceux qui se fichent dans ces pétrins-là. »

Notes

1. **faire la bête** : avoir une attitude stupide, ridicule.

2. **enjôlé** : séduit, charmé par de belles paroles, des caresses ou des flatteries.

IX

1　Trois mois s'étaient écoulés. Le divorce de Du Roy venait d'être prononcé. Sa femme avait repris le nom de Forestier, et comme les Walter devaient partir, le 15 juillet, pour Trouville, on décida de passer une journée à la campagne, avant de se séparer.

5　On choisit un jeudi, et on se mit en route dès neuf heures du matin dans un grand landau de voyage à six places, attelé en poste à quatre chevaux.

On allait déjeuner à Saint-Germain, au pavillon Henri IV[1]. Bel-Ami avait demandé à être le seul homme de la partie, car il ne pou-
10　vait supporter la présence et la figure du marquis de Cazolles. Mais, au dernier moment, il fut décidé que le comte de Latour-Yvelin serait enlevé, au saut du lit. On l'avait prévenu la veille.

La voiture remonta au grand trot l'avenue des Champs-Élysées, puis traversa le bois de Boulogne.

15　Il faisait un admirable temps d'été, pas trop chaud. Les hirondelles traçaient sur le bleu du ciel de grandes lignes courbes qu'on croyait voir encore quand elles étaient passées.

Les trois femmes se tenaient au fond du landau, la mère entre ses deux filles ; et les trois hommes, à reculons, Walter entre les deux
20　invités.

On traversa la Seine, on contourna le Mont-Valérien, puis on gagna Bougival, pour longer ensuite la rivière jusqu'au Pecq.

Le comte de Latour-Yvelin, un homme un peu mûr à longs favoris légers, dont le moindre souffle d'air agitait les pointes, ce qui fai-
25　sait dire à Du Roy : « Il obtient de jolis effets de vent dans sa barbe », contemplait Rose tendrement. Ils étaient fiancés depuis un mois.

Georges, fort pâle, regardait souvent Suzanne, qui était pâle aussi. Leurs yeux se rencontraient, semblaient se concerter, se comprendre, échanger secrètement une pensée, puis se fuyaient. Mme Walter
30　était tranquille, heureuse.

Le déjeuner fut long. Avant de repartir pour Paris, Georges proposa de faire un tour sur la terrasse.

Note

1. pavillon Henri IV : établissement réputé.

| *Bel-Ami* de Guy de Maupassant

On s'arrêta d'abord pour admirer la vue. Tout le monde se mit en ligne le long du mur et on s'extasia sur l'étendue de l'horizon. La
35 Seine, au pied d'une longue colline, coulait vers Maisons-Laffitte, comme un immense serpent couché dans la verdure. À droite, sur le sommet de la côte, l'aqueduc de Marly projetait sur le ciel son profil énorme de chenille à grandes pattes, et Marly disparaissait, au-dessous, dans un épais bouquet d'arbres.

40 Par la plaine immense, qui s'étendait en face, on voyait des villages, de place en place. Les pièces d'eau du Vésinet faisaient des taches nettes et propres dans la maigre verdure de la petite forêt. À gauche, tout au loin, on apercevait en l'air le clocher pointu de Sartrouville.

45 Walter déclara : «On ne peut trouver nulle part au monde un semblable panorama. Il n'y en a pas un pareil en Suisse.»

Puis on se mit en marche doucement pour faire une promenade et jouir un peu de cette perspective.

Georges et Suzanne restèrent en arrière. Dès qu'ils furent écartés
50 de quelques pas, il lui dit d'une voix basse et contenue : «Suzanne, je vous adore. Je vous aime à en perdre la tête.»

Elle murmura : «Moi aussi, Bel-Ami.»

Il reprit : «Si je ne vous ai pas pour femme, je quitterai Paris, et ce pays.»

55 Elle répondit : «Essayez donc de me demander à papa. Peut-être qu'il voudra bien.»

Il eut un petit geste d'impatience : «Non, je vous le répète pour la dixième fois, c'est inutile. On me fermera la porte de votre maison ; on m'expulsera du journal ; et nous ne pourrons plus même nous
60 voir. Voilà le joli résultat auquel je suis certain d'arriver par une demande en règle. On vous a promise au marquis de Cazolles. On espère que vous finirez par dire : "Oui." Et on attend.»

Elle demanda : «Qu'est-ce qu'il faut faire alors ?»

Il hésitait, la regardant de côté : «M'aimez-vous assez pour com-
65 mettre une folie ?»

Elle répondit résolument :

«Oui.

— Une grande folie ?

— Oui.

70   – La plus grande des folies ?

    – Oui.

    – Aurez-vous assez du courage pour braver votre père et votre mère ?

    – Oui.

75   – Bien vrai ?

    – Oui.

    – Eh bien ! il y a un moyen, un seul ! Il faut que la chose vienne de vous, et pas de moi. Vous êtes une enfant gâtée, on vous laisse tout dire, on ne s'étonnera pas trop d'une audace de plus de votre
80 part. Écoutez donc. Ce soir, en rentrant, vous irez trouver votre maman d'abord, votre maman toute seule. Et vous lui avouerez que vous voulez m'épouser. Elle aura une grosse émotion et une grosse colère… »

    Suzanne l'interrompit : « Oh ! maman voudra bien. »

85   Il reprit vivement : « Non. Vous ne la connaissez pas. Elle sera plus fâchée et plus furieuse que votre père. Vous verrez comme elle refusera. Mais vous tiendrez bon, vous ne céderez pas, vous répéterez que vous voulez m'épouser, moi seul, rien que moi. Le ferez-vous ?

    – Je le ferai.

90   – Et en sortant de chez votre mère, vous direz la même chose à votre père, d'un air très sérieux et très décidé.

    – Oui, oui. Et puis ?

    – Et puis, c'est là que ça devient grave. Si vous êtes résolue, bien résolue, bien, bien, bien résolue à être ma femme, ma chère, chère
95 petite Suzanne… Je vous… je vous enlèverai ! »

    Elle eut une grande secousse de joie et faillit battre des mains. « Oh ! quel bonheur ! vous m'enlèverez ? Quand ça m'enlèverez-vous ? »

    Toute la vieille poésie des enlèvements nocturnes, des chaises de
100 poste, des auberges, toutes les charmantes aventures des livres lui passèrent d'un coup dans l'esprit comme un songe enchanteur prêt à se réaliser. Elle répéta. « Quand ça, m'enlèverez-vous ? »

    Il répondit très bas : « Mais… ce soir… cette nuit. »

    Elle demanda, frémissante : « Et où irons-nous ?

105   – Ça, c'est mon secret. Réfléchissez à ce que vous faites. Songez bien qu'après cette fuite vous ne pourrez plus être que ma femme ! C'est le seul moyen, mais il est… il est très dangereux… pour vous. »

Elle déclara : «Je suis décidée… où vous retrouverai-je ?

– Vous pouvez sortir de l'hôtel, toute seule ?

110   – Oui. Je sais ouvrir la petite porte.

– Eh bien ! quand le concierge sera couché, vers minuit, venez me rejoindre place de la Concorde. Vous me trouverez dans un fiacre arrêté en face du ministère de la Marine.

– J'irai.

115   – Bien vrai ?

– Bien vrai. »

Il lui prit la main et la serra. «Oh ! que je vous aime ! Comme vous êtes bonne et brave ! Alors, vous ne voulez pas épouser M. de Cazolles.

120   – Oh ! non.

– Votre père s'est beaucoup fâché quand vous avez dit non ?

– Je crois bien, il voulait me remettre au couvent.

– Vous voyez qu'il est nécessaire d'être énergique.

– Je le serai. »

125   Elle regardait le vaste horizon, la tête pleine de cette idée d'enlèvement. Elle irait plus loin que là-bas… avec lui !… Elle serait enlevée !… Elle était fière de ça ! Elle ne songeait guère à sa réputation, à ce qui pouvait lui arriver d'infâme. Le savait-elle, même ? Le soupçonnait-elle ?

130   Mme Walter, se retournant, cria : «Mais viens donc, petite. Qu'est-ce que tu fais avec Bel-Ami ? »

Ils rejoignirent les autres. On parlait des bains de mer où on serait bientôt.

Puis, on revint par Chatou pour ne pas refaire la même route.

135   Georges ne disait plus rien. Il songeait : Donc, si cette petite avait un peu d'audace, il allait réussir, enfin ! Depuis trois mois il l'enveloppait dans l'irrésistible filet de sa tendresse. Il la séduisait, la captivait, la conquérait. Il s'était fait aimer par elle, comme il savait se faire aimer. Il avait cueilli sans peine son âme légère de poupée.

140   Il avait obtenu d'abord qu'elle refusât M. de Cazolles. Il venait d'obtenir qu'elle s'enfuît avec lui. Car il n'y avait pas d'autre moyen.

Mme Walter, il le comprenait bien, ne consentirait jamais à lui donner sa fille. Elle l'aimait encore, elle l'aimerait toujours, avec une violence intraitable. Il la contenait par sa froideur calculée, mais il la sentait rongée par une passion impuissante et vorace. Jamais il ne pourrait la fléchir. Jamais elle n'admettrait qu'il prît Suzanne.

Mais une fois qu'il tiendrait la petite au loin, il traiterait de puissance à puissance, avec le père.

Pensant à tout cela, il répondait par phrases hachées aux choses qu'on lui disait et qu'il n'écoutait guère. Il parut revenir à lui lorsqu'on rentra dans Paris.

Suzanne aussi songeait ; et le grelot des quatre chevaux sonnait dans sa tête, lui faisait voir des grandes routes infinies sous des clairs de lune éternels, des forêts sombres traversées, des auberges au bord du chemin, et la hâte des hommes d'écurie à changer l'attelage, car tout le monde devine qu'ils sont poursuivis.

Quand le landau fut arrivé dans la cour de l'hôtel, on voulut retenir Georges à dîner. Il refusa et revint chez lui.

Après avoir un peu mangé, il mit de l'ordre dans ses papiers comme s'il allait faire un grand voyage. Il brûla des lettres compromettantes, en cacha d'autres, écrivit à quelques amis.

De temps en temps il regardait la pendule, en pensant : « Ça doit chauffer là-bas. » Et une inquiétude le mordait au cœur. S'il allait échouer ? Mais que pouvait-il craindre ? Il se tirerait toujours d'affaire ! Pourtant c'était une grosse partie qu'il jouait, ce soir-là !

Il ressortit vers onze heures, erra quelque temps, prit un fiacre et se fit arrêter place de la Concorde, le long des arcades du ministère de la Marine.

De temps en temps il enflammait une allumette pour regarder l'heure à sa montre. Quand il vit approcher minuit, son impatience devint fiévreuse. À tout moment il passait la tête à la portière pour regarder.

Une horloge lointaine sonna douze coups, puis une autre plus près, puis deux ensemble, puis une dernière très loin. Quand celle-là eut cessé de tinter, il pensa : « C'est fini. C'est raté. Elle ne viendra pas. »

Il était cependant résolu à demeurer jusqu'au jour. Dans ces cas-là il faut être patient.

Il entendit encore sonner le quart, puis la demie, puis les trois
quarts; et toutes les horloges répétèrent une heure comme elles
avaient annoncé minuit.

Il n'attendait plus, il restait, creusant sa pensée pour deviner ce qui
avait pu arriver. Tout à coup une tête de femme passa par la portière
et demanda : «Êtes-vous là, Bel-Ami?»

Il eut un sursaut et une suffocation.

«C'est vous, Suzanne?

– Oui, c'est moi.»

Il ne parvenait point à tourner la poignée assez vite, et répétait :
«Ah!… c'est vous… c'est vous… entrez.»

Elle entra et se laissa tomber contre lui. Il cria au cocher : «Allez!»
Et le fiacre se mit en route.

Elle haletait, sans parler.

Il demanda : «Eh bien! comment ça s'est-il passé?»

Alors elle murmura, presque défaillante :

«Oh! ça a été terrible, chez maman surtout.»

Il était inquiet et frémissant.

«Votre maman? Qu'est-ce qu'elle a dit? Contez-moi ça.

– Oh! ça a été affreux. Je suis entrée chez elle et je lui ai récité ma
petite affaire que j'avais bien préparée. Alors elle a pâli, puis elle a
crié : "Jamais! jamais!" Moi, j'ai pleuré, je me suis fâchée, j'ai juré
que je n'épouserais que vous. J'ai cru qu'elle allait me battre. Elle
est devenue comme folle; elle a déclaré qu'on me renverrait au couvent, dès le lendemain. Je ne l'avais jamais vue comme ça, jamais!
Alors papa est arrivé en l'entendant débiter toutes ses sottises. Il ne
s'est pas fâché tant qu'elle, mais il a déclaré que vous n'étiez pas un
assez beau parti.

«Comme ils m'avaient mise en colère aussi, j'ai crié plus fort
qu'eux. Et papa m'a dit de sortir avec un air dramatique qui ne lui
allait pas du tout. C'est ce qui m'a décidée à me sauver avec vous.
Me voilà, où allons-nous?»

Il avait enlacé sa taille doucement; et il écoutait de toutes ses
oreilles, le cœur battant, une rancune haineuse s'éveillant en lui
contre ces gens. Mais il la tenait, leur fille. Ils verraient, à présent.

Il répondit : «Il est trop tard pour prendre le train; cette voiture-
là va donc nous conduire à Sèvres où nous passerons la nuit. Et

demain nous partirons pour La Roche-Guyon. C'est un joli village, au bord de la Seine, entre Mantes et Bonnières.»

Elle murmura : «C'est que je n'ai pas d'effets. Je n'ai rien.»

Il sourit, avec insouciance : «Bah! nous nous arrangerons là-bas.»

220 Le fiacre roulait le long des rues. Georges prit une main de la jeune fille et se mit à la baiser, lentement, avec respect. Il ne savait que lui raconter, n'étant guère accoutumé aux tendresses platoniques. Mais soudain il crut s'apercevoir qu'elle pleurait.

Il demanda, avec terreur : «Qu'est-ce que vous avez? ma chère
225 petite.»

Elle répondit, d'une voix toute mouillée : «C'est ma pauvre maman qui ne doit pas dormir à cette heure, si elle s'est aperçue de mon départ.»

Sa mère, en effet, ne dormait pas.

230 Aussitôt Suzanne sortie de sa chambre, Mme Walter était restée en face de son mari.

Elle demanda, éperdue, atterrée :

«Mon Dieu! Qu'est-ce que cela veut dire?»

Walter cria, furieux : «Ça veut dire que cet intrigant l'a enjôlée.
235 C'est lui qui a fait refuser Cazolles. Il trouve la dot bonne, parbleu!»

Il se mit à marcher avec rage à travers l'appartement et reprit : «Tu l'attirais sans cesse, aussi, toi, tu le flattais, tu le cajolais, tu n'avais pas assez de chatteries[1] pour lui. C'était Bel-Ami par-ci, Bel-Ami par-là, du matin au soir. Te voilà payée.»

240 Elle murmura, livide : «Moi?... je l'attirais!»

Il lui vociféra[2] dans le nez : «Oui, toi! Vous êtes toutes folles de lui, la Marelle, Suzanne et les autres. Crois-tu que je ne voyais pas que tu ne pouvais point rester deux jours sans le faire venir ici?»

Elle se dressa, tragique : «Je ne vous permettrai pas de me parler
245 ainsi. Vous oubliez que je n'ai pas été élevée, comme vous, dans une boutique.»

Il demeura d'abord immobile et stupéfait, puis il lâcha un «Nom de Dieu» furibond, et il sortit en tapant la porte.

Notes

1. **chatteries :** caresses insinuantes.   2. **vociféra :** parla d'une voix forte.

Dès qu'elle fut seule, elle alla, par instinct, vers la glace pour se
250 regarder, comme pour voir si rien n'était changé en elle, tant ce qui
lui arrivait paraissait impossible, monstrueux. Suzanne était amoureuse de Bel-Ami! et Bel-Ami voulait épouser Suzanne! Non! elle
s'était trompée, ce n'était pas vrai. La fillette avait eu une toquade[1]
bien naturelle pour ce beau garçon, elle avait espéré qu'on le lui
255 donnerait pour mari; elle avait fait son petit coup de tête! Mais lui?
lui ne pouvait pas être complice de ça! Elle réfléchissait, troublée
comme on l'est devant les grandes catastrophes. Non, Bel-Ami ne
devait rien savoir de l'escapade de Suzanne.

Et elle songea longtemps à la perfidie et à l'innocence possibles de
260 cet homme. Quel misérable, s'il avait préparé le coup! Et qu'arriverait-il? Que de dangers et de tourments elle prévoyait?

S'il ne savait rien, tout pouvait s'arranger encore. On ferait un
voyage avec Suzanne pendant six mois, et ce serait fini. Mais comment pourrait-elle le revoir, elle, ensuite? Car elle l'aimait toujours.
265 Cette passion était entrée en elle à la façon de ces pointes de flèche
qu'on ne peut plus arracher.

Vivre sans lui était impossible. Autant mourir.

Sa pensée s'égarait dans ces angoisses et dans ces incertitudes. Une
douleur commençait à poindre dans sa tête; ses idées devenaient pé-
270 nibles, troubles, lui faisaient mal. Elle s'énervait à chercher, s'exaspérait de ne pas savoir. Elle regarda sa pendule, il était une heure
passée. Elle se dit : «Je ne peux pas rester ainsi, je deviens folle. Il
faut que je sache. Je vais réveiller Suzanne pour l'interroger.»

Et elle s'en alla, déchaussée pour ne pas faire de bruit, une bou-
275 gie à la main, vers la chambre de sa fille. Elle l'ouvrit bien doucement, entra, regarda le lit. Il n'était pas défait. Elle ne comprit point
d'abord, et pensa que la fillette discutait encore avec son père. Mais
aussitôt un soupçon horrible l'effleura et elle courut chez son mari.
Elle y arriva d'un élan, blême et haletante. Il était couché et lisait
280 encore.

Il demeura effaré : «Eh bien! quoi? Qu'est-ce que tu as?»

Elle balbutiait : «As-tu vu Suzanne?

– Moi? Non. Pourquoi?

1. **toquade** : goût vif et passager pour quelqu'un ou quelque chose.

– Elle est… elle est… partie… Elle n'est pas dans… dans sa
285 chambre. »

Il sauta d'un bond sur le tapis, chaussa ses pantoufles et, sans cale-
çon, la chemise au vent, il se précipita à son tour vers l'appartement
de sa fille.

Dès qu'il l'eut vu, il ne conserva point de doute. Elle s'était enfuie.
290 Il tomba sur un fauteuil et posa sa lampe par terre devant lui.

Sa femme l'avait rejoint. Elle bégaya : « Eh bien ? »

Il n'avait plus la force de répondre ; il n'avait plus de colère, il
gémit :

« C'est fait, il la tient. Nous sommes perdus. »
295 Elle ne comprenait pas : « Comment, perdus ?

– Eh ! oui, parbleu. Il faut bien qu'il l'épouse maintenant. »

Elle poussa une sorte de cri de bête : « Lui ! jamais ! Tu es donc
fou ? »

Il répondit tristement : « Ça ne sert à rien de hurler. Il l'a enlevée,
300 il l'a déshonorée. Le mieux est encore de la lui donner. En s'y prenant bien, personne ne saura cette aventure. »

Elle répéta, secouée d'une émotion terrible : « Jamais ! jamais il
n'aura Suzanne ! Jamais je ne consentirai ! »

Walter murmura avec accablement :
305 « Mais il l'a. C'est fait. Et il la gardera et la cachera tant que nous
n'aurons point cédé. Donc, pour éviter le scandale, il faut céder tout
de suite. »

Sa femme, déchirée par une inavouable douleur, répéta :

« Non ! non. Jamais je ne consentirai ! »
310 Il reprit, s'impatientant : « Mais il n'y a pas à discuter. Il le faut.
Ah ! le gredin, comme il nous a joués… Il est fort tout de même.
Nous aurions pu trouver beaucoup mieux comme position, mais
pas comme intelligence et comme avenir. C'est un homme d'avenir. Il sera député et ministre. »
315 Mme Walter déclara, avec une énergie farouche :

« Jamais je ne lui laisserai épouser Suzanne… Tu entends…
jamais ! »

Il finit par se fâcher et par prendre, en homme pratique, la défense
de Bel-Ami.

³²⁰ «Mais, tais-toi donc... Je te répète qu'il le faut... qu'il le faut absolument. Et qui sait? Peut-être ne le regretterons-nous pas. Avec les êtres de cette trempe-là, on ne sait jamais ce qui peut arriver. Tu as vu comme il a jeté bas, en trois articles, ce niais de Laroche-Mathieu, et comme il l'a fait avec dignité, ce qui était rudement
³²⁵ difficile dans sa situation de mari. Enfin nous verrons. Toujours est-il que nous sommes pris. Nous ne pouvons plus nous tirer de là.»

Elle avait envie de crier, de se rouler par terre, de s'arracher les cheveux. Elle prononça encore, d'une voix exaspérée:

«Il ne l'aura pas... Je... ne... veux... pas!»

³³⁰ Walter se leva, ramassa sa lampe, reprit:

«Tiens, tu es stupide comme toutes les femmes. Vous n'agissez jamais que par passion. Vous ne savez pas vous plier aux circonstances... vous êtes stupides! Moi, je te dis qu'il l'épousera... Il le faut.»

³³⁵ Et il sortit, en traînant ses pantoufles. Il traversa, fantôme comique en chemise de nuit, le large corridor du vaste hôtel endormi, et rentra, sans bruit, dans sa chambre.

Mme Walter restait debout, déchirée par une intolérable douleur. Elle ne comprenait pas encore bien, d'ailleurs. Elle souffrait
³⁴⁰ seulement. Puis il lui sembla qu'elle ne pourrait pas demeurer là, immobile, jusqu'au jour. Elle sentait en elle un besoin violent de se sauver, de courir devant elle, de s'en aller, de chercher de l'aide, d'être secourue.

Elle cherchait qui elle pourrait bien appeler à elle. Quel homme!
³⁴⁵ elle n'en trouvait pas! Un prêtre! oui, un prêtre! Elle se jetterait à ses pieds, lui avouerait tout, lui confesserait sa faute et son désespoir. Il comprendrait, lui, que ce misérable ne pouvait pas épouser Suzanne et il empêcherait cela.

Il lui fallait un prêtre, tout de suite! Mais où le trouver? Où aller!
³⁵⁰ Pourtant elle ne pouvait rester ainsi.

Alors passa devant ses yeux, ainsi qu'une vision, l'image sereine de Jésus marchant sur les flots. Elle le vit comme elle le voyait en regardant le tableau. Donc il l'appelait. Il lui disait: «Venez à moi. Venez vous agenouiller à mes pieds. Je vous consolerai et je vous
³⁵⁵ inspirerai ce qu'il faut faire.»

Elle prit sa bougie, sortit, et descendit pour gagner la serre. Le Jésus était tout au bout, dans un petit salon qu'on fermait par une porte vitrée afin que l'humidité des terres ne détériorât point la toile.

360 Cela faisait une sorte de chapelle dans une forêt d'arbres singuliers.

Quand Mme Walter entra dans le jardin d'hiver, ne l'ayant jamais vu que plein de lumière, elle demeura saisie devant sa profondeur obscure. Les lourdes plantes des pays chauds épaississaient l'atmos-
365 phère de leur haleine pesante. Et les portes n'étant plus ouvertes, l'air de ce bois étrange, enfermé sous un dôme de verre, entrait dans la poitrine avec peine, étourdissait, grisait, faisait plaisir et mal, donnait à la chair une sensation confuse de volupté énervante et de mort.

370 La pauvre femme marchait doucement, émue par les ténèbres où apparaissaient, à la lueur errante de sa bougie, des plantes extravagantes, avec des aspects de monstres, des apparences d'êtres, des difformités bizarres.

Tout d'un coup, elle aperçut le Christ. Elle ouvrit la porte qui le
375 séparait d'elle, et tomba sur les genoux.

Elle le pria d'abord éperdument, balbutiant des mots d'amour, des invocations passionnées et désespérées. Puis, l'ardeur de son appel se calmant, elle leva les yeux vers lui, et demeura saisie d'angoisse. Il ressemblait tellement à Bel-Ami, à la clarté tremblante de cette
380 seule lumière l'éclairant à peine et d'en bas, que ce n'était plus Dieu, c'était son amant qui la regardait. C'étaient ses yeux, son front, l'expression de son visage, son air froid et hautain !

Elle balbutiait : « Jésus ! – Jésus ! – Jésus ! » Et le mot « Georges » lui venait aux lèvres. Tout à coup, elle pensa qu'à cette heure même,
385 Georges, peut-être, possédait sa fille. Il était seul avec elle, quelque part, dans une chambre. Lui ! lui ! avec Suzanne !

Elle répétait : « Jésus !… Jésus ! » Mais elle pensait à eux… à sa fille et à son amant ! Ils étaient seuls, dans une chambre… et c'était la nuit. Elle les voyait. Elle les voyait si nettement qu'ils se dressaient
390 devant elle, à la place du tableau. Ils se souriaient. Ils s'embrassaient. La chambre était sombre, le lit entrouvert. Elle se souleva pour aller vers eux, pour prendre sa fille par les cheveux et l'arracher de cette

étreinte. Elle allait la saisir à la gorge, l'étrangler, sa fille qu'elle haïssait, sa fille qui se donnait à cet homme. Elle la touchait… ses mains rencontrèrent la toile. Elle heurtait les pieds du Christ.

Elle poussa un grand cri, et tomba sur le dos. Sa bougie, renversée, s'éteignit.

Que se passa-t-il ensuite ? Elle rêva longtemps des choses étranges, effrayantes. Toujours Georges et Suzanne passaient devant ses yeux enlacés avec Jésus-Christ qui bénissait leur horrible amour.

Elle sentait vaguement qu'elle n'était point chez elle. Elle voulait se lever, fuir, elle ne le pouvait pas. Une torpeur l'avait envahie, qui liait ses membres et ne lui laissait que sa pensée en éveil, trouble cependant, torturée par des images affreuses, irréelles, fantastiques, perdue dans un songe malsain, le songe étrange et parfois mortel que font entrer dans les cerveaux humains les plantes endormeuses des pays chauds, aux formes bizarres et aux parfums épais.

Le jour venu, on ramassa Mme Walter, étendue sans connaissance, presque asphyxiée, devant *Jésus marchant sur les flots*. Elle fut si malade qu'on craignit pour sa vie. Elle ne reprit que le lendemain l'usage complet de sa raison. Alors, elle se mit à pleurer.

La disparition de Suzanne fut expliquée aux domestiques par un envoi brusque au couvent. Et M. Walter répondit à une longue lettre de Du Roy, en lui accordant la main de sa fille.

Bel-Ami avait jeté cette épître[1] à la poste au moment de quitter Paris, car il l'avait préparée d'avance le soir de son départ. Il y disait, en termes respectueux, qu'il aimait depuis longtemps la jeune fille, que jamais aucun accord n'avait eu lieu entre eux, mais que la voyant venir à lui, en toute liberté, pour lui dire : «Je serai votre femme», il se jugeait autorisé à la garder, à la cacher même, jusqu'à ce qu'il eût obtenu une réponse des parents dont la volonté légale avait pour lui une valeur moindre que la volonté de sa fiancée.

Il demandait que M. Walter répondît poste restante[2], un ami devant lui faire parvenir la lettre.

Notes

1. épître : lettre (*cf.* le style épistolaire).

2. poste restante : le courrier est adressé à la poste même, au guichet où le destinataire doit venir le chercher.

425   Quand il eut obtenu ce qu'il voulait, il ramena Suzanne à Paris et la renvoya chez ses parents, s'abstenant lui-même de paraître avant quelque temps.

    Ils avaient passé six jours au bord de la Seine, à La Roche-Guyon.

    Jamais la jeune fille ne s'était tant amusée. Elle avait joué à la
430 bergère. Comme il la faisait passer pour sa sœur, ils vivaient dans une intimité libre et chaste, une sorte de camaraderie amoureuse. Il jugeait habile de la respecter. Dès le lendemain de leur arrivée, elle acheta du linge et des vêtements de paysanne, et elle se mit à pêcher à la ligne, la tête couverte d'un immense chapeau de paille
435 orné de fleurs des champs. Elle trouvait le pays délicieux. Il y avait là une vieille tour et un vieux château où l'on montrait d'admirables tapisseries.

    Georges, vêtu d'une vareuse[1] achetée toute faite chez un commerçant du pays, promenait Suzanne, soit à pied, le long des berges,
440 soit en bateau. Ils s'embrassaient à tout moment, frémissants, elle innocente et lui prêt à succomber. Mais il savait être fort ; et quand il lui dit : « Nous retournons à Paris demain, votre père m'accorde votre main », elle murmura naïvement : « Déjà ? ça m'amusait tant d'être votre femme ! »

X

1   Il faisait sombre dans le petit appartement de la rue de Constantinople, car Georges Du Roy et Clotilde de Marelle s'étant rencontrés sous la porte étaient entrés brusquement, et elle lui avait dit, sans lui laisser le temps d'ouvrir les persiennes :
5   « Ainsi, tu épouses Suzanne Walter ? »

    Il avoua avec douceur et ajouta :

    « Tu ne le savais pas ? »

    Elle reprit, debout devant lui, furieuse, indignée : « Tu épouses Suzanne Walter ! C'est trop fort ! c'est trop fort ! Voilà trois mois que
10 tu me cajoles pour me cacher ça. Tout le monde le sait, excepté moi. C'est mon mari qui me l'a appris ! »

Note 1. **vareuse** : veste très ample.

Du Roy se mit à ricaner, un peu confus tout de même et, ayant posé son chapeau sur un coin de la cheminée, il s'assit dans un fauteuil.

15 Elle le regardait bien en face, et elle dit d'une voix irritée et basse : «Depuis que tu as quitté ta femme, tu préparais ce coup-là, et tu me gardais gentiment comme maîtresse, pour faire l'intérim? Quel gredin tu es!»

Il demanda : «Pourquoi ça? J'avais une femme qui me trompait.
20 Je l'ai surprise; j'ai obtenu le divorce, et j'en épouse une autre. Quoi de plus simple?»

Elle murmura, frémissante : «Oh! comme tu es roué et dangereux, toi!»

Il se remit à sourire : «Parbleu! Les imbéciles et les niais sont
25 toujours des dupes!»

Mais elle suivait son idée : «Comme j'aurais dû te deviner dès le commencement. Mais non, je ne pouvais pas croire que tu serais crapule comme ça.»

Il prit un air digne : «Je te prie de faire attention aux mots que
30 tu emploies.»

Elle se révolta contre cette indignation : «Quoi! tu veux que je prenne des gants pour te parler maintenant! Tu te conduis avec moi comme un gueux depuis que je te connais, et tu prétends que je ne te le dise pas? Tu trompes tout le monde, tu exploites tout le
35 monde, tu prends du plaisir et de l'argent partout, et tu veux que je te traite comme un honnête homme?»

Il se leva, et, la lèvre tremblante : «Tais-toi, ou je te fais sortir d'ici.»

Elle balbutia : «Sortir d'ici... Sortir d'ici... Tu me ferais sortir
40 d'ici... toi... toi...?»

Elle ne pouvait plus parler, tant elle suffoquait de colère, et brusquement, comme si la porte de sa fureur se fût brisée, elle éclata :

«Sortir d'ici? Tu oublies donc que c'est moi qui l'ai payé, depuis le premier jour, ce logement-là! Ah! oui, tu l'as bien pris à ton compte
45 de temps en temps. Mais qui est-ce qui l'a loué?... C'est moi... Qui est-ce qui l'a gardé?... C'est moi... Et tu veux me faire sortir d'ici. Tais-toi donc, vaurien! Crois-tu que je ne sais pas comment tu as volé à Madeleine la moitié de l'héritage de Vaudrec? Crois-tu que

je ne sais pas comment tu as couché avec Suzanne pour la forcer à t'épouser... »

Il la saisit par les épaules et la secouant entre ses mains : « Ne parle pas de celle-là ! Je te le défends ! »

Elle cria : « Tu as couché avec, je le sais. »

Il eût accepté n'importe quoi, mais ce mensonge l'exaspérait. Les vérités qu'elle lui avait criées par le visage lui faisaient passer tout à l'heure des frissons de rage dans le cœur, mais cette fausseté sur cette petite fille qui allait devenir sa femme éveillait dans le creux de sa main un furieux besoin de frapper.

Il répéta : « Tais-toi... prends garde... tais-toi... » Et il l'agitait comme on agite une branche pour en faire tomber les fruits.

Elle hurla, décoiffée, la bouche grande ouverte, les yeux fous : « Tu as couché avec !... »

Il la lâcha et lui lança par la figure un tel soufflet qu'elle alla tomber contre le mur. Mais elle se retourna vers lui, et, soulevée sur ses poignets, vociféra encore une fois : « Tu as couché avec ! »

Il se rua sur elle, et, la tenant sous lui, la frappa comme s'il tapait sur un homme.

Elle se tut soudain, et se mit à gémir sous les coups. Elle ne remuait plus. Elle avait caché sa figure dans l'angle du parquet et de la muraille, et elle poussait des cris plaintifs.

Il cessa de la battre et se redressa. Puis il fit quelques pas par la pièce pour reprendre son sang-froid ; et, une idée lui étant venue, il passa dans la chambre, emplit la cuvette d'eau froide, et se trempa la tête dedans. Ensuite il se lava les mains, et il revint voir ce qu'elle faisait en s'essuyant les doigts avec soin.

Elle n'avait point bougé. Elle restait étendue par terre, pleurant doucement.

Il demanda : « Auras-tu bientôt fini de larmoyer ? »

Elle ne répondit pas. Alors il demeura debout au milieu de l'appartement, un peu gêné, un peu honteux en face de ce corps allongé devant lui.

Puis, tout à coup, il prit une résolution, et saisit son chapeau sur la cheminée : « Bonsoir. Tu remettras la clef au concierge quand tu seras prête. Je n'attendrai pas ton bon plaisir. »

85 Il sortit, ferma la porte, pénétra chez le portier, et lui dit : «Madame est restée. Elle s'en ira tout à l'heure. Vous direz au propriétaire que je donne congé pour le 1ᵉʳ octobre. Nous sommes au 16 août, je me trouve donc dans les limites.»

Et il s'en alla à grands pas, car il avait des courses pressées à faire
90 pour les derniers achats de la corbeille[1].

Le mariage était fixé au vingt octobre, après la rentrée des Chambres. Il aurait lieu à l'église de la Madeleine. On en avait beaucoup jasé sans savoir au juste la vérité. Différentes histoires circulaient. On chuchotait qu'un enlèvement avait eu lieu, mais on
95 n'était sûr de rien.

D'après les domestiques, Mme Walter, qui ne parlait plus à son futur gendre, s'était empoisonnée de colère le soir où cette union avait été décidée, après avoir fait conduire sa fille au couvent, à minuit.

On l'avait ramenée presque morte. Assurément, elle ne se re-
100 mettrait jamais. Elle avait l'air maintenant d'une vieille femme ; ses cheveux devenaient tout gris ; et elle tombait dans la dévotion, communiant tous les dimanches.

Dans les premiers jours de septembre *La Vie française* annonça que le baron Du Roy de Cantel devenait son rédacteur en chef,
105 M. Walter conservant le titre de directeur.

Alors on s'adjoignit un bataillon de chroniqueurs connus, d'échotiers, de rédacteurs politiques, de critiques d'art et de théâtre, enlevés à force d'argent aux grands journaux, aux vieux journaux puissants et posés.

110 Les anciens journalistes, les journalistes graves et respectables ne haussaient plus les épaules en parlant de *La Vie française*. Le succès rapide et complet avait effacé la mésestime des écrivains sérieux pour les débuts de cette feuille.

Le mariage de son rédacteur en chef fut ce qu'on appelle un fait
115 parisien, Georges Du Roy et les Walter ayant soulevé beaucoup de curiosité depuis quelque temps. Tous les gens qu'on cite dans les échos se promirent d'y aller.

Cet événement eut lieu par un jour clair d'automne.

Note

1. **corbeille** : corbeille de mariage ; ensemble des cadeaux offerts par le fiancé à sa fiancée.

Dès huit heures du matin, tout le personnel de la Madeleine, éten-
120 dant sur les marches du haut perron de cette église qui domine la
rue Royale un large tapis rouge, faisait arrêter les passants, annonçait au peuple de Paris qu'une grande cérémonie allait avoir lieu.

Les employés se rendant à leur bureau, les petites ouvrières, les
garçons de magasin s'arrêtaient, regardaient et songeaient vague-
125 ment aux gens riches qui dépensaient tant d'argent pour s'accoupler.

Vers dix heures, les curieux commencèrent à stationner. Ils demeuraient là quelques minutes, espérant que peut-être ça commen-
cerait tout de suite, puis ils s'en allaient.

À onze heures, des détachements de sergents de ville arrivèrent et
130 se mirent presque aussitôt à faire circuler la foule, car des attroupe-
ments se formaient à chaque instant.

Les premiers invités apparurent bientôt, ceux qui voulaient être
bien placés pour tout voir. Ils prirent les chaises en bordure, le long
de la nef centrale.

135 Peu à peu il en venait d'autres, des femmes qui faisaient un
bruit d'étoffes, un bruit de soie, des hommes sévères, presque tous
chauves, marchant avec une correction mondaine, plus graves
encore en ce lieu.

L'église s'emplissait lentement. Un flot de soleil entrait par l'im-
140 mense porte ouverte éclairant les premiers rangs d'amis. Dans le
chœur qui semblait un peu sombre, l'autel couvert de cierges faisait
une clarté jaune, humble et pâle en face du trou de lumière de la
grande porte.

On se reconnaissait, on s'appelait d'un signe, on se réunissait par
145 groupes. Les hommes de lettres, moins respectueux que les hommes
du monde, causaient à mi-voix. On regardait les femmes.

Norbert de Varenne, qui cherchait un ami, aperçut Jacques Rival
vers le milieu des lignes de chaises, et il le rejoignit.

«Eh bien! dit-il, l'avenir est aux malins!»

150 L'autre, qui n'était point envieux, répondit: «Tant mieux pour
lui. Sa vie est faite.» Et ils se mirent à nommer les figures aperçues.

Rival demanda: «Savez-vous ce qu'est devenue sa femme.»

Le poète sourit: «Oui et non. Elle vit très retirée, m'a-t-on dit,
dans le quartier Montmartre. Mais… il y a un mais… je lis depuis
155 quelque temps dans *La Plume* des articles politiques qui ressemblent

terriblement à ceux de Forestier et de Du Roy. Ils sont d'un nommé Jean Le Dol, un jeune homme, beau garçon, intelligent, de la même race que notre ami Georges, et qui a fait la connaissance de son ancienne femme. D'où j'ai conclu qu'elle aimait les débutants et les aimerait éternellement. Elle est riche d'ailleurs. Vaudrec et Laroche-Mathieu n'ont pas été pour rien les assidus de la maison.»

Rival déclara : «Elle n'est pas mal, cette petite Madeleine. Très fine et très rouée! Elle doit être charmante au découvert. Mais, dites-moi, comment se fait-il que Du Roy se marie à l'église après un divorce prononcé?»

Norbert de Varenne répondit : «Il se marie à l'église parce que, pour l'Église, il n'était pas marié, la première fois.

– Comment ça?

– Notre Bel-Ami, par indifférence ou par économie, avait jugé la mairie suffisante en épousant Madeleine Forestier. Il s'était donc passé de bénédiction ecclésiastique, ce qui constituait, pour notre Sainte Mère l'Église, un simple état de concubinage. Par conséquent, il arrive devant elle aujourd'hui en garçon, et elle lui prête toutes ses pompes, qui coûteront cher au père Walter.»

La rumeur de la foule accrue grandissait sous la voûte. On entendait des voix qui parlaient presque haut. On se montrait des hommes célèbres, qui posaient, contents d'être vus, et gardant avec soin leur maintien adopté devant le public, habitués à se montrer ainsi dans toutes les fêtes dont ils étaient, leur semblait-il, les indispensables ornements, les bibelots d'art.

Rival reprit : «Dites donc, mon cher, vous qui allez souvent chez le Patron, est-ce vrai que Mme Walter et Du Roy ne se parlent jamais plus.

– Jamais. Elle ne voulait pas lui donner la petite. Mais il tenait le père par des cadavres découverts, paraît-il, des cadavres enterrés au Maroc. Il a donc menacé le vieux de révélations épouvantables. Walter s'est rappelé l'exemple de Laroche-Mathieu et il a cédé tout de suite. Mais la mère, entêtée comme toutes les femmes, a juré qu'elle n'adresserait plus la parole à son gendre. Ils sont rudement drôles, en face l'un de l'autre. Elle a l'air d'une statue, de la statue de la Vengeance, et il est fort gêné, lui, bien qu'il fasse bonne contenance, car il sait se gouverner, celui-là!»

Des confrères venaient leur serrer la main. On entendait des bouts de conversations politiques. Et vague comme le bruit d'une mer lointaine, le grouillement du peuple amassé devant l'église entrait par la porte avec le soleil, montait sous la voûte, au-dessus de l'agitation plus discrète du public d'élite massé dans le temple.

Tout à coup le suisse frappa trois fois le pavé du bois de sa hallebarde[1]. Toute l'assistance se retourna avec un long frou-frou de jupes et un remuement de chaises. Et la jeune femme apparut, au bras de son père, dans la vive lumière du portail.

Elle avait toujours l'air d'un joujou, d'un délicieux joujou blanc coiffé de fleurs d'oranger.

Elle demeura quelques instants sur le seuil, puis quand elle fit son premier pas dans la nef, les orgues poussèrent un cri puissant, annoncèrent l'entrée de la mariée avec leur grande voix de métal.

Elle s'en venait, la tête baissée, mais point timide, vaguement émue, gentille, charmante, une miniature d'épousée. Les femmes souriaient et murmuraient en la regardant passer. Les hommes chuchotaient : «Exquise, adorable.» M. Walter marchait avec une dignité exagérée, un peu pâle, les lunettes d'aplomb sur le nez.

Derrière eux, quatre demoiselles d'honneur, toutes les quatre vêtues de rose et jolies toutes les quatre, formaient une cour à ce bijou de reine. Les garçons d'honneur, bien choisis conformes au type, allaient d'un pas qui semblait réglé par un maître de ballet.

Mme Walter les suivait, donnant le bras au père de son autre gendre, au marquis de Latour-Yvelin, âgé de soixante-douze ans. Elle ne marchait pas, elle se traînait, prête à s'évanouir à chacun de ses mouvements en avant. On sentait que ses pieds se collaient aux dalles, que ses jambes refusaient d'avancer, que son cœur battait dans sa poitrine comme une bête qui bondit pour s'échapper.

Elle était devenue maigre. Ses cheveux blancs faisaient paraître plus blême encore et plus creux son visage.

Elle regardait devant elle pour ne voir personne, pour ne songer, peut-être, qu'à ce qui la torturait.

Puis Georges Du Roy parut avec une vieille dame inconnue.

Note

1. **hallebarde** : arme à longue hampe, munie d'un fer tranchant et pointu et de deux fers latéraux.

Il levait la tête sans détourner non plus ses yeux fixes, durs, sous ses sourcils un peu crispés. Sa moustache semblait irritée sur sa lèvre. On le trouvait fort beau garçon. Il avait l'allure fière, la taille
230 fine, la jambe droite. Il portait bien son habit que tachait, comme une goutte de sang, le petit ruban rouge de la Légion d'honneur.

Puis venaient les parents, Rose avec le sénateur Rissolin. Elle était mariée depuis six semaines. Le comte de Latour-Yvelin accompagnait la vicomtesse de Percemur.

235 Enfin ce fut une procession bizarre des alliés ou amis de Du Roy qu'il avait présentés dans sa nouvelle famille, gens connus dans l'entremonde parisien qui sont tout de suite les intimes, et, à l'occasion, les cousins éloignés des riches parvenus, gentilshommes déclassés, ruinés, tachés, mariés parfois, ce qui est pis. C'étaient M. de Bel-
240 vigne, le marquis de Banjolin, le comte et la comtesse de Ravenel, le duc de Ramorano, le prince Kravalow, le chevalier Valréali, puis des invités de Walter, le prince de Guerche, le duc et la duchesse de Ferracine, la belle marquise des Dunes. Quelques parents de Mme Walter gardaient un air comme il faut de province, au milieu
245 de ce défilé.

Et toujours les orgues chantaient, poussaient par l'énorme monument les accents ronflants et rythmés de leurs gorges luisantes, qui crient au ciel la joie ou la douleur des hommes.

On referma les grands battants de l'entrée, et tout à coup, il fit
250 sombre comme si on venait de mettre à la porte le soleil.

Maintenant, Georges était agenouillé à côté de sa femme dans le chœur, en face de l'autel illuminé. Le nouvel évêque de Tanger, crosse en main, mitre en tête, apparut, sortant de la sacristie, pour les unir au nom de l'Éternel.

255 Il posa les questions d'usage, échangea les anneaux, prononça les paroles qui lient comme des chaînes, et il adressa aux nouveaux époux une allocution chrétienne. Il parla de la fidélité, longuement, en termes pompeux. C'était un gros homme de grande taille, un de ces beaux prélats[1] chez qui le ventre est une majesté.

260 Un bruit de sanglots fit retourner quelques têtes. Mme Walter pleurait, la figure dans ses mains.

Note

1. **prélats** : hauts dignitaires de l'Église.

Elle avait dû céder. Qu'aurait-elle fait ? Mais depuis le jour où elle avait chassé de sa chambre sa fille revenue, en refusant de l'embrasser, depuis le jour où elle avait dit à voix très basse à Du Roy, qui
265 la saluait avec cérémonie en reparaissant devant elle : « Vous êtes l'être le plus vil que je connaisse, ne me parlez jamais plus, car je ne vous répondrai point ! » elle souffrait une intolérable et inapaisable torture. Elle haïssait Suzanne d'une haine aiguë, faite de passion exaspérée et de jalousie déchirante, étrange jalousie de mère et de
270 maîtresse, inavouable, féroce, brûlante comme une plaie vive.

Et voilà qu'un évêque les mariait, sa fille et son amant, dans une église, en face de deux mille personnes, et devant elle ! Et elle ne pouvait rien dire ? Elle ne pouvait pas empêcher cela ? Elle ne pouvait pas crier : « Mais il est à moi, cet homme, c'est mon amant.
275 Cette union que vous bénissez est infâme. »

Plusieurs femmes, attendries, murmurèrent : « Comme la pauvre mère est émue. »

L'évêque déclamait : « Vous êtes parmi les heureux de la terre, parmi les plus riches et les plus respectés. Vous, Monsieur, que votre
280 talent élève au-dessus des autres, vous qui écrivez, qui enseignez, qui conseillez, qui dirigez le peuple, vous avez une belle mission à remplir, un bel exemple à donner… »

Du Roy l'écoutait, ivre d'orgueil. Un prélat de l'Église romaine lui parlait ainsi, à lui. Et il sentait, derrière son dos, une foule, une
285 foule illustre venue pour lui. Il lui semblait qu'une force le poussait, le soulevait. Il devenait un des maîtres de la terre, lui, lui, le fils des deux pauvres paysans de Canteleu.

Il les vit tout à coup dans leur humble cabaret, au sommet de la côte, au-dessus de la grande vallée de Rouen, son père et sa mère,
290 donnant à boire aux campagnards du pays. Il leur avait envoyé cinq mille francs en héritant du comte de Vaudrec. Il allait maintenant leur en envoyer cinquante mille : et ils achèteraient un petit bien. Ils seraient contents, heureux.

L'évêque avait terminé sa harangue[2]. Un prêtre vêtu d'une étole
295 dorée montait à l'autel. Et les orgues recommencèrent à célébrer la gloire des nouveaux époux.

Tantôt elles jetaient des clameurs prolongées, énormes, enflées comme des vagues, si sonores et si puissantes, qu'il semblait qu'elles

dussent soulever et faire sauter le toit pour se répandre dans le ciel
bleu. Leur bruit vibrant emplissait toute l'église, faisant frissonner
la chair et les âmes. Puis tout à coup elles se calmaient ; et des notes
fines, alertes, couraient dans l'air, effleuraient l'oreille comme des
souffles légers ; c'étaient de petits chants gracieux, menus, sautil-
lants, qui voletaient ainsi que des oiseaux ; et soudain, cette coquette musique s'élargissait de nouveau, redevenant effrayante de
force et d'ampleur, comme si un grain de sable se métamorphosait
en un monde.

Puis des voix humaines s'élevèrent, passèrent au-dessus des têtes
inclinées. Vauri et Landeck, de l'Opéra, chantaient. L'encens répandait une odeur fine de benjoin, et sur l'autel le sacrifice divin
s'accomplissait ; l'Homme-Dieu, à l'appel de son prêtre, descendait
sur la terre pour consacrer le triomphe du baron Georges Du Roy.

Bel-Ami, à genoux à côté de Suzanne, avait baissé le front. Il se
sentait en ce moment presque croyant, presque religieux, plein de
reconnaissance pour la divinité qui l'avait ainsi favorisé, qui le traitait avec ces égards. Et, sans savoir au juste à qui il s'adressait, il la
remerciait de son succès.

Lorsque l'office fut terminé, il se redressa, et donnant le bras à
sa femme, il passa dans la sacristie. Alors commença l'interminable
défilé des assistants. Georges, affolé de joie, se croyait un roi qu'un
peuple venait acclamer. Il serrait des mains, balbutiait des mots qui
ne signifiaient rien, saluait, répondait aux compliments : « Vous êtes
bien aimable. »

Soudain il aperçut Mme de Marelle ; et le souvenir de tous les
baisers qu'il lui avait donnés, qu'elle lui avait rendus, le souvenir de
toutes leurs caresses, de ses gentillesses, du son de sa voix, du goût de
ses lèvres, lui fit passer dans le sang le désir brusque de la reprendre.
Elle était jolie, élégante, avec son air gamin et ses yeux vifs. Georges
pensait : « Quelle charmante maîtresse, tout de même. »

Elle s'approcha un peu timide, un peu inquiète, et lui tendit la
main. Il la reçut dans la sienne et la garda. Alors il sentit l'appel
discret de ces doigts de femme, la douce pression qui pardonne et
reprend. Et lui-même il la serrait, cette petite main, comme pour
dire : « Je t'aime toujours, je suis à toi ! »

335 Leurs yeux se rencontrèrent, souriants, brillants, pleins d'amour.
Elle murmura de sa voix gracieuse : « À bientôt, monsieur. »

Il répondit gaiement : « À bientôt, madame. »

Et elle s'éloigna.

D'autres personnes se poussaient. La foule coulait devant lui
340 comme un fleuve. Enfin elle s'éclaircit. Les derniers assistants
partirent.

Georges reprit le bras de Suzanne pour retraverser l'église.

Elle était pleine de monde, car chacun avait regagné sa place, afin
de les voir passer ensemble. Il allait lentement, d'un pas calme, la
345 tête haute, les yeux fixés sur la grande baie ensoleillée de la porte.
Il sentait sur sa peau courir de légers frissons, ces frissons froids que
donnent les immenses bonheurs. Il ne voyait personne. Il ne pensait
qu'à lui.

Lorsqu'il parvint sur le seuil, il aperçut la foule amassée, une foule
350 noire, bruissante, venue là pour lui, pour lui Georges Du Roy. Le
peuple de Paris le contemplait et l'enviait.

Puis, relevant les yeux, il découvrit là-bas, derrière la place de
la Concorde, la Chambre des députés. Et il lui sembla qu'il allait
faire un bond du portique de la Madeleine au portique du Palais-
355 Bourbon.

Il descendit avec lenteur les marches du haut perron entre deux
haies de spectateurs. Mais il ne les voyait point : sa pensée maintenant revenait en arrière, et devant ses yeux éblouis par l'éclatant soleil flottait l'image de Mme de Marelle rajustant en face de
360 la glace les petits cheveux frisés de ses tempes, toujours défaits au
sortir du lit.

Georges Du Roy (Robert Pattinson), au bras de son épouse Suzanne (Holliday Grainger), saluant son ancienne maîtresse, Clotilde de Marelle (Christina Ricci), dans le film *Bel Ami* de Declan Donnellan et Nick Ormerod (2012).

« *Le triomphe du baron Georges Du Roy* »
Lecture analytique de l'extrait (p. 337, l. 308, à p. 338, l. 361)

L'*excipit*

Le dénouement (appelé aussi « *excipit* » dans un roman) résout, géné-ralement, les questions soulevées dans l'œuvre. Il peut clore le destin des personnages sur une réussite ou un échec, ou bien rester ouvert sur de nouvelles perspectives. Il contribue à donner le sens général de l'œuvre par un regard rétrospectif.

UN TRIOMPHE

1 Quels éléments du cadre consacrent le triomphe de Georges Du Roy ?

2 Relevez les termes, les images et les verbes qui caractérisent la foule. Quel est l'effet produit ?

3 Quel est le rôle de la religion dans le triomphe du héros ?

4 Relevez et commentez les gestes et attitudes du héros dans ce passage.

UN AMBITIEUX SANS SCRUPULE

5 Relevez le champ lexical du regard concernant Georges Du Roy. Sur qui et sur quoi porte-t-il son attention ? En quoi est-ce révélateur de sa personnalité ?

6 Observez et commentez la place des deux personnages féminins.

7 En quoi les pensées et les attitudes de Bel-Ami sont-elles en décalage avec le caractère sacré de la cérémonie ?

8 Observez la photographie extraite du film : à quel moment du passage correspond-elle ? vous paraît-elle fidèle au texte ?

Cf. doc., p. 339.

UN TRIOMPHE AMBIGU

9 En en relevant précisément les marques textuelles, montrez la focalisation* dominante dans cet extrait. Pourquoi ce choix de la part du narrateur ?

* Focalisation : voir p. 42.

10 Relevez les effets d'hyperboles*. Quelle image donnent-ils du héros ?

11 Relevez les passages qui ridiculisent le personnage.

12 Quel sens la dernière phrase donne-t-elle à l'ensemble du roman ?

* Hyperbole : procédé rhétorique d'exagération (vocabulaire, superlatifs, adverbes intensifs...).

13 Imaginez l'article rendant compte du mariage de Bel-Ami dans les « Échos » de *La Vie française* ou dans ceux d'un journal concurrent.

14 En vous appuyant sur vos réponses à ce questionnaire, rédigez un commentaire organisé comparant l'*incipit* du roman avec cet *excipit*.

Jean Béraud, *Parisienne, place de la Concorde* (vers 1890).

Dossier
biblio**LYCÉE**

Bel-Ami

Bel-Ami relate l'ascension fulgurante de son héros en trois ans et quelques mois, dans les années 1880. Le tableau ci-dessous en repère les étapes sur les plans **financier** (en gras) et **socioprofessionnel** (souligné). Les **changements de nom** (en capitales) soulignent cette ascension. Celle-ci s'appuie sur les **conquêtes féminines** évoquées dans la colonne de droite.

Partie I : 8 mois

	Dates	Carrière de Bel-Ami	Bel-Ami et les femmes
1	28 juin	DUROY <u>employé</u> aux bureaux du Chemin de fer du Nord, à **1 500 francs par an.** Rencontre Forestier, journaliste à *La Vie française.*	Forestier : *« Tu as vraiment du succès auprès des femmes […]. Ça peut te mener loin. »*
2	Lendemain	Dîner chez Forestier : rencontre le couple Walter, patron du journal, qui lui demande d'écrire un article.	Il rencontre Madeleine *(« Faites donc votre cour à Mme Walter »)* et Mme de Marelle.
3	Lendemain	Rédaction de l'article avec Madeleine. <u>Engagé au journal</u> pour « **deux cents francs par mois de fixe** ».	*« Il imaginait une aventure d'amour magnifique […]. Il épousait la fille d'un banquier. »*
4		*« Il devint en peu de temps un remarquable <u>reporter</u>. »*	Liaison avec la **prostituée Rachel.**
5	Sept.	*« La fortune rapide que Duroy avait espérée lui semblait bien lente à venir. »*	Liaison avec **Mme de Marelle** qui l'entretient.
	14 déc.	N'a plus un sou.	Sa fille le surnomme « **Bel-Ami** ». Rupture à cause de Rachel.
6		Nommé <u>chef des « Échos »</u> pour **1 200 francs par mois.** Invité à dîner chez les Walter.	Visite à Mme Walter. Réconciliation avec Rachel. Renoue avec Mme de Marelle.
	20 janvier (2ᵉ année)		
7		Bel-Ami <u>prend la place de Forestier</u>. Duel.	Liaison établie avec Mme de Marelle.
8	Fin février	Mort de Forestier.	Bel-Ami évoque le mariage devant Madeleine.

Partie II : 2 ans et 8 mois

	Dates	Carrière de Bel-Ami	Bel-Ami et les femmes
1	Ellipse d'un an 10 mai (3e année)	Bel-Ami signe DU ROY et DU ROY DE CANTEL.	Rompt avec Mme de Marelle. Mariage avec **Madeleine**. Nuit de noces dans le train vers Rouen.
2	Juin	Affaire du Maroc : article écrit par le couple qui fait grand bruit. <u>Chargé de la rédaction politique</u>.	Jalousie envers Forestier et rancune envers Madeleine.
3	Juillet		Renoue avec Mme de Marelle. Séduction de **Mme Walter**.
4	28 juillet	Affaire du Maroc : ministère tombé. Laroche-Mathieu devient ministre.	Mme Walter avoue son amour à la Trinité et cède rue de Constantinople.
5	Automne	Bel-Ami devient « porte-voix » de Laroche-Mathieu. Mme Walter dévoile les dessous politiques de l'affaire marocaine. Mort du comte de Vaudrec.	Bel-Ami fatigué de Mme Walter. S'intéresse à Suzanne. Rupture avec Mme de Marelle.
6		Bel-Ami oblige Madeleine à lui céder la moitié de l'héritage Vaudrec : « *Voilà des millionnaires qui passent.* »	Réconciliation avec Mme de Marelle.
7	30 déc. 1er janvier (4e année)	Fête chez Walter. Mme Walter lui remet **70 000 francs de l'emprunt marocain**. <u>Légion d'honneur</u>.	Soupçons sur sa femme et Laroche. Courtise Suzanne.
8	5 avril	« *Je viens de jeter bas le ministre des Affaires étrangères.* »	Flagrant délit d'adultère. **Demande le divorce**. Mariage évoqué avec Suzanne.
9	Début juillet	Walter : « *Il sera député et ministre.* »	**Enlèvement de Suzanne**. Obtient sa main.
10	16 août 20 oct. (mariage)	« *Le BARON DU ROY DE CANTEL devenait son <u>rédacteur en chef</u>.* » Bel-Ami vise la <u>députation</u>.	Rupture violente avec Mme de Marelle. Réconciliation le jour du mariage.

Frédéric Bazille, *Edmond Maître* (1869),
collection de M. et Mme Paul Mellon,
© National Gallery of Art, Washington.

I – Une enfance normande

Guy de Maupassant est né en 1850, à Fécamp ou près de Dieppe (les sources divergent), d'une mère cultivée aux nerfs sensibles, Laure Le Poittevin, et d'un père volage et dépensier, Gustave de Maupassant (qui a obtenu cette particule en 1846). Guy passe une enfance heureuse près de la mer, à laquelle il sera toujours très attaché.

Ses parents se séparent en 1860, et sa mère s'établit à Étretat avec ses deux fils Guy et Hervé. De six ans son cadet, Hervé souffrira toute sa vie de troubles mentaux.

Guy est pensionnaire dans une institution religieuse qui lui laissera un solide anticléricalisme. Il s'en fait renvoyer pour des *« vers audacieux »* et rentre au lycée de Rouen. Mais, pendant les vacances, il retrouve avec ivresse la mer, la pêche, la natation, et le plaisir amoureux.

II – L'apprentissage littéraire

➡ **Sous le regard bienveillant de Flaubert**

À Rouen, Maupassant passe tous ses dimanches à Croisset, la maison de l'écrivain Gustave Flaubert. Celui-ci devient son guide sur la voie de l'écriture et lui apprend le travail exigeant et l'observation de la réalité.

En 1869, Maupassant est reçu bachelier ès lettres et commence des études de droit à Paris.

Identité :
Guy de Maupassant

Naissance :
5 août 1850,
au château de
Miromesnil ou
à Fécamp.

Décès :
6 juillet 1893
(42 ans), à Paris.

Genres pratiqués :
Nouvelle, roman,
essai, théâtre, poésie.

Maupassant et le maître Flaubert

La mère de Maupassant aura un fort ascendant sur son fils. Sœur d'Alfred Le Poittevin, ami très proche de Gustave Flaubert, elle est très liée au grand écrivain. Elle lit *Salammbô* à son fils âgé de 12 ans ! Grâce à elle et à Louis Bouilhet, vieil ami de la famille Le Poittevin et intime de Flaubert, Maupassant est accueilli chez l'écrivain.

▶ MAUPASSANT
SAUVE UN POÈTE
En 1868, à Étretat,
Guy sauva de
la noyade le jeune
poète anglais
Algernon Swinburne !
La main d'écorché
que ce dernier
possédait inspirera
à Guy le conte du
même nom.

▶ MARQUÉ PAR
LA GUERRE
La guerre servira
de cadre à plusieurs
de ses nouvelles,
en particulier *Boule
de suif* (1880),
*L'Aventure de Walter
Schnaffs* (1883),
La Mère Sauvage
(1884) et *L'Horrible*
(1884).

▶ UN JEUNE POÈTE
Son poème *Au bord
de l'eau* est publié
en 1876 dans
*La République des
lettres* de Catulle
Mendès. Et son
premier livre publié
en 1880 sera un
recueil de poésies
(*Des vers*).

➥ **Les débuts parisiens**

Mais, l'année suivante, Guy est engagé dans la guerre franco-prussienne où il assiste aux horreurs commises par les deux camps et à la débâcle française.

Après l'armistice signé à Versailles en 1871, il renonce à son droit et trouve finalement un emploi au ministère de la Marine, dont il tente d'oublier la morosité en s'adonnant au canotage avec des amis à Argenteuil, aux conquêtes féminines et à l'écriture de nouvelles.

Sous le pseudonyme de Joseph Prunier, il publie dans une revue, en 1875, son premier conte (fantastique) : *La Main d'écorché*. Il écrit des vers, fait représenter sa pièce *Histoire du vieux temps* en 1879 et multiplie les relations littéraires (Tourgueniev, Zola, Daudet, Mallarmé, Goncourt).

C'est aussi durant ces années-là qu'il contracte la syphilis, maladie vénérienne contagieuse qui lui provoquera de violents maux de tête et des troubles oculaires et neurologiques irrémédiables.

III – Douze années de vie et de productions intenses

➥ **Un journaliste, auteur de nouvelles à succès**

Sa carrière d'écrivain commence véritablement en 1880, avec la publication et le succès de *Boule de suif*, nouvelle parue dans *Les Soirées de Médan,* un recueil de nouvelles d'écrivains naturalistes réunis autour d'Émile Zola. Cette année voit aussi la mort de Flaubert – rude épreuve pour son disciple. Il restera marqué par l'*« irréprochable maître »* et prendra rapidement ses distances avec le groupe naturaliste. Pour échapper à son travail au ministère, Maupassant collabore à divers quotidiens et revues *(Gil Blas, Le Gaulois),* auxquels il donne chroniques, comptes-rendus de Salons de peinture et nouvelles. En 1881, il est même l'envoyé spécial du *Gaulois* en Afrique du Nord, à l'occasion de la révolte des Kroumis, et il dénonce l'administration des colonies. La même année, Maupassant publie son premier recueil de nouvelles, *La Maison Tellier*, puis *Mademoiselle Fifi* en 1882 et *Les Contes de la Bécasse* en 1883.

➡ La naissance du romancier

C'est sous l'impulsion de Flaubert que Maupassant se tourne vers le roman. Dès 1877, il avait soumis le plan de ce qui deviendra *Une vie* à son maître, qui l'avait encouragé avec enthousiasme. Mais ce n'est qu'après la mort de Flaubert et dès lors qu'il peut vivre uniquement de sa plume, que Maupassant reprend, en 1881, la rédaction d'*Une vie*. Le roman paraît en feuilleton dans le journal *Gil Blas* de février à avril 1883, puis est édité chez Havard en avril, avec un grand succès.

Suivront six romans, dont *Bel-Ami* en 1885 et *Pierre et Jean* en 1887-1888. Leur diversité permet de connaître tous les milieux sociaux de cette époque : les paysans normands, les nobles de province et les mondains parisiens, les petits employés et les grands financiers, les journalistes, les artistes…

Le succès de *Bel-Ami* sera tel que Maupassant s'achètera un yacht qu'il baptisera *Le Bel-Ami*.

➡ Une frénésie de vie et d'écriture

La gloire ne le quitte plus : ses 6 romans et ses 15 recueils de nouvelles obtiennent le même succès. Devenu riche, Maupassant fréquente les salons mondains sur lesquels il porte un regard fort caustique, détestant leurs « convictions, idées et morale d'imbéciles ». Il multiplie les conquêtes amoureuses et les liaisons, aussi bien avec des prostituées qu'avec des femmes du monde (la comtesse Potocka).

Malgré la syphilis qui le fait atrocement souffrir et les cures qu'il doit suivre (dont il fait la satire dans son roman *Mont-Oriol* paru en 1887), Maupassant

▶ *LA GUILLETTE*
L'immense succès de ses recueils de nouvelles permet à Maupassant de se faire construire une maison près d'Étretat surnommée *La Guillette*.

« *Les grands artistes sont ceux qui imposent à l'humanité leur illusion particulière.* »
Guy de Maupassant, préface de *Pierre et Jean*.

▶ ENFANTS NATURELS
Trois enfants, non reconnus, naîtront de la liaison de Maupassant avec Joséphine Litzelmann, d'origine modeste, entre 1883 et 1887.

▶ LA CÉLÈBRE CLINIQUE DU DOCTEUR BLANCHE
Dans sa clinique de Passy, fondée en 1852, Émile Blanche, qui a pris la suite de son père Esprit, a reçu Gérard de Nerval, Charles Gounod...

→ NOTE
1. météore : personne dont la carrière est brillante mais brève (celle de Maupassant, entre sa première et sa dernière publication, s'étale sur quinze ans).

effectue de longs voyages en Corse, en Algérie, en Italie, en Angleterre, en Sicile, qui donnent souvent lieu à de nouvelles œuvres, reportages ou récits de voyage, comme *Sur l'eau* (1888), relatant une croisière sur la Côte d'Azur...

IV – De la gloire à la démence

Ses dernières années sont assombries par la mort, en 1889, de son frère Hervé, interné pour démence : ce décès bouleverse l'écrivain qui s'était occupé lui-même de l'hospitalisation de ce dernier. Ses propres problèmes de santé ne cessent de s'aggraver (douleurs physiques, crises d'aphasie, hallucinations), malgré les cures fréquentes. Devant user de drogues comme l'opium ou l'éther pour lutter contre la douleur, il a peur de sombrer dans la folie comme son frère. Il continue cependant d'écrire : son dernier roman publié, *Notre Cœur*, œuvre très pessimiste, paraît en 1890. Mais *L'Angélus* et *L'Âme étrangère*, commencés l'année suivante, resteront inachevés.

Le 1er janvier 1892, Maupassant tente de se suicider et est interné dans la clinique de son ami le docteur Blanche à Passy. Le météore[1] des lettres, qui a tant charmé le grand public de son temps et dont les fulgurances continuent de nous fasciner encore aujourd'hui, y décède à 42 ans, le 6 juillet 1893, après plusieurs semaines d'inconscience presque totale.

3 Un siècle de bouleversements

I – Politique, économie et science

➧ Un siècle politiquement agité

Le XIXᵉ siècle est une période particulièrement troublée sur le plan politique, agitée de révolutions (1830, 1848, 1871) et d'un coup d'État (1851). La génération de Flaubert, Zola et Maupassant naît dans un monde où toutes les convictions se trouvent ébranlées. Les pouvoirs traditionnels (comme la monarchie de droit divin) se sont effondrés ; la religion, remise en cause lors de la Révolution, n'est plus reconnue comme une vérité universelle.

Ce siècle voit l'avènement mouvementé de la démocratie, qui mobilise à la fois une véritable classe politique et les intellectuels (Zola et l'affaire Dreyfus). Il fonde aussi l'État moderne, centralisé, organisé sur une administration solide et un système juridique basé sur le Code civil napoléonien.

➧ L'avènement difficile de la IIIᵉ République

La IIIᵉ République naît en 1870 dans un contexte instable. Le siège de Paris par les troupes prussiennes et des mesures impopulaires prises par Adolphe Thiers provoquent l'insurrection de la Commune, durement réprimée en 1871. La classe politique reste très divisée entre bonapartistes, monarchistes, républicains et radicaux, et les gouvernements sont renversés les uns après les autres. Les années 1880-1890 voient, malgré tout, la domination des républicains modérés (Jules Grévy et Jules Ferry). S'ouvre une période féconde sur le plan juridique, qui fonde la démocratie :

– organisation des libertés publiques de réunion et de la presse (1881) et syndicales (1884) ;

– lois sur l'enseignement primaire, gratuit, laïque et obligatoire (1881-1882) devant assurer la promotion sociale par le mérite ;

– rétablissement du divorce (1884).

▌ **UNE PÉRIODE TROUBLÉE**
La France connaît neuf régimes politiques différents entre 1789 et 1890 : le Consulat, deux empires, trois monarchies, trois républiques.

▌ **ADOLPHE THIERS (1797-1877)**
Président de la République de 1871 à 1873, il réprime la révolte de la Commune de Paris, faisant tuer plus de 25 000 communards lors de la « Semaine sanglante » (21-28 mai 1871).

▌ **LE RETOUR DE LA RÉPUBLIQUE**
La défaite de la France contre la Prusse à Sedan (2 septembre 1870) provoque l'abdication de Napoléon III et la proclamation de la République le 4 septembre.

▶ **CONSTITUTION DE 1875**
La Constitution de la IIIe République, fruit de compromis entre républicains et conservateurs, n'est définitivement établie qu'en 1875.

▶ **L'ALGÉRIE AU XIXe SIÈCLE**
Alger est conquise en 1830. Après de nombreuses campagnes militaires, l'Algérie devient, en 1848, un ensemble de départements français. Bel-Ami y a fait son service militaire.

▶ **EIFFEL ET SA TOUR**
La tour Eiffel est inaugurée en mars 1889 pour l'Exposition Universelle de Paris qui commémore le centenaire de la Révolution française et témoigne du rayonnement économique de la République.

➡ **Une forte expansion économique**

La France entre dans l'ère industrielle qui contribue à l'enrichissement de la bourgeoisie. Les écarts se creusent entre cette classe sociale triomphante, qui impose ses valeurs de profit et de moralisme conservateur, et le nouveau prolétariat urbain surexploité. Le monde ouvrier s'organise peu à peu en associations et partis qui vont déclencher grèves, émeutes ou révoltes et obtenir quelques droits, comme le droit syndical en 1884.

Parallèlement, le XIXe siècle est aussi, pour la France, une période d'expansion coloniale (Nouvelle-Calédonie, Sénégal, Algérie). La IIIe République impose le protectorat français en Tunisie (1881), s'implante en Asie du Sud-Est (Annam, Tonkin, création de l'Indochine française en 1887), conquiert un vaste empire en Afrique occidentale et équatoriale. Cette colonisation sera, pour beaucoup, une source de profits et d'exploitation parfois brutale du pays et des populations autochtones.

Le développement de la finance et des banques entraîne des fortunes fulgurantes mais aussi de nombreux scandales politico-financiers qui fragilisent la classe politique et le régime : le krach de l'Union générale, banque qui fait faillite en 1882 ; le scandale de Panamá (1888-1893), qui révèle la corruption de nombreux parlementaires et ruine beaucoup d'épargnants.

➡ **D'importants progrès scientifiques**

Le XIXe siècle est également caractérisé par le progrès scientifique dans tous les domaines (sciences naturelles, médecine, techniques industrielles…), qui favorise le développement d'une pensée rationaliste et matérialiste, telle que le positivisme. Cet esprit positiviste se communique à la littérature et influence réalisme et naturalisme, où le romancier tend à devenir un observateur et un expérimentateur.

II – Le développement de la presse

➡ Un média en pleine expansion

La presse du XIXe siècle profite des progrès de l'instruction, de l'essor technologique dans l'imprimerie (utilisation de rotatives permettant un tirage de masse) et des lois sur la liberté de la presse (1881).

Avec l'apparition de la publicité, qui permet de baisser le prix des journaux, le lectorat s'élargit.

À partir des années 1860, apparaissent de grands quotidiens d'information : *Le Temps*, *Le Gaulois*, *Le Figaro*…

Le développement du télégraphe et du train, l'apparition du reportage et de l'interview créent une nouvelle forme de journalisme focalisé sur l'actualité la plus pressante. Une presse plus populaire (*Le Petit Journal*…) s'appuie sur un journalisme d'investigation parfois peu scrupuleux, basé sur le fait divers, à l'affût de la rumeur et du scandale. Fleurissent également magazines, journaux illustrés, petites feuilles littéraires, journaux pour les femmes, les enfants…

Le journalisme devient, pour les écrivains, une école d'écriture et un gagne-pain.

➡ Un média corrompu

Le monde de la presse est souvent dominé par les politiques et les banquiers : sans respecter aucune déontologie, il devient un instrument de propagande et de spéculation. Les patrons de presse ont désormais le pouvoir de faire tomber des ministres, en organisant des campagnes d'« abattage » où se mêlent articles critiques, calomnie et diffamation.

Dans *Bel-Ami*, Maupassant évoque aussi « *l'affaire marocaine* », où les dirigeants de *La Vie française* manipulent l'opinion pour mieux se livrer au délit d'initié : ils font croire que le gouvernement ne décidera pas d'expédition au Maroc pour faire chuter les titres d'emprunts, les racheter au plus bas prix et ainsi réaliser une belle opération boursière.

▶ **LE POSITIVISME**
Auguste Comte (1798-1857) est le maître à penser du positivisme. Ce courant de pensée se réclame de la seule connaissance des faits et de l'observation scientifique des phénomènes pour en tirer des lois. En appliquant ces méthodes à l'étude de l'humain et de la société, il sera l'un des précurseurs de la sociologie moderne.

▶ **UN FAIT RÉEL**
Maupassant transpose, dans *Bel-Ami*, ce qui s'est réellement passé lors de la conquête de la Tunisie en 1881, où certains banquiers bien informés avaient acheté des titres au plus bas juste avant la conquête.

▶ ARTHUR
SCHOPENHAUER
(1788-1860)
Dans sa nouvelle
Auprès d'un mort
(1883), Maupassant
raconte la mort du
philosophe Arthur
Schopenhauer, *« le
plus grand saccageur
de rêves qui ait passé
sur la Terre »*.

III – Une fin de siècle pessimiste

Le XIXe siècle est marqué par la désillusion et la mélancolie. Les artistes ne se reconnaissent plus dans ce monde qu'ils trouvent fade, sans idéal, matérialiste, dominé par des intérêts financiers et corrompu par l'affairisme. Le « mal du siècle » de la génération romantique s'exprime, à la fin du XIXe siècle, d'une façon plus pessimiste et plus désespérée.

Maupassant s'est senti très proche du philosophe allemand Arthur Schopenhauer : celui-ci, refusant tout idéal, professe que tout être n'est que le résultat d'un élan vital aveugle et instinctif, le *« vouloir-vivre »*. L'homme, *« galérien de la volonté de vivre »*, va de désir en désir et de déception en déception, dans un combat perdu d'avance… Ce pessimisme radical trouve un écho dégradé dans le cynisme éhonté que professe Duroy : *« Chacun pour soi. La victoire est aux audacieux. Tout n'est que de l'égoïsme »* (p. 219). Ce qui fera dire au critique Francisque Sarcey, dans un article de juin 1885 consacré à *Bel-Ami* : *« il désenchante de l'humanité et décourage de la vie »*.

▶ LE STATUT
DES FEMMES
Au XIXe siècle,
la femme est traitée
comme un être
inférieur, exclu du
suffrage universel de
1848. L'interdiction
de travailler dans
les mines (1874) et
la scolarisation des
jeunes filles (1881)
seront, malgré tout,
des motifs d'espoir.

IV – Le statut des femmes au XIXe siècle

Le Code civil, élaboré sous le Premier Empire, n'accorde aucun droit politique à la femme et la subordonne à l'autorité maritale : elle doit obéissance à son époux, seul apte à administrer les biens du ménage (Bel-Ami peut ainsi extorquer à Madeleine la moitié de l'héritage du comte de Vaudrec). Madeleine ne peut officiellement exercer la profession de journaliste, réservée aux hommes, et n'écrit que par plume masculine interposée.

Certaines femmes cherchent à s'émanciper dans une sexualité plus libre (comme Clotilde ou Madeleine), mais c'est à leurs risques et périls : le divorce pour adultère, bien qu'autorisé en 1884, favorise toujours les maris – ce dont Duroy profitera sans vergogne.

Genèse et réception de l'œuvre

I – Genèse et publication

➡ Une écriture aisée

Contrairement à la rédaction d'*Une vie*, qui a été longue et laborieuse, Maupassant écrit *Bel-Ami* en quelques mois, entre juin 1884 et février 1885.

Il utilise, en partie, une nouvelle déjà publiée dans *Le Gaulois* le 27 janvier 1884, « Un lâche », pour l'épisode du duel dans *Bel-Ami*.

➡ Parution dans *Gil Blas*

Le roman paraît d'abord en feuilleton, du 6 avril au 30 mai 1885, dans *Gil Blas*, journal où Maupassant travaille comme chroniqueur et qui a déjà publié de nombreuses nouvelles et son premier roman *Une vie* en 1883.

Ce type de publication impose des contraintes à l'écrivain : il doit diviser son œuvre en épisodes formatés par le journal et bien rythmés, ménager des effets de chute et de suspense pour captiver son lecteur, s'adapter aux goûts du public. Mais c'est un moyen commode, pour lui, de vivre de sa plume et d'élargir son lectorat, d'autant plus que les quotidiens enregistrent, avec les feuilletons, une hausse significative de leurs lecteurs.

➡ Parution en librairie

Bel-Ami paraît en volume, le 11 mai 1885, chez l'éditeur Victor Havard, qui en vend 13 000 exemplaires en deux mois.

II – Un bruyant succès

➡ Critiques et louanges

Dès sa parution en feuilleton, le roman déchaîne les passions par sa vision noire de l'homme et de la société, et en particulier par la satire féroce du monde des journalistes.

▎**UN NOUVEAU VECTEUR**
Depuis 1830, beaucoup d'écrivains font d'abord paraître leurs textes dans ce nouveau vecteur qu'est le journal quotidien : Honoré de Balzac, Eugène Sue *(Les Mystères de Paris)*, Alexandre Dumas *(Les Trois Mousquetaires)*, Émile Zola *(Germinal*, œuvre contemporaine de *Bel-Ami)*...

Si les critiques reconnaissent les qualités d'écrivain de Maupassant, certains dénoncent son pessimisme, qui, selon eux, confine à l'invraisemblance, et son absence de valeurs morales.

➡ La fronde des journalistes

Certains de ses confrères journalistes crient à ce point au scandale que Maupassant doit répondre par un long article (« Aux critiques de *Bel-Ami* ») dans le *Gil Blas* du 7 juin 1885, où il justifie sa peinture de *La Vie française* : « *Si j'avais choisi pour cadre un grand journal, un vrai journal, ceux qui se fâchent auraient absolument raison contre moi ; mais j'ai eu soin, au contraire, de prendre une de ces feuilles interlopes, sorte d'agence d'une bande de tripoteurs politiques et d'écumeurs de bourses, comme il en existe quelques-uns, malheureusement.* »

Dans le même article, Maupassant se défend d'avoir voulu faire un roman à clés : « *Quelqu'un peut-il se reconnaître dans un seul de mes personnages ? Non.* […] *Car je n'ai visé personne.* »

➡ Un succès de librairie souvent adapté

Le roman est un franc succès, plusieurs fois réédité en quelques mois et au cours des années qui suivent (plus de cinquante rééditions en deux ans). Grâce aux revenus qu'il en tire, Maupassant peut s'acheter un voilier, qu'il baptise *Le Bel-Ami* !

Le roman donnera lieu à un grand nombre d'adaptations au cinéma et à la télévision, aussi bien en Europe qu'aux États-Unis.

▎**PARU DANS LE *GIL BLAS* DU 17 JUIN 1885**
« Bel-Ami est un roman qui fera beaucoup crier, mais qu'on lira avec passion, bien qu'il ne s'en dégage pas un honnête homme, pas une honnête femme, et qu'il contienne la plus jolie collection de coquins et coquines que l'on puisse imaginer. »

5 Réalisme et pessimisme

I – L'apogée du roman au XIXe siècle

La naissance du réalisme

Genre dominant du XIXe siècle, le roman y subit une forte évolution. Il s'écarte de l'imaginaire pour devenir le genre le plus propre à traduire une réalité humaine et sociale en mutation. Le roman veut désormais accéder à la vérité, psychologique et historique, et se fonder, comme les sciences, sur l'observation et l'analyse des phénomènes. Les auteurs de ce type d'œuvres s'inscrivent dans le courant réaliste. Celui-ci a été initié par Stendhal avec sa recherche des « *petits faits vrais* ». Dans *Le Rouge et le Noir* (1830), il définit le roman comme « *un miroir qui se promène sur une grande route* ».

Le naturalisme

Annoncé par le réalisme de Balzac ou de Flaubert, dont il est une sorte de prolongement, le naturalisme se développe entre 1865 et 1890 autour d'Émile Zola et des frères Edmond et Jules de Goncourt. Le roman devient un lieu d'expérimentation, où l'auteur observe et vérifie certaines thèses scientifiques, comme le déterminisme biologique (l'hérédité) ou social (l'influence du milieu sur l'individu). Les écrivains naturalistes s'intéressent aux cas pathologiques, à la peinture des milieux sociaux, en s'appuyant sur des enquêtes documentées.

II – L'ancrage réaliste de Maupassant

Maupassant a toujours refusé d'être enfermé dans un mouvement. S'il revendique un certain réalisme, c'est par choix à la fois littéraire et philosophique, qui correspond à son refus de toute idéalisation.

L'ancrage dans le réel

Dans *Bel-Ami*, la réalité s'impose dès le début, qui nous plonge dans la foule des boulevards parisiens.

> ▶ **LE RÉALISME**
> Le réalisme n'est théorisé qu'à partir de 1857, date de parution de *Madame Bovary* de Flaubert, par Champfleury et Duranty, qui lancent la revue *Réalisme*.

> ▶ **LE ROMAN EXPÉRIMENTAL**
> Zola veut « *posséder le mécanisme des phénomènes chez l'homme, montrer les rouages des manifestations intellectuelles et sensuelles telles que la physiologie nous les expliquera, sous les influences de l'hérédité et des circonstances ambiantes, puis montrer l'homme vivant dans ce milieu social* » (*Le Roman expérimental*).

Les lieux fictifs sont décrits avec assez de précision pour que le lecteur les visualise rapidement.

La question essentielle de l'argent est traitée, dès la première ligne, avec une attention scrupuleuse : le narrateur précise le prix d'un bock, celui d'un déjeuner dans une gargote, les salaires de Bel-Ami, l'héritage de Madeleine, etc.

S'il ne date pas son roman, Maupassant le situe dans l'actualité proche de sa parution, évoquant les débats sur la politique coloniale de la France ou le droit au divorce. La chronologie interne du récit, par sa précision, lui donne aussi un ancrage temporel très réaliste.

Enfin, Maupassant s'attache à rendre de façon réaliste le parler propre à un groupe social : la prostituée Rachel laisse éclater sa colère en termes peu élégants (I, 5) ; les parents du héros s'expriment avec le vocabulaire et les intonations des Normands (II, 1)...

➡ **La discrétion du narrateur**

Conformément à l'esthétique réaliste, le narrateur s'abstient de donner des explications extérieures ou de plaquer des théories sur la fiction. C'est à travers leurs actes, leurs attitudes, leurs paroles que Maupassant donne accès aux personnages. Il privilégie donc le point de vue interne (du héros essentiellement) : les descriptions passent généralement par son regard ; les éléments de son passé sont révélés par ses souvenirs (I, 3) ; le discours indirect libre montre que la vision de la réalité passe par le prisme de sa conscience.

Les personnages gardent ainsi leur part de mystère, puisque le lecteur n'en saura pas plus que Duroy : ses interrogations sur le passé de Mme de Marelle ou les relations de Madeleine avec Vaudrec et le monde politique resteront sans réponse...

➡ **La question du naturalisme**

Séduit par le naturalisme à ses débuts, Maupassant a vite pris ses distances dès 1881. S'il refuse l'idée de soumettre la fiction à une quelconque démonstration scientifique, toutefois il conserve du naturalisme l'intérêt porté aux sens et au corps, qui correspond à sa propre vision du monde : ainsi, certaines descriptions, courtes, sont empreintes de sensualité, comme celle de Clotilde avec sa rose rouge ou l'évocation de la serre étouffante des Walter.

Nombre de personnages sont dominés par leurs sens jusqu'à l'hypersensibilité : le narrateur montre, avec précision, le retentissement physique de la passion amoureuse chez Mme Walter (elle suffoque, se pâme, maigrit…) ou la manifestation physiologique de la peur chez Bel-Ami avant le duel (I, 7).

III – Limites du réalisme : l'illusion de la réalité

Dans la préface de *Pierre et Jean*, appelée aussi « Le Roman », Maupassant souligne que l'objectivité réaliste n'existe pas puisque la vision du monde donnée par un artiste passe nécessairement par sa sensibilité, son tempérament particuliers. Il en conclut que *« faire vrai consiste donc à donner l'illusion complète du vrai »*. Dans *Bel-Ami*, on voit clairement comment Maupassant joue avec la réalité, pour faire croire à cette réalité qu'il décrit.

➡ Un flou réaliste

Maupassant brouille constamment les repères et les références à la réalité : si la chronologie interne du roman est rigoureuse, les années ne sont jamais précisées ; il préfère inventer les noms du ministre-député Laroche-Mathieu et du journal *La Vie française*, pour en faire des portraits-charges de la vie politique et de la presse contemporaines. De même, il transpose l'affaire tunisienne en *« affaire marocaine »* pour pouvoir y impliquer facilement ses personnages et en démonter les mécanismes.

➡ Un auteur effacé ?

Si Maupassant ne donne pas de leçon au lecteur, sa présence (par l'entremise du narrateur) est

▌ **UN NARRATEUR RÉSERVÉ**
Maupassant veut *« évite[r] avec soin toute explication compliquée, toute dissertation sur les motifs, et se borne[r] à faire passer sous nos yeux les personnages et les événements »* (« Le Roman »).

▌ **SENSATIONS ET RÉALITÉ**
Maupassant donne une impression de réel grâce aux sensations : les cheveux blonds de Madeleine forment *« un léger nuage de duvet blond au-dessus du cou »* ; la serre étouffante *« donn[e] à la chair une sensation confuse de volupté énervante et de mort »*.

néanmoins sensible. Il présente son héros de façon assez ironique pour en souligner la médiocrité ou les défauts. Il se sert de Norbert de Varenne comme d'un porte-parole de ses conceptions sur la société et sur la vie (I, 6). Enfin, il quitte parfois le point de vue interne pour composer des caricatures au vitriol de certains personnages ; et le discours indirect libre entretient une ambiguïté sur celui qui parle : personnage ou narrateur ?

De même, Maupassant intervient, sans se faire voir, dans la composition de son roman, par des effets d'annonce (les conquêtes féminines de Bel-Ami sont projetées bien avant leur réalisation) ou de symétrie (la première partie s'ouvre sur la rencontre de Forestier et se clôt sur sa mort ; le mariage « expédié » avec Madeleine s'oppose au mariage triomphal avec Suzanne, où Bel-Ami passe de Madeleine à La Madeleine…).

IV – Le réalisme au service d'une vision du monde

Dans le roman de mœurs que constitue *Bel-Ami*, le réalisme sert le pessimisme sans concession de Maupassant.

➥ Une société superficielle et corrompue

Par le regard ou les mots de ses personnages, Maupassant nous offre une vision très sombre de la société de son temps : la salle des Folies-Bergère ou la promenade du bois de Boulogne offrent le défilé de *« bonnes têtes stupides »* (p. 23) ou d'un *« tas d'escarpes »* (p. 138). Aucun homme politique n'est à la hauteur de ses ambitions : *« leur intelligence est à fond de vase, ou plutôt à fond de dépotoir »* (p. 132). La corruption règne dans la presse et la vie politique, comme dans la vie privée (infidélités et adultères chez tous les couples du roman).

La société décrite cache sa médiocrité intellectuelle et morale derrière l'apparence et l'artifice : Walter s'impose à la bourgeoisie en exhibant son mauvais goût de parvenu et sa galerie de tableaux ; *La Vie française*, derrière sa façade clinquante et ses journalistes affairés, abrite des champions du bilboquet ! Le regard acéré du narrateur souligne la cruauté de cette société où triomphe le cynisme le plus brutal.

➡ Une vision pessimiste de l'homme

La technique naturaliste, fondée sur des détails physiologiques hyperréalistes, permet à Maupassant de donner une vision de l'être humain dénuée de tout idéalisme (voir la crise d'angoisse peu glorieuse du héros avant le duel). La mort borne la vie humaine et s'expose ici crûment, dans le corps malade de Forestier et son agonie. Les églises abritent les rendez-vous galants (II, 4) ou consacrent le triomphe d'un gredin (II, 10) ; Mme Walter compare le Christ de son tableau à Bel-Ami (II, 7) ! Les relations amoureuses, loin de tout romantisme, s'expriment dans la violence des désirs, dans des propos grivois au café Riche (I, 5), dans les simagrées hystériques de Mme Walter et dans la vénalité du héros se faisant entretenir par sa maîtresse.

V – Une écriture « *claire, logique et nerveuse* » (« Le Roman »)

➡ Une écriture efficace

Maupassant, spécialiste des œuvres brèves et rompu à l'écriture journalistique, privilégie l'efficacité narrative : l'action prime sur de longues descriptions ; elle est menée tambour battant, avec des phrases et des paragraphes courts qui vont droit au but. Alternant avec des sommaires[1] rapides, des saynètes variées mêlent fait divers cocasse (l'adultère), analyse psychologique (la nuit avant le duel), scènes de séduction, manœuvres politico-financières, scènes de mœurs (le déjeuner chez les parents ou la réception chez Walter) et passages très sombres (la mort de Forestier).

▌ **L'ILLUSION DU MONDE**

« *Chacun de nous se fait* [...] *une illusion du monde, illusion poétique, sentimentale, joyeuse, mélancolique, sale ou lugubre suivant sa nature. Et l'écrivain n'a d'autre mission que de reproduire fidèlement cette illusion avec tous les procédés d'art* » (« Le Roman »).

▌ **LA BÊTISE HUMAINE**

Le journalisme peut manipuler l'opinion sans scrupule, puisque « *tous les hommes sont bêtes comme des oies et ignorants comme des carpes* » (p. 18).

NOTE

1. sommaires : passages d'un livre où les événements sont résumés.

La langue de Maupassant est simple, sans mot rare ni prétentieux. Cette limpidité apparente de la phrase permet ainsi « *de lui faire tout dire, même ce qu'elle n'exprime pas, de l'emplir de sous-entendus, d'intentions secrètes et non formulées* » (« Le Roman »).

➡ **L'art de la caricature**

La plume acérée de Maupassant excelle dans la caricature qui exprime la quintessence d'un personnage en un détail, comme les cheveux gras et les pellicules de Norbert de Varenne ou la moustache blonde de Bel-Ami. Le regard railleur du narrateur croque une physionomie ou une silhouette en quelques mots, souvent imagés, comme « *ces beaux prélats chez qui le ventre est une majesté* » (p. 335).

➡ **Les registres au service d'une vision du monde**

Dans ce roman de mœurs réaliste et pessimiste, les registres satirique et ironique dominent pour dénoncer l'envers peu reluisant du décor social. Maupassant se sert du regard de ses personnages pour se moquer des autres, mais le narrateur ne se prive pas non plus de formules assassines qui dégonflent, en quelques mots, les prétentions de ses héros.

Il n'y a pas de place ici pour le lyrisme, sauf dans quelques descriptions de l'arrivée sur Rouen ou de la Côte d'Azur (deux paysages chers à Maupassant). Pas de pathétique non plus quand l'agonie de Forestier est décrite d'un point de vue clinique ou que les tourments amoureux de Mme Walter sombrent dans un sentimentalisme grotesque et malsain.

Genre et registres participent ainsi, à l'unisson, du regard pessimiste porté par Maupassant sur son époque.

▌ **UN NARRATEUR SANS COMPASSION**
On ne trouve pas de compassion dans le regard du narrateur sur la pauvreté, montrant de façon réaliste la trivialité et la mesquinerie roublarde des parents de Bel-Ami (II, 1).

▌ **UNE CARICATURE**
Mme Walter est décrite comme « *une de ces femmes dont l'esprit est aligné comme un jardin français* » (p. 118).

I – Bel-Ami : le type de l'arriviste

➡ Un type romanesque

L'arriviste ou « *l'aventurier* », comme l'appelle Maupassant dans *Gil Blas*, est un personnage fréquent du roman du XIXᵉ siècle. Il est, généralement, incarné par de jeunes provinciaux désargentés qui montent à Paris dans l'espoir d'y faire fortune. On peut citer Eugène de Rastignac et Lucien de Rubempré chez Balzac, ou Julien Sorel chez Stendhal. C'est le cas aussi de Georges Duroy, fils de paysans normands et ancien sous-officier de hussards, arrivé à Paris depuis peu, avec « *trois francs quarante pour finir le mois* ».

Les héros romantiques de Balzac et Stendhal ont des idéaux, une conscience morale et une certaine pureté : ce n'est qu'en se heurtant à la dure réalité parisienne qu'ils vont perdre, dans la douleur, leurs illusions… Maupassant, beaucoup plus pessimiste, nous montre un héros sans scrupule dès le début, doué d'une « *rouerie native* » (p. 122), qui ne cherche que les moyens et les chemins pour se développer. Bel-Ami se contente de ses atouts naturels, en particulier la séduction, pour obtenir des succès faciles dont un héros romantique n'aurait pas voulu.

➡ Une irrésistible ascension

En trois ans, Duroy passe de petit fonctionnaire à gendre d'un banquier richissime et futur député. Mais il n'a pas vraiment d'épreuve à surmonter qui montrerait son courage ou sa grandeur d'âme : son parcours s'effectue grâce à des adjuvants, comme Forestier, ancien camarade de régiment, qui le fait entrer à *La Vie française* et dont il prend la place au journal et auprès de son épouse. Mais il se sert surtout des femmes, dont la conquête ne lui demande d'ailleurs que peu d'efforts !

Georges Duroy :
« *Sa conscience native de Normand* [...] *était devenue une sorte de boîte à triple fond où l'on trouvait de tout. Mais le désir d'arriver y régnait en maître* » (pp. 47-48).

Son ami Forestier dit à Bel-Ami dès le début : « *tu as vraiment du succès auprès des femmes* » (p. 25) ; lui-même se regarde dans la glace, « *émerveillé d'être vraiment aussi joli garçon* » (p. 41).

Succès facile ! Mme Walter est « *conquise, rien que par le poil de sa lèvre* » (p. 247).

Profitant de leur argent, il se laisse entretenir par Mme de Marelle, détourne la moitié de l'héritage du comte de Vaudrec et épouse Suzanne pour son immense dot. Ce sont elles qui lui suggèrent ses manœuvres amoureuses, financières ou politiques : Madeleine conseille à Duroy de séduire Mme de Marelle puis Mme Walter et lui donne des informations politiques ; Mme Walter lui révèle « *l'affaire marocaine* ».

On peut noter que l'ascension du héros obéit toujours à la même mécanique : après un moment de satisfaction du progrès accompli, il est repris par sa « *colère envieuse* » (p. 288) qui lui fait désirer toujours plus, au prix de transgressions de plus en plus graves (jusqu'à l'enlèvement d'une mineure).

II – Bel-Ami : un imposteur ?

➥ Un médiocre ?

Le roman nous présente un personnage négatif, un anti-héros sans qualités intellectuelles ni morales. Dans ses articles, il montre d'abord « *une maladresse de style de collégien* » (p. 72), puis se contente de servir « *de porte-plume* » (p. 288) au député Laroche-Mathieu. S'il a un charme physique certain, dont il sait très bien jouer, il garde la vulgarité intrinsèque du « *mauvais sujet des romans populaires* » (p. 12). Au long du livre, il se révèle menteur, hypocrite, voleur, brutal, égoïste, cupide, envieux…

Sans grande profondeur psychologique, il n'éprouve pas (ou peu) de scrupule avant les manigances qui servent ses intérêts, et il semble incapable d'un sentiment profond et durable (I, 6 et 8 : son angoisse devant la mort s'estompe au premier plaisir). Pire, il n'évolue pas intérieurement au cours du récit, contrairement aux héros des romans d'apprentissage : il est cynique et amoral dès le début ; seule change l'ampleur de ses moyens.

Maupassant, à propos de Bel-Ami : « *J'ai soin de dire qu'il ne sait rien, qu'il est simplement affamé d'argent et privé de conscience* [...]. *Il n'a aucun talent. C'est par les femmes seules qu'il arrive* » (Gil Blas).

Bel-Ami est qualifié de « *sorte d'étalon masculin sans scrupule* » dans un article du *Rappel* !

Ce qui en fait néanmoins un héros romanesque, c'est l'intensité de son désir de réussir et son extraordinaire capacité à s'adapter aux différents milieux qu'il traverse et à tirer profit de toute nouvelle situation ou suggestion.

Bel-Ami « s'était promis en effet d'être un malin, un roublard et un débrouillard » (p. 47).

➡ **Le produit d'une société**

Si Maupassant use d'un anti-héros sans grande envergure, c'est pour montrer d'autant mieux que celui-ci n'est que le produit d'une société, *« une graine de gredin, qui va pousser dans le terrain où elle tombera » (Gil Blas)*. Georges Duroy n'a pas à lutter contre la société (contrairement au héros romantique) mais à s'y conformer pour s'y introduire plus facilement : il se prête, d'emblée, aux manipulations et aux corruptions des milieux journalistiques, financiers et politiques. D'ailleurs, la vacuité psychologique du personnage et ses changements de nom successifs ne soulignent-ils pas l'imposture de son ascension, fondée tout entière sur le paraître, comme la société qui l'entoure ? Cette ascension, parallèle à la dégradation morale du héros, se voit, d'ailleurs, consacrée par une apothéose lors de son mariage.

M. Walter : *« Il ira loin, le gredin »* (p. 315).

Caution de l'Église : *« L'Homme-Dieu, à l'appel de son prêtre, descendait sur la Terre pour consacrer le triomphe du baron Georges Du Roy »* (p. 337).

III – Bel-Ami et Maupassant

➡ **Des ressemblances troublantes**

Maupassant a donné à son héros certains traits de lui-même : l'origine normande, la sensualité et le goût pour les femmes, le journalisme, l'angoisse devant la mort ou l'obsession du double (à plusieurs reprises, Bel-Ami ne se reconnaît pas dans le miroir et, pendant la nuit précédant le duel, il se voit distinctement mort sur son lit). Mais ce héros, dans sa médiocrité et sa superficialité, apparaît comme un double inversé ou dégradé de son auteur, dont il partage essentiellement l'ascension fulgurante.

⇒ **Le jugement de l'auteur et du narrateur**

Le narrateur, lui, ne montre aucune empathie pour le héros et prend une nette distance critique vis-à-vis de lui. Il n'hésite jamais à souligner sa veulerie et le fait traiter par les autres personnages de « *gredin* », « *crapule* », « *cochon* », « *vaurien* » ou « *gueux* » ! Il évoque « *un lien de nature* » entre Duroy et une courtisane du Bois, « *parvenue de l'amour* » (p. 138), ou le désigne par des comparaisons dégradantes : « *comme un chien qui veut mordre, et n'ose pas* » (p. 288). Le narrateur traite le personnage avec une cruelle ironie en montrant souvent l'écart entre la médiocrité de ses succès et l'euphorie démesurée qu'il en éprouve. Enfin, quel avenir imaginer à ce héros triomphant, si l'on se souvient de la leçon du poète Norbert de Varenne : « *lorsqu'on arrive en haut, on aperçoit tout d'un coup la descente, et la fin, qui est la mort* » (p. 133) ?

IV – Les femmes dans *Bel-Ami*

⇒ **Deux femmes libres : Clotilde et Madeleine**

Clotilde de Marelle et Madeleine Forestier, personnages plutôt positifs, ne tombent jamais sous la coupe de Bel-Ami et trouvent chacune une voie pour échapper à la soumission de la femme dans la société de l'époque : la première, « *petite bourgeoise bohème et bon enfant* » (p. 224), par une sexualité joyeuse et finalement sincère ; la seconde, par son intelligence, sa force de caractère et sa volonté d'indépendance dans le couple.

Toutes deux inversent les codes sociaux du genre : Clotilde néglige totalement son intérieur et entretient Georges ; Madeleine écrit les articles à sa place et assouvit sa passion du journalisme en se servant des hommes, comme Duroy se sert des femmes… Sa maîtrise et sa dignité, la part de mystère qu'elle conserve toujours font ressortir la goujaterie et la brutalité du héros, en particulier lors du détournement de l'héritage de Vaudrec et du flagrant délit d'adultère.

➥ Deux femmes-objets : Virginie et Suzanne

En Virginie Walter et sa fille Suzanne, Maupassant montre, au contraire, des victimes des manœuvres du héros et des femmes prisonnières de leur milieu bourgeois.

La première mène une vie réglée par la tenue de son salon et les réceptions mondaines. Son esprit, *« aligné comme un jardin français »* (p. 118), est empreint de conformisme. Le narrateur traite sans aucune compassion sa passion subite pour Bel-Ami qui la fait sombrer dans l'hystérie et le grotesque avec ses *« gentillesses lourdes de grosse gamine »* (p. 261).

Suzanne paraît plus émancipée que sa mère par son esprit acéré et moqueur, mais c'est une proie facile pour le héros qui profite de sa jeunesse et de son goût romanesque. Elle n'est qu'un *« bibelot »* (p. 228), un *« délicieux joujou »* (p. 334) qui ne vaut que par les millions de sa dot. Le lecteur ne donne pas cher de son avenir d'épouse à la dernière page du roman !

V – Bel-Ami et les hommes

Les autres personnages masculins ne sont qu'esquissés, en fonction de leur impact sur l'ascension de Bel-Ami. Ce dernier les utilise, comme il se sert des femmes : il prend la place de son ami Forestier au journal, s'empare de la moitié de l'héritage du comte de Vaudrec, enlève la fille de Walter… Loin d'éprouver de la compassion lors de la mort de Forestier ou de Vaudrec, il ne pense qu'à son intérêt (épouser Madeleine devenue libre, capter l'héritage).

Le seul sentiment qui l'anime face aux hommes est la rivalité, autant dans le domaine amoureux que

Virginie Walter : *« Elle avait son air calme et comme il faut, une certaine allure de maman tranquille […]. Elle ne parlait guère d'ailleurs que pour dire des choses connues, convenues et modérées, ses idées étant sages, méthodiques, bien ordonnées, à l'abri de tous les excès »* (p. 228).

Suzanne : *« Dans son corps de poupée s'agitait un esprit agile et malin, imprévu et sournois, qui faisait toujours la parade comme une marionnette de foire. Elle se moquait de tout et de tout le monde, avec un à-propos mordant »* (p. 262).

La revanche de Bel-Ami : « *une rancune haineuse s'éveilla[i]t en lui contre ces gens* [les Walter]. *Mais il la tenait, leur fille. Ils verraient, à présent* » (p. 321).

dans le domaine social : reçu chez M. de Marelle dont la femme est sa maîtresse, il ressent « *une satisfaction intime, vicieuse,* […] *une joie de voleur qui a réussi et qu'on ne soupçonne pas, une joie fourbe, délicieuse* » (p. 140). Il est possédé par une jalousie féroce pour tous ceux qui sont plus riches ou plus puissants que lui, comme M. Walter ou Laroche-Mathieu. Toutes ses manœuvres louches, et son mariage pour finir, lui apparaissent donc comme une revanche légitime sur des gens qu'il déteste et méprise tant qu'il se sent leur inférieur.

LES TROIS ÉTAPES DE LECTURE D'UNE IMAGE FIXE

1. Je découvre
- De quel type d'image s'agit-il (tableau, photo, dessin, caricature, affiche...) ?
- Quelles sont mes premières impressions (émotions, perceptions, *a priori*...) ?

2. J'observe
- Qu'est-ce qui est représenté (au premier plan et au-delà) ?
- Qu'est-ce qui me semble important (sujet, composition, graphisme, couleurs, lumière, genre, symbolique...) ?

3. J'interprète
- L'image a-t-elle une fonction descriptive ou argumentative ?
- Que cherche à exprimer, à transmettre l'auteur par cette image ?

COMPOSITION DE L'IMAGE

1. Composition générale
- Cadrage : s'agit-il d'un plan large, d'un plan rapproché, d'un gros plan ?
- Construction des plans : premier plan, second plan, arrière-plan, profondeur, perspective.
- Point de vue adopté : frontal, en plongée, en contre-plongée ?

2. Axes et structure
- Lignes de force (en noir sur le document) : les intersections entre les lignes verticales et horizontales constituent les points forts de l'image, où sont souvent situés les motifs principaux ; ces lignes et ces points créent l'ossature de l'image et guident le regard.

- Lignes de fuite (exemples en gris sur le document) : lignes que suit le regard de l'observateur selon la perspective ; elles déterminent le point de fuite, qui peut se trouver à l'intérieur ou hors de l'image.
- Masses : comment s'organisent-elles (espace chargé ou aéré, équilibré ou déséquilibré...) ? quelle est la place des personnages ou des objets par rapport au décor ?

Affiche du film *Bel Ami* (2012)

Document 1

: Affiche française du film réalisé
: par Declan Donnellan et Nick Ormerod.
: Document 1 au verso de la couverture.

Declan Donnellan (né en 1953) est un metteur en scène de théâtre britannique. Il est le cofondateur de la société théâtrale Cheek by Jowl avec Nick Ormerod (né en 1951), scénariste et réalisateur britannique. *Bel Ami* est le premier film qu'ils réalisent ensemble.

➡ Je découvre

• L'affiche du film

Cette affiche est centrée sur les principaux personnages : Bel-Ami (Robert Pattinson), Madeleine Forestier (Uma Thurman), Mme Rousset (Kristin Scott Thomas) et Clotilde de Marelle (Christina Ricci).

➡ J'observe

• La composition

La composition met clairement en valeur le héros, qui occupe le devant et toute la hauteur de l'affiche, avec son surnom se détachant en grosses lettres roses. Les trois personnages féminins paraissent en retrait, comme en orbite autour de lui, sans qu'il y ait aucun échange de regard entre eux. Madeleine et Clotilde de Marelle sont à peu près sur le même plan (avec un léger avantage pour la première, occupant un peu plus d'espace), tandis que Virginie Rousset (Virginie Walter dans le roman) est plus éloignée. Madeleine, la femme légitime, est habillée dans les mêmes teintes que le héros, alors que les deux maîtresses portent des couleurs différentes.

• Les personnages

S'il a conservé ses *« yeux bleus, clairs, troués d'une pupille toute petite »*, Bel-Ami a perdu sa moustache et ses *« cheveux frisés […] d'un blond châtain vaguement roussi »*. Le physique de Robert Pattinson, acteur fétiche des jeunes grâce à la série *Twilight*, fait davantage penser à un play-boy du XXIe siècle qu'à un arriviste du XIXe.

Uma Thurman possède le charme particulier de Madeleine dans le roman : « *Elle avait les yeux gris, d'un gris azuré qui en rendait étrange l'expression, le nez mince, les lèvres fortes, le menton un peu charnu, une figure irrégulière et séduisante, pleine de gentillesse et de malice.* » Sa coiffure, libre et proche de celles de notre époque, rend bien compte de la modernité du personnage, femme indépendante et émancipée.

Christina Ricci campe bien la « *brunette* » Mme de Marelle avec son « *air gamin* ». C'est elle qui a la tenue la plus séduisante avec sa couleur dorée et son décolleté. Kristin Scott Thomas incarne également fort bien Mme Rousset (Walter), « *grande et belle femme, […] de manières distinguées et d'allure grave* ». Sa tenue sophistiquée (étoile argentée dans les cheveux, parure en plume) révèle son haut niveau social. Sa place en retrait, loin derrière Bel-Ami, la couleur un peu éteinte de sa robe et son air triste trahissent le peu d'attirance qu'elle exerce sur le héros.

➥ J'interprète

• Bel-Ami : de l'anti-héros au sex-symbol

L'affiche renvoie une vision assez réductrice de l'œuvre de Maupassant : tout est centré sur la figure du héros, présenté comme une sorte de sex-symbol (cheveux coiffés au gel, magnétisme appuyé de ses yeux fendus, cabotinage de séducteur carnassier !). La comparaison, dans la citation et l'accroche du film, avec *Les Liaisons dangereuses* voudrait en faire un nouveau Valmont – ce qui ne correspond absolument pas au personnage de Maupassant, héros médiocre qui n'use que de son potentiel physique pour profiter de femmes conquises d'avance.

Cette affiche, en montrant Bel-Ami entouré des trois femmes, limite la portée du roman à une intrigue érotique. Elle ne montre rien des manœuvres politiques, du rôle de la presse, de la violente satire sociale qui constituent le fond du livre.

• Une affiche à usage promotionnel

L'affiche joue sur l'aura et le physique de l'acteur Robert Pattinson pour attirer les jeunes à voir un film « d'époque » qui ne les attire *a priori* pas. Elle cite également le magazine *Glamour* et actualise cette vieille histoire pour « *une nouvelle génération* » en gommant le plus possible ce qui pourrait évoquer le XIXe siècle.

Les trois adjectifs, martelant l'homophonie finale, veulent donner au héros une envergure qu'il n'a pas : dans l'œuvre de Maupassant, Bel-Ami n'a rien de « *vénéneux* » ni de « *sulfureux* », contrairement aux deux libertins des *Liaisons dangereuses* qui transgressent les codes sociaux et moraux de leur époque ; il se contente de profiter de la corruption généralisée de la société en s'y insérant parfaitement par son arrivisme sans scrupule.

Cette affiche, en ne rendant aucun compte de la distance critique que prend Maupassant avec son héros et en préférant s'en tenir au premier degré d'un héros séducteur irrésistible, nous montre les limites d'un objet promotionnel.

Jean Béraud, *Paris, rue du Havre*

Huile sur toile peinte vers 1882 (35,2 × 27,3 cm),
National Gallery of Art (Washington),
collection Ailsa Mellon Bruce.
Document 2 au verso de la couverture.

Jean Béraud (1849-1935) étudie la peinture à l'École des beaux-arts de Paris. Il connaît rapidement le succès et devient le peintre de la vie parisienne et de la société bourgeoise de son temps. Il est un des fondateurs, en 1890, avec Rodin, Joseph Meissonnier et Puvis de Chavannes, de la Société nationale des beaux-arts, qui organise des expositions annuelles.

➡ **Je découvre**

● **Paris dans les années 1880**

Jean Béraud peint un endroit bien précis de Paris : la rue du Havre (qui traverse les 8e et 9e arrondissements), située entre le boulevard Haussmann et la rue Saint-Lazare. Son tableau cadre exactement le carrefour de cette rue avec le boulevard Haussmann, où se dresse le magasin *Le Printemps*.

● *Le Printemps*

Ce grand magasin est fondé en 1865 par Jules Jaluzot. Cet entrepreneur a acheté un immeuble haussmannien dans un quartier un peu éloigné du centre de Paris, mais qui profite de la proximité de la gare Saint-Lazare et du développement du trafic des omnibus. Cet homme visionnaire lance l'idée des soldes et de la vente par correspondance sur catalogue, installe des ascenseurs en 1874, étend son magasin en achetant les bâtiments voisins. Mais *Le Printemps* est ravagé par un incendie en 1881, comme en rend compte le tableau de Béraud montrant la façade sous échafaudages. Le magasin est reconstruit par l'architecte Paul Sédille, avec des structures en fer et en verre.

➡ **J'observe**

● **Le choix du réalisme**

Jean Béraud ne cherche pas à faire du beau, mais à rendre compte de ce qu'il voit. Il laisse une grande place, dans son tableau, aux échafaudages et aux toiles qui couvrent la façade du *Printemps*, sans chercher à équilibrer les masses. La lumière n'est pas très vive, apparemment celle d'un jour de pluie (le sol est luisant et la plupart des personnages portent un parapluie). À part les panneaux publicitaires, les couleurs sont plutôt éteintes et disparates, sans recherche d'harmonie (bâches sales, vêtements sombres des hommes).

Les détails sont rendus avec minutie : on peut lire le texte de certaines affiches (*Gil Blas*, par exemple, à droite au niveau du fiacre) ; les costumes des passants au premier plan sont précis (gants en peau, jupon et broche à fleur de la femme au centre…) ; on voit du linge sécher au balcon du dernier étage de l'immeuble…

• Un instantané

Ce tableau apparaît comme une sorte de photographie d'un coin de rue parisienne. Les personnages sont saisis en plein mouvement : plusieurs sont en train de courir ; deux hommes discutent, sur le côté droit de la toile ; devant eux, un jeune homme a la bouche ouverte, sans doute pour héler un fiacre. Aucun ne regarde le peintre, mais ils passent devant lui, tout à leurs occupations, marchant, discutant ou lisant le journal. Ils ne sont pas mis en scène selon des plans étudiés mais se dissimulent parfois en partie les uns les autres (l'homme au chapeau blanc est caché derrière la toque de la jeune femme du premier plan).

On peut remarquer aussi quelques détails incongrus, comme l'homme à droite qui transporte une chaise sur son épaule.

➡ J'interprète

• Une ville en évolution

Jean Béraud nous présente un quartier récent, dont la large artère principale rappelle les travaux d'agrandissement menés par le préfet Haussmann dès le milieu du XIXᵉ siècle. Ce quartier neuf est animé d'une vie trépidante : les gens courent, les fiacres se bousculent à l'arrière-plan. La proximité de la gare Saint-Lazare peut favoriser cette effervescence, comme le suggère le jeune homme portant une valise qui revient peut-être de voyage.

Les classes sociales apparaissent très mélangées : de jeunes élégantes à chapeau, la taille bien serrée dans leur corset, croisent, en revenant de leurs emplettes, des femmes du peuple coiffées d'un fichu ; un homme en blouse et casquette côtoie bourgeois et hommes d'affaires en chapeau haut de forme. Ce quartier est un lieu ouvert et divers, consacré aussi bien au travail et aux affaires qu'au commerce et aux loisirs (les Grands Magasins).

Ce n'est sans doute pas sans raison que le peintre a choisi le sujet peu académique d'un immeuble en reconstruction, sous des échafaudages : Paris est, à son époque, une ville en pleine mutation à la fois sociale, économique et architecturale – ce que son tableau laisse plaisamment percevoir.

Guy de Maupassant fut un observateur féroce des hommes et de la société de son temps. Mais cet auteur caustique et réfractaire à toute convention ou idéalisme trouve encore beaucoup d'échos de nos jours. À travers ses œuvres et leurs multiples adaptations, continue à vivre l'esprit de celui qui écrivait : *« Blaguez ou désespérez »* !

BEL-AMI AU CINÉMA

Le récit vif et mordant de Maupassant et ses personnages bien campés conviennent particulièrement bien à l'adaptation cinématographique, et les réalisateurs ne s'en sont pas privés ! On peut citer :

• *The Private Affairs of Bel Ami*, film américain réalisé par Albert Lewin (1947), avec George Sanders (Bel-Ami), Angela Lansbury (Clotilde de Marelle). Une magnifique reconstitution de l'époque, avec un dénouement très différent de celui du roman.

• *Bel-Ami*, téléfilm réalisé par Philippe Triboit (2005), avec Sagamore Stévenin (Georges Duroy), Claire Borotra (Clotilde de Marelle) et Florence Pernel (Madeleine Forestier). Dans ce film, Georges Duroy a pour double et confident un ami anarchiste, qui sera condamné à mort.

• *Bel Ami*, film réalisé par Declan Donnellan et Nick Ormerod, 2012, avec Robert Pattinson (Georges Duroy), Uma Thurman (Madeleine Forestier), Kristin Scott Thomas (Virginie Rousset/ Walter) et Christina Ricci (Clotilde de Marelle). Voir pp. 370-371.

« Personne, je crois, n'a poussé plus loin l'art et la perfection du récit, comme personne n'a jamais eu de la vie une vision plus simple et directe. [Maupassant] est de ceux qu'on relit pour les relire, pour les admirer, et pour le prodigieux fleuve de vie et de réalité qui découle de leur plume. »

Édouard Rod (1857-1910), critique littéraire, en 1904.

VERSION « BULLES »

Plusieurs nouvelles de Maupassant ont été adaptées en bandes dessinées. Citons *Guy de Maupassant, Les contes en BD*, coll. « Poèmes en bandes dessinées », Éditions Petit à Petit, 2002.

AMBITIEUX CÉLÈBRE

La littérature romanesque du XIXᵉ siècle nous a offert des portraits d'ambitieux, dont les auteurs ont tracé le parcours dans de célèbres romans de formation. Le succès de ces héros ne sera pas toujours à la hauteur de leurs ambitions !

• Eugène de Rastignac, héros du *Père Goriot* de Balzac, perd ses illusions de jeunesse en découvrant l'égoïsme monstrueux de la société parisienne.

• Dans *Illusions perdues* du même Honoré de Balzac, le héros Lucien de Rubempré veut s'imposer à Paris à travers le journalisme et la littérature.

• Julien Sorel, héros de *Le Rouge et le Noir* de Stendhal, est un fils de paysans qui veut à tout prix trouver sa place dans la société : il découvrira l'amour mais aussi la vérité sur lui-même…

SITOGRAPHIE

Sur les sites maupassant.free.fr et maupassantiana.fr, vous trouverez une biographie de l'auteur, des portraits et des photographies, des articles critiques, une édition électronique des contes de Maupassant, des extraits variés…
Le site guydemaupassant.fr vous offre des contes et des romans en version audio.
Le site laguillette.com vous propose une visite de *La Guillette*, maison de Maupassant à Étretat.

Maupassant par Fernand Desmoulins.

→ CONSEILS de LECTURE

• Nadine Satiat, *Maupassant*, Flammarion, 2002 : une biographie très documentée, qui présente toutes les facettes de l'homme, de son œuvre et de son époque.

• Colette Becker, *Lire le réalisme et le naturalisme*, Armand Colin, 2005 (édition revue et augmentée) : une présentation précise de l'historique des deux courants et de leur thématique, qui s'interroge sur les façons de représenter la réalité par l'écriture.

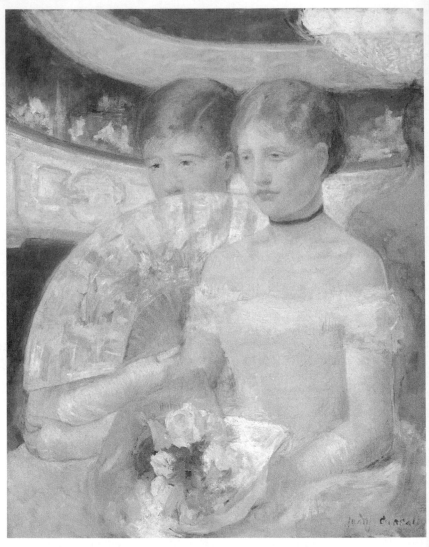

Mary Cassatt (1844-1926), *La Loge* (1882),
huile sur toile, collection Chester Dale,
© National Gallery of Art, Washington.

Dossier
spécial BAC

SUJET 1

▶ **Texte A : Choderlos de Laclos,** *Les Liaisons dangereuses*

Le vicomte de Valmont, libertin notoire, a décidé d'entreprendre la séduction de Mme de Tourvel, jeune femme pieuse et fidèle à son mari. Comme celle-ci lui résiste et le fuit, il feint la conversion et le renoncement pour obtenir, par l'intermédiaire d'un prêtre, un entretien privé avec Mme de Tourvel, sous prétexte de lui rendre ses lettres. Valmont raconte la scène, par lettre, à son amie Mme de Merteuil.

1   Enfin, nous restâmes seuls et j'entrai en matière. […] «J'ai désiré, Madame, ou de me justifier à vos yeux, ou d'obtenir de vous le pardon des torts que vous me supposez, afin de pouvoir au moins terminer, avec quelque tranquillité, des jours auxquels je n'attache
5   plus de prix, depuis que vous avez refusé de les embellir.»
    Ici, on a pourtant essayé de répondre. «Mon devoir ne me permettait pas…» Et la difficulté d'achever le mensonge que le devoir exigeait n'a pas permis de finir la phrase. J'ai donc repris du ton le plus tendre : «Il est donc vrai que c'est moi que vous avez fui ? – Ce
10   départ était nécessaire. – Et que vous m'éloignez de vous ? – Il le faut. – Et pour toujours ? – Je le dois.» Je n'ai pas besoin de vous dire que, pendant ce court dialogue, la voix de la tendre Prude était oppressée, et que ses yeux ne s'élevaient pas jusqu'à moi.
    Je jugeai devoir animer un peu cette scène languissante ; ainsi, me
15   levant avec l'air du dépit : «Votre fermeté, dis-je, alors, me rend toute la mienne. Hé bien ! oui, Madame, nous serons séparés, séparés même plus que vous ne pensez : et vous vous féliciterez à loisir de votre ouvrage.» Un peu surprise de ce ton de reproche, elle voulut répliquer. «La résolution que vous avez prise…, dit-elle.
20   – … n'est que l'effet de mon désespoir, repris-je avec emportement. Vous avez voulu que je sois malheureux ; je vous prouverai que vous avez réussi au-delà de vos souhaits. – Je désire votre bonheur», répondit-elle. Et le son de sa voix commençait à annoncer une émotion assez forte. Aussi, me précipitant à ses genoux, et du ton
25   dramatique que vous me connaissez : «Ah ! cruelle, me suis-je écrié,

peut-il exister pour moi un bonheur que vous ne partagiez pas ? Où donc le trouver loin de vous ? Ah ! jamais ! jamais ! » J'avoue qu'en me livrant à ce point, j'avais beaucoup compté sur le secours des larmes : mais, soit mauvaise disposition, soit peut-être seulement
30 l'effet de l'attention pénible et continuelle que je mettais à tout, il me fut impossible de pleurer.

Par bonheur, je me ressouvins que, pour subjuguer une femme, tout moyen était également bon ; et qu'il suffisait de l'étonner par un grand mouvement, pour que l'impression en restât profonde
35 et favorable. Je suppléai donc, par la terreur, à la sensibilité qui se trouvait en défaut ; et pour cela, changeant seulement l'inflexion de ma voix, et gardant la même posture : « Oui, continuai-je, j'en fais le serment à vos pieds : vous posséder ou mourir. » En prononçant ces dernières paroles, nos regards se rencontrèrent. Je ne sais ce que
40 la timide personne vit ou crut voir dans les miens, mais elle se leva d'un air effrayé, et s'échappa de mes bras dont je l'avais entourée. Il est vrai que je ne fis rien pour la retenir : car j'avais remarqué plusieurs fois que les scènes de désespoir, menées trop vivement, tombaient dans le ridicule dès qu'elles devenaient longues, ou ne
45 laissaient que des ressources vraiment tragiques, et que j'étais fort éloigné de vouloir prendre. Cependant, tandis qu'elle se dérobait à moi, j'ajoutai d'un ton bas et sinistre, mais de façon qu'elle pût m'entendre : « Hé bien ! la mort ! »

Je me relevai alors ; et gardant un moment le silence, je jetais sur
50 elle, comme au hasard, des regards farouches qui, pour avoir l'air d'être égarés, n'en étaient pas moins clairvoyants et observateurs. Le maintien mal assuré, la respiration haute, la contraction de tous les muscles, les bras tremblants, et à demi élevés, tout me prouvait assez que l'effet était tel que j'avais voulu le produire.

Choderlos de Laclos, Les Liaisons dangereuses,
extrait de la lettre CXXV, 1782.

▶ Texte B : Stendhal, *Le Rouge et le Noir*

Julien Sorel, fils de paysan, est employé comme précepteur des enfants de Mme de Rênal, qui est de plus en plus sensible à son charme. Par orgueil, le jeune homme décide de la séduire. Il s'est lancé à lui-même le défi de lui prendre la main lors d'une soirée où il se trouve avec Mme de Rênal et Mme Derville, l'amie de celle-ci.

1   On s'assit enfin, Mme de Rênal à côté de Julien, et Mme Derville près de son amie. Préoccupé de ce qu'il allait tenter, Julien ne trouvait rien à dire. La conversation languissait.

«Serai-je aussi tremblant, et malheureux au premier duel qui me
5   viendra?» se dit Julien, car il avait trop de méfiance et de lui et des autres pour ne pas voir l'état de son âme.

Dans sa mortelle angoisse, tous les dangers lui eussent semblé préférables. Que de fois ne désira-t-il pas voir survenir à Mme de Rênal quelque affaire qui l'obligeât de rentrer à la maison et de quitter le
10   jardin! La violence que Julien était obligé de se faire était trop forte pour que sa voix ne fût pas profondément altérée; bientôt la voix de Mme de Rênal devint tremblante aussi, mais Julien ne s'en aperçut point. L'affreux combat que le devoir livrait à la timidité était trop pénible pour qu'il fût en état de rien observer hors lui-même.
15   Neuf heures trois quarts venaient de sonner à l'horloge du château, sans qu'il eût encore rien osé. Julien, indigné de sa lâcheté, se dit : «Au moment précis où dix heures sonneront, j'exécuterai ce que, pendant toute la journée, je me suis promis de faire ce soir, ou je monterai chez moi me brûler la cervelle.»

20   Après un dernier moment d'attente et d'anxiété, pendant lequel l'excès de l'émotion mettait Julien comme hors de lui, dix heures sonnèrent à l'horloge qui était au-dessus de sa tête. Chaque coup de cette cloche fatale retentissait dans sa poitrine, et y causait comme un mouvement physique.

25   Enfin, comme le dernier coup de dix heures retentissait encore, il étendit la main et prit celle de Mme de Rênal, qui la retira aussitôt. Julien, sans trop savoir ce qu'il faisait, la saisit de nouveau. Quoique bien ému lui-même, il fut frappé de la froideur glaciale de la main qu'il prenait; il la serrait avec une force convulsive; on fit un der-
30   nier effort pour la lui ôter, mais enfin cette main lui resta.

Son âme fut inondée de bonheur, non qu'il aimât Mme de Rênal, mais un affreux supplice venait de cesser. Pour que Mme Derville ne s'aperçût de rien, il se crut obligé de parler; sa voix alors était éclatante et forte. Celle de Mme de Rênal, au contraire, trahissait
35   tant d'émotion, que son amie la crut malade et lui proposa de ren-

trer. Julien sentit le danger : si Mme de Rênal rentre au salon, je vais retomber dans la position affreuse où j'ai passé la journée. J'ai tenu cette main trop peu de temps pour que cela compte comme un avantage qui m'est acquis.

40   Au moment où Mme Derville renouvelait la proposition de rentrer au salon, Julien serra fortement la main qu'on lui abandonnait.

Stendhal, *Le Rouge et le Noir*, extrait du chapitre IX
(«Une soirée à la campagne») de la partie I, 1830.

❭ Texte C : Guy de Maupassant, *Bel-Ami*

Le héros Georges Duroy entreprend, par intérêt, de séduire l'épouse du patron du journal où il travaille, Mme Walter, femme pieuse, qui accepte de lui donner un rendez-vous à l'église de La Trinité.

1   Elle salua le Tabernacle[1] du maître-autel d'une grande inclinaison de tête, renforcée d'une légère révérence, et elle tourna à droite, revint un peu vers l'entrée, puis, prenant une résolution, elle s'empara d'un prie-Dieu[2] et s'agenouilla.

5   Georges prit possession du prie-Dieu voisin, et, dès qu'ils furent immobiles, dans l'attitude de l'oraison[3] : «Merci, merci, dit-il. Je vous adore. Je voudrais vous le dire toujours, vous raconter comment j'ai commencé à vous aimer, comment j'ai été séduit la première fois que je vous ai vue… Me permettrez-vous, un jour, de

10   vider mon cœur, de vous exprimer tout cela ?»

Elle l'écoutait dans une attitude de méditation profonde, comme si elle n'eût rien entendu. Elle répondit entre ses doigts : «Je suis folle de vous laisser me parler ainsi, folle d'être venue, folle de faire ce que je fais, de vous laisser croire que cette… cette… cette aventure

15   peut avoir une suite. Oubliez cela, il le faut, et ne m'en reparlez jamais.»

Elle attendit. Il cherchait une réponse, des mots décisifs, passionnés, mais, ne pouvant joindre le geste aux paroles, son action se trouvait paralysée.

20   Il reprit : «Je n'attends rien… je n'espère rien. Je vous aime. Quoi que vous fassiez, je vous le répéterai si souvent, avec tant de force et d'ardeur, que vous finirez bien par le comprendre. Je veux faire pénétrer en vous ma tendresse, vous la verser dans l'âme, mot par

25 mot, heure par heure, jour par jour, de sorte qu'enfin elle vous imprègne comme une liqueur tombée goutte à goutte, qu'elle vous adoucisse, vous amollisse et vous force, plus tard, à me répondre : "Moi aussi, je vous aime." »

Il sentait trembler son épaule contre lui et sa gorge palpiter ; et elle balbutia, très vite : « Moi aussi, je vous aime. »

30 Il eut un sursaut, comme si un grand coup lui fût tombé sur la tête, et il soupira : « Oh ! mon Dieu !… »

Elle reprit, d'une voix haletante : « Est-ce que je devrais vous dire cela ? Je me sens coupable et méprisable… moi… qui ai deux filles… mais je ne peux pas… je ne peux pas… Je n'aurais pas cru…

35 je n'aurais jamais pensé… c'est plus fort… plus fort que moi. Écoutez… écoutez… je n'ai jamais aimé… que vous… je vous le jure. Et je vous aime, depuis un an, en secret, dans le secret de mon cœur. Oh ! j'ai souffert, allez, et lutté, je ne peux plus, je vous aime… »

Elle pleurait dans ses doigts croisés sur son visage, et tout son corps

40 frémissait, secoué par la violence de son émotion.

Georges murmura : « Donnez-moi votre main, que je la touche, que je la presse… »

Elle ôta lentement sa main de sa figure. Il vit sa joue toute mouillée, et une goutte d'eau prête à tomber encore au bord des cils.

45 Il avait pris cette main, il la serrait : « Oh ! comme je voudrais boire vos larmes. »

Elle dit d'une voix basse et brisée, qui ressemblait à un gémissement : « N'abusez pas de moi… je me suis perdue ! »

Il eut envie de sourire. Comment aurait-il abusé d'elle en ce lieu ? Il

50 posa sur son cœur la main qu'il tenait, en demandant : « Le sentez-vous battre ? » Car il était à bout de phrases passionnées.

Guy de Maupassant, *Bel-Ami*, extrait du chapitre 4 de la partie II, 1885.

1. Tabernacle : petite armoire fermée à clé placée au milieu de l'autel principal et contenant le ciboire où sont conservées des hosties consacrées.
2. prie-Dieu : siège bas sur lequel on s'agenouille pour prier.
3. oraison : prière.

Sujets du bac

➡ **Question**

Quelles images du héros masculin nous donnent ces scènes de séduction ? Vous répondrez à cette question en confrontant les trois textes composant le corpus.

➡ **Commentaire**

Vous ferez le commentaire du texte de Maupassant (texte C).

➡ **Dissertation**

Un héros de roman doit-il nécessairement être sympathique au lecteur ? Vous appuierez votre réflexion sur les textes du corpus, sur ceux que vous avez étudiés en classe, et sur vos lectures et recherches personnelles.

➡ **Sujet d'invention**

Le lendemain matin, Mme de Rênal écrit à Mme Derville pour lui rendre compte de ce qui s'est passé dans la soirée. Vous aurez soin de reprendre les événements racontés par Stendhal, en y ajoutant les réactions et les sentiments de l'héroïne.

SUJET 2

▌ **Texte A : Gustave Flaubert, *Madame Bovary***

Dans cet extrait, Gustave Flaubert présente Catherine Leroux, une vieille femme modeste et pieuse à qui une médaille d'argent est attribuée lors des Comices agricoles pour cinquante-quatre ans de dur travail à la même ferme.

1   Alors on vit s'avancer sur l'estrade une petite vieille femme de maintien craintif, et qui paraissait se ratatiner dans ses pauvres vêtements. Elle avait aux pieds de grosses galoches[1] de bois, et, le long des hanches, un grand tablier bleu. Son visage maigre, entouré d'un béguin[2] sans bordure, était plus plissé de rides qu'une pomme de reinette flétrie, et des manches de sa camisole[3] rouge dépassaient deux longues mains, à articulations noueuses. La poussière des granges, la potasse[4] des lessives et le suint[5] des laines les avaient si bien

10 encroûtées, éraillées, durcies, qu'elles semblaient sales quoiqu'elles fussent rincées d'eau claire ; et, à force d'avoir servi, elles restaient entrouvertes, comme pour présenter d'elles-mêmes l'humble témoignage de tant de souffrances subies. Quelque chose d'une rigidité monacale relevait l'expression de sa figure. Rien de triste ou d'attendri n'amollissait ce regard pâle. Dans la fréquentation des

15 animaux, elle avait pris leur mutisme et leur placidité[6]. C'était la première fois qu'elle se voyait au milieu d'une compagnie si nombreuse ; et, intérieurement effarouchée par les drapeaux, par les tambours, par les messieurs en habit noir et par la croix d'honneur du Conseiller, elle demeurait tout immobile, ne sachant s'il fallait

20 s'avancer ou s'enfuir, ni pourquoi la foule la poussait et pourquoi les examinateurs lui souriaient. Ainsi se tenait, devant ces bourgeois épanouis, ce demi-siècle de servitude.

Gustave Flaubert, *Madame Bovary*, extrait du chapitre 8 de la partie II, 1857.

1. galoches : grossières chaussures aux épaisses semelles de bois. **2. béguin :** petit bonnet de toile attaché sous le menton. **3. camisole :** veste. **4. potasse :** substance caustique utilisée dans la fabrication des détergents. **5. suint :** matière grasse que sécrète la peau du mouton et qui imprègne sa laine. **6. placidité :** tranquillité, calme.

▶ Texte B : Guy de Maupassant, *Bel-Ami*

Georges Duroy et son épouse Madeleine se rendent à Canteleu, près de Rouen, pour faire la connaissance des parents de celui-ci.

1 C'étaient deux paysans, l'homme et la femme, qui marchaient d'un pas irrégulier, en se balançant et se heurtant parfois de l'épaule. L'homme était petit, trapu, rouge et un peu ventru, vigoureux malgré son âge ; la femme, grande, sèche, voûtée, triste, la vraie femme

5 de peine des champs qui a travaillé dès l'enfance et qui n'a jamais ri, tandis que le mari blaguait en buvant avec les pratiques[1]. Madeleine aussi était descendue de voiture et elle regardait venir ces deux pauvres êtres avec un serrement de cœur, une tristesse qu'elle n'avait point prévue. Ils ne reconnaissaient point leur fils, ce beau

10 monsieur, et ils n'auraient jamais deviné leur bru dans cette belle dame en robe claire.

Ils allaient, sans parler, et vite, au-devant de l'enfant attendu, sans regarder ces personnes de la ville que suivait une voiture.

Ils passaient. Georges, qui riait, cria : «Bonjou, pé Duroy.»

Ils s'arrêtèrent net, tous les deux, stupéfaits d'abord, puis abrutis de surprise. La vieille se remit la première et balbutia, sans faire un pas : «C'est ti té, not' fieu ?»

Le jeune homme répondit : «Mais oui, c'est moi, la mé Duroy !», et, marchant à elle, il l'embrassa sur les deux joues, d'un gros baiser de fils. Puis il frotta ses tempes contre les tempes du père, qui avait ôté sa casquette, une casquette à la mode de Rouen, en soie noire, très haute, pareille à celles des marchands de bœufs.

Puis Georges annonça : «Voilà ma femme.» Et les deux campagnards regardèrent Madeleine. Ils la regardèrent comme on regarde un phénomène, avec une crainte inquiète, jointe à une sorte d'approbation satisfaite chez le père, à une inimitié jalouse chez la mère. L'homme, qui était d'un naturel joyeux, tout imbibé par une gaieté de cidre doux et d'alcool, s'enhardit et demanda, avec une malice au coin de l'œil :

«J' pouvons-t-il l'embrasser tout d' même ?»

Le fils répondit : «Parbleu.» Et Madeleine, mal à l'aise, tendit ses deux joues aux bécots sonores du paysan qui s'essuya ensuite les lèvres d'un revers de main.

La vieille, à son tour, baisa sa belle-fille avec une réserve hostile. Non, ce n'était point la bru de ses rêves, la grosse et fraîche fermière, rouge comme une pomme et ronde comme une jument poulinière. Elle avait l'air d'une traînée, cette dame-là, avec ses falbalas[2] et son musc[3]. Car tous les parfums, pour la vieille, étaient du musc.

Et on se remit en marche à la suite du fiacre qui portait la malle des nouveaux époux.

Le vieux prit son fils par le bras, et, le retenant en arrière, il demanda avec intérêt :

«Eh ben, ça va-t-il, les affaires ?

– Mais oui, très bien.

– Allons, suffit, tant mieux ! Dis-mé, ta femme, est-i aisée ?»

Georges répondit : «Quarante mille francs.»

Le père poussa un léger sifflement d'admiration et ne put que murmurer : «Bougre!» tant il fut ému par la somme. Puis il ajouta avec une conviction sérieuse : «Nom de nom, c'est une belle femme.»
50   Car il la trouvait de son goût, lui. Et il avait passé pour connaisseur, dans le temps.

Guy de Maupassant, *Bel-Ami*, extrait du chapitre 1 de la partie II, 1885.

1. pratiques : clients. **2. falbalas :** ornements excessifs d'une toilette. **3. musc :** parfum préparé à partir du musc (substance très odorante sécrétée par les glandes abdominales d'un cervidé mâle).

▶ Texte C : Émile Zola, *La Terre*

Dans cet extrait, Émile Zola décrit un repas de mariage à la campagne.

1   Lise ayant dit de commencer, on se mit à table, dans une bousculade, avec des éclats de voix. Il manquait trois chaises; on courut chercher deux tabourets dépaillés, sur lesquels on plaça une planche. Déjà les cuillers tapaient ferme au fond des assiettes. La soupe était
5   froide, couverte d'yeux de graisse qui se figeaient. Ça ne faisait rien, le vieux Fouan exprima cette idée qu'elle allait se réchauffer dans leur ventre, ce qui souleva une tempête de rires. Alors, ce fut un massacre, un engloutissement : les poulets, les lapins, les viandes défilèrent, disparurent, au milieu d'un terrible bruit de mâchoires.
10   Très sobres chez eux, ils se crevaient[1] d'indigestion chez les autres. La Grande ne parlait pas pour manger davantage, allant son train[2], d'un broiement continu; et c'était effrayant, ce qu'engouffrait ce corps sec et plat d'octogénaire, sans même enfler. Il était convenu que, par convenance, Françoise et Fanny s'occuperaient du service,
15   pour que la mariée ne se levât pas; mais celle-ci ne pouvait se tenir, quittait sa chaise à chaque minute, se retroussait les manches, très attentionnée à vider une sauce ou à débrocher un rôti. Bientôt, du reste, la table entière s'en mêla; toujours quelqu'un était debout, se coupant du pain, tâchant de rattraper un plat. Buteau, qui s'était
20   chargé du vin, ne suffisait plus; il avait bien eu, pour ne pas perdre son temps à boucher et à déboucher des bouteilles, le soin de mettre simplement un tonneau en perce[3]; seulement, on ne le laissait pas manger; il devint nécessaire que Jean le relayât, en emplissant à son

25 tour les litres⁴. Delhomme, carrément assis, déclarait de son air sage qu'il fallait du liquide, si l'on ne voulait pas étouffer. Lorsqu'on apporta la tourte, large comme une roue de charrue, il y eut un recueillement, les godiveaux⁵ impressionnaient ; et M. Charles poussa la politesse jusqu'à jurer sur son honneur qu'il n'en avait jamais vu de plus belle à Chartres. Du coup, le père Fouan, très en train, en
30 lâcha une autre :
— Dites donc, si on se collait ça sur la fesse, ça y guérirait les crevasses !
La table se tordit, Jacqueline surtout, qui en eut les larmes aux yeux. Elle bégayait, elle ajoutait des choses, qui se perdaient dans ses rires.

Émile Zola, *La Terre*, extrait du chapitre 7 de la partie II, 1887.

1. se crevaient : se rendaient malades. **2. allant son train :** gardant le même rythme.
3. mettre [...] en perce : ouvrir. **4. litres :** récipients contenant 1 L. **5. godiveaux :** hachis servant de farce dans une tourte.

Sujets du bac

➡ **Question**

Quelle image du monde paysan les textes du corpus proposent-ils ?

➡ **Commentaire**

Vous ferez le commentaire du texte de Flaubert (texte A).

➡ **Dissertation**

Pensez-vous qu'un roman doive ouvrir les yeux du lecteur sur la vie ou bien, au contraire, lui permettre d'échapper à la réalité ? Vous appuierez votre réflexion sur les textes du corpus, sur ceux que vous avez étudiés en classe, et sur vos lectures et recherches personnelles.

➡ **Sujet d'invention**

Georges et Madeleine sont rentrés chez eux après ce séjour à Canteleu. Madeleine repense à la rencontre avec les parents de Georges. Dans un monologue intérieur romanesque, vous rapportez ses émotions et ses sentiments ainsi que son analyse de la situation. Vous aurez soin de respecter les informations données par Maupassant dans cet extrait.

Le Banquier, caricature d'Honoré Daumier.

2 Sujets d'oral

SUJET 1

▶ **TEXTE : Chapitre 6 de la partie I (l. 189 à 241, pp. 117-118)**

1   Le jeune homme, embarrassé, regardait de tous les côtés, quand il aperçut dans une glace des gens assis et qui semblaient fort loin. Il se trompa d'abord de direction, le miroir ayant égaré son œil, puis il traversa encore deux salons vides pour arriver dans une sorte de
5   petit boudoir tendu de soie bleue à boutons d'or où quatre dames causaient à mi-voix autour d'une table ronde qui portait des tasses de thé.

Malgré l'assurance qu'il avait gagnée dans son existence parisienne et surtout dans son métier de reporter qui le mettait incessamment
10   en contact avec des personnages marquants, Duroy se sentait un peu intimidé par la mise en scène de l'entrée et par la traversée des salons déserts.

Il balbutia : «Madame, je me suis permis…», en cherchant de l'œil la maîtresse de la maison.

15   Elle lui tendit la main qu'il prit en s'inclinant, et lui ayant dit : «Vous êtes fort aimable, monsieur, de venir me voir», elle lui montra un siège où, voulant s'asseoir, il se laissa tomber, l'ayant cru beaucoup plus haut.

On s'était tu. Une des femmes se remit à parler. Il s'agissait du
20   froid qui devenait violent, pas assez cependant pour arrêter l'épidémie de fièvre typhoïde ni pour permettre de patiner. Et chacune donna son avis sur cette entrée en scène de la gelée à Paris ; puis elles exprimèrent leurs préférences dans les saisons, avec toutes les raisons banales qui traînent dans les esprits comme la poussière dans
25   les appartements.

Un bruit léger de porte fit retourner la tête de Duroy, et il aperçut, à travers deux glaces sans tain, une grosse dame qui s'en venait. Dès qu'elle apparut dans le boudoir, une des visiteuses se leva, serra les mains, puis partit ; et le jeune homme suivit du regard, par les autres
30   salons, son dos noir où brillaient des perles de jais.

Quand l'agitation de ce changement de personnes se fut calmée, on parla spontanément, sans transition, de la question du Maroc et de la guerre en Orient, et aussi des embarras de l'Angleterre à l'extrémité de l'Afrique.

35 Ces dames discutaient ces choses de mémoire, comme si elles eussent récité une comédie mondaine et convenable, répétée bien souvent.

Une nouvelle entrée eut lieu, celle d'une petite blonde frisée qui détermina la sortie d'une grande personne sèche entre deux âges.

40 Et on parla des chances qu'avait M. Linet pour entrer à l'Académie. La nouvelle venue pensait fermement qu'il serait battu par M. Cabanon-Lebas, l'auteur de la belle adaptation en vers français de *Don Quichotte* pour le théâtre.

«Vous savez que ce sera joué à l'Odéon l'hiver prochain?

45 – Ah! vraiment. J'irai certainement voir cette tentative très littéraire.»

Mme Walter répondait gracieusement, avec calme et indifférence, sans hésiter jamais sur ce qu'elle devait dire, son opinion étant toujours prête d'avance.

50 Mais elle s'aperçut que la nuit venait et elle sonna pour les lampes, tout en écoutant la causerie qui coulait comme un ruisseau de guimauve, et en pensant qu'elle avait oublié de passer chez le graveur pour les cartes d'invitation du prochain dîner.

I – Première partie de l'épreuve

➡ **Lecture à voix haute**

. . . .

À QUEL MOMENT LIRE?

• Le texte peut être lu en tout début d'exposé ou à la fin de l'introduction. Vous pouvez aussi le lire au milieu de votre introduction, juste après sa présentation et sa situation, avant d'évoquer la question posée et le plan de votre exposé.

▌ Variez les tons de voix entre les parties narratives et les quelques phrases de dialogue.
▌ Faites sentir le caractère satirique de cet extrait.

➤ **Exposé**

En quoi ce texte constitue-t-il une satire ?

BÂTIR UN PLAN EN RÉPONSE À LA QUESTION

- La question repose sur le genre et le registre du texte ; après avoir proposé une rapide définition du genre de la satire, vous montrerez quelles sont les cibles visées, en analysant, à chaque fois, les procédés de la satire qui sont utilisés.

Introduction

▸ Présentation rapide de Maupassant et du roman *Bel-Ami*.

▸ Situation du passage dans *Bel-Ami* : le héros, jeune arriviste, est invité, pour la première fois, chez la femme de son patron, Mme Walter, qui appartient à la riche société bourgeoise.

▸ Rappel de la question posée.

▸ Annonce et justification du plan choisi pour répondre à la question.

1. Une satire du personnage principal

 A. Un personnage qui ne comprend rien (il ne connaît pas les protagonistes ni les codes).

 B. Un comportement ridicule dans ses gestes, ses attitudes et ses paroles.

 Conclusion/transition : le point de vue du personnage principal sur la scène permet aussi de poser un regard satirique sur la société qu'il découvre.

2. Une satire de la société mondaine

 A. Un monde d'apparences : jeux de miroir, défilé d'acteurs comme au théâtre.

 B. Un monde vide : platitude des conversations, conformisme.

 C. Intervention implicite du narrateur : comparaisons, lexique.

Conclusion

▸ Bilan de ce qui a été étudié.

▸ Suggestions pour élargir la conclusion : après ces premiers pas maladroits, le héros va montrer sa remarquable faculté d'adaptation au milieu qui l'entoure et y manœuvrer selon ses intérêts ; ce texte permet de voir que le réalisme consiste à peindre la réalité telle que l'auteur la perçoit et n'obéit pas forcément à une totale objectivité.

II – Seconde partie de l'épreuve

CONSEILS POUR L'ENTRETIEN

• Avant de se tourner vers le travail effectué dans la séquence sur l'œuvre complète et vers l'objet d'étude au programme (« Le roman et ses personnages »), l'examinateur peut revenir brièvement sur quelques points de l'exposé. Par conséquent, n'avancez pas d'idée que vous ne seriez pas en mesure d'approfondir.

➡ **Quelques questions possibles à partir de l'exposé**

▌ Georges Duroy reste-t-il aussi maladroit tout au long de cette visite ?

▌ Y a-t-il d'autres passages dans le roman où le héros apparaît ridicule ?

▌ En quoi ce texte est-il représentatif de la critique que fait Maupassant de la société de son temps ?

➡ **Autres questions possibles au fil de l'entretien**

▌ Quelle est l'évolution du personnage de Georges Duroy dans le roman ?

▌ Quelles sont les différentes cibles de la critique dans *Bel-Ami* ?

▌ Quel rôle joue Mme Walter dans le roman ?

▌ Citez d'autres passages de *Bel-Ami* qui confirment le fonctionnement théâtral de la société.

▌ Connaissez-vous d'autres personnages romanesques qui, comme Georges Duroy, ont permis à leur auteur de critiquer la société ?

▌ Comment définissez-vous le réalisme ? Citez d'autres romans réalistes.

▌ En quoi *Bel-Ami* est-il une œuvre réaliste ?

▌ La caricature du banquier de Daumier (p. 388) rejoint-elle certains éléments satiriques de *Bel-Ami* ?

SUJET 2

▌ **TEXTE : Chapitre 8 de la partie II (l. 276 à 341, pp. 311 à 313)**

1   Alors l'homme couché balbutia : « Monsieur le commissaire, vous ne devez pas me laisser insulter par cet individu. Est-ce à vous ou à lui que j'ai affaire ? Est-ce à vous ou à lui que je dois répondre ? »

Il paraissait n'avoir plus de salive dans la bouche.

5 L'officier répondit : «C'est à moi, monsieur, à moi seul. Je vous demande qui vous êtes?»

L'autre se tut. Il tenait le drap serré contre son cou et roulait des yeux effarés. Ses petites moustaches retroussées semblaient toutes noires sur sa figure blême.

10 Le commissaire reprit : «Vous ne voulez pas répondre? Alors je serai forcé de vous arrêter. Dans tous les cas, levez-vous. Je vous interrogerai lorsque vous serez vêtu. »

Le corps s'agita dans le lit, et la tête murmura : «Mais je ne peux pas, devant vous. »

15 Le magistrat demanda : «Pourquoi ça?»

L'autre balbutia : «C'est que je suis… je suis… je suis tout nu. »

Du Roy se mit à ricaner, et, ramassant une chemise tombée à terre, il la jeta sur la couche en criant : «Allons donc… levez-vous… Puisque vous vous êtes déshabillé devant ma femme, vous pouvez

20 bien vous habiller devant moi. »

Puis il tourna le dos et revint vers la cheminée.

Madeleine avait retrouvé son sang-froid, et, voyant tout perdu, elle était prête à tout oser. Une audace de bravade faisait briller son œil ; et, roulant un morceau de papier, elle alluma, comme pour une

25 réception, les dix bougies des vilains candélabres posés aux coins de la cheminée. Puis elle s'adossa au marbre et, tendant au feu mourant un de ses pieds nus, qui soulevait par-derrière son jupon à peine arrêté sur les hanches, elle prit une cigarette dans son étui de papier rose, l'enflamma et se mit à fumer.

30 Le commissaire était revenu vers elle, attendant que son complice fût debout.

Elle demanda avec insolence : «Vous faites souvent ce métier-là, monsieur?»

Il répondit gravement : «Le moins possible, madame. »

35 Elle lui souriait sous le nez : «Je vous en félicite, ça n'est pas propre. » Elle affectait de ne pas regarder, de ne pas voir son mari.

Mais le monsieur du lit s'habillait. Il avait passé son pantalon, chaussé ses bottines et il se rapprocha, en endossant son gilet.

L'officier de police se tourna vers lui :

40 «Maintenant, monsieur, voulez-vous me dire qui vous êtes?»

L'autre ne répondit pas.

Le commissaire prononça : «Je me vois forcé de vous arrêter.»

Alors l'homme s'écria brusquement : «Ne me touchez pas. Je suis inviolable!»

45 Du Roy s'élança vers lui, comme pour le terrasser, et il lui grogna dans la figure : «Il y a flagrant délit… flagrant délit. Je peux vous faire arrêter, si je veux… oui, je le peux.»

Puis, d'un ton vibrant : «Cet homme s'appelle Laroche-Mathieu, ministre des Affaires étrangères.»

50 Le commissaire de police recula stupéfait, et balbutiant : «En vérité, monsieur, voulez-vous me dire qui vous êtes, à la fin?»

L'homme se décida, et avec force : «Pour une fois, ce misérable-là n'a point menti. Je me nomme, en effet, Laroche-Mathieu, ministre.»

55 Puis, tendant le bras vers la poitrine de Georges, où apparaissait comme une lueur, un petit point rouge, il ajouta : «Et le gredin que voici porte sur son habit la croix d'honneur que je lui ai donnée.»

Du Roy était devenu livide. D'un geste rapide, il arracha de sa boutonnière la courte flamme de ruban, et, la jetant dans la che-

60 minée : «Voilà ce que vaut une décoration qui vient de salops de votre espèce.»

Ils étaient face à face, les dents près des dents, exaspérés, les poings serrés, l'un maigre et la moustache au vent, l'autre gras et la moustache en croc.

65 Le commissaire passa vivement entre les deux et, les écartant avec ses mains : «Messieurs, vous vous oubliez, vous manquez de dignité!»

I – Première partie de l'épreuve

➡ Lecture à voix haute

▶ Vous devez faire une lecture vivante de cet extrait : variez le ton selon les personnages (colère de Bel-Ami, gêne et ridicule de l'amant, assurance de Madeleine…).

▶ Le mot «*salop*» doit être prononcé comme *salaud*.

➥ Exposé

Quelle image des personnages cette scène de flagrant délit propose-t-elle au lecteur?

BÂTIR UN PLAN EN RÉPONSE À LA QUESTION

• La question est centrée sur les personnages. Ce sont donc les trois personnages du triangle amoureux traditionnel (le mari, la femme et l'amant) qui fonderont votre plan. Vous devez distinguer clairement l'image qu'en donne le récit, en vous appuyant précisément sur le texte.

Introduction

▶ Présentation rapide de l'auteur et de l'œuvre.

▶ Situation du passage dans *Bel-Ami* : Bel-Ami veut se débarrasser de sa femme Madeleine, ayant en vue un mariage avec Suzanne Walter. Sachant qu'elle le trompe avec Laroche-Mathieu, il lui prépare un piège pour la surprendre en flagrant délit d'adultère.

▶ Rappel de la question posée.

▶ Annonce et justification du plan choisi pour répondre à la question.

1. Un amant ridicule

A. Une situation embarrassante : nudité, culpabilité, infériorité.

B. La lâcheté : il ne donne pas son nom, il se cache derrière sa fonction.

2. Un mari déplaisant

A. Mesquinerie : il profite de la situation pour humilier son rival.

B. Vanité : revanche du mâle.

C. Hypocrisie : lui-même est adultère ; il joue la dignité offensée.

3. Une épouse au caractère fort

A. Elle est confrontée à une situation embarrassante, puisqu'elle est la seule femme de l'extrait, en tenue légère, et qu'elle sait le risque encouru.

B. Une femme de caractère : elle ne se laisse pas impressionner, elle reste calme et digne, elle fume.

C. Elle dénonce les attitudes masculines : lâcheté de l'amant, veulerie du mari, médiocrité du commissaire.

Conclusion

▶ Bilan de ce qui a été étudié.

▶ Suggestions pour élargir la conclusion : après cette veulerie, la route est libre pour le triomphe social du héros ; le roman donne une piètre image des hommes, particulièrement dans le domaine amoureux ou conjugal : les femmes s'y montrent plus dignes et plus sincères.

II – Seconde partie de l'épreuve

➡ **Quelques questions possibles à partir de l'exposé**

▶ Cet épisode confirme-t-il l'image que le roman nous donne de Madeleine ?

▶ Quel rôle joue Laroche-Mathieu dans le roman ? Que lui arrive-t-il après cet épisode ?

▶ En quoi cet épisode sert-il la carrière de Duroy ?

▶ Quels autres épisodes révèlent la nature antipathique de Duroy ?

➡ **Autres questions possibles au fil de l'entretien**

▶ Quel rôle jouent les femmes dans le roman ?

▶ Quelle image de la femme ces héroïnes donnent-elles ?

▶ Quelle image le roman donne-t-il des hommes dans les relations amoureuses ou conjugales ?

▶ Connaissez-vous d'autres anti-héros romanesques ?

▶ En temps que lecteur, quels types de personnages préférez-vous ?

▶ Les images de femmes (pp. 206 et 342) correspondent-elles, selon vous, à des personnages du roman de Maupassant ?

Honoré Daumier, *Combat des écoles. – L'Idéalisme et le Réalisme* (1855).

▶ **Crédits photographiques**

couverture : Robert Pattinson (Georges Duroy) dans le film *Bel Ami* de Declan Donnellan et Nick Ormerod (2012), Collection CHRISTOPHEL, © Redwave Films. **pp. 4, 6 :** © Photothèque Hachette. **p. 8 :** photographie d'Hubert Josse, © Photothèque Hachette. **pp. 9, 11, 183 :** © Photothèque Hachette. **pp. 10, 27 :** © National Gallery of Art, Washington. **p. 28 :** *(gauche)* Collection CHRISTOPHEL, © Redwave Films ; *(droite)* © Photothèque Hachette. **pp. 62, 121, 143, 182 :** © Photothèque Hachette. **pp. 206, 221 :** © National Gallery of Art, Washington. **pp. 339, 341 :** Collection CHRISTOPHEL, © Redwave Films. **p. 342 :** Paris, Musée Carnavalet, photographie d'Hubert Josse, © Photothèque Hachette. **p. 346 :** © National Gallery of Art, Washington. **pp. 347, 369, 370, 372, 374, 375 :** © Photothèque Hachette. **p. 376 :** © National Gallery of Art, Washington. **pp. 388, 397 :** © Photothèque Hachette.

Conception graphique
Couverture : Mélissa Chalot
Intérieur : GRAPH'in-folio

Édition
Fabrice Pinel

Mise en pages
APS-ie

Achevé d'imprimer en Espagne par Black Print
Dépôt légal : Juin 2018 – Édition : 04
35/6095/4

Dans la même collection :